Vorwort von
Garry Kasparow

Wolfram
Runkel

Schach

Geschichte
und Geschichten

Wunderlich

1. Auflage August 1995
Copyright © 1995 by Rowohlt Verlag GmbH,
Reinbek bei Hamburg
Vorwort Copyright © 1995 by Garry Kasparow
Alle Rechte vorbehalten
Umschlaggestaltung Susanne Müller
(Foto: Alan Becker/The Image Bank)
Layout Joachim Düster
Satz aus der Linotype Walbaum und Stone
Jung Satzcentrum GmbH, Lahnau
Gesamtherstellung Clausen & Bosse, Leck
Printed in Germany
ISBN 3 8052 05783

Für Viola, Eveline, Robin, Mona Li,
Finn und Anton

Vorwort von Garry Kasparow

Dieses Buch erscheint in einem historischen Augenblick. Zum ersten Mal haben Schachspieler ihr berufliches Schicksal selbst in die Hand genommen. Sie haben den Weg eingeschlagen, das königliche Spiel zu einem Profisport zu entwickeln, einem Sport, der den Berufsspielern eine sichere Existenzgrundlage schafft. Und der gleichzeitig dem großen Publikum mehr Spannung und Spaß am Schach bietet, als es je zuvor erlebt hat. Welche neue Erlebniswelt sich dem Zuschauer eröffnet, wurde beim New Yorker Grand-Prix-Turnier im Juni 1994 deutlich, das im ersten Kapitel dieses Buches eindrucksvoll geschildert wird.

Um die Welt des Schachs in diesem Sinne zu verändern, müssen wir uns von übernommenen Reglements und den bürokratischen Restriktionen von Verbänden trennen, die die Zeichen der Zeit nicht erkannt haben – zum Nachteil der Spitzenspieler. Ein Schachgroßmeister beispielsweise wird schlechter bezahlt als britische Snooker- oder Dartsspieler. Die Zahl der Großmeister, die im Jahr mehr als 100 000 Dollar verdienten, schätze ich auf weniger als zehn. Von den hundert weltbesten Spielern der letzten zwanzig Jahre sind nur vier wirklich populär geworden: Bobby Fischer, Kasparow und Karpow (die leider oft verwechselt werden) und Judit Polgar, weil sie eine Frau ist.

Die Möglichkeit und auch die Notwendigkeit, das königliche Spiel weltweit als Profisport zu etablieren, ergaben sich nicht zuletzt durch den Zusammenbruch der Sowjetunion, der Schachzentrale der Welt. Von Anfang an hat die Entwicklung des Schachs – Wolfram Runkel weist in seiner historischen Darstellung darauf hin – immer gesellschaftliche Entwicklungen widergespiegelt, manchmal allerdings auch konterkariert.

Die neueste Entwicklung im Schach spiegelt nicht nur die weltpolitischen Geschehnisse wider – die Auflehnung von Individuen gegen bürokratisch-diktatorische Machtapparate –, sie ist sogar unmittelbarer Teil dieses Prozesses. Während des kalten Krieges war das Weltschach eine sowjetische Familienangelegenheit; der Weltschachbund «Fide» war vom Wohlwollen der Sowjetunion abhängig, die das Schach mit allen

Mitteln förderte, um der Welt die geistige Überlegenheit des sozialistischen Systems zu beweisen. Nach dem Zusammenbruch dieses Systems suchten viele Großmeister ihr Glück im Westen, in den USA, in Deutschland, Frankreich, Spanien, den Niederlanden und Großbritannien.

In diesen westlichen Ländern aber erhielten sie weder vom Staat Unterstützung, noch fanden sich nennenswerte Großsponsoren, die auf diesen Sport setzten. Es mußte etwas geschehen. Wir mußten uns von dem unbeweglichen Weltschachbund «Fide» lösen und einen eigenen Verband gründen: die PCA (Professional Chess Association), die ähnlich wie der Tennisverband ATP professionelle Großveranstalter beauftragt, Turniere zu organisieren: attraktiv für Zuschauer, Sponsoren und Spieler. Mir war schon lange klar, daß das Schach größeres Zuschauerinteresse erlangt, wenn der Turnierablauf so gestaltet wird, daß das Spielgeschehen als dramatisches Ereignis in Fernsehübertragungen darstellbar wird.

Und auch den Sponsoren wird mit dem Schach ein Image geboten, mit dem sie sich identifizieren können. Schach ist ein edler, ein intellektueller Sport. Viele Menschen wollen heute im Kampf mehr Intellekt sehen. Wir leben im Zeitalter der Computer, der künstlichen Intelligenz, die mit dem menschlichen Geist konkurriert. Schach paßt in diese Zeit.

Neben dem intellektuellen Reiz des Schachs ist der erzieherische Wert von Bedeutung. Ich möchte als Schachweltmeister erreichen, daß in allen Schulen ein Jahr Schachunterricht – etwa in der siebten oder achten Klasse – gegeben wird. Schach lehrt die Schüler Logik, entwickelt die Phantasie, erzieht zu Selbstdisziplin und Entschlossenheit. Vor allem aber lehrt es die Dreizehnjährigen spielerisch, Verantwortung zu übernehmen. Du übernimmst Verantwortung für deine Entscheidungen: Du ziehst Nutzen aus deinen richtigen Zügen, du zahlst für deine Fehler. In der siebten Klasse bekommen die Kinder normalerweise noch nicht viel Verantwortung übertragen. Schach ist ein sehr einfacher und schöner Weg, diese zu entwickeln. Logik, Phantasie, Selbstdisziplin, Entschlossenheit und Verantwortung, das sind einzigartige Qualitäten. Darüber hinaus enthält Schach eine starke künstlerische Komponente: Die Freude an einer gelungenen Kombination erfüllt das Herz des Menschen wie Musik.

Aber natürlich reicht das Image des Schachs allein nicht aus, ein Massenpublikum zu begeistern. Das klassische Schachturnier mit seinen langen Bedenkzeiten bietet nicht soviel Action und Szenenwechsel wie ein Tennismatch. Um die Zuschauer in den Bann zu ziehen, bedarf es nicht nur technischer Finessen wie der Lipstick-Kameras, die den emotionalen Streß der Spieler aus nächster Nähe einfangen, und erstklassiger Kommentatoren, sondern auch Änderungen des Turnierreglements. Tatsächlich sind in unserer Schachrevolution die Spieler selbst das Hauptproblem. Die meisten Schachkünstler leben nur in der abgeschlossenen Welt der 64 schwarzen und weißen Felder. Unsere neue, große Schachwelt ist für viele ein anderer Planet.

Die meisten Spieler haben Probleme im Umgang mit der Presse und der Öffentlichkeit. Sie scheuen Öffentlichkeit. Doch die Öffentlichkeit will ihre Helden sehen. Natürlich kann man introvertierte Einzelgänger nicht in kommunikationsfreudige Gesellen verwandeln, denen es Spaß macht, mit der Presse zu plaudern. Viele junge Menschen haben verstanden: Du mußt kommunizieren, du mußt dich der Welt mitteilen. Viele Spieler müssen dies erst lernen.

Die meisten Schachgroßmeister akzeptieren die publikumswirksamen Schnellschachturniere inzwischen als Schaukämpfe, die für die Zukunft des Schachs lebensnotwendig sind. Lebensnotwendig aber sind auch weiterhin die klassischen Schachturniere, Zweikämpfe mit der langen Bedenkzeit von zwei Stunden für vierzig Züge pro Spieler. Dabei kann es natürlich zu stundenlangen handlungsarmen Denkphasen kommen, in denen wenig geschieht. Diese Situationen müssen durch eloquente und kenntnisreiche Kommentatoren überbrückt werden. Zuschauer, die zu Hause Fünfstundenspiele am Fernseher verfolgen, können zwischendurch ja auch einfach mal abschalten, essen, lesen, zappen oder sonstwas tun (so wie Baseballzuschauer in Amerika), um sich dann ein paar Züge später wieder einzuschalten. Sie können die Stellungen selbst oder mit Schachprogrammen analysieren.

Computer greifen immer stärker in die Schachwelt ein. Dank immer besserer Hardware werden sie immer schneller und können bald Milliarden Stellungen pro Variante durchrechnen und gelegentlich eine Partie beherrschen, aber sie verstehen nichts vom Schach, nichts von der Schönheit des Spiels, nichts von den Emotionen des Spielers.

Menschen und Computer spielen ein völlig unterschiedliches, unvergleichbares Schach. Deshalb meine ich, daß Menschen, die ja ihre Entscheidungen mit Hilfe von Intuition, Gefühl und begrenzter Rechenkapazität treffen, sich nicht mehr auf klassischen Turnieren mit den gefühllosen, aber auch fehlerlosen Rechenmaschinen messen sollten. Sie sollten in getrennten Wettbewerben spielen.

Ich glaube aber, daß besonders organisierte Schachveranstaltungen unter dem Motto «Mensch gegen Maschine» demnächst Experimente von höchster wissenschaftlicher Bedeutung sein können.

Auch können Computer und moderne Technik die Möglichkeiten des Schachs erweitern. Vorstellbar ist demokratisches Massenschach. Städtekämpfe: Zweistundenpartie Hamburg–Düsseldorf. Jeder Bürger kann einen Zug vorschlagen. Die häufigste Empfehlung wird gespielt.

Aber bis zur Realisierung aller Möglichkeiten liegt noch ein langer, schwieriger Weg vor uns; vielleicht dauert es noch fünf Jahre, vielleicht bin ich dann nicht mehr Weltmeister. Aber mir liegt die Zukunft des Schachs mehr am Herzen als der Weltmeistertitel. Wir haben jetzt die Chance.

Die Zukunft mit 65 Dezibel

New York, Juli 1994

«Sehen Sie sich das an: das ist unglaublich. Dieser wilde Springer kracht mitten ins feindliche Lager und greift wie ein Oktopus mit vielen Armen in alle Richtungen, zerrt gleichzeitig an mehreren schwarzen Figuren. Aber kann Short nicht dieses Tier einfach killen?» Die Stimme steigert sich auf mindestens 65 Dezibel und 550 Buchstaben pro Minute. «Nein, er kann nicht, weil dieser Springer gleichzeitig den Weg frei gemacht hat für seinen Läufer, der wie ein Laserstrahl übers Brett direkt in die Festung des schwarzen Königs schießt. Sehen Sie sich Nigels Gesicht an. Er nagt an der Lippe. Sein Haus ist ein Trümmerhaufen. Er baut seinen Turm vor dem beschossenen Bauern auf. Aber da beamt der weiße Läufer ins Zentrum, ändert seine Richtung wie eine Schlange im Wasser und schlägt der Dame ins Gesicht. Die taumelt ins Nirgendwo wie ein angeschlagener Boxer. Jetzt schnappt sich der Polyp den schwarzen g-Bauern, und schon stürmt der weiße f-Bauer zum Touchdown. Kann Short sich retten? Ihm bleiben noch eine Minute und 22 Sekunden auf seiner Uhr. Aber die Zeit läuft ab. Unglaublich. Bam. Bam. Bam. Das ist der Knock out. Es ist alles vorbei, Baby Black.»

Die Zuschauer in der Special-Event-

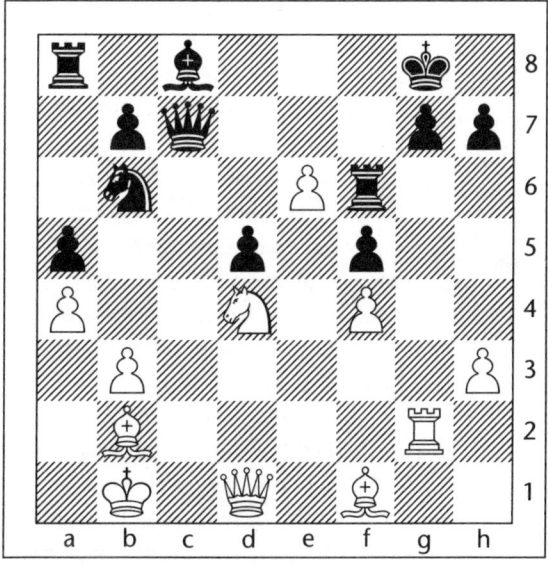

Wie ein Oktopus · Stellung vor 25. Sxf5.

Hall im New Yorker Jacob-Javits-Center, die die Ereignisse mit den Augen auf der Bühne und auf Drei-mal-drei-Meter-Bildschirmen sowie per Kopfhörer aus der Kommentatorenkabine verfolgt haben, springen auf, werfen für die Siegerin Judit Polgar Blumen auf die Bühne und jubeln wie bei einem Siegtor in der Fußballweltmeisterschaft.

«It's fantastic. Ich habe Schach noch nie so spannend, so aufregend erlebt», sagen gleich mehrere erfahrene Turnierbesucher klassischer Schachveranstaltungen. Sie erlebten soeben

Polgar – Short,
Schnellschach
New York, 1994

1. e4, e6
2. d4, d5
3. Sc3, Sf6
4. e5, Sfd7
5. Sce2, c5
6. c3, Sc6
7. f4, cxd4
8. cxd4, f5
9. Sf3, Sb6
10. h3, Le7
11. g4, Lh4+
12. Sxh4, Dxh4+
13. Kd2, Df2
14. b3, Sxd4
15. Kc3, Df3+

11

16. Kb2, Dxh1
17. Sxd4 Dh2+
18. Kb1, 0–0
19. a4, a5
20. Ta2, Dg3
21. Tg2, Dc3
22. gxf5, exf5
23. Lb2, Dc7
24. e6, Tf6
25. Sxf5, Tg6
26. Le5, Dd8
27. Sxg7, d4
28. f5, Txg2
29. Lxg2, Dg5
30. Dh5, Dxh5
31. Sxh5, Ta6
32. Lxd4, Sa8
33. Ld5, Sc7
34. e7+, Le6
35. Lxe6+, Txe6
36. fxe6, Se8
37. Sf6+, Sxf6
38. Lxf6, h5
39. e8D+, Kh7
40. Df7+ 1–0

Schach in einer neuen Dimension. Schach, bei dem das Brett – riesig vergrößert – sich in eine Mischung von Fußballstadion, Boxring und einem Piranhaaquarium verwandelt hat, während die Spieler wie auf elektrischen Stühlen sitzen. Jede Regung des Gesichts wird mit «Lipstick»-(Nah)-Kameras eingefangen und ebenfalls übermenschlich vergrößert. In diesem Spiel, ein Schnellschachmatch von je 25 Minuten, kämpfte der letzte WM-Herausforderer Nigel Short gegen die beste Schachspielerin der Welt, Judit Polgar. Nachdem sie schon von Short in der Eröffnung überspielt war, konnte sie mit raffinierten Gegenzügen ihren Kopf aus der Schlinge ziehen und in einem furiosen Gegenangriff den WM-Kandidaten regelrecht massakrieren.

Der Polgar-Geist erschien im siebten Spiel der ersten Runde, in dem sich die Ungarin für die zweite Runde, das Viertelfinale, qualifizierte. Hier wird die zierliche achtzehnjährige Superfrau, die schon mehrere Großmeister k. o. kombinierte, auf den neuen Jungstar der Szene, den gleichaltrigen Wladimir Kramnik, Nummer vier der Weltrangliste, treffen.

Im zweiten Spiel muß sich der Weltmeister Garry Kasparow mit seinem stärksten Widersacher, der Nummer drei der Weltrangliste, Vishwanathan «Vishy» Anand, messen. Altmeister Viktor «der Schreckliche» Kortschnoi hat sich für ein Match gegen das Rechengenie Iwantschuk (Nummer fünf) qualifiziert, während Englands neue Hoffnung Michael Adams auf den Bosnienflüchtling Pedraić Nikolić stößt.

Die Viertelfinalisten spielen jeweils zwei Partien (eine weiß, eine schwarz) gegeneinander, bei denen jeder für die gesamte Partie 25 Minuten Bedenkzeit hat. Wenn nicht vorzeitig eine Entscheidung fällt, verliert der, dessen Zeit zuerst abgelaufen ist. Eine Partie dauert also höchstens 50 Minuten. Bei Gleichstand nach zwei Partien entscheidet ein Tie-Break-Blitz: Weiß hat für die Partie sechs Minuten, Schwarz nur fünf, wobei Schwarz ein Remis für den Matchsieg reicht. Für die vier Matches werden also höchstens acht Stunden gebraucht. Am Tag darauf finden Halbfinale und Finale statt. Schach im Zeitraffer.

Nicht nur, daß die Partien live von einem Meisterduo akustisch (per Kopfhörer) und optisch (mit Markierungen, Strichen und Pfeilen auf dem Riesenbildschirm) kommentiert wurden, in den kurzen Pausen zwischen den Partien gibt ein Großmeister zudem noch «Post-mortem»-Analysen des gerade beendeten Kampfes.

Der «Intel World Chess Grand Prix» in New York ist mit einem Preisgeld von 160 000 Dollar das bisher aufwendigste und professionellste Schachturnier des neuen Stils. Die Veranstalter wollen das langsame, schweigsame Spiel der Könige in einen lauten, rasenden, aufregenden und vor allem einträglichen Massensport verwandeln.

Tatsächlich wuchs in den letzten Jahren die Zahl der Schachspieler rapide, aber die traditionellen Turnierformen lockten immer weniger Zuschauer an: Ein Dutzend etwa waren es beim wichtigen WM-Qualifikationsturnier in Biel im vergangenen Jahr oder bei dem am stärksten besetzten Turnier aller Zeiten, Linares 1993.

Auf solchen Veranstaltungen spielen etwa zwölf Matadoren jeder gegen jeden eine Partie, die im Durchschnitt – bei einer Bedenkzeit von zwei Stunden für 40 Züge – fünf Stunden dauert. Da zieht sich das ganze Turnier über 14 Tage hin – für das Publikum eine oft ermüdende Zeit. Gewöhnlich pendelt der Zuschauer zwischen dem Spielsaal, wo er den stoischen, unbeweglichen Meistern alle drei Minuten auf die Zugfinger gucken, aber den Tiefsinn des meisterlichen Brütens meist nicht nachvollziehen kann, und dem Kommentatorenraum, wo ein Großmeister einige Partien analysiert, ein Erlebnis, das der Schachliebhaber auch zu Hause mit einer Schachzeitung nachvollziehen kann. Wegen der langen Brütphasen, die schon mal bis zu einer Stunde für einen einzigen Zug dauern können, geht auch den Kommentatoren zuweilen die Luft aus, und das Interesse der Zuschauer erlahmt. Was Wunder, daß das Fernsehen, das Sponsoren und somit Geld anlocken könnte, seinem Publikum überaus zurückhaltend längere Non-action-Perioden zumutet.

Auf Abhilfe sinnen einige Veranstalter, die seit Jahren an neuen Turnierformen herumbosseln. Zunächst verkürzten sie die Bedenkzeit – auf eine Stunde pro Spieler und Partie –, strafften also die Spieldauer und schoben zeitraubenden Hängepartien einen Riegel vor.

Eine zweite, tiefgreifende Regeländerung ersetzte das langwierige Spiel eines jeden gegen jeden durch ein K.-o.-System, das wie beim Tennis die Teilnehmerzahl pro Runde halbiert, und die Turnierdauer etwa für 16 Teilnehmer von drei Wochen (inklusive spielfreier Tage) auf drei bis vier Tage reduziert, zur Freude der Sponsoren.

Mit dem K.-o.-System wollten die Veranstalter freilich nicht nur die Turnierdauer verkürzen, sondern auch die bei Großmeisterturnieren üblichen Punkteteilungen, die sogenannten «Salonremisen», unterbinden. «Die Zuschauer wollen Blut sehen», sagte Judit Polgar 1989 bei einem der frühen Zeitrafferturniere in Köln. Damals – die Gegner spielten im K.-o.-System jeweils eine Partie über zwei Stunden – wollte allerdings das Schicksal, daß bereits in der ersten Runde die Topstars Tal, Spassky, Polgar, Hort und Wahls ausschieden. Um die Gefahr solcher Außenseitersiege (und die Abreise der Zugpferde) zu verringern, haben sich die Veranstalter des neuen Grand Prix für einen Zweipartienmodus plus Tie-Break entschieden.

Dieser Grand Prix, der auf vier Turnieren in Moskau, New York, London und Paris ausgetragen wird, geht auf die Initiative von Weltmeister Garry Kasparow zurück.

Als Kasparow im Jahre 1993 aus dem Weltschachverband Fide ausstieg, wollte er nicht nur einen Königsangriff gegen den ihm verhaßten Präsidenten Campomanes einleiten, sondern er wollte vor allem das Schach von der Bürokratie der «Fide-Schmarotzer» befreien und es für das Publikum und für hochkarätige Sponsoren gleichermaßen attraktiv machen: «Schach muß wie Tennis werden!» forderte er.

Doch wie sollen die Darbietungen der langsamen Brüter mit dem aktionsreichen Tennisspiel konkurrieren können, zumal die Tenniszuschauer die Aktionen ihrer Stars sehr wohl verstehen (auch wenn sie selber ganz schwach spielen), während der normale Schachzuschauer den meisterlichen Tiefsinn kaum nachvollzieht. Immerhin sollte schon durch die Verkürzung und Beschleunigung der Partien mehr Action ins Spiel gebracht werden. Die Meister müssen nicht nur öfter ziehen, durch den Speedchess-Streß wird auch die Körpersprache und die Mimik immer interessanter. Man muß die Akteure nur auf riesigen Bildschirmen hautnah vorführen und die Aktionen von Schachkennern und Psychologen interpretieren lassen. Die Kommentatoren sollen den Kampf, der in den Köpfen der Spieler stattfindet, den Zuschauern nicht nur in seinen Ergebnissen, den Zügen, zeigen, sondern sie sollen die Geburtswehen direkt an der Körpersprache ablesen. Es gilt, das Zupfen am Ohr, das Wischen der Augen, Kratzen am Kinn, Erblassen und Erröten, das Zittern der Füße, das Vor- und Zurücklehnen zu beobachten und zu bewerten und das alles in Verbindung zu setzen mit der Stellung auf dem Brett und dem Countdown der Schachuhren.

In New York hörte sich das so an: «Look at him! Sein Gesicht ist gar nicht mehr glücklich. Er schaut in den Himmel, verdreht die Augen. Jetzt beugt er sich über das Brett. Er haßt die Stellung, er haßt die Figuren, sie stehen schrecklich zusammenhanglos in der Gegend herum. Das ist ein Hühnerhaufen, nicht eine Stellung. Kein Zusammenwirken der Kräfte. Am liebsten würde er wahrscheinlich mehrere Figuren verrücken. Aber er hat nur einen Zug. Sehen Sie, seine Zeit tickt weg. Noch 3 Minuten 43 Sekunden für den Rest der Partie. Sein Gegner hat über sechs Minuten. Sehen Sie ihn an, er lauert wie eine Katze, sprungbereit. Aber Kasparow sieht bekümmert aus. Oder schon verzweifelt? Vermutlich rechnet er jetzt die Folgen von Turm e7 aus. Was kann Weiß darauf spielen? Da gibt es mehrere gute Züge, zum Beispiel... Aber jetzt pflanzt er seine Dame mitten ins Brett. Die steht da feldbeherrschend wie Michael Jordan. Das ist gefährlich. Vielleicht kann er einen Bauern gewinnen. Ein Bauer – das sind 15 Punkte beim Basketball. Ein Tor beim Soccer. Mein Gott, ich glaube, er hat das Blatt gewendet...»

Tatsächlich schafft es das Kommentatorenteam in New York, jede Partie als einen verständlichen, ja logischen Zweikampf zu schildern, der durch den Vortrag – Lautstärke, Tonfall und Metaphorik – eine Dramatik erhält, wie sie sich wohl nur in den Köpfen der Matadoren ereignet. Während einer der Kommentatoren, Großmeister Damiel King aus London, in feinem Queens-English die langfristigen strategischen Perspektiven der Holzfiguren erklärt, fällt ihm sein Partner Maurice Ashley aus Brooklyn immer wieder mit den wilden Schilderungen der taktischen Schläge ins Wort. «Unglaublich. Dieser Bursche will den König ganz persönlich killen. Sehen Sie sich das an:

14

Er droht, nach g6 zu rutschen und den alten Sack in den Sumpf zu stoßen.»

Der Kontakt zwischen Spielern und Publikum, den die Mittler in der Box durch ihre Kommentare herstellen, wird noch verstärkt durch die vier Großbildschirme, die auf der Bühne hinter den Matadoren aufgebaut sind. Auf einem Schirm wird ein Diagramm der aktuellen Stellung gezeigt; auf zwei anderen sind die Gesichter der Kontrahenten zu beobachten, die von sogenannten Lipstick-Kameras direkt vor ihrer Nase gefilmt werden; auf dem vierten Schirm, der das Brett von oben zeigt, können die Kommentatoren von ihrer Box aus Zeichen setzen, Striche und Pfeile malen, die die Absichten und Chancen, sozusagen die Gedankengänge der beiden Akteure, am Brett veranschaulichen. Schließlich teilt ein Computer des Sponsors Intel (ein Pentium, der kürzlich im Blitzschach die gesamte Weltelite geschlagen hat) noch seine jeweilige Einschätzung der Stellung auf einem Bildschirm mit. In dieser totalen Schachorgie wird der Zuschauer optisch und akustisch so intensiv in die Partie einbezogen, daß er schließlich nicht mehr weiß, ob er ein Spieler oder eine Figur ist.

Maurice Ashley, der aus Jamaica stammende Beschwörer dieses Schachrausches, gegen dessen Wortflut deutsche Sportreporter unbeholfene Stotterer sind, ist im Hauptberuf keineswegs ein Rundfunk- oder Fernsehmann, sondern angehender Großmeister und Lehrer an Harlemer Schulen, an denen er die Kids für das Schachspiel zu begeistern sucht. Um das abstrakte Spiel für

die Kinder lebendiger zu machen, erzählt er, «habe ich die Figuren und den Kampf – frei nach Aesop-Fabeln – mit der Tierwelt, aber auch mit dem amerikanischen Sport verglichen». Mit Erfolg. Nicht nur, daß in seinen Klassen die Schachbegeisterung mehr als 60 Prozent der Schüler erfaßt, sogar hier im Saal rollen die Teenies aus Harlem ihre Schachunterlagen auf dem Boden aus und brettern ihre eigenen Blitzpartien herunter.

Währenddessen diskutieren Erwachsene die eben abgelaufene Partie. Erstaunlich allemal: Sie haben nicht nur «den Thrill eines Kampfes um Leben und Tod» in den Gliedern: «Ich habe sogar die Partie verstanden, was ich als Zuschauer bei Fünfstundenpartien nie so erlebt habe». Vielleicht sind die Schnellpartien für den Laien verständlicher, weil sie wegen der kürzeren Bedenkzeit nicht ganz so tiefsinnig sind.

«Sie sind einfach schlechter», sagt Altmeister Viktor Kortschnoi, der in der ersten Runde gewonnen hat, aber den ganzen Trend zum Schnellschach ablehnt. Er bescheinigt den Speedchess-Partien eine so geringe Qualität, daß er sie eigentlich «nicht mehr zum richtigen Schach» rechnet, und bat einen Schachmagazin-Redakteur, seine heutige (Gewinn-)Partie nicht zu veröffentlichen, «weil sie mir so peinlich ist. Speedchess bedeutet das Ende, den Tod des Schachs.» Zumal wenn es, was er befürchtet, in den nächsten Jahren das klassische Schach ganz aus den Turniersälen verdrängt wird.

Nun kann man sich freilich fragen, ob dieses Schnellschach, wenn es denn pro Match Tausende von Zuschauern statt zwanzig begeistert, nicht eher einen neuen Anfang, eine Wiedergeburt des Schachs bedeutet als Ende und Tod.

Doch soviel ist gewiß: Die Dreifaltigkeit des Schach – Kunst, Wissenschaft und Sport – wird eine Verschiebung zugunsten des sportlichen Aspekts erfahren. In welchem Ausmaß die künstlerische Qualität der Partien beim Speedchess leidet, ist nicht meßbar (keinesfalls analog zur Zeitverkürzung um 80 Prozent). «Vielleicht um 20 Prozent», schätzen manche Meister. «Einige Partien», sagt Wladimir Kramnik, «haben durchaus klassische Qualität, andere haben schwere Fehler, aber die gibt's auch in Langzeitpartien. Nur nicht so oft.» Fehlerfreie Schnellpartien führte Kramnik gegen den anderen Supergroßmeister Wassili Iwantschuk in den Halbfinalmatches vor, für die sich außer Kramnik (gegen Judit Polgar) Iwantschuk (gegen Kortschnoi), Kasparow (gegen Anand) und Nikolić (gegen Adams) qualifiziert haben.

Kramnik und Iwantschuk liefern sich zwei hochinteressante, fehlerlose Partien, die deshalb mit Remis enden: Tie-Break. Kramnik gewinnt die Wahl und entscheidet sich für Schwarz, was bedeutet, daß er mit fünf Minuten gegen sechs von Iwantschuk nur ein Remis halten muß, um im Finale gegen Weltmeister Kasparow zu spielen, der sich in zwei Partien gegen Nikolić durchgesetzt hat.

Iwantschuk startet die Partie mit einem wilden Angriff, opfert einen Springer, um gleichzeitig einen Bauern als Keil in die schwarze Rochadestellung zu treiben. Kramnik verteidigt sich trotz des wahnsinnigen Tempos umsichtig, kann aber nicht verhindern, daß Iwantschuk die geopferte Figur zurückgewinnt – bei einem Mehrbauern. Iwantschuk hat eine gewonnene Stellung erreicht, aber seine Zeit ist abgelaufen. Nach dem 46. Zug sind seine sechs Minuten verronnen, bei 26 Restsekunden für Kramnik, der jetzt gegen Kasparow antreten darf.

Der Weltmeister brennt auf die Revanche gegen Kramnik, der ihn im ersten Grand-Prix-Turnier im Frühjahr in Moskau ausgebootet hat.

Garry überfällt den coolen Kramnik mit einem so furiosen Opferangriff, daß es sogar dem Maschinengewehr Caissas die Sprache verschlägt. «Was ist hier los?» fragt Ashley verzweifelt und läßt die Kopfhörer verstummen. Das Brett steht wahrlich in Flammen, Garry hat nacheinander Springer, Läufer und Turm geopfert, vier Figuren «hängen», um geschlachtet zu werden, und niemand im Saal weiß, wie das weitergehen soll. Auch Garry nicht. In überlegener Stellung verpaßt er aufgrund der kurzen Bedenkzeit den richtigen Zug und muß sich mit Remis zufriedengeben.

Wenn Kramnik die zweite Partie gewinnt, ist er Turniersieger. Er überrascht den Weltmeister mit dem ersten Zug, e4, einer Eröffnung, die er, Kramnik, seit drei Jahren nicht gespielt hat. Der verblüffte Kasparow verbraucht bereits mit seinem ersten und zweiten Zug fast eine Minute und findet auch danach kein klares Konzept gegen

Kramniks geduldig druckvolles Power-spiel. Selbst mit überraschenden Zügen, die die Herren in der Kommentatoren-kabine schon an eine Wende glauben lassen, kann er den 18jährigen Kramnik nicht aus der Ruhe bringen. Dieser hat meist einen dreiminütigen Vorsprung bei besserer Stellung. Kasparow wird immer nervöser. Verzweifelt fleht er den Himmel um Hilfe an. Der Himmel schweigt. Die Zeit tickt weg. Die Züge kommen immer schneller, aber auch ungenauer. Kramnik hat erst einen, dann zwei Mehrbauern, die er zum «Touchdown» (Ashley) nach vorne schiebt. Bei einer knappen Restminute und einem Matt in neun Zügen vor Augen gibt der Weltmeister auf und rennt von der Bühne. Kramnik springt in die Luft und stößt die Beckerfaust über die Schlußstellung auf dem Schach-brett. Das Publikum tobt wie nach einem K.-o.-Sieg von Muhammad Ali.

Der Verlierer muß wie in Wimble-don zuerst zur Siegerehrung erschei-nen. Aber Kasparow weigert sich erfolg-reich zehn Minuten lang, dem Ruf der Veranstalter zu folgen. Wie ein gefan-gener Tiger im Zoo rochiert er back-stage von Wand zu Wand. Endlich ist er bereit, als Verlierer sein Baby, das «Schach der Zukunft» zu feiern. Über sein Gesicht rollen trockene Tränen. Er kann es noch nicht fassen. Pflichtschul-dig, aber nuschelnd kommentiert er seine Niederlage. Der Moderator trö-stet ihn: «Du bleibst doch Weltmei-ster.» Garry bockig: «Aber nicht im Schnellschach.» Selbst der Trostschrei eines schönen Groupies – «Garry, we all love you!» – kann ihm kein Lächeln abgewinnen.

Auch der Sieger Kramnik kann nur flüstern. Und sogar Ashley, der seine Emotionen sonst nicht in Schach halten kann, schweigt eine Minute.

Die indische Eröffnung

Ende des achten Jahrhunderts besuchte ein besorgter Religionshüter den Kalifen Harun al-Raschid in Bagdad und wollte wissen: «Was ist Schach?» Der Nachfolger des Propheten versetzte: «Was ist das Leben?»

Gute Fragen. Mit seinem Gegenzug gab der schachbesessene Kalif nicht nur Definitionsprobleme zurück. Durch den Vergleich mit dem Leben, den Schachgroßmeister bis heute als Botschaft verbreiten (Spasskys «Schach ist wie das Leben» übertrumpfte Bobby Fischer trocken: «Schach ist das Leben»), erhob der Kalif es zugleich über jeden Zweifel, der an der frisch aus Persien importierten Kriegsbeute nagte.

Damals galt es herauszufinden, ob es sich bei dem Brett mit den 64 Feldern und den 32 Figuren um ein (bewegliches) Bild oder um ein Spiel (damals gehörten zu Brettspielen Würfel) handelt, und zwar um eins, das gläubige Moslems zu meiden hatten.

Die Frage ist inzwischen geklärt worden: Schach ist ein Spiel, das Gläubige (außer im modernen Persien) nicht meiden müssen. Aber es ist zugleich mehr als ein Spiel. Schach wurde inzwischen auch als Kunst, als Wissenschaft, als Religion (der Historiker Ricardo Calvo) gefeiert und – wegen des Wettkampfaspektes – auch als Sport definiert. Seit Ende der achtziger Jahre druckt sogar die *FAZ*, die Schach jahrzehntelang unter «Vermischtes» rubrizierte, Schachberichte im Sportteil ab.

Schach im ausgehenden 20. Jahrhundert – das ist vor allem Sport. Sport extra. Catch-as-catch-can. Cash-as-chess-can. Nehmen wir 1994: Es geht um Millionen Dollar und drei Weltmeister, die sich hassen, schlagen, beleidigen und aggressiv ignorieren. Sie bieten der Welt kleinkarierte Fehden. Sie sehen sich selbst als götterähnliche Übermenschen, die sich ihre eigenen Regeln schaffen.

Vielleicht sollten die drei die Analyse der neuesten Killervarianten unterbrechen und wieder von vorn anfangen, bei der Schachgeschichte. Eine der zahlreichen Legenden über die Entstehung des Schachs berichtet von einem hochmütigen König, der sein Volk mißhandelte, weil er es verachtete. Da der eitle Herrscher nicht einmal Kritik seitens seiner Freunde und Vertrauten ertrug, erfand ein weiser Brahmane das Schachspiel, um dem verblendeten König anschaulich zu machen, daß er auch seine Bauern braucht zum Überleben. Der König verstand die Botschaft und wandelte sich zu einem weisen Herrscher, der sein Volk hegte wie sich selbst. Und da er nicht gestorben ist, lebt er noch heute – auf dem Schachbrett.

Auch wenn die derzeitigen Schachweltmeister diese wahrhaft königliche Haltung zuweilen vermissen lassen, es gibt außer unseren drei Weltmeistern noch 470 Großmeister, 1342 Internationale Meister aus aller Welt und Millionen Kleinmeister in aller Welt. Sie spielen von der Arktis bis zur Antarktis, in Bayern und Bosnien, in China und in Chile, in Weißrußland und Schwarzafrika, auf dem Traumschiff und im Raumschiff.

Sie spielen die englische, französische, holländische, indische, italienische, russische, schottische, sizilianische, skandinavische, slawische, spanische Eröffnung, Cambridge-Springs, Wiener Partie, Wolga-Gambit und Dutzende weiterer, und alle Eröffnungen in Hunderten von Varianten.

Sie spielen Turnierschach und Kaffeehausschach, Fernschach über zwei Jahre und Blitzschach über fünf Minuten. Sie spielen, um zu spielen; vor allem aber spielen sie, um zu siegen: Es gilt, in einem meist Stunden dauernden, lautlosen Zweikampf einen Gegner allein durch das Gehirn und (beim Turnierschach) mit zehn simplen Handgriffen pro Stunde niederzuringen.

Sie spielen um Geld oder zum Spaß, aus Ehrgeiz, um das eigene Ego aufzubauen oder das des Gegners zu «zerbrechen», was Psychokiller Bobby Fischer einmal als Hauptmotiv für seine Leidenschaft genannt hat.

Allerdings ist für den wahren Könner die süße Frucht des Sieges nicht das einzige Ziel seiner Anstrengung. Er möchte nicht nur den sportlichen Triumph und damit Ruhm, Geld und Macht ernten, sondern er will die ganze Welt des Schachs mit der Schönheit seines Sieges, mit einer besonders gelungenen, unerwarteten Aktion seiner Figuren, einer «Kombination», begeistern. Seine Partie wird aufgeschrieben, verbreitet und nachvollzogen, nachgelesen wie eine Kurzgeschichte oder eine Ballade, nachgespielt wie eine Sonate.

Oder analysiert wie eine wissenschaftliche Abhandlung. Denn die Notation einer gelungenen Partie ist nicht nur ein Kampfsportprotokoll und das Stenogramm eines Kunstwerks, sondern auch der Nachweis wissenschaftlicher Forschung über das geheimnisvolle Zusammenwirken der verschiedenen Figuren und ihrer versteckten Möglichkeiten in bestimmten Positionen. Immer wieder entdeckt jemand einen Zug, der sogar einen Weltmeister aus allen Wolken stürzen läßt. Allein über die Eröffnungsphase gibt es mehr als 30 000 verschiedene Bücher, mehr als über alle anderen Spiele und Sportarten zusammen. Es sind Bücher, durch deren Studium die meisten Leser ihre Spielstärke verbessern, aber auch den Geheimnissen des mysteriösen Spiels auf die Spur kommen wollen. Diese Suche nach Wahrheit, nach Vollkommenheit, der viele Schachspieler ihr Leben verschrieben haben, ist angesichts der unendlichen Vielfalt dieses Spiels ein vergebliches Mühen – gibt es doch theoretisch mehr verschiedene vierzigzügige Partien als Atome im Weltall. Auch die schnellsten Computer werden nichts daran ändern.

Dank seiner Vielfalt und Komplexität birgt das auf den ersten (und zweiten) Blick so simple Spiel tiefe Geheimnisse. Anfänger und Patzer spielen es mit derselben Begeisterung wie Großmeister. Selbst Spezialisten, die zehn oder mehr Partien gleichzeitig «blind» – ohne Ansicht eines Brettes – spielen und gewinnen können, sind dem Geheimnis, dem endgültigen Durchblick, nur unwesentlich näher gerückt als der Unbedarfte, der lediglich «weiß, wie die Figuren gehen».

Wunderbarerweise hat das unergründliche Spiel auch seinen Ursprung, seine Entstehung vor Forschern und Historikern geheimgehalten. Wer wann, wo und wie das große Spiel eröffnet hat, weiß niemand sicher. Es gibt Tausende Schachbücher, aber keine Bibel der Schachschöpfung.

Auf der Suche im Variantendschungel der Schöpfungsgeschichten haben sich viele Forscher auf Holzwege verirrt. Lokalpatriotismus, falsche Auslegung von Textstellen und Figurenfunden sowie Verwechslung von Hinweisen auf das ältere Nard-(Backgammon-)Spiel ließen Spekulationen blühen, die das China des fünften vorchristlichen Jahrhunderts als Wiege des Schachspiels ausmachten. Konfuzius wurde der Ausspruch «Schachspielen ist jedenfalls besser als ein voller Bauch und ein leerer Kopf» in den Mund gelegt. Andere entdeckten Ägypten als Heimat des Schachs, wo schachähnliche Figuren in Pharaonengräbern gefunden wurden. Natürlich darf auch das klassische Griechenland nicht unter den Kandidaten fehlen: Der listenreiche Odysseus (manche nennen auch Palamedes) soll schon vor Troja aus Langeweile Schach gespielt haben, was ihn denn auch zu dem heimtückischen Springerzug mit dem Trojanischen Pferd inspiriert habe. Hippokrates wiederum soll Schachspielen mit Erfolg gegen Diarrhö und Erysipel (Wundrose) verschrieben haben.

Der mittelalterliche Dominikanermönch Jacobus von Cessoles verbreitete die Legende, der persische Philosoph Xerxes habe das Spiel erfunden, um den grausamen babylonischen König Evilmerodach zu kurieren: das Schachspiel sollte ihn von Müßiggang und Boshaftigkeit ablenken und ihn vorausschauendes, logisches Denken lehren. Andere Legenden haben schon Aristoteles und Salomo zum Erfinder erklärt.

Zwar können die Brettspiele der Araber, Römer und Griechen, zu denen vor allem Würfelspiele wie das alte Backgammon und ein Viererschach gehören, im weitesten Sinn als Vorboten des Schachs gewertet werden, doch die meisten seriösen Schachhistoriker gehen heute darin einig, daß das eigentliche Schach – mit einigen Unterschieden zu den heutigen Regeln – um 500 n. Chr. im Nordwesten Indiens seinen Ausgang nahm und sich von dort wie geistige Lava in alle Himmelsrichtungen ausbreitete. Bei seinem Siegeszug um den Erdball flossen in Figuren, Regeln und Symbolik des Schachs vielfältige nationale oder kulturelle Eigenarten ein. In Ostasien entwickelte sich das Urschach beispielsweise zu dem noch heute gespielten chinesischen «Hsiang ch'i» (mit einem Fluß in der Brettmitte) und dem japanischen «Shogi» (Spiel der Generäle). Im Westen entwickelte sich das gemächliche Urschach schließlich zu dem dynamischen Powerplay, das heute in der ganzen Welt – in Ostasien neben den traditionellen Versionen – gespielt wird. Das moderne Schach ist also während seiner fünfzehnhundertjährigen Entwicklung um den ganzen Erdball gewandert – ein gemeinsames Werk von Menschen aus östlichen und westlichen Kulturen.

Für die Annahme, daß Schach aus Indien stammt, sprechen der indische Name *Tschaturanga* sowie die älteste literarische Quelle, ein Sanskrittext aus dem frühen 7. Jahrhundert, die Prosaromanze «Vasavadatta», in der der Autor Subandhu für eine Naturbeschreibung zu einer mutigen Schachmetapher greift.

> «Die Regenzeit trieb ihr Spiel mit den Fröschen,
> die gelb und grün lackiert wie Schachfiguren
> über die schwarzen Felder der Gartenbeete sprangen.»

Das Wetter als Großmeister der Natur.

Das Bild verrät immerhin auch, daß die indischen Spieler offenbar schon damals – wie ihre Nachfolger im 20. Jahrhundert – die Figuren nicht nur zogen und setzten, sondern sie mit federnden Handbewegungen auf dem Zielfeld aufspringen ließen.

Wenige Jahre nach Subandhu rühmte der Autor Bana im ältesten indischen Historienroman «Harshacharita» den friedliebenden König Sriharsha, der in Nordindien von 606 bis 648 regierte: «Unter diesem Herrscher streiten nur die Bienen beim Sammeln des Taus, die einzigen abgeschnittenen Füße sind Versfüße, Heere kämpfen nur auf dem Schachbrett.»

Das indische Heer bestand aus vier Waffengattungen: Infanterie, Kavallerie, Elefanten und Streitwagen, und hieß deshalb «das Vierteilige», *Tschaturanga*. Da die Grundstellung des Schachs dem indischen Heeresaufmarsch nachempfunden war, erhielt auch dieses Brettspiel den Namen *Tschaturanga*, «das Vierteilige».

Wie das Spiel erlebte auch sein Name bei seiner Reise um die Welt vielfache Metamorphosen: In Persien heißt es *Schatrang*, in Arabien *Tschatransch, Axedres* in Spanien, *Échecs* in Frankreich und *Chess* in England, wo das Spiel also immer noch, wenn auch verballhornt, «das Vierteilige» heißt.

Die deutsche Bezeichnung Schach hat eine andere Geschichte. Die Spielfigur des Königs, indisch *Raja*, erhielt in Persien die Bezeichnung *Schah*. Entsprechend wurde bei direktem Angriff auf den König der Warnruf übersetzt mit «Achtung, Schah!» Verkürzt zu «Schach!», wurde der Warnruf auch in Deutschland übernommen.

Ob der englische Warnruf *Check!* die englische Aussprache von Schach oder eine weitere Verballhornung von *Chess* ist, ob das Wort also auf das persische *Schah* oder das indische «vierteilige Spiel» zurückgeht, ist ein Rätsel, das nicht unbedingt gelöst werden muß. Vermutlich ist es eine elegante englische Verschmelzung beider Begriffe. Jedenfalls benutzte der königliche Rechnungsführer, der *Lord Exchequer*, schon seit der Normannenzeit ein Schachbrett *(Chequered Board)* für seine Abrechnungen, für seine *checks*, nämlich seine Schecks. So hat das Schach auch dem populärsten Zahlungsmittel unserer Zeit den Namen gegeben. Vielleicht erklärt sich aus dieser bemerkenswerten Entwicklung auch die Geldgier von Schachgenies wie Bobby Fischer, der in den sechziger und siebziger Jahren sensationell hohe Preisgelder für seine Auftritte forderte. (Und sie sensationellerweise auch erhielt.)

Aber zurück vom Scheck zum *Tschaturanga*, zum vierteiligen Heer, ein Name, der die modisch besorgte Frage nahelegt, ob Schachfiguren zu den Kriegsspielzeugen zu zählen seien. In der Tat wurde Nordwestindien um 500 n. Chr. von Kriegen, den blutigen Hunneneinfällen, heimgesucht. Historiker wie der spanische Schachmeister und Forscher Ricardo Calvo vermuten, daß «das Schachspiel eine philosophische und unblutige Antwort auf die ewige Wiederkehr von Kriegen war und die schrecklichen Kriegshandlungen im friedlichen Symbolismus des Schachspiels bannen wollte».

Nur sehr entfernt entspricht die schachliche Kraft, die Beweglichkeit dieser Figuren, jener der militärischen Vorbilder. Wenn man so will, hüpft der Springer tatsächlich roßartige Sidesteps, bewegt sich der Turm mächtig, gradlinig und schwerfällig wie ein sturer Kampfwagen, aber in der Bewegung des Läufers, der ursprünglich nur das übernächste Feld auf den diagonalen Linien besetzen konnte, einen Elefanten zu erkennen, fällt schon schwerer. Die heute mächtige Dame war beim Urschach der Farzin (Ferzin) oder Wesir, der Berater des Königs, der wie dieser nur einfeldrige Schritte unternehmen konnte. Daß aber ausgerechnet der König, um den sich die ganze Partie dreht, höchstpersönlich, und eventuell ganz allein, feindliches schweres Geschütz, etwa die Türme, attackiert und kassiert, entspricht nicht üblichem Kriegsgeschehen. Die Fortbewegung der Fußsoldaten, heute Bauern, die nur vorwärts marschieren dürfen, spiegelt allerdings wunderbar zynisch das reale Infanteristenschicksal wider. Gab es doch historische Schlachten, in denen den Soldaten der Rückzug unter der Androhung standrechtlichen Erschießens verboten war.

Immerhin trägt auch beim Schach der Bauer den «Marschallstab im Tornister». Falls er nämlich nicht geopfert oder getauscht wird und bei seinem tapferen Vormarsch die letzte Reihe des Gegners erreicht, wird er – früher zu einem Wesir, heute zu einer mächtigen Dame – befördert. Diese zweifache Umwandlung erklärt sich aus der transsexuellen Emanzipation des Wesirs, der im europäischen Mittelalter zur überragenden Dame oder Königin erhöht wurde.

Eine Besonderheit der Schachfiguren im Vergleich zu ihren militärischen Vorbildern ist ihre negative Kraft: Sie behindern ihre Mitstreiter oft mehr als die gegnerischen Truppen. Zwar können sich auch im Krieg wie bei vielen Mannschaftssportarten die Kampfgefährten gelegentlich im Wege stehen, aber nie in dem Ausmaß wie beim Schach. Tatsächlich gelingen die meisten Matts nur, weil der Mattgesetzte sich wichtige Fluchtfelder mit eigenen Figuren blockiert, ganz extrem beim wunderbaren «erstickten Matt», bei dem der König einem feindlichen Springerschach nicht entfliehen kann, weil er von eigenen Wächtern festgenagelt ist. Die oft kontraproduktive Anwesenheit der eigenen Figuren ist ein Hauptgrund für die Opferkombinationen großer Spieler, die mit der Beseitigung der eigenen Hemmschuhe ihren Angriff starten oder krönen. Schon in der Grundstellung werden die meisten Figuren von den eigenen Bauern gebremst. Hauptziel der Eröffnung ist es, die Figuren so weise zu «entwickeln», daß sie sich nicht gegenseitig stören.

Mehr noch als die Kräfte der Figuren unterscheiden sich ihre genau getimten Aktionen, nämlich die Züge, die abwechselnd ausgeführt werden müssen, von dem regellosen Zuschlagen auf dem Schlachtfeld der sogenannten Ehre. Die Züge versinnbildlichen beim Schach die Zeit, die die Veränderungen auf dem Brett, die Weiterentwicklung der Partie anzeigen. In der Welt des Schachs wird ein nutzloser Zug, auch wenn er noch keinen unmittelbaren Materialverlust oder offensichtlichen Stellungsnachteil bedeutet, Tempoverlust genannt.

Auch das dritte Element des Schachs, der Raum, der sich über acht mal acht Felder erstreckt und zur Hälfte mit den gleichstarken Truppen bestellt ist, wirkt durch seine Geometrie und Arithmetik wie ein magisches Meditationsquadrat, nicht wie ein blutiger Kriegsschauplatz.

Tatsächlich ist es ein magisches Quadrat, bestimmt von der magischen Zahl acht, die in der hinduistischen und auch in der islamischen Mystik für Ganzheit, Vollendung und Harmonie steht. Auch das Orakel des I-Ging besteht aus 64 Teilen. Und die liegende Acht (∞) ist das mathematische Zeichen für unendlich.

Allein mit den Zahlen auf dem Schachbrett lassen sich erstaunliche Kombinationen hervorzaubern. Wenn man die 64 Felder unten beginnend von links nach rechts durchnumeriert, sodann von jedem Rand die Achterblöcke der mittleren vier Doppelfelder, also beispielsweise (3, 4, 5, 6; 11, 12, 13, 14) mit den gegenüberliegenden (51, 52, 53, 54; 59, 60, 61, 62) drehsymmetrisch vertauscht, so entsteht ein Nummernquadrat, auf dem die Summe der Zahlen in sämtlichen Geraden und den großen Diagonalen immer die «magische Konstante» 260 (Quersumme 8) ergibt. Die Geraden und Diagonalen sind die Wege von König, Dame (Ferzin), Türmen und Läufern. Und die Springer? Wunderbarerweise kommt auch jede zweireihige Springertour – zum Beispiel: c1–e2–c3–e4–c5–e6–c7–e8 – auf die «magische Konstante» 260. Wahrscheinlich haben die Erfinder des Schachs den seltsamen Springerschritt dieser Zahlenmagie wegen so bestimmt.

57	58	6	5	4	3	63	64
49	50	14	13	12	11	55	56
24	23	43	44	45	46	18	17
32	31	35	36	37	38	26	25
40	39	27	28	29	30	34	33
48	47	19	20	21	22	42	41
9	10	54	53	52	51	15	16
1	2	62	61	60	59	7	8

Ein magisches Quadrat entsteht auch, wenn man die Viererquadrate in den Ecken – zum Beispiel 1, 2, 9, 10 – mit dem schräg gegenüberliegenden (64, 63, 56, 55) drehsymmetrisch vertauscht und das 16-Felder-Mittelquadrat um 180 Grad dreht.

Dieses magische Quadrat eröffnete den Buddhisten ein reiches Feld der Meditation. Der Engländer H. J. R. Murray zeigt in seinem Buch «History of Chess» ein tibetanisches Acht-mal-acht-Brett, das ihm als «Buddhist promotion-game» erscheint. Die zweite, vierte, sechste und achte Reihe sind mit religiösen Emblemen besetzt. Die Felder a8 und a7 zeigen den Bodhisattva Manjusri, die Felder h8 und h7 das Schwert der Weisheit. Daß dieses Brett sowohl für Meditationsübungen wie auch für das kriegerische Schachspiel verwendet wurde, legt die Vermutung nahe, daß buddhistische Mönche mit dem symbolischen Kriegsspiel auf dem Schachbrett eine unblutige Alternative zu den Kriegsgreueln bieten wollten. Dem Kulturhistoriker Hellmut Rosenfeld, der das Schach als «buddhistische Erfindung» bezeichnet, widersprechen andere Gelehrte mit dem Hinweis darauf, daß Buddha die Menschen ausdrücklich davor warnt, «sich in leichtfertigen Spielen … wie den Brettspielen … zu verzetteln (Große Sammlung, 1. Sutra, 14).

Doch zu Buddhas Zeiten wurden alle Brettspiele mit Würfeln gespielt. Anders als diese Glücksspiele entsprach das Schach insofern eher buddhistischen Lebensregeln, als es den Menschen nicht als fatalistisch, dem vorbestimmten Schicksal unterworfen, behandelte, sondern als freies Wesen, das sein Schicksal selbst in die Hand nehmen kann. So haben Buddhisten heutzutage gegen das Schachspiel nicht nur nichts einzuwenden, sie spielen es gern.

Die Erfindung des Schachs in buddhistischen Klöstern würde auch das merkwürdige Fehlen schriftlicher Entstehungsunterlagen erklären. Solche Texte sind vermutlich zusammen mit buddhistischem Schrifttum vernichtet worden, als in Indien der Buddhismus im 7. Jahrhundert vom Hinduismus ausgelöscht wurde.

Indes sehen auch Hinduisten im Schach eine Offenbarung des Kosmos, wobei der König, der ja nicht geschlagen, sondern nur in die Ermattung getrieben werden kann, für das Atman, für den ewigen Weltengrund steht. Fritz Siebert weist in seinem Buch «Skizzen und Studien zur Schachphilosophie» darauf hin, daß «das Schach den Krieg der Naturelemente Erde, Wasser, Wind, Feuer und Äther (Atman, Weltgeist) darstellt, die in den fünf Figuren symbolisiert sind, … die auf dem Schachbrett als Teile der kosmischen Materie ihre eigentümlichen Bewegungen ausführen». Die Bewegung der Schachfiguren leite sich von den geometrischen Symbolen der einzelnen Elemente ab: Das Quadrat (Symbol für Erde) werde durch die geradlinigen Turmbewegungen nachvollzogen, Springerzüge glichen Halbmonden (Wasser), die Läufer, die nur auf das übernächste Diagonalfeld ziehen können, zeichneten «verschränkte Dreiecke» (Luft), die damals nur einfeldrigen Schrägschritte des Wesirs formen einfache Dreiecke (Feuer), und der König, der auf jedes beliebige Nachbarfeld darf, beherrscht gleichsam einen Kreis, das Symbol für Äther oder Atman.

Mögen einige der Symbole gewagte Interpretationen sein, der Idee vom Schachbrett als Abbild des Kosmos folgten nicht nur sinnsuchende Schachphilosophen wie Siebert und Pavel Bidev. Der englische Naturforscher Thomas Henry Huxley, Großvater von Aldous und Julian Huxley, befand: «Das Schach ist die Welt. Die Steine sind die Erscheinungen im Weltall, und die Spielregeln sind die Naturgesetze.» Auch der Anthroposoph Rudolf Steiner vertrat die Ansicht, daß das Schach die Gesetze der Welt widerspiegelt. Der Literaturhistoriker Friedrich Gundolf sah im Schach «ein Medium der weltdurchfahrenden Gewalten: wie Ebbe und Flut folgen Zug auf Zug, wie Tag und Nacht kämpfen Weiß und Schwarz». Und Goethe schrieb in seinen Schriften zur Naturwissenschaft: «Die Natur hat uns das Schachbrett gegeben, aus dem wir nicht hinauswirken können, noch wollen; sie hat uns die Steine geschnitzt, deren

Wert, Bewegung und Vermögen nach und nach bekannt werden; nun ist es an uns, Züge zu tun, von denen wir uns Gewinn versprechen.»

Dank mangelnder Überlieferung der Entstehungsgeschichte des Schachs blühten Mythen und Legenden, die vielleicht doch mehr als ein Weizenkörnchen Wahrheit enthalten. Die berühmteste Schöpfungsgeschichte des Schachs ist die Legende von den Weizenkörnern.

Auch sie hat viele Gesichter. In allen Varianten begeistert ein weiser Mensch einen König (oder eine Königin) mit der Erfindung des Schachspiels so sehr, daß dieser (oder diese) dem Weisen zur Belohnung einen Wunsch freigibt. Der weise und offenbar schlitzohrige Erfinder wünscht sich scheinbar ganz bescheiden ein paar Weizenkörner, nämlich eins für das erste Feld auf dem Brett, zwei für das zweite, vier für das dritte, acht für das vierte und so weiter, immer doppelt so viele für das nächste Feld. In einigen Versionen der Legende lacht der König, in anderen ärgert er sich über den «lächerlichen Wunsch» und beweist damit, daß er die Dimensionen des Schachs überhaupt nicht begriffen hat. Die Zahl der gewünschten Körner übertraf nicht nur die Weizenvorräte in Indien und auf der ganzen Erde, sondern auch die Vorstellungskraft der Könige. Gefordert waren nämlich 18 446 744 073 709 551 615 Weizenkörner, oder mathematisch: $2^{64}-1$; bildlich: «Ein mit Körnern beladener Güterzug (20 Tonnen pro Waggon), der mit 80 km/h an uns vorbeiführe, zwei Waggons pro Sekunde, bräuchte 730 Jahre», wie die Schachzeitung *Rochade* ihren Lesern vorrechnete. In dieser Größenordnung liegt auch die Zahl der theoretisch möglichen Stellungen auf dem Brett mit den 32 Figuren. Jedenfalls gibt uns das Beispiel mit den Weizenkörnern einen Eindruck davon, was auf den 64 Feldern, die im Sanskrit bezeichnenderweise «Koshatagara», Kornkammern, heißen, so alles möglich ist.

Mit der unermeßlichen Anzahl von Weizenkörnern enden alle Legenden um die Erfindung des Schachspiels. Sie unterscheiden sich in der Vorgeschichte meist nur durch die unterschiedlichen Motive des Erfinders des Spiels. Am berühmtesten ist jene Variante, die auch Christoph Martin Wieland erzählt.

Im fünften Jahrhundert lebte ein indischer König, der hieß Shiram oder Balhait. Dieser König war ein Mann von trefflichen Eigenschaften, bis er sich – verführt von Schmeichlern – zu einem hochmütigen Toren und grausamen Tyrannen entwickelte, der seine Untertanen verachtete und ausbeutete, weil er sie für dumm und nichtswürdig hielt. Obwohl die Spannung zwischen dem verblendeten König und seinem gedemütigten

Volk immer bedrohlicher wurde, wies der starrsinnige Despot die Kritik seiner Berater zurück, weil sie ihn in seiner Eitelkeit verletzte. In dieser gefährlichen Situation fand der Brahmane Sissa ibn Dahir einen Weg, den unbeherrschten Herrscher zu belehren, ohne ihn persönlich zu provozieren. Er erfand das Schachspiel, in dem der König ohne Hilfe seiner sich opfernden Untertanen verloren ist, weil er sich nicht allein verteidigen kann; der geringste Bauer entscheidet oft den Tag, rettet den Thron, indem er sich – auf der achten Linie über sich hinauswachsend – zum Feldherrn aufschwingen kann.

Der König verstand die Botschaft und – der König ist matt, es lebe der König – wurde ein guter König. Er versprach dem Brahmanen, ihm einen Wunsch zu erfüllen, und ging prompt in die Weizenkornfalle, die ihm gleich noch eine zweite Lehre erteilte: daß scheinbar Geringes unendlich viel sein kann.

Anrührend ist auch eine Legende um Schach und Mutterliebe, die ebenfalls in verschiedenen Versionen erzählt wird. Bei einem Thronstreit zwischen den Königssöhnen Gau und Talhend kommt der jüngere Talhend ums Leben. Um der Mutter den Tod schonend beizubringen, erfindet ein Weiser das Schachspiel. Am Beispiel einer Partie (in der Erzählung wird die Gangart aller Figuren genau beschrieben) schildert der Weise den Verlauf des Kampfes, das Schachmatt Talhends und die Schuldlosigkeit Gaus am Tode des Bruders. Die Mutter versteht das Gleichnis, bedankt sich und erlebt die Weizenkornüberraschung.

Das Schachspiel spendete nicht nur Trost, die Schachbesessenheit nahm bereits in Indien zuweilen beängstigende Formen an. Der indische Dichter Dandin, der Ende des siebten Jahrhunderts lebte, schilderte in seinem Epos «Erlebnisse der zehn Prinzen» das Verhalten von Schachspielern bei der Partie. So lacht ein Prinz höhnisch über ein Figurenopfer seines Gegners. Darüber beschwert sich der Ausgelachte: «Du greifst in den Spielverlauf ein unter dem Vorwand des Lachens.» Ein Eingriff, mit dem heute gelegentlich Garry Kasparow seinen Gegner nervt. Dandins Text beschreibt auch die Betrügereien in den Spielhöllen und schildert die verhängnisvolle Spielleidenschaft seiner Landsleute, die sich – bei hohen Einsätzen – um Kopf und Kragen brachten.

Die gespenstische Atmosphäre indischer Schachkämpfe zeichnete der große arabische Schachhistoriker al-Masudi nach: «Einige der Schachfiguren sind Menschen oder Tieren nachgebildet, oft über eine Spanne hoch. Ein dritter Mann muß auf Befehl der Spieler die Schachsteine von Feld zu Feld schieben. Meist spielen die Inder um Stoffe oder

Juwelen, doch manchmal setzt ein Spieler, der bereits seinen ganzen Besitz verloren hat, auch noch seine Glieder ein. Neben den Spielern lodert ein Feuer, auf dem in einem Kupferkessel eine rote Salbe kocht, eine geheimnisvolle Mixtur, die indische Heilmittel enthält: Sie kann Wunden heilen und Blut stillen. Wenn ein Mann beim Spielen seinen Finger verwettet hat und verliert, hackt er seinen Finger mit dem Dolch ab, steckt die Hand in die Salbe und brennt die Wunde aus. Dann spielt er weiter. Wenn er Pech hat, opfert er noch einen Finger; und es kommt vor, daß einer, der fortgesetzt verliert, alle Finger, die Hand, den Unterarm, den Ellenbogen und noch andere Körperteile abschneidet.» Im Vergleich zu derlei Blutopfern hat sich das Schach im Lauf der Jahrhunderte – selbst bei Kasparow und Fischer – zu einem geradezu sanften Spiel entwickelt.

Vishwanathan Anand: Das indische Comeback
Dortmund, Mai 1992

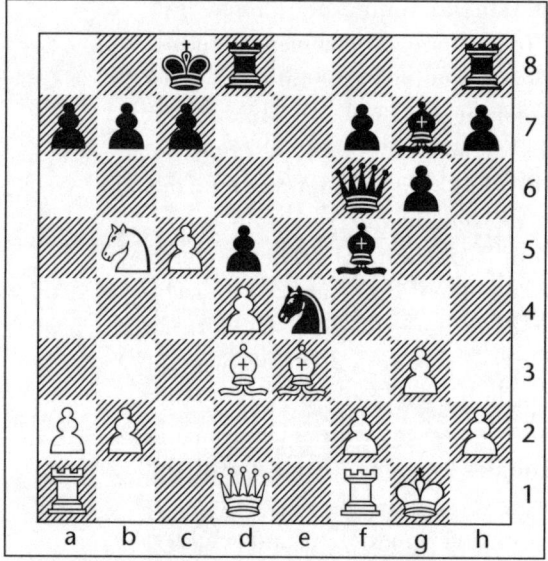

Stellung nach dem 13. Zug von Weiß. Anand: «Schwarz ist bereits verloren.»

Anand –
Hübner
Dortmund
1992

1. e4, e5
2. Sf3, Sf6

Wie sich zwei Schachspieler meistens gegenübersitzen, ist ein wohlbekanntes Bild: Der eine beugt sich über das haßgeliebte Brett und bohrt seine Augen in die Stellung, als könne er die Figuren durch Hypnose auf günstigere Felder bewegen; der andere lehnt sich entspannt zurück und starrt in ungewisse Fernen. Der eine muß warten, der andere ist am Zug und muß sein Schicksal in die Hand nehmen.

In Dortmund erlebten die Zuschauer vor vier Wochen beim hochklassigsten Turnier, das je in Deutschland stattfand, ein anderes Bild. Als der deutsche Altmeister Robert Hübner seinen Kopf gedankenschwer auf die Hände stützte und mit seinen Blicken in der Stellung herumstocherte, war nicht er am Zug, sondern sein Gegner. Der wiederum betrachtete im selben Moment fast heiter die Zuschauer: Es war der junge Inder Vishwanathan Anand.

Nicht, daß Anand seine Aufgabe vergessen hätte, aber in diesem Augenblick interessierte ihn die Atmosphäre in der Dortmunder «Arena» (so der Veranstalterjargon) eben mehr als die Stellung der Figuren. Und er dachte daran

– wie er später erzählt –, wie viele von den deutschen Zuschauern, die da gebannt auf die Spieler blickten, ihm, dem Inder, wohl eine Niederlage gegen Hübner wünschten.

Vishwanathan Anand, der 22jährige Großmeister aus Madras, ist zur Zeit der geheimnisvollste, aber auch hoffnungsreichste Stern am internationalen Schachhimmel. Abgesehen vom Exweltmeister Anatoli Karpow ist er der einzige, dem es gelang, in einem Jahr Weltmeister Garry Kasparow zweimal hintereinander zu bezwingen, und er ist bereits auf Platz fünf der Weltrangliste vorgerückt. Die Experten in aller Welt staunen über «die scheinbare Mühelosigkeit und die Schnelligkeit», mit der Vishwanathan Anand seine Gegner an die Wand spielt wie einst der große Capablanca.

In Dortmund wurde der Jungstar von Robert Hübner mit einer durchanalysierten Variante der russischen Verteidigung überrascht, die der Inder, wie er sagt, «noch nie auf dem Brett hatte» und auf die er an Ort und Stelle unter Zeitdruck eine Antwort finden mußte.

Anand nämlich hat im Gegensatz zu vielen seiner Konkurrenten keine riesige Bibliothek von Eröffnungsstellungen im Kopf. Aber gerade wegen dieses Theorierückstandes setzen die Fans in «Vishy», wie sie ihn nennen, so große Hoffnungen, und sie halten ihn für einen großen Favoriten nicht der nächsten Weltmeisterschaft (deren Herausfordererkür ja beinahe abgeschlossen ist), jedoch der übernächsten Weltmeisterschaft im Jahr 1996: denn Vishy werde bald entschlossen sein

Wissen vermehren und so seine Spielstärke um fünfzig bis hundert Elo-Punkte auf weltmeisterliches Niveau steigern.

Der Blitzaufsteiger selbst verspricht, er wolle sich «mit harter Arbeit und ganz diszipliniert vorbereiten», aber von der Idee dahinter scheint er nicht so überzeugt zu sein: «Theorieexperten haben den Kopf voll mit Varianten und verschwenden am Brett ihre Energie oft mit der Qual der Wahl», sagt er, «die verbrauchen dann damit mehr Zeit als ich mit der Entdeckung einer durchschlagenden Strategie.»

Das ist nicht leeres Gerede; gegen Robert Hübner in Dortmund zeigt er präzise vor, was er meint. Nach zwölf Zügen halten die Großmeister-Kommentatoren außerhalb der Arena die Partie für ausgeglichen; sie analysieren schon eine Reihe langweiliger Remisabspiele. Hübner verkriecht sich in Erwartung des nächsten Zuges ins Brett, während Anand die richtige Entscheidung anscheinend schon wieder von den Gesichtern der Zuschauer abliest. Aber der Inder lenkt die Figuren in seinem Kopf längst in eine andere Richtung, als alle es für möglich halten.

Er versenkt sich seinerseits in die Stellung, und nach nur vier Minuten setzt er seinen Springer dem feindlichen König vor die Nase – ein Zug, der wie ein Kaffeehauspatzer aussieht. Selbst den Kommentatoren geht erst nach längerer Analyse das Licht auf. Hübner versinkt in ein dreiviertelstündiges Brüten; Vishy schlendert entspannt durch die Arena. Er weiß, daß er die Partie schon gewonnen hat. Er hat eine ihm

3. d4, Sxe4
4. Ld3, d5
5. Sxe5, Sd7
6. Sxd7, Lxd7
7. 0–0, Dh4
8. c4, 0–0–0
9. c5, g6
10. Sc3, Lg7
11. g3, Df6
12. Le3, Lf5
13. Sb5, Lh3
14. Sxa7+, Kb8
15. Sb5, Lxf1
16. Lxf1, The8
17. Da4, Da6
18. Db4, Da8
19. a4, g5
20. a5, c6
21. Sc3, Sxc3
22. bxc3, h6
23. a6, f5
24. Lh3, Tf8
25. a7+, Kc8
26. Db1, g4
27. Lf1, Kd7
28. Ld3, Ke6
29. Lf4, Tf7
30. Dc2, Lf8
31. De2+ 1–0

unbekannte, von einem berühmten Gegner vorbereitete Eröffnungsvariante aus dem Handgelenk in dreizehn Zügen widerlegt. Der Rest, das Mattsetzen des sich verzweifelt wehrenden Hübner, ist eine Sache der Technik.

Vishwanathan Anand wurde am 11. Dezember 1969 in Madras geboren. Indien hat als Mutterland des Schachs der Welt zwar das Spiel, nie zuvor aber einen herausragenden Spieler beschert. Auch heute gibt es außer Anand nur einen weiteren Großmeister in dem 800-Millionen-Land. Vielleicht fänden sich Schachtalente in den niederen Kasten, doch denen sind keine großen Karrieren erlaubt; Vishy ist Sohn eines leitenden Eisenbahnangestellten und stammt aus einer Brahmanenfamilie – der obersten Kaste, für die es keine Karriereschranke gibt.

Die Mutter zeigte dem Sechsjährigen das Spiel; da er bald seine Eltern und die zwei älteren Geschwister matt setzte, wurde er in den örtlichen Schachclub geführt, wo er ältere Spieler das Fürchten lehrte; als er mit vierzehn Jahren sein erstes internationales Turnier bestritt, war Schach für ihn immer noch «nur ein Spaß» – die Erlaubnis dazu mußte er sich stets durch gute Schulleistungen bei den Eltern verdienen. Mit siebzehn wurde er Jugendweltmeister.

Erst danach, beim Kampf um den Großmeistertitel, dachte Anand zum ersten Mal daran, auf ein Studium zu verzichten und aus dem Spaß einen Beruf zu machen. Aus Angst, ein einseitiger Schachverrückter zu werden, erwarb er aber doch «mit trockener

Routine» sein Diplom als Wirtschaftswissenschaftler – und stellte fest, daß er beim Schach mehr Kreativität entfaltete, mehr Befriedigung erlebte und, wie ihm Freunde prophezeiten, mehr Geld verdienen würde als in jedem anderen Beruf.

Jahrelang hat er sein Schach einfach durchs Spielen verbessert. «Nie habe ich für Schach wie für eine Klausur gepaukt», erzählt er. Erst vor dem Wettkampf gegen Karpow im vergangenen Jahr – um die Qualifikation zur Weltmeisterschaft – sei er zum ersten Mal zum «Workaholic» geworden. Er schränkte seine kleinen Alltagsfreuden («Musik hören und Sprachen lernen») ein und bereitete sich systematisch auf die Karpowsche Trickkiste vor. Als Anfänger, der zum ersten Mal einen längeren Zweikampf bestritt, erreichte er in fünf der acht Partien eine Gewinnstellung, ging aber zum Schluß aus Überanstrengung, mangelnder Erfahrung oder Nervosität «dem wendigen Fuchs immer wieder in die Falle».

Im Haus seines deutschen Freundes Frederic Friedel bestreitet Vishy in diesem Jahr ein Spezialtraining mit dem Computerprogramm «Chessbase», das alle wichtigen Turnierpartien der vergangenen Jahre gespeichert hat, 22 000 Stück insgesamt. Hier läßt er jetzt Meisterwerke der Schachkunst auf dem Bildschirm an sich vorbeirauschen, um Eigenarten zukünftiger Gegner kennenzulernen.

Könnte die harte Arbeit ihm nicht die Freude und damit die Spontaneität austreiben? «Bis jetzt macht es noch Spaß», versichert Anand, ein bißchen trotzig. Kurz darauf setzt er sich zu dem neunjährigen Tommy ans Brett, der eine Hängepartie für seine Schulmannschaft analysiert. Obwohl die Stellung theoretisch verloren ist, kann Vishy ihm einen Trick verraten, mit dem er die Partie noch zu seinem Vorteil wenden kann – Tommy wird das Spiel gewinnen.

Schwer zu beurteilen, was Anand sein außerordentliches Können bedeutet. Er trägt gern eine ausgeprägte Bescheidenheit zur Schau, aber in Dortmund konnte er seine Freude über den spektakulären Sieg gegen Hübner nicht verbergen: Das Gesicht, sonst ebenso freundlich wie gleichmütig, strahlte plötzlich eine kindliche Heiligabendfreude aus. Umringt von Fans und Freunden, rasselte Vishy Dutzende von Varianten herunter: «*Knight b5, Bishop h3, Bishop takes Bishop, g5, a4*»; Buchstaben und Zahlen flogen wie ein Geheimcode durch das Café.

Dann verschwand er in sein Firstclass-Hotel, um sich zu entspannen und sich auf den nächsten Gegner vorzubereiten. Für dieses Leben, das zur Hälfte in Hotels, Flugzeugen und Turniersälen stattfindet und weitgehend von einem indischen Sponsor finanziert wird, muß Anand seine Opfer bringen. Ja, er vermisse «Gelegenheiten, junge Mädchen kennenzulernen», sagt er offen. Ersetzen denn die Triumphgefühle nach einem Sieg nicht die Freuden erotischer Begegnungen – wie es bei etlichen Schachkollegen der Fall ist? «Ich liebe das Schach nicht deshalb, weil ich meine Gegner hasse», sagt er.

Anand ist kein Schachkiller vom Schlage eines Bobby Fischer. Er verachtet auch Garry Kasparows «Showgetue» und «die Grimassenschneiderei, mit der er öffentlich seine Gegner wegen ihrer Fehler verhöhnt». Tatsächlich bezweifeln manche Experten Anands Weltmeisterchancen, weil ihm der «notwendige Killerinstinkt» fehle, «der sich bis zum Haß auf den Gegner steigern muß», wie Viktor Kortschnoi sagt; manche werfen ihm sogar mangelnden Ehrgeiz vor.

Es ist wahr: Anand macht stets einen ausgesprochen gelassenen Eindruck; der junge Mann, der nur vegetarisch ißt, will seinen «Killerinstinkt» nicht entwickeln, bezweifelt sogar dessen Nutzen am Schachbrett. «Haß kann auch blenden», sagt er.

Aber die tiefsten Beweggründe sind bei dem jungen Inder nicht leicht zu ergründen. Daß auch Antipathie sein Spiel motivieren kann, offenbarte bereits der Tag nach dem Sieg gegen Hübner. Er spielte gegen den nicht besonders beliebten Gata Kamsky, und obwohl er in eine klare Verluststellung geriet, ließ er nicht locker. «In dieser Lage hätte ich gegen die meisten Schachspieler sofort aufgegeben, aber gegen Kamsky kämpft man eben weiter, weil man ihm den schnellen Sieg nicht gönnt.»

Siehe da: Die sonst so verschmähte Mißgunst lohnte sich. Anand konnte seinem Gegner zum Schluß eine raffinierte Falle stellen – und erreichte noch ein Remis.

Schach bei Schahs und Scheichen

Vermutlich ist das Schach, das sich wie auf Fingerzeig der vielarmigen hinduistischen Gottheit Shiva in alle Himmelsrichtungen ausbreitete, von schachspielenden Händlern und Soldaten nach Persien gebracht worden. Aber auch hier bietet die Dichtung wunderbare Geschichten. Über die Ankunft des Schachs in Persien berichtet der Dichter Firdausi in seinem iranischen Heldenepos «Schahnameh» («Buch der Könige»). Eine indische Gesandtschaft reiste zum persischen König Chosroes I. (532–578). Unter Führung des Thronrates, Tachtaritua (was auch mit «Erfinder des Bretts» übersetzt werden kann), überbrachten die Gesandten 1200 mit Gold, Silber und Juwelen beladene Kamele, 90 Elefanten und ein Tschaturanga-Spiel mit 16 Smaragd- und 16 Rubinfiguren.

Mit diesen Gaben wollten die Inder die Weisheit der Perser auf die Probe stellen. Der Tachtaritua überreichte dem persischen König einen Brief: «Da Du den Namen Schah-in-Schah (König der Könige) trägst und König über alle anderen Könige bist, sollten auch Deine weisen Männer weiser als unsere sein: Wenn Ihr also die Aufstellung der Figuren, ihre Gangart und die Regeln dieses Kriegsspiels herausfindet, so wird Indien Tribut und Steuern zahlen. Wenn nicht, müßt Ihr uns Tribut und Steuern zahlen. Denn die Weisheit steht höher als jedes andere Gut der Menschheit.»

Nachdem der König und seine Magier drei Tage lang vergeblich die Lösung gesucht hatten, versprach der Magier Buzurgmir, das Rätsel zu lösen. Der Schah versprach ihm 12 000 Dirhem.

Ein paar Tage später verkündete der Magier wie ein Detektiv die Auflösung des Falles: «In der Mitte steht das Abbild des Königs, daneben stehen die Abbilder des Oberbefehlshabers (Farzin), rechts und links die Elefanten (Pil) als Befehlshaber der Nachhut, die Pferde (Asp) als Befehlshaber der Kavallerie, am Rande die Wagen (Rukh); die Fußsoldaten stehen als Abbild der Infanterie im Vorfeld der Schlacht.» Die Figuren wurden aufgestellt, und Buzurgmir zog an gegen Tachtaritua. Er gewann zwölf Partien hintereinander. Wie der jugoslawische Schachforscher Pavel Bidev herausfand, hatte der persische Berichterstatter Firdausi seine Geschichte dem Buch «Chatrang-na-mak» entnommen, in dem der weise Schahberater Buzurgmir als Leibarzt des Schahs bezeichnet wird. Er war schon mehrfach nach Indien gereist und hatte vermutlich dort das Schachspiel längst kennengelernt, als er am Hofe die große Schau abzog. Er hatte sich die 12 000 Dirhem nach einer Methode – mit vorgetäuschter Unkenntnis ahnungslose Spieler auszunehmen – verdient, nach der noch heute in den Schachcafés in aller Welt Zocker ihre Brötchen verdienen.

Der historische König Chosroes jedenfalls ließ das Schach im ganzen Land verbreiten. Kein Wunder, daß ein selbsternannter «König der Könige, König der Arier und Nichtarier, Herrscher des Weltalls, Abkömmling der Götter, Bruder von Sonne und Mond, Geselle der Sterne» ein Denkspiel zu schätzen weiß, bei dem sich alles um den König dreht, der nie getötet werden kann, der nie leblos, sondern höchstens mal hilflos, persisch «mat», erscheinen kann.

Die Regeln wurden denn auch eins zu eins übernommen. Lediglich die Figuren erhielten die persischen Bezeichnungen. Der Raja wurde der Schah, der sich bei der Gelegenheit gleich noch ein Sonderrecht einräumte: Der Gegner hat bei jedem direkten Angriff auf seine Herrlichkeit die Gefahr durch den Warnruf «Schah!» anzuzeigen. Der Herrscher mußte sozusagen, sollte er denn im wildesten Kampfgetümmel einmal eingenickt sein, geweckt werden, bevor man ihm zu Leibe rücken durfte. Jedenfalls erreichten die Perser durch diesen genialen Schachzug, daß ihr Schah im Spiel der Spiele weltweit überlebt hat, während die echten Schahs längst ausgestorben sind.

Als Chosroes I. im 7. Jahrhundert das Schachspiel kennenlernte, litt die Herrschaft seines Sassanidengeschlechts, das seit 226 an der Macht war, bereits unter den Rebellionen der frühkommunistischen Mazdak-Bewegung. In den wirren Machtkämpfen verschwor sich auch sein Bruder gegen ihn, den König, worauf dieser seinen Bruder und gleich sämtliche weiteren Brüder (bis auf einen) hinrichten ließ, eine Opferkombination, die ihm den Namen «Nurschiwan», «der Gerechte», einbrachte. Nach weiteren Verschwörungen und Mordorgien um den Pfauenthron hatten die Araber im Jahre 641 leichtes Spiel, das Land zu erobern. Sie islamisierten das Reich des Schahs und übernahmen das Schach.

Die Epoche des Aufstiegs der arabischen Wissenschaften war auch die erste wirkliche Blütezeit des Schachs. Mathematiker, Mystiker, Mediziner und Meister aller Klassen stürzten sich auf das neue Spiel wie auf eine Fundgrube voll wunderbarer Geheimnisse. Die Wüstensöhne spielten Schach vom Kuli bis zum Kalifen. Das Problem war nur: Hätte der Prophet Mohammed, der die arabische Entdeckung des Schachs durch seinen Tod im Jahr 632 um neun Jahre verpaßt hatte, hätte auch er das Spiel gespielt? Oder hätte er es gar verboten?

Die damaligen Fundamentalisten, die, um die Frauen nie auf die Straße zu lassen, den Schustern die Herstellung von Damenschuhen verboten, die Weinstöcke abreißen ließen und sogar die Einfuhr von Rosinen untersagten, die verboten auch das Schachspiel mit Berufung auf Sure V, 92: «O wahre Gläubige, sicherlich sind Wein, Losewerfen (Wettspiele), Bilder und ähnliches abscheuliches Satanswerk; darum meidet sie, daß es euch wohl ergehe.» Spielen verboten?

Von dem generellen Spielverbot nahm der strenge al-Basri nur das «Spiel des Mannes mit dem Pferd, dem Bogen und seinem Weib oder seinen Weibern» (in dieser Reihenfolge) aus. Kollege Ibn Dawud bezeichnete den «Schachspieler als den Verfluchtesten aller Menschen».

Die Liebhaber des «Schatransch», wie es jetzt hieß, argumentierten indes, daß das «Loswerfen» nur Glück- und Wettspiele meine und deshalb den Denksport Schach nicht einschließe. Aber gerade das Argument, daß der Schachspieler im Gegensatz zum Würfler sein Schicksal selbst entscheide, irritierte viele gläubige Moslems, die an das Fatum, das vorherbestimmte, unentrinnbare Schicksal, glaubten.

Mit einem feinen Kunstgriff offenbarten die Schachanhänger auch in dem neuen Denkspiel die Gültigkeit des Fatums, indem sie auf das Schicksal der Figuren hinwiesen, die hilflos den Entscheidungen des Spielers ausgeliefert seien. Diese Theorie untermauerte der Dichter Abu'l-Fath Omar Chayyam ibn Ibrahim mit einem Vierzeiler:

Welt ist ein Schachbrett, Tag und Nacht geschrägt,
Wie Schicksal Menschen hin und her bewegt,
Sie durcheinander schiebt, Schach bietet, schlägt,
und nacheinander in die Schachtel legt.

Proteste gegen diese Perspektive, in der der Schachspieler ganz nebenbei zu Gott wird, sind nicht überliefert. Das Bild von der Kiste, in die die unterschiedlichen Figuren nach Gebrauch einfach «reingewürfelt» werden, beherrschten die Metaphern von Dichtern und Allegorikern bis in die Gegenwart.

Allerdings lehnten strenge Moslems das Brett mit den Mensch- und Tierfiguren nicht nur wegen des Spielcharakters, sondern auch wegen des «Bilder»verbots in Sure V, 92 ab. Während die Schiiten die Figuren zwar als Bilder, nicht aber als «Idole» im Sinne des Korans verstanden, behalfen sich die sunnitischen Schachfans einfach mit neuen, gesichtslosen Symbolfiguren. (Als 1100 Jahre später der Engländer Howard Staunton seine heute turnierüblichen, ebenfalls abstrakten «Staunton-Figuren» auf den Markt brachte, wollte auch er die realistischen Statuen abschaffen, nicht weil sie eine Religion, sondern weil sie die Spieler störten.)

Wie Reinhard Wieber in seiner Untersuchung «Das Schachspiel in der arabischen Literatur» festgehalten hat, brachten die Schachanhänger in der Pro-und-Contra-Debatte auch medizinische Argumente auf den Tisch. So wurde Schach als psychiatrisches Heilmittel empfohlen. Mit speziell verschriebenen Spielstilen wollten die Ärzte den Charakter beeinflussen und Krankheiten heilen. Zum Beispiel sollten Melancholiker durchgeplanten Spielstrategien folgen, während sich Phlegmatiker vor allem Schematismus zu hüten hatten.

Auch die Dichter, die die Vorzüge des Schachs besangen, griffen mit Versen in die Diskussion ein, wie etwa Ibn Mu'tazz, Sohn eines schachspielenden Kalifen:

> Du, der du mit zynischem Spott
> unser geliebtes Schach tadelst,
> wisse, daß hier Geschicklichkeit eine Wissenschaft ist,
> daß das Spiel Zerstreuung der Trauer bringt.
> Es besänftigt die Sorgen der Liebenden,
> es bewahrt den Trinker vor Ausschweifung,
> es gibt dem Krieger Rat,
> wenn Gefahr naht, wenn Untergang droht;
> es gewährt, wenn wir ihrer am meisten bedürfen,
> Gefährten unserer Einsamkeit.

Daß das Schachspiel sich trotz religiöser Widerstände durchsetzte, lag vermutlich auch am Urteil des Kalifen Omar ibn al-Kattab, dem Schwiegersohn des Propheten Mohammed. Als er die Entstehungslegende über die trauernde Mutter hörte, die am Beispiel einer Schachstrategie über den Heldentod ihres gefallenen Sohnes informiert wurde, entschied er: «Es ist nichts Unrechtes am Schach: Es hat mit Krieg zu tun.» Paradoxa begleiten das Schicksal des Schachs. Ausgerechnet der Krieg, den die Erfinder vermutlich überwinden wollten, rettete das Schach im kriegerischen Arabien vor einem Verbot, das auch die Verbreitung nach Europa verhindert hätte.

In der Praxis wurde das Schach schließlich – im Gegensatz zum «verbotenen» Backgammon – als «unsympathisch» geduldet, wenn «1. nicht um Einsätze gespielt wird, 2. das Spiel nicht die Gebete behindert, 3. die Spieler keine unanständigen Wörter benutzen, 4. nicht auf öffentlichen Plätzen gespielt wird».

Vielleicht ließen sich die Ajatollahs schließlich widerwillig auf den Schachkompromiß ein, weil sie einsahen, daß sie die Spieler weniger kontrollieren konnten als den Alkohol oder die Frauen auf den Straßen. Jedenfalls gab es schon bald Meisterklassen verschiedener Kategorien, Meister verschiedener Grade. Es gab Berufsspieler und Blindspieler, schiere Magier, die ohne Ansicht eines Brettes spielen konnten (und damit auch die Religionswächter überlisteten).

Schon bald traten auch Theoretiker auf den Plan, die berühmte Partien, Eröffnungsstellungen («Tabiyas») und Endspielstudien («Mansuben») aufschrieben, analysierten und in den ersten Schachbüchern der Geschichte verewigten.

Im Vergleich zum heutigen dynamisierten Schach war das Spiel damals viel langsamer. Die Bauern konnten auch mit dem ersten Schritt nur ein Feld vorrücken; die Powerdame von heute war ein kleiner «Wesir», der nur einfeldrige Schrägschritte trippeln konnte. Die Läufer durften – auf ihren Diagonalen – nur auf das übernächste Feld springen, allerdings wie das Pferd auch über andere Steine hinweg; auch die Rochade gab es noch nicht. Die alten Regeln machten vor allem die Eröffnung sehr langsam, weshalb die clevereren Araber die «Tabiyas» erfanden: Sie begannen die Partie mit bestimmten aktiveren Eröffnungsstellungen, in denen für beide Spieler schon mehrere (gleiche) Züge vorgeschrieben wurden. Die berühmtesten Tabiyas «Mujannah» (Die Beschwingte), «Saif» (Schwert), «Mashaickhi» (Scheich) und «Sayyal» (Strom) hat der arabische Schachautor Allajlaj in einem Sammelwerk festgehalten, in dem auch die älteste vollständig erhaltene Partie verewigt ist, die wir nebenstehend abdrucken.

Es handelt sich vermutlich um ein Werk des berühmten as-Suli, dem Lehrer Allajlajs. Die Dame, hier «Wesir», kann nur auf Nachbarfelder ziehen; der Läufer (Pil) kann nur schräg auf das übernächste Feld springen; Bauern können nur ein Feld vormarschieren; es gibt keine Rochade. Die Partie zeigt den schleppenden Aufbau und die für uns nur schwer zu verstehende Strategie und Taktik. Es war eben ein ganz anderes Spiel.

Mangels einer kraftvollen, vielseitigen Figur wie der heutigen Dame war auch das Mattsetzen viel schwieriger. Um dem langweiligen Remis-

Sayyal (Strom)
Partie von Allajlaj,
Shiraj 970

1. g3, g6
2. g4, f6
3. e3, e6
4. Se2, d6
5. Tg1, c6
6. f3, b6
7. f4, a6
8. f5, g6xf5
9. g4xf5, e6xf5
10. Lh3, Se7
11. Tf1, Tg8
12. Sg3, Tg5
13. Lxf5, h6
14. Lh3, Sd7
15. d3, d5
16. c3, Dc7
17. b3, Ta7
18. c4, Ld6
19. Sc3, Le6
20. cxd5, cxd5
21. d4, Lf8
22. Tf2, Dd6
23. b4, Tc7
24. Kd2, b5
25. La3, Sb6
26. Lc5, Sc6
27. a3, Kf7
28. Dc2, Lc4
29. Taf1, Tg6
30. Sh5, Ke8
31. Sf6+, Kd8
32. Sxd5, Tb7
33. Txf8+, Kd7
34. Lf5+, Ke6
35. Sf4++ 1–0

tod des Schachs vorzubeugen, führten die Araber den Beraubungssieg ein: Wenn ein Spieler den gegnerischen König zwar nicht matt setzen konnte, ihn aber aller übrigen Steine beraubte, galt auch dieser Erfolg als Sieg – und zwar auch im Falle einer – nach heutigen Regeln als Remis geltenden – Pattstellung.

Die arabischen Spieler hatten offenbar auch schon eine Angewohnheit, die man auch heute in Schachcafés und Gartenschachanlagen beobachten kann, nämlich eigene und fremde Züge mit vermeintlich witzigen Sprüchen zu kommentieren, die Gegner und Zuschauer verblüffen sollen. Vermutlich ist die plötzliche Geschwätzigkeit vieler Matadoren eine Reaktion auf den Schweigezwang während des Grübelns. Vielleicht aber will der Redselige den Gegner einfach nur aus dem Konzept bringen oder schlicht stören. (Bei ernsten Turnierpartien ist das Reden heute streng verboten. Der Kampf ist ein stummer Dialog.)

In Arabien aber, so schreibt der große Schacherzähler al-Masudi, gehörten die schlagfertigen Sprüche zum Rüstzeug der Spieler wie der Krieger, weil sie die Gedanken inspirierten und klare Entschlüsse förderten. Der Schachhistoriker Ricardo Calvo nennt Beispiele aus dem im British Museum verwahrten arabischen Manuskript Add. 7515: «Wenn sich deinem Gegner ein guter Zug anbot, welchen er nicht sah, sage: Oh, Luway ben Galib! Die Degen sind scharf; aber wo ist der Mann, der sie zücken kann?» Oder: «Wenn dich jemand minderer Stärke zum Schachspiel herausfordert, sage ihm: Ich finde es entschuldbar, daß die Kamele, die schon beißen können, es wagen, mich herauszufordern. Aber was habe ich mit den Lämmlein zu tun?»

Während heute viele Autoren eine Verwandtschaft zwischen Schach und Musik zu sehen (oder zu hören) glauben, gingen in der arabischen Blütezeit Schach und Dichtung Hand in Hand.

In erotischen Gedichten wird von Schachmeistern berichtet, die von der Schönheit ihrer Spielpartnerin so verwirrt sind, daß sie ganze Partieserien verlieren und anschließend vom Brett ins Bett wechseln. Frauenfeindlich? Vermutlich wollten die Dichter einfach die weibliche Schönheit höher bewerten als die eleganteste Mattkombination, die Liebeskunst über die Schachkunst stellen.

In einem Liebesschachkampf in «Tausend und eine Nacht» kann sich der arme Anis nicht auf die Figuren konzentrieren, weil er sich in die Hände seiner schönen Gegnerin Zayn al-Mawasif verliebt hat. «Wie soll ich gegen solche Finger spielen?» fragte er verzweifelt. Aber sie antwortete: «Schach und nochmals Schach. Achte auf deinen König, Anis. Du wirst verlieren.» Als sie merkte, daß er begann, sich besser zu konzentrieren, schlug sie vor: «Laß uns um 100 Dinar spielen, damit du dich mehr anstrengst.» Er war einverstanden und stellte die Figuren für eine neue Partie auf. Jetzt nahm Zayn al-Mawasif langsam ihr seidenes Kopftuch ab. Angesichts der fallenden Haare vergaß Anis sogar, wie die Figuren zogen. Er verlor fünf Partien und 500 Dinar. Das Mädchen sagte: «Jetzt setze ich mein ganzes Vermögen gegen deins.» Die Geschichte erzählt nicht, ob sie weitere Hüllen fallen ließ. Anis verlor seine Läden, Häuser, Gärten und Sklaven. Und die Frau hat er vermutlich nie gewonnen. Die Frauen sind nicht nur schöner, sondern auch schlauer als die wunderbarsten Schachkombinationen.

Tatsächlich gewannen die Frauen, die damals das Schach genauso leidenschaftlich betrieben wie die Männer, nicht nur mit Hilfe ihrer Schönheit. Oft spielten sie einfach besser als die Männer, wie die Legende von der Prinzessin Dilaram berichtet. Diese war die Lieblingsfrau des Großwesirs Murwardi, eines offenbar fanatischen, aber schwachen Schachspielers. Nachdem er eines Tages oder Nachts (trotz des Wetteinsatzverbots) viel Geld und Frauen verwettet hatte, setzte er auch noch seine Lieblingsfrau aufs Spiel. Diese saß schweigend neben dem Dilettanten, der bald schon wieder auf Verlust stand. Als ihm Matt im nächsten Zuge drohte und Murwardi Partie und Frau aufgeben

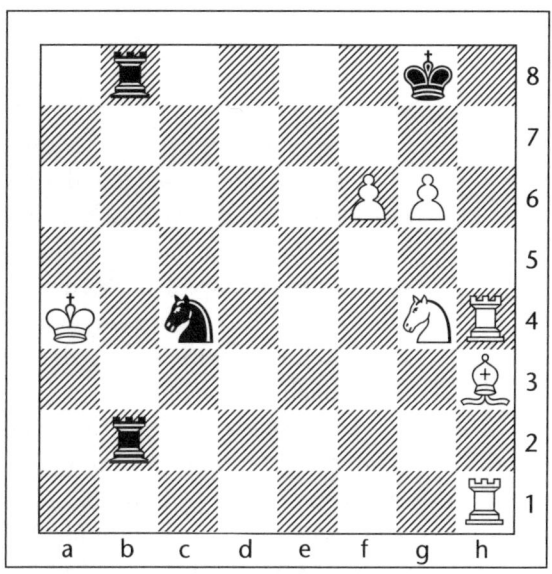

Das Matt der Dilaram.
1. Th8+, Kxh8; 2. Lf5+ (alte Gangart), Kg8; 3. Th8+, Kxh8; 4. g7+, Kg8; 5. Sh6++. Nach den heutigen Regeln mit dem langschrittigen Läufer geht das Matt schneller und platter: 1. Sh6+, Kf8; 2. g7+, Ke8; 3. g8D++ oder: 1. ... Kh8; 2. g7+, Kh7; 3. Lf5++.

wollte, flüsterte sie ihm eine siegbringende Gambitkombination ins Ohr: «Opfere deine beiden Türme und rette dein Weib.» Und tatsächlich, das ging: «Turm h8 Schach; König schlägt Turm. Der Läufer (alte Regel!) springt von h3 nach f5, Abzugsschach; König g8. Murwardi opfert den zweiten Turm auf h8 (scheinbar so sinnlos, wie es heute Computer tun, um das Matt ein paar Züge herauszuzögern); der König schlägt wieder auf h8. Doch jetzt folgt Bauernschach auf g7; der König muß wieder zurück nach g8, da jetzt der Läuferelefant h7 beschießt; und jetzt endlich geht Springer h6 matt. Die Mansube der Dilaram ist ohne Zweifel eine besonders schöne Studie, die nicht nur eine charmante Liebeserklärung an die starken Frauen jener Zeit ist, sondern auch das tiefe Schachverständnis der Araber zeigt: Ideen sind (oft) wichtiger als Material; vor allem sind sie schöner.

Über weitere Wunderkombinationen der Dilaram ist leider nichts bekanntgeworden. Vielleicht hatte sie eines Tages einfach keine Lust mehr, sich für den Trottel Murwardi zu retten, und ließ sich lieber an einen Sieger verlieren.

Über schachspielende Frauen schrieben jedoch nicht nur die Schachdichter, sondern auch Historiker. Sie wußten zu berichten, daß sogar der Verkaufswert von Sklavinnen an ihrer Schachkunst bemessen wurde.

Von starken Schachspielerinnen wußte auch der berühmte Harun al-Raschid ein Lied zu singen, der von seiner eigenen Schwester Abbasiya geschlagen wurde. Al-Raschid, der wie viele Schachliebhaber sich einen Meister (Ja'far ibn Yahya al-Barmaki) am Hofe hielt, ließ diesen gegen seine Schwester spielen. Wieder erwies sich Schach als fruchtbares Liebesvorspiel. Wer wen öfter matt setzte, ist nicht überliefert. Abbasiya wurde schwanger (Schach ist das Leben) und der Meister zur Strafe getötet (Schach ist der Tod).

Das großmeisterliche Leben am Hofe der Kalifen war offenbar recht gefährlich. Der Meister konnte sehr schnell die Gunst seines Herrn verlieren, wenn er dessen Erwartungen enttäuschte. Das mußte auch Meister Maswardi am Hofe des Kalifen al-Muktafi erfahren. Zu seiner Zeit, wir schreiben das Jahr 905, galt as-Suli, der auch in Masudis historischen Werken gefeiert wird, als der beste Schachspieler der Welt. Seine Partien waren von solcher Schönheit, daß der Kalif ar-Radi-billah Besucher, die über seinen wahrlich herrlichen Garten schwärmten, belehrte: «As-Sulis Schachkunst bezaubert mich mehr als diese Blumen.» Gegen diesen as-Suli ließ der ehrgeizige Kalif al-Muktafi nun unter großem Getöse seinen Meister al-Maswardi antreten. Natürlich gewann as-Suli, und der enttäuschte Kalif verstieß seinen Günstling mit den Worten: «Dein Rosenwasser hat sich in Urin verwandelt.» As-Suli, der sich durch schiitisches Gerede unbeliebt machte, wurde später von Bagdad nach Basra verbannt, wo er wie viele Meister nach ihm in tiefer Armut starb. Doch sein Name blieb ein Synonym für «Wunderbarer Meister».

Während die Meister des Hofes nach außen unbedingt gewinnen

sollten, mußten sie andererseits, um den Herrn bei Laune zu halten, diesen ab und zu gewinnen lassen – das aber so raffiniert, daß der Sieger nicht die Absicht bemerkte. Als Kalif Walid I. einen solchen Schmeichler überführte, schrie er: «Weh dir, bist du von Sinnen, oder spielst du Schach?» Und zerschmetterte ihm mit der Wesirfigur den Schädel. Kalif al-Mamun, Sohn und Nachfolger Harun al-Raschids, warf vor Wut über einen absichtlich verlierenden Gegner nur das Brett um und brüllte: «Du Betrüger willst mich wie ein Kind behandeln.»

Besonders frustriert war al-Mamun freilich über sein eigenes schwaches Spiel. Er wunderte sich: «Es ist doch seltsam: Ich beherrsche die Welt vom Indus im Osten bis Andalusien im Westen, komme aber mit 32 Figuren auf einer zwei mal zwei Ellen großen Fläche nicht klar.» Ähnlich wie al-Mamun erging es später noch vielen großen Feldherren, inklusive Napoleon, als sie sich auf den 64 Feldern versuchten: Sie versagten kläglich. Schach ist offenbar nicht nur blutsparender, sondern auch komplizierter als Krieg.

Immerhin aber haben ausgerechnet die heißen Kriege im ersten Jahrtausend das Schach weltweit verbreitet. Ende des zweiten Jahrtausends wurde das Schach eine Waffe im kalten Krieg.

Wie zwei Nachtgespenster
Baguio City, August 1978

Als erster kommt Kortschnoi aus dem Kabäuschen und tritt auf die Bühne, schwer und gewaltig, ein grimmiger russischer Bär, der kein Russe mehr sein will. Er setzt sich auf seinen eigens aus der Schweiz eingeflogenen Spezialsessel, bastelt sorgfältig seine reflektierende Sonnenbrille aufs Gesicht, die ihn vor den bösen Blicken seines Kontrahenten oder dessen angeblich mit hypnotischen Fähigkeiten ausgerüsteten Parapsychologen schützen soll. Durch die Brille starrt er auf die in Grundstellung verharrenden weißen Figuren, als könnten sie ein Geheimnis verraten.

Es ist drei Minuten vor fünf. Hauptschiedsrichter Lothar Schmid, deutscher Großmeister, der schon 1972 den Weltmeisterkampf zwischen Boris Spassky und Bobby Fischer erfolgreich über die Runden und Querelen brachte, rochiert unruhig über die Bühne. In diesem Wettkampf zwischen Weltmeister Anatoli Karpow, Sowjetunion, und dem Herausforderer, Sowjetdissidenten und Schweizbewohner Viktor Kortschnoi, muß er dauernd neuer Überraschungen gewärtig sein, und zwar unangenehmer.

Es ist eine Minute vor fünf. Die Tür

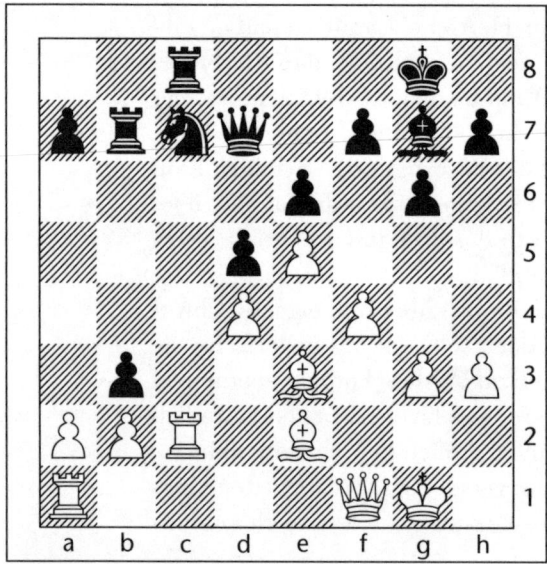

Stellung nach 25. ... b3, was zwingend Material verliert.

Kortschnoi –
Karpow,
WM Baguio
1978,
11. Partie

 1. g3, c5
 2. Lg2, Sc6
 3. e4, g6
 4. d3, Lg7
 5. f4, d6
 6. Sf3, Sf6
 7. 0–0, 0–0
 8. c3, Tb8
 9. De2, Se8
10. Le3, Sc7
11. d4, cxd4
12. cxd4, Lg4
13. Td1, d5
14. e5, Dd7
15. Sc3, Tfc8
16. Df1, b5
17. h3, Lxf3
18. Lxf3, b4
19. Lg4, e6
20. Sa4, Sa5
21. Sc5, De8
22. Le2, Sb7
23. Sxb7, Txb7
24. Tdc1, Dd7
25. Tc2, b3

des anderen Kabäuschens öffnet sich – und auf tritt der Weltmeister. Schlaksig bis linkisch bewegt er den blauen Abituranzug die Stufen hoch. Mit seinem schüchternen, fast scheuen Gesicht wirkt er eher wie 17 statt wie 27. Er ist zwanzig Jahre jünger als sein Herausforderer. Während er sich dem Tisch des Geschehens und seinem Gegner nähert, zieht in sein Gesicht ein Ausdruck kalter Gleichgültigkeit. Er setzt sich hin mit der Grazie eines Mitternachtsgespenstes, kein Blick zum Gegner, kein Wort, vom Handschlag ganz zu schweigen.

Psi-Mann in der siebten Reihe

Die Erzfeinde, die hier nicht Schach spielen, sondern den totalen Schachkrieg führen, haben sich jetzt mit ihrem Medium getroffen; getrennt von allen

menschlichen Beziehungen und Kommunikationsbräuchen. Sie ignorieren sich, ohne sich ignorieren zu können. Sie müssen aufeinander reagieren; vereint an Tisch und Brett, um eine einheitliche, spannende, schöne und womöglich unsterbliche Schachpartie zu schaffen. Rechts oberhalb des Kriegsschauplatzes hängt in paradoxer Schönheit das Motto der internationalen Schachförderation Fide: Gens una sumus. Aber irgendwo sind die beiden tatsächlich eines Geistes.

Der begrüßende Handschlag wurde erst in der achten Partie abgeschafft, als Karpow die Hand seines Gegners ohne Vorwarnung im Raum stecken ließ: «Wegen Kortschnois Beleidigungen gegen mich und meine Freunde», wie er später bekanntgeben ließ. Diese neuerliche Beleidigung war ein cleverer Schachzug. Der geschockte Kortschnoi («Ich hatte mein Gleichgewicht verloren») spielte entgegen allen – mit seinen Sekundanten – analysierten Varianten einen verbotenen Eröffnungszug und verlor dann «katastrophal». Nach diesem gelungenen negativen Handstreich Karpows stand es in der Reihe der Beleidigungen etwa 17:17 (wer zählt noch mit?).

Tags darauf verlor Kortschnoi auch eine entscheidende, «für das Schach zukunftsweisende» (Lothar Schmid) Schlacht an der psychologischen Kriegsfront. Die Sowjets hatten von Anfang an einen Parapsychologen, Dr. Zoukhar, auf die erste Zuschauerreihe gesetzt, der offiziell die Nerven seines Schützlings Karpow kontrollieren, nach Kortschnois Meinung aber seine,

Kortschnois Nerven mittels Hypnose ruinieren sollte. Jedenfalls fühlte sich der Herausforderer, dessen Sieg «die Sowjets mit allen, mit wirklich allen Mitteln verhindern wollen» (Kortschnoi), durch die Anwesenheit des Psi-Mannes gestört, und er berief sich gegenüber Schiedsrichter Schmid auf die Wettkampfbestimmungen, wonach der Schiedsrichter «Störungen» (und nicht nur Lärm, wie es noch in den Bestimmungen für den Spassky–Fischer-Wettkampf geheißen hatte) zu beseitigen hat. Schmid schickte den Parapsychologen zurück in die siebte Reihe, von wo auch Kortschnoi dessen Einfluß nicht mehr so stark befürchtete. (Zudem legte er sich besagte Spezialbrille an.)

Jetzt protestierte Karpow gegen die Entscheidung und bezweifelte die Objektivität des Schiedsrichters. Eine 3:3-Kampfabstimmung der Wettkampfjury ergab schließlich, daß «psychologische Störungen» nicht Störungen im Sinne der Wettkampfbestimmungen seien. In einer neuerlichen Pressekonferenz feierte der sowjetische Delegationsleiter Viktor Baturinski den Triumph, schmähte Kortschnoi und seine Delegation und erklärte sich großzügig bereit, Zoukhar in der siebten Reihe zu belassen.

Was die Russen allerdings am meisten nervt, ist eine Frau: Petra Leeuwerik, eine geborene Österreicherin mit holländischem Namen und Schweizer Wohnsitz, eine gut aussehende, ungeheuer ehrgeizige Fünfzigerin, die zugleich als Kortschnois Sekretärin, Sprecherin, Delegationsleiterin, Köchin, Partnerin, Freundin und Beschützerin

fungiert. Nach eigener Auskunft war sie etliche Jahre in sowjetischen Zuchthäusern und fühlt sich deshalb mit «Viktor besonders verbunden». Tatsächlich hat sie in Pressekonferenzen und halboffiziellen Statements Mitglieder der sowjetischen Delegation, insbesondere den Chef und ehemaligen KGB-Mann Baturinski, als «Gefängniswärter» von Kortschnois Familie bezeichnet. Daß die Sowjets zurückpolterten, kann niemanden verwundern. So findet hier zwischen dem Pines-Hotel, in dem die Kortschnoi-Delegation eine Suite bewohnt, und dem Terrace Plaza, das die Russen belegen, der psychologische Grabenkrieg mit Beschimpfungen und Beleidigungen statt, der auch für die entscheidenden Schlachten auf den 64 Feldern Einfluß hat.

Eine besondere Pikanterie ist bei den Attacken Petras, die sich inzwischen auch die Feindschaft von Organisator Campomanes und einem anderen Jurymitglied zugezogen hat, daß sie von den Sowjets ausgerechnet die Ausreisegenehmigung für Kortschnois Frau nebst Sohn fordert. Tatsächlich, so wird bereits gemunkelt, könnten die Russen sich eines Tages furchtbar bei Petra rächen, indem sie ihrem Wunsch nachkommen und Kortschnois Frau tatsächlich freilassen; womöglich nach Baguio. Denn dann ginge es erst richtig los.

Ein solches Manöver, so erzählte ein Jurymitglied, wäre auch geeignet, Kortschnoi wieder mal gründlich aus dem Gleichgewicht zu bringen, etwa wenn er mal führen sollte. (Der Wettkampf endet bei sechs Siegen für einen Kandidaten.) Aber wenn Kortschnoi

26. axb3, Txb3
27. Dc1, Tb7
28. La6, Tcb8
29. Lxb7, Txb7
30. Ta3, h6
31. Tac3, Sb5
32. Tc8+, Kh7
33. T2c6, f6
34. Kg2, Df7
35. Dc2, a5
36. g4, fxe5
37. fxe5, a4
38. Ta8, Sa7
39. Ta6, De7
40. Txa4, Tc7
41. Db3, Sc6
42. Ta1, Sb4
43. Tc1, Tc4
44. Tb8, Txc1
45. Lxc1, Dc7
46. Txb4, Dxc1
47. Dd3, h5
48. Tb6, Lh6
49. gxh5, Dg5+
50. Dg3, Dd2+
1–0

jemals führen sollte – zur Zeit liegt er ja zurück –, werden sowieso andere Geschütze aufgefahren. Und auch Lothar Schmid meinte: «Dann kann sich zum Beispiel auch Zoukhar wieder nach vorne setzen, da kann ich gar nichts machen.»

Vorerst aber stand es noch 1:0 für Karpow. Bis zur elften Partie.

Es ist eine halbe Minute vor fünf. Lothar Schmid schaut auf die Uhr wie ein Fußballschiedsrichter vor dem Abpfiff. Schmid drückt den Knopf von Karpows Uhr. Kortschnois Uhr läuft. Weiß zieht. Er zieht den Bauern von g2 nach g3. Und die erste Sensation ist perfekt. Der Zug ist eine völlige Überraschung für alle, inklusive Karpow, der ebenfalls seine Verblüffung kaum verbergen kann. Mit bemühtem Gleichmut starrt er auf den unerwarteten Bauern, wartet den Lärm ab, den die Fotografen exakt drei Minuten lang bis 17 Uhr 03 machen dürfen (danach ist jegliches Fotografieren verboten), macht schließlich seinen ersten Zug, Bauer c5, mit dem er ein Einlenken in den «geschlossenen Sizilianer», so heißt die Eröffnung, einleitet.

Kortschnois überraschender Zug hat keineswegs nur den Zweck, Karpow zu schocken, sondern er will ihn von den mit Hilfe seiner Sekundantenschar (und vom Computer) in Moskau durchanalysierten Eröffnungsvarianten fortlocken. Denn ein Weltmeisterkampf findet nicht nur am Brett statt. Schon Monate vorher hatten sich die Kontrahenten durch das Studium der Partien des Gegners, seiner Schwächen und Stärken, auf den Kampf vorbereitet, und während des Wett-

kampfes in spielfreien Tagen und Nächten durchsuchten die Sekundanten die gegnerischen Eröffnungsvarianten nach Schwachpunkten und möglichen überraschenden Konterschlägen. Das mußte Kortschnoi in der zehnten Partie erfahren.

Er hatte bis dahin nur mit seinen Standarderöffnungen für Schwarz und Weiß operiert und wurde in der zehnten Partie im elften Zug von einer «Bombe» (so Kortschnoi selbst) überrascht. Mit dem Springerzug nach g5, den bislang höchstens schlechte Anfänger gespielt haben, bot Karpow eine Figur an, deren Nehmen freilich bald zur Katastrophe geführt hätte.

Bot Karpow an? Während im Saal die Zuschauer, deren Atemanhalten bei Sg5 man buchstäblich hören konnte, noch immer in stummer Bewunderung den Zug am Demonstrationsbrett anstarrten, diskutierten und analysierten die Großmeister und Fachjournalisten fasziniert die sensationelle Neuerung. Und Altmeister Najdorf stöhnte verzückt: «Beautiful move.»

Tal, der romantische Angriffsspieler, Exweltmeister und Publikumsliebling, steht still neben dem Analysebrett und lächelt. «Das ist dein Zug, Mischa, gib es zu», ruft jemand. Aber Mischa lächelt nur stumm. Najdorf sagt: «Kortschnoi spielt gegen Balaschow, Saitschew und Tal und schließlich auch gegen Karpow.»

Am Brett aber können auch die Sekundanten nicht mehr helfen. Kortschnoi war allein mit der g-Bombe. Eine geschlagene Dreiviertelstunde brütete er, bevor er eine einigermaßen ausreichende Antwort fand, die freilich immer noch seinem Gegner eine überlegene Stellung überließ. Erst nach dem Damentausch (Kortschnoi: «Noch nie hat Karpow mich ohne Dame schlagen können») konnte er den Ausgleich erreichen und ein Remis sichern. Karpow hatte auf erstaunliche Weise seinen Vorteil durch hastiges, ungenaues Spiel verschlampt.

Kortschnoi erzählte mir später über seine Empfindungen, als die «Bombe» kam: «Ich war doppelt betroffen: als Herausforderer des Weltmeisters und als bester Kenner und Herausgeber von Schachbüchern über diese Eröffnung; ich hatte kein Recht, diese Partie zu verlieren.»

Nach der wunderbaren Rettung dieser Partie aber hatte Kortschnoi zunächst keine Lust mehr, sich stundenlang am Brett mit sowjetischen Analysesensationen zu messen. In der elften Partie kam er selbst mit jener g3-Überraschung. Mit energischen, aggressiven Bauernzügen sicherte der Herausforderer das Zentrum, während Karpow trotz mühsamer Laviererei keine Ordnung in seine Stellung bekam. Aber Kortschnois Aktionen wurden immer überlegener, Karpows Springermanöver e8 und c7 erwiesen sich als Fehlschlag.

Noch deutlicher als in der vorigen Partie wurde jetzt: Karpow zieht ungewöhnlich schnell, aber nicht aus einer überlegenen Spielführung heraus, sondern, so scheint es, aus Ungeduld. Er denkt nicht so genau und so tief wie sein Herausforderer. Was ist los mit Karpow?

Ihn selbst kann man nicht fragen. In der ganzen Woche im Terrace Hotel habe ich ihn nicht ein einziges Mal gesehen. Er wird abgeschirmt und geschützt wie ein bluterkranker Königssohn, versteckt wie ein Geheimnis, gehätschelt wie ein sechsjähriges Wunderkind. Väterchen Baturinski mit dickem Bauch und dicker Zigarre: «Anatoli ist müde, Anatoli braucht Ruhe.»

Aber was ist los mit Anatoli? Beim Frühstück sitze ich mit Tal und Pressechef Roschal zusammen, die, wie alle Sowjets außer Karpow, freundlich und entgegenkommend auftreten. Roschal erzählt über seine Wünsche und Schwierigkeiten, philippinische Schönheiten näher kennenzulernen. Und ich empfehle ihm einen jener Nachtclubs, in dem es «girl shopping» an Schaufenstern gibt und, noch geschmackvoller, «human blankets». Aber Roschal meint traurig: «Dann muß ich ein Mädchen für Baturinski mitbringen.» Lachen.

Ich erkundige mich nach Anatoli, der sich nichts aus Frauen macht («Ich habe zwei Damen auf dem Schachbrett, die kann ich führen, schlagen, nehmen»). Warum spielt er so schwach, so hastig, so ungeduldig? Leidet er unter dem Psychoterror? Die Russen ziehen die Schultern hoch: «Vielleicht das Wetter?»

Das Wetter. Wer dieses Wetter je erlebt hat, wird in Europa nie mehr jammern, denn in Baguio City ist Regenzeit. Es regnet von morgens bis morgens, und zwar von Sonntagmorgen bis Sonntagmorgen und so weiter.

Und so stark, daß auch Schirme nichts nützen. Warum die Schachweltmeisterschaft an diesen Bergort ans Ende der Welt verbannt wurde, wird ewig ein Geheimnis bleiben. Die Folgen: Es gibt kaum Zuschauer, pro Partie weniger als 50. (In Hamburg wären es Tausende gewesen.) Für die Fans aus aller Welt ist das Match viel zu weit weg und zu naß; für die Einheimischen zu teuer: 15 Mark (umgerechnet) pro Partie.

Im Gegensatz zu Karpow ist Kortschnoi offen und gesprächsbereit, auch während des Turniers. Ich mußte im Vorzimmer nur eine halbe Stunde warten, drei Partien gegen Petra Leeuwerik spielen (und gewinnen!), um dann mit dem Meister sprechen zu können.

«Ob ich Karpow hasse, weiß ich nicht, aber ich hätte Grund genug. Er ist böse.» Oder: «Ja, ich brauche eine gewisse Feindseligkeit gegen meinen Gegner, um wirklich aggressiv kämpfen zu können. Einen Freund kann ich nicht vernichtend schlagen.» Oder er sagt: «Die Menschen beugen sich immer der Macht, in dieser Welt der Sowjetmacht. Das zeigt im kleinen dieses Match, in dem die Veranstalter der Schachweltmacht Sowjetunion ihre Objektivität opfern. Ich bin ein einsamer Kämpfer gegen die Sowjetmacht.»

Aber am Brett ist auch Karpow einsam. Je schlechter seine Stellung wird, desto nachlässiger spielt er. Im 25. und 26. Zug zum Beispiel stürmt er in eine simple Falle des Herausforderers, und nach Kortschnois 27. Zug Dame c1 könnte er eigentlich aufgeben. Jetzt aber wird er plötzlich furchtbar zäh, kämpft noch bis zum 51. Zug, eine verlorene Schlacht. Dann gibt er auf.

Karpow gewann den Zweikampf nach drei Monaten und 32 Partien mit 6:5.

Schach in Europa: Das multikulturelle Spiel

Paradoxerweise waren es gerade im Schach stümperhafte Feldherren, die mit ihren Eroberungszügen das Spiel nach Europa brachten. Nachdem sie Nordafrika unterworfen hatten, drangen die Araber 711 bei Gibraltar auf die Iberische Halbinsel vor. Sie marschierten durch Spanien, überwanden die Pyrenäen und wurden erst 732 in Mittelfrankreich von Karl Martell gestoppt.

Tatsächlich befanden sich die Spanier und Franzosen keineswegs in einem Dauerkrieg mit den arabischen Imperialisten. Spanien entwickelte sich erst unter maurischer Herrschaft in ein blühendes Land.

Während jahrelanger, mehr oder weniger diplomatischer Verhandlungen zwischen Karl dem Großen in Aachen und Harun al-Raschid in Bagdad soll der Kalif dem späteren Kaiser auch einmal kostbare Figuren des königlichen Spiels geschickt haben. Aber auch hier tappen die Historiker wieder im typischen Schachnebel von Geschichte und Legende, von Dichtung und Wahrheit. Die im Domschatz des Münsters von Osnabrück gefundenen Figuren stammen jedenfalls nach Meinung ernsthafter Historiker nicht aus al-Raschids angeblichen Geschenken für Karl den Großen.

Die ältesten, erst spät entdeckten, europäischen Urkunden, in denen Schach erwähnt wird, beweisen aber, daß das Spiel nicht – wie vielfach angenommen wurde – erst durch die Kreuzzüge nach Europa gekommen ist. Im Testament von Urgel, einem gut erhaltenen Pergament von 1010, hat der Graf Ermengaudus von Urgel der Kirche unter anderem seine Schachfiguren vermacht, kristallene, vermutlich ägyptische Steine, die im Kirchenschatz von Urgel wiedergefunden wurden. Der Graf hatte seinen letzten Willen verfügt, als er zu einer Schlacht gegen den Emir Suleiman von Cordoba gerufen wurde. Ermengaudus fiel im Krieg, sein Kriegsspiel fiel der Kirche zu.

In einem weiteren Testament hat eine Schwägerin des Grafen von Barcelona 1058 der Kirche einen Satz Figuren vererbt. Der Geistliche beurkundete damals: «Wir Wilh. Sohn von Guifred, Diaconus, und Wilh.

Sohn von Amet sahen, als die Gräfin Ermessindis auf dem Bette in einem Hause saß, ... und dort sitzend, durch Krankheit zurückgehalten, bestätigte sie ihr Testament, das sie bei sich hatte ... Zuvörderst vermachte sie mir, dem vorerwähnten Geistlichen Wilh., ein Maulthier. Und bestimmte dem Papste ihre hölzernen mit Gold umgebenen Kelche. Und dem heiligen Ägidius zu Nimes ihre krystallenen Schachsteine.»

Diese Testamente zeigen immerhin, daß das Schachspiel zumindest bei Adel und Kirche schon damals so alltäglich war, das es keiner besonderen Erklärung bedurfte. Die Besiegten hatten von den Siegern ausgerechnet das Kriegsspiel übernommen. Vielleicht, weil sie irrtümlich glaubten, aus dem Kriegsspiel die Kriegskunst zu lernen.

Bemerkenswert ist auch, daß die christliche Kirche, die sich ja vom Islam besonders attackiert fühlte, das Schach zunächst keineswegs verteufelte.

Doch bald fiel das Schach, das Anfeindungen von Buddhisten, Hinduisten und Moslems überstanden hatte, christlichen Eiferern zum Opfer. Sie wollten keinen Unterschied zwischen den bekannten Glücks- und Würfelspielen und dem königlichen Denkspiel gelten lassen.

Die verworrene Pattsituation innerhalb der Kirche zum Thema Schach schildert ein weiteres frühes Schachdokument, ein Brief, den Kardinal Petrus Damiani 1061 an Papst Alexander II. geschickt hatte und in dem er sich über die Leidenschaft der Würfel- und Schachspieler empört. Damiani (1007 bis 1072), der «den Cardinälen und Bischöfen die satrapenhafte Üppigkeit mit Geißelhieben» (so Schachhistoriker Antonius van der Linde) austreiben wollte, beschwerte sich beim Papst über den Bischof von Florenz: «Ich halte meine Feder an; denn ich erröte vor Scham, noch andere Albernheiten (ineptiae) aufzuzählen, wie die Jagd, den Vogelfang und namentlich die Leidenschaft der Würfel oder des Schachspiels (alearum insuper furiae vel schachorum), welche sicherlich den ganzen Priester zum Mimen und vorzüglich die Augen, Hände und die Sprache zu einem wahrhaftigen Schauspiel machen ...

Als ich einst als Gefährte ... des verehrenswerthen Florentiner Bischofs auf einer Reise war und wir endlich zur abendlichen Herberge gelangten, zog ich mich in die Wohnung des Presbyters zurück, während er in dem geräumigen Hause unter der Menge der Gäste verblieb. Am anderen Morgen teilte mir nun mein Reitknecht mit, der Bischof habe Schach gespielt, und dies Wort traf empfindlich mein Herz wie ein Pfeil und brachte mir eine Wunde der Entrüstung bei. Zu einer Stunde daher, die mir passend schien, suchte ich den Mann auf und schalt ihn heftig, indem ich folgendermaßen anhob: Mit geschwungener Hand führe ich die Ruthe, begierig, Streiche dort zu ertheilen, wo sich mir ein Rücken darböte.

Und jener erwiderte, er werde sich bei dargethaner Schuld der Strafe nicht entziehen.

Geziemte es sich wohl und war es deine Sache, sagte ich, den Abend mit dem eitlen Schachspiel (in schachorum vanitate colludere) hinzubringen und jene Hand, die den Leib des Herrn darbietet, und die zwischen Gott und dem Volk vermittelnde Zunge durch Befleckung mit einer schändlichen Kurzweil zu entehren? Zumal die kirchliche Disziplin bestimmt, daß Bischöfe, die sich dem Spiel ergeben, suspendiert werden sollen. Jener suchte sich nun aus der Verschiedenheit der Bezeichnungen einen Schild der Vertheidigung zu machen, indem er anführte, es sei etwas anderes, Schach als Würfel zu spielen. Die Würfel hätte der Canon verboten, das Schach aber stillschweigend gestattet.

Worauf ich entgegnete, das Schach hat das Gesetz zwar nicht erwähnt, aber beide Arten von Spiel begreift es unter dem Namen des Glücksspiels (alea). Wenn also das Spiel (alea) verboten ist und nichts namentlich vom Schach gesagt wird, so umfaßt ohne Zweifel dasselbe Wort beide Arten und wird beides durch dieselbe Bestimmung verpönt.

Jener, der milden Sinnes und scharf von Geist ist, fügte sich unterwürfig den dargelegten Gründen, leistete das feste Versprechen, den Fehler durchaus nicht wieder zu begehen, und verlangte nach der Auferlegung der Buße. Ich schrieb ihm also vor, dreimal andächtig den Psalter durchzugehen und die Füße von zwölf Armen zu waschen, sowie die letzteren zu speisen und jedem ein Geldstück zu geben...»

Die florentinische Nacht in der Taverne von 1061 zeigt zunächst, daß Schach im elften Jahrhundert in Italien schon nicht mehr ein Privileg der oberen Klassen, sondern eine normale Kneipenunterhaltung war (wobei es mancherorts auch Würfelschachversionen gab). Außerdem wurde offenbar – wie auch heute noch – um Geld gespielt. Wie schon in Indien, ging auch im europäischen Mittelalter die Spielbegierde so weit, «daß man selbst das Abhauen von Gliedmaßen als Preis bestimmte», wie von der Lasa als erwiesen ansieht: «wegen der wiederholt erlassenen Verordnungen», die solches Tun ausdrücklich verboten.

Der Florentiner Bischof hatte zwar vermutlich nicht um Glieder, sondern um Gelder gespielt, sonst, so meint von der Lasa, «würde er dies wohl als prägnanten Unterschied für das Schach vom Glücksspiel angeführt haben, bei welch letzterem doch gewiß nie bloß zum Vergnügen ge-

spielt würde». Auch die Wiedergutmachungsidee der auferlegten Buß-
handlungen spricht für Geldgewinne des Bischofs. «Mit der Fußwa-
schung der Armen sollte der Bischof seine mit Schuld befleckten Hände»
(Damiani), mit den Psalmen den Geist reinigen, mit den Geldgeschenken
die sündigen Gewinne ausgleichen.

Sowenig eine Antwort oder Stellungnahme des Papstes zu Damianis
Brief bekanntgeworden ist, sowenig konnte die Kirche in Europa überhaupt eine klare Linie zu dem obskuren neuen Spiel finden. Hier und da
wurde es generell verboten, woanders war es nur bei Wetteinsatz untersagt. Vielerorts war es allen kirchlichen Würdenträgern verboten; in Paris
durften Priester laut Bischof Odo Sully (geboren 1208) nicht einmal ein
Schachspiel im Hause haben. (Aber die kristallenen Figuren des gefallenen Urgeler Grafen gehören bis heute zum Domschatz der Kirche.) Das
Konzil von Trier verbot im Jahre 1310 den Mönchen Schach und Ball-
spiele. Die Kirche fürchtete, daß Schach zur Sucht werden kann.

Die Opfer der Schachgöttin
Hamburg, November 1990

Nein, er möchte lieber nicht mit uns sprechen. Kein Interview, keine Fotos. Auch nicht unter anderem Namen. Günter Gralla (Namen von der Redaktion geändert) ist ein starker Schachspieler, aber er gehört nicht zur Gilde der 21 deutschen Großmeister und auch nicht zu den 56 deutschen «Internationalen Meistern» (IM). Er ist einer der Schachfreaks, die irgendwann ihr Talent und ihre Leidenschaft zum «königlichen Spiel» entdeckt haben, auf der Schachschiene abgefahren sind, aber nie am großen Ziel ankamen. Gralla hat auf der internationalen Werteskala der Schachspieler, die ähnlich wie beim Tennis aus Turnierverglei-chen mit anderen Spielern berechnet wird, eine Elo-Zahl von 2340. Normalerweise haben IM Elo-Werte über 2400; Großmeister über 2500: Kasparow hat 2800, Karpow 2730.

2340 – das ist zuwenig zum Leben, zuviel aber, für Gralla jedenfalls, um das Schach aufzugeben und einen bürger-lichen Beruf zu ergreifen. Er ist hängen-geblieben, ein Sozialfall. Er spielt für den viertklassigen Vorortverein einer deutschen Großstadt, den «1.SC Damenspringer», an Brett drei, wo ihm der Vorsitzende, ein wohlhabender Schachenthusiast, für einen Ligasieg 200, für ein Remis 100 Mark bezahlt: für Verlustpartien gibt es gar nichts. Früher spielte Gralla in der Bundesliga mit festem Gehalt (rund 3000 Mark jährlich) und gewann außerdem gelegentlich einen oder zwei Hunderter bei einem Turnier. Heute zockt er in Blitz-partien um einen Heiermann oder ein

Bier gegen Kaffeehausbesucher, die sich eine Chance ausrechnen, wenn Gralla betrunken ist. Aber selbst wenn er bereits Probleme hat, mit den unsicheren Fingern den Springer auf dem Brett zu fassen, setzt er ihn schließlich doch noch auf ein gewinnbringendes Feld. Gegen «Patzer» (Hobbyspieler) reicht sein Schachgefühl allemal, auch nach zehn Bieren.

Ansonsten lebt er heute statt von Preisgeldern von Sozialhilfe, er gehört zum sogenannten Schachproletariat, zu den Figuren, die die Schachgöttin Caissa dem königlichen Spiel geopfert hat. Gralla ist ein Extremfall. Aber es gibt geschätzt Hunderte deutscher Kleinmeister, die eine bürgerlich-akademische Karriere wegen ihrer Schachleidenschaft und der Hoffnung auf Großmeistertitel und großes Geld verpaßt haben.

Der Hamburger Internationale Meister und Diplompsychologe Enno Heyken, der eine Diplomarbeit zum Thema («Leistungs- und Interessenentwicklung bei Schachspielern») veröffentlicht hat, schätzt, daß sogar «Tausende gefährdet sind», von denen höchstens einer Großmeister wird. Die meisten kriegen freilich rechtzeitig die Kurve, geben das Schach ganz auf oder begnügen sich als Vereinsspieler mit einem wöchentlichen Clubabend und einem gelegentlichen kleinen Turnier. Einige aber trifft der Fluch Caissas. Obzwar ohne Chance, geben sie nicht auf und müssen froh sein, wenn sie in schlechter Stellung mit einem Remis durch «ewiges Schach» oder «Patt» überleben. Ein Leben als Hängepartie.

Alkoholprobleme, Glücksspiel, Vaterkomplexe

Nach Meinung Heykens und etlicher Schachpädagogen muß ein angehender Großmeister spätestens mit zwanzig Jahren durch Turniererfolge den IM-Titel erkämpft haben, der ihm für die Großmeisterturniere günstigere Startbedingungen einräumt. Einem Internationalen Meister wird in aller Regel ein Teil der Unterkunftskosten (bei Großmeistern auch Tagesspesen) erstattet: er erhält Startgeld, statt eins zahlen zu müssen. Wer mit zwanzig Jahren den IM-Titel noch nicht geschafft hat, sollte sich nach Meinung der Schachpädagogen schleunigst um einen normalen Beruf kümmern: mancher hat freilich zu diesem Zeitpunkt schon sein Abitur dem Schach geopfert.

Normalerweise lernen die Jugendlichen im Vor-Teenie-Alter das Schach durch den Vater oder einen älteren Freund kennen und treten bald, falls es gefunkt hat, in einen Schachclub ein, wo sie das Spielfieber ereilt, weil sie locker die alten Hasen matt setzen.

So erging es beispielsweise Holger Studzinski*, der heute als 45jähriger beim SC Damenspringer an Brett 2, vor Gralla, spielt.

Studzinski, der als Elfjähriger in die Geheimnisse des Schachs eingeweiht worden war, wurde noch als Jugendlicher Stadt- und Landesmeister und spielte später sogar in der deutschen Nationalmannschaft auf Schacholympiaden. Er hatte aber nicht genug Geld oder Energie, um den IM-Titel zu erlangen.

Beruflich schlitterte der Jungmeister, der mit siebzehn und der mittleren Reife die Schule verlassen und Versicherungskaufmann gelernt hatte, von einem Job in den nächsten. Er arbeitete («unter meinem geistigen Niveau») als Buchhalter bei verschiedenen Behörden und Kleinunternehmen und machte zwischendurch – in Jahren des Schachüberdrusses – das Abitur nach, um Wirtschaftspädagogik zu studieren. Kurz vor dem Examen ereilte ihn, «aus Prüfungsangst, aus Streß oder Frust über die Studienbedingungen», eine schwere Krankheit, «eine Art Schizophrenie oder so». Ein Jahr lang wurde er in der Psychiatrie mit harten Psychopharmaka behandelt. Als geheilt entlassen, betrat er erneut die Schachszene, erreichte wieder seine alte Spielstärke von rund 2370 und erhielt sogar einen sehr lukrativen Vertrag bei einem Bundesligaverein, dessen Sponsor ihn persönlich in einem Siebener-BMW von der Bahn abholte.

Bei diesem Verein blieb er drei Jahre als «Schachprofi». Zu den etwa 400 Mark pro Partie und Monat verdiente sich der bescheidene junge Mann, der noch immer in der kleinen Wohnung seiner Mutter lebt, ein Zubrot durch Schachtraining und Privatunterricht für Manager. Studzinski nahm dreißig Mark für die Stunde.

Wie für die meisten seiner reichen Schüler war auch für den Sponsor seines Bundesligavereins das Schach nur ein vorübergehendes Hobby. Eines Tages zog er sich zurück, der Verein stieg ab, und Studzinski wurde wieder arbeitslos. Nach weiteren beruflichen Fehlschlägen, Depressionen und Selbstmordversuchen begann er mittels Psychologie, Theologie und Esoterik eine Selbsttherapie und schloß ein EDV-Umschulungsprogramm erfolgreich ab.

Psychischen Halt fand er auch bei den alten Kumpels in seinem ersten Schachclub, in dem er vor 25 Jahren angefangen hatte und für den er jetzt umsonst spielte. Ob der Club und die Szene sein zerrissenes Leben verursacht oder aber sein psychisch vorbestimmtes Schicksal erleichtert haben, weiß er nicht. «Die Szene gibt dir einerseits Halt, andererseits triffst du dort gefährliche Menschen, die dich durch ihr schlechtes Beispiel runterziehen können.»

Ähnlich sieht das auch Diplompsychologe Enno Heyken, der das Schach im doppelten Sinne als eine ganz eigene, «abgeschlossene Welt» bezeichnet. Die Schachfreaks haben einmal ihren eigenen Mikrokosmos auf dem Brett mit den 64 Feldern und den 32 Figuren und dazu ihre sozialen Kontakte fast ausschließlich mit Gleichgesinnten, mit denen sie sich – wenn sie nicht spielen – meist über Schachvarianten unterhalten. Sie leben in einem Männermilieu (nur vier Prozent der deutschen Schachvereinsmitglieder sind Frauen), in dem viele der Matadore zumindest eins ihrer Probleme nur schwer lösen können: ihren stark gehemmten Zugang zum anderen Geschlecht. Außer diesen Schwierigkeiten hat Heyken bei Schachkoryphäen «verstärkte Depressionsneigung, Dominanzstreben» sowie, biographisch, häufig den frühen Verlust des Vaters festgestellt. Das trifft übrigens auch auf drei der letzten vier Weltmeister zu: Spassky, Fischer und Kasparow.

Das Leben, eine einzige Hängepartie

Studzinski war immerhin schon siebzehn, als sein Vater starb. Der heute 45jährige, der einmal ein wichtiges Turnier «wahrscheinlich wegen einer Frau» verloren hat, lebt noch immer allein mit seiner Mutter. Dominanzstreben offenbarte er im Gespräch nur dadurch, daß er den Ablauf selber bestimmen wollte. Studzinski hat sein Leben einigermaßen auf die Reihe gebracht. Er arbeitet als EDV-Programmierer bei einer Behörde, und im Schach ist er mit 400 Mark pro Partie am Brett 2 des 1.SC Damenspringer zufrieden. Er hat nur noch ein kleines Ziel: «Vielleicht mal an Brett 1 zu kommen.»

An Brett 1 spielt Thomas Borchert*. Borchert ist 35 Jahre alt und hat gerade, nach 22jährigem Bemühen, die notwendige Norm für den IM-Titel geschafft – ausgerechnet ein halbes Jahr nachdem er sich entschlossen hatte, seine Profiversuche zu beenden und wieder etwas mehr Geld zu verdienen, als Packer bei einer Versicherungsgesellschaft. Der späte Erfolg wird ihn nicht rückfällig machen für das Profischach, sagt er. «Ich habe lange gebraucht, bis ich endlich kapiert habe, daß ich nicht gut genug bin. Zwanzig Jahre lang war ich ein Träumer.»

Auch ihn scheint seine Kindheit für ein Schachschicksal prädestiniert zu haben. Seinen Vater hat er gleich zwei-

mal verloren. Den ersten, «leiblichen», kennt er gar nicht. Er wurde als Baby adoptiert, und sein Adoptivvater ließ sich scheiden, als Thomas fünf war.

Auf die Problematik einer Vater-Sohn-Schachbeziehung hat als erster der Psychoanalytiker Ernest Jones 1931 hingewiesen: «Das unterbewußte Motiv, welches die Schachspieler antreibt, ist ... der grausige Wunsch nach Vatermord.» Der freudianische Analytiker Reuben Fine, in den dreißiger und vierziger Jahren einer der stärksten Spieler der Welt, hat Jones' These weiterentwickelt. Danach symbolisiere der König, «von überragender Wichtigkeit, unersetzbar, aber schwach und schutzbedürftig», den Penis des Knaben und belebe die Kastrationsangst, während der gegnerische König der Vater sei, den der Sohn im Ödipus-Sinne vernichten wolle. Die ungewöhnliche Häufung von vaterlos aufgewachsenen Weltspitzenspielern mache es nach Enno Heyken «denkbar, daß vaterlose Jungen unterbewußte Schuldkomplexe entwickeln (ihre Phantasien vom Vatermord sind scheinbar eingetreten), die eine besonders intensive Hinwendung zum Schachspiel begünstigen».

Als Thomas Borchert im Alter von elf Jahren das Spiel, das laut Fine «mit der Dame als Muttergestalt auch die Familiensituation symbolisieren kann», kennenlernte, hatte er schon manchen erbitterten Streit mit seiner – durch die Scheidung schwer frustrierten – Mutter hinter sich. Sie trieb ihn, «auch mit Schlägen», zu besonderen Leistungen an.

Thomas schlug gleich am ersten

Tag seinen Lehrmeister und war fortan dem Spiel verfallen. Er erkannte schnell, daß er endlich das Medium gefunden hatte, mit dem er, der sonst in der Schule durch Aggressivität und Clownerie auffiel, seine Dominanzgelüste im fairen Zweikampf befriedigen konnte. Wie alle unsere Gesprächspartner liebte er das Spiel in erster Linie wegen des sportlichen Aspekts, des geistigen Kräftemessens und der Triumphe. Erst später, als er daran ging, seine Schachkarriere systematisch vorzubereiten, faszinierte ihn auch das Wissenschaftliche am königlichen Spiel, das Studium der Eröffnungsstrategien, das Künstlerische, der Genuß bei ästhetisch gelungenen Partien.

Das königliche Spiel und seine Bettler

Das Abitur schaffte Thomas noch relativ problemlos, aber das Studium, Pädagogik, gab er nach sechs Semestern auf, weil es ihn nicht mehr interessierte. Wie ein Süchtiger gab er sich dem Schach und der Jagd nach dem IM-Titel hin, unterbrochen von unglücklichen Liebesaffären und zwei Selbstmordversuchen. Er lebte von Bundesligaeinsätzen, Schachbuchantiemen und geliehenem Geld seiner «Hausbank, sprich Mutter». 22 Jahre lang hat er «mehr Zeit und Energie für das Schach verschwendet, als ich für fünf Doktortitel gebraucht hätte». Jetzt hat er den IM-Titel und muß «aufpassen, daß ich nicht schon wieder zu träumen anfange».

Tatsächlich reicht ein IM-Titel keineswegs, um von einer Schachkarriere zu träumen. Die meisten der deutschen IM bestreiten ihr Leben nicht vom Schach. Einer, der es versucht, ist der 25jährige Werner Mahlmann* (Elo 2430), der am Telefon erklärte, daß er durch seine Bundesligaeinsätze und Simultanpartien, als Schachtrainer, mit Schachbeiträgen in Fachzeitschriften sowie an Preisgeldern auf öffentlichen Turnieren genug verdiene, «um gut zu leben». Was ist gut? Er wollte keine Zahlen nennen, aber nach Meinung seiner Szenekollegen «lebt er so bescheiden, daß es Gott erbarm», zumal er oft «unwürdig niedrige Honorare akzeptiert».

Ebenso wie Gralla, Studzinski oder Borchert hat Mahlmann kein Auto; er haust in einer Kleinstwohnung, begnügt sich mit billigster Kleidung und Ernährung und macht Urlaubsreisen zu Turnierplätzen, wo er Fernweh mit der Arbeit verbindet. Im Oktober spielte er in Afrika, wo ihm der Aufenthalt finanziert wurde. Manchmal hat er schon auf Hotelfluren oder im Nachtbus geschlafen, und notfalls bekommt er bei seinen Großeltern eine warme Mahlzeit.

Einem der talentiertesten deutschen IM, dem 35jährigen Hans-Hermann Donorowski*, hilft der Vater, wenn das Geld ausgeht. Freilich hat der Vater, der selbst nie ein sonderlich starker Schachspieler war, seinen Sohn geradezu zum Schach getrieben. Er hat ihm nicht nur die Grundzüge beigebracht, sondern ihn auch mehr fürs Schach als für die Schule motiviert, so daß der Sohn nach der mittleren Reife abging, um sein Leben dem Schach zu geben.

Der Junge errang mehrere Titel: Wegen seiner Erfolge im Blitzschach – neun deutsche Meisterschaften – wurde Donorowski in der Szene «Donnerblitz» genannt. Warum er es nicht zum Großmeister brachte, kann man nur ahnen. Nach seiner Meinung hat ihn der Deutsche Schachbund, dem er wegen verschiedener Eskapaden suspekt war, nicht zu den wichtigen internationalen Turnieren geschickt. Auch Donnerblitz leidet unter psychischen Problemen und gelegentlich starkem Alkoholkonsum. «Alkoholprobleme haben viele Schachspieler», sagt er und zählt eine lange Liste berühmter (Aljechin, Tal usw.) und weniger berühmter Meister auf, die häufig volltrunken spielten.

Donorowskis herbste Niederlage nagt noch immer an ihm: «Einmal führte ich in einem Turnier in Bad Wörishofen nach neun Tagen und neun Runden mit neun Punkten. Ich spielte in Höchstform. In der letzten Runde hatte ich den sowjetischen Großmeister Kuzmin zum Gegner. Ein Remis hätte zum ersten Platz und 8000 Mark gereicht. Ich stand besser und sah schon Geldbündel vor mir. Da mach ich den einzigen Fehler in den zehn Tagen, verliere die Partie und rutsche auf einen 300-Mark-Platz runter.»

Er blickt uns verzweifelt an, während der jahrealte Schmerz sich wieder durch ihn frißt: «Mein Vater schimpfte damals: Ich bin extra deinetwegen hierhergekommen, und du spielst so einen Mist – ich hätte ihn umbringen

können!» Damals hat ein Schachspieler den Vatermord nicht nur im Unterbewußtsein durchgespielt. Schließlich hat der Sohn die 300 Mark versoffen, und sein Vater mußte ihn vor dem Zusammenbruch retten.

Der Junior spielt in einem Bundesligaverein, in den ihn ein alter Bekannter geholt hat, der erst 25jährige Internationale Meister Peter Blattmacher*, Elo 2460. Der pfiffige Rheinländer ist der einzige IM, der wirklich von seinen Schacheinkünften gut leben kann. Stolz zeigt er uns, penibel aufgelistet, sein monatliches Einkommen 1990: Jan. 4350; Feb. 1420; März 3775; Apr. 4420; Mai 2555... Im September waren es gar 4840 Mark. Seine gesamten Schacheinnahmen 1989 betrugen 35800 Mark. Im Prinzip hat er dieselben Geldquellen wie der bescheidene IM-Kollege Mahlmann: Bundesliga, Turnierpreise, Zeitschriftenbeiträge und Simultanpartien. Aber Blattmacher holt mehr heraus. In seiner ansonsten mit Großmeistern besetzten Bundesligamannschaft bekommt der Tausendsassa 10 000 Mark im Jahr, für Schachtraining kassiert er bis zu sechzig Mark von Damen der oberen Zehntausend, bei Simultanveranstaltungen, wo er etwa gegen zwanzig Bankangestellte gleichzeitig antritt, verlangt er mindestens 500 Mark.

Auch Blattmacher ist vaterlos aufgewachsen: auch er war als Elfjähriger vor allem deshalb vom Schach begeistert, weil er mit dem neu entdeckten Spiel «alte Oppas» beim Parkschach kleinlaut machen konnte. Er verließ die Schule nach der mittleren Reife, wurde während seiner Lehre bei der Post deutscher Jugendmeister und machte sich dank seines Schachs auch bei der Bundeswehr, wo er nur an zwei Tagen Dienst hatte, eine schöne Zeit. Heute hat dieser Sonnyboy des Schachs im Gegensatz zu den meisten seiner Kleinmeisterkollegen sogar eine (sehr attraktive) Ehefrau, die wunderbarerweise auch noch selber (gut) Schach spielt und deshalb auch leichter die Tage als Turnierwitwe ertragen kann.

Was sie freilich nicht so gut erträgt, ist eine Leidenschaft, die ihr Peter mit vielen Kollegen teilt: Glücksspiel und Zockerei. Merkwürdigerweise lieben Schachdenker häufig auch Zweikämpfe, in denen nicht allein das eigene Hirn, sondern das Glück entscheidet. Während die meisten Matadore am liebsten beim Würfelstrategiespiel Backgammon um hohe Einsätze zocken, spielt Blattmacher oft bis morgens um vier Poker oder das jugoslawische Würfelspiel Jammen.

Sobald das freilich seiner Frau und «mir selbst» zu wild wird, legen die beiden eine «Disziplinierungsphase» ein. Mit Fastenkuren bekämpft der clevere Spieler seinen Wohlstandsbauch, mit bürgerlicher Arbeit die Zockerseele. Er kann jederzeit bei seinem ehemaligen Lehrmeister, der Deutschen Bundespost, als Briefträger arbeiten. «Da fange ich morgens um sieben an und kann natürlich nicht die Nächte durchzocken.»

Unter diesen Bedingungen will sich das Paar demnächst einen weiteren, in Schachkreisen höchst seltenen Wunsch erfüllen: ein Baby zu bekommen und zu einer richtigen bürgerlichen Familie zusammenzuwachsen. Ohne Schachwunderkind.

Lieder von Matt, Minne und Moral

In der deutschen Literatur taucht das Schach zum ersten Mal im Jahr 1050 in dem Ritterroman «Ruodlieb» auf. Der Verfasser, Mönch Froumund im Kloster Tegernsee, der aber offenbar auch das Leben am Königshofe kannte, schildert die Abenteuer seines Helden Ruodlieb, möglicherweise autobiographisch. Ruodlieb reist als Friedensbotschafter eines siegreichen Königs zu dem besiegten Kontrahenten, um dort einen Friedensvertrag auszuhandeln. Der Ankömmling wird, bevor ihn der geschlagene König empfängt, zunächst tagelang vom obersten Marschall durchgecheckt.

Ruodlieb erzählt: «Der Marschall war sehr aufmerksam und ließ mir viel zukommen, daß ich keinen Mangel litte. Im Schachspiel versuchte er oft, mich zu besiegen, aber er vermochte es nicht, wenn ich nicht das Spiel freiwillig ihm gab. Fünf Tage lang hinderte er mich auf diese Art, vorzukommen, und suchte inzwischen zu ermitteln, was es mit meiner Ankunft für eine Bewandtnis habe. Als er dies jedoch mit aller Kraft nicht herausbringen konnte, schickte der König nach mir, hörte, was ich ihm sagte, zur Genüge an, und bestimmte die Antwort auf den nächsten Tag. Darauf verlangte der König das Brett und befiehlt einen Sessel für ihn hinzusetzen, mich aber heißt er, gegenüber auf dem Speisesopha Platz zu nehmen, um mit ihm zu spielen, was ich in folgender Weise lebhaft ablehnte: ‹Gefährlich ist es für einen gewöhnlichen Mann, mit dem Könige zu spielen. Ich fürchte, Herr, du wirst mir bald zürnen, wenn mir das Glück zum Siege verhilft.› Der König lächelte und sagte scherzend: ‹Mein Lieber! Hierüber brauchst du dich nicht zu kümmern. Wenn ich auch nie gewinne, werde ich doch nicht aufgebracht werden. Aber wisse bestimmt, ich wünsche, daß du mit mir spielst, denn ich will sehen, was für unbekannte Züge du thun wirst.› – Alsdann zogen aufmerksam wir beide, der König und ich, und Dank sei ihm, dreimal fiel der Sieg, zum großen Erstaunen vieler seiner Vornehmen, mir zu. Er setzte gegen mich, wollte aber nicht, daß auch ich gegen ihn einsetze; und gab, was er gesetzt hatte, daß kein Heller übrigblieb.

Mehrere folgten, ihn zu rächen, begierig, und boten Pfänder, verschmähten aber die meinigen, in sicherer Annahme, nicht zu verlieren ... Einer half dem anderen, aber mit zu vielen Helfern schadeten sie sich. Die verschiedenartigen Rathschläge wurden ihnen hinderlich, so daß ich, während sie stritten, leicht gewann, und dies dreimal, denn weiter wollte ich nicht spielen. Was sie gesetzt hatten, wollten sie mir geben, anfangs lehnte ich es ab, denn ich hielt es für sündhaft, mich zu bereichern und sie durch mich ärmer werden zu lassen. Ich bin nicht gewohnt, sagte ich, durchs Spiel etwas zu erwerben. Sie dagegen sagten, solange du unter uns bist, lebe auch wie wir, wenn du nach Hause kommst, magst du leben, wie du willst. Nachdem ich mich hinlänglich gesträubt hatte, empfing ich den Gewinn, den sie mir lobend darboten. Darauf sprach der Nachbarkönig: ‹Dieses Spiel, mit dem dein Schuhwerk so gut geflickt worden ist, meine ich, sollst du für immer lieb behalten. Jetzt magst du Dank dafür haben, daß du dich unserer Angelegenheiten gut annimmst.›»

Inhalt und Stil des Romans, der nach Meinung mancher Literaturhistoriker zum Schatz der deutschen Heldensagen gehört, vermitteln jedenfalls ein freundliches, geradezu heiteres Bild jenes 11. Jahrhunderts, in dem das Schach in Deutschland Verbreitung fand. Vermutlich kam es von Italien, wo die Sarazenen ebenfalls große Gebiete erobert hatten, nach Bayern und verbreitete sich innerhalb weniger Jahre bis nach Skandinavien, während es weiter westlich durch Frankreich nördlich zog und von den Normannen nach England und Irland weitergegeben wurde.

Vor allem die Edelleute und die Ritter stürzten sich mit unglaublicher Begeisterung auf das neue Spiel. Schon bald gehörte es neben Reiten, Schwimmen, Schießen, Ringen, Vogelfang und Saitenspiel zu den sieben Künsten der Ritter. In einem mittelhochdeutschen Gedicht von Konrad von Würzburg heißt es:

Birsen, beizen unde jagen
Kunde er wol und treip sin vil.
Schachzabel und Saitenspil
Daz war sin kurzeweile.

Ritter und Minnesänger führten stets ihr Taschenschach mit sich, auf den Burgen wurde es – mit den Frauen! – meist nachmittags und abends gespielt. Über den sensationellen Erfolg des «eigentlich sehr schwierigen, ernsthaften und auch ungeselligen Spiels» wunderten sich Historiker wie Aladin Lampe. Nun ist das Schachspiel auf der schlichten Ebene keineswegs «sehr schwierig»; schwierig ist es nur, gut zu spielen. Schlecht spielen ist leicht. Wunderbarerweise macht aber auch schlecht spielen Spaß – zumindest schlechten Spielern. «Ernst und ungesellig» ist das Spiel bei schweren Turnieren zwischen zwei stummen Grüblern. Dagegen herrschen Unernst und Geselligkeit beispielsweise beim Gartenschach in Parks, wo Rentner riesige Figuren über großkarierte Areale schleppen, kiebitzen und sich gegenseitig mit mehr oder minder witzigen Kommentaren unterhalten, verhöhnen und auch beleidigen. (Dann wird's wirklich lustig.)

Der Hauptgrund für das plötzliche Schachfieber im Mittelalter war aber wohl eher der Tatsache zu verdanken, daß das Spiel – im Gegensatz zu den meisten anderen ritterlichen Künsten – ein Zimmersport war, dem man während langer Winterabende und bei schlechtem Wetter frönen konnte. Das Schach war, wie van der Linde schreibt, «für die nicht durch Arbeit ausgefüllte Existenz (am Hofe) ein wahres Labsal».

J. Demogeot beschreibt in seiner «Histoire de la Litterature française» ein deprimierendes Bild vom Leben am Hofe: «Oben auf dem Felsen liegt die Veste, durch hohe Mauern umgeben, deren enge Schaulöcher nur ein blasses und trübes Licht einließen. Rings um die Burg dürftige Hütten, knechtische Bauern, innen die Burgfrau mit ihren Töchtern, mit ihren jugendlichen Pagen, sämtlich von Adel, manchmal von gefälligem Äußerern, immer aber ununterrichtet und unwissend wie ihre Gebieterin. Der Burgherr zeichnet sich bloß in der Fertigkeit mit dem Schwerte, im Tummeln eines bäumenden Rosses und im Ausschlürfen großer Humpen Wein aus. Was sollte man in einer solchen Wohnung anfangen? Liebe und Kampf sind die einzigen Beschäftigungen des Edelmannes, ...der die sechs Wintermonate ohne Streit oder Turnier, ... mittels des immer wiederkehrenden Schachspiels ...» verbringen mußte.

Kein Wunder, daß sich auch die Frauen und Mädchen dem Zimmersport zuwandten, mit dem sie den Männern näherkommen konnten. Wie H. J. R. Murray in seinem «Short History of Chess» schreibt, wurde Schach häufig sogar im Schlafzimmer gespielt. Schach, das hatten wir schon bei den Arabern (und haben es heute in jeglicher Literatur bis hin zu Pornogeschichten), als heimliches Vorspiel.

Folgerichtig wurde das Liebesschach ein Leitmotiv in der Dichtung der Minnesänger. Meist handelt es sich um Geschichten, in denen der Vater oder Wächter eines schönen Burgfräuleins so sehr in eine Schachpartie versinkt, daß der fahrende Liebhaber ungestört die Dame matt setzen kann.

Eine originelle Variante beschreibt der Dichter Huon von Bordeaux in einem Minnelied aus dem 12. Jahrhundert. Da erscheint – in der englischen Version der oft abgewandelten Geschichte – Huon selbst als Knappe verkleidet am Hofe des Admirals Yvorin und singt sein eigenes Loblied als Jäger, Mundschenk und Schachspieler. Der Admiral, der eine ungewöhnlich starke Schachmatadorin zur Tochter hat, will den Prahlhans beschämen und fordert ihn zum Match mit seiner Tochter, mit der der Besucher, falls er gewänne, im Bett weiterspielen dürfe, was immer er wolle. Dazu sollte es ein hohes Preisgeld geben. Eine Niederlage aber sollte den Knappen den Kopf kosten. Der König holte ein wunderbares, goldenes Schachspiel, und Huon verlangte wie später Bobby Fischer absolute Ruhe unter den Zuschauern. Was ihm allerdings wenig nützte: Nach den ersten Schlagabtäuschen fehlten ihm ein paar Bauern, und er stand schlecht. Plötzlich aber kam es zu einer Umkehrung der arabischen Schachliebesgeschichten, in denen die Spielerinnen durch ihre Schönheit ihre männlichen Gegner verwirrten und matt setzten. Am Hofe Yvorins verliebte sich nunmehr die Tochter in ihren schwach spielenden Gegner und verlor selbst (ihren Kopf), womit sie – absichtlich oder nicht – Huons Kopf rettete und einem wunderbaren Happy-End den Weg bereitete. Leider aber verzichtete der Sieger auf diesen Teil des Preises, kassierte nur das Geld und zog weiter.

(Lesen Sie bitte weiter auf Seite 65)

Schach der Dame
Salzburg, Mai 1986

Mein Gegner kommt mit Verspätung und einem hellen Klingglöckchenlachen. «Ich mußte unbedingt noch zum Bodybuilding, ich fühle mich noch ganz matt.»

Wir sitzen im berühmten Café Mozart auf der Getreidegasse in Salzburg. Mein Gegner ist eine Gegnerin (was für viele Schachspieler, wie Weltmeister Karpow, unerträglich ist), und zwar eine besonders schöne Gegnerin: «Miss Young International 1977», sozusagen Miss Welt unter 20, und sie ist eine Frau, deren Beruf Schönheit ist; sie ist «Modell» für Schuhe, Strümpfe und Wäsche. Und auch ohne das alles: Playmate im *Playboy,* Mädchen des Monats und Mädchen des Jahres («Die Schönste») im *Penthouse.*

Vor allem aber ist sie dreimalige Schach-Landesmeisterin von Salzburg. Sie hat mehrere Meister besiegt, gegen Weltmeister Karpow und den Jugendweltmeister Beljawski hat sie remis gespielt.

Natürlich kenne ich ihre *Penthouse*-Fotos, aber hier am Brett mit dem braven weißen Sweatshirt und

62

dem hochgebundenen Haar sieht sie ganz anders aus, jünger, zarter, intelligenter. Und sehr sittsam.

Sie stellt die Uhr. Jeder hat anderthalb Stunden für 40 Züge. Sie hat Weiß, fängt an, schaut aufs Brett, wie die Klassenbeste beim Besinnungsaufsatz, konzentriert und selbstbewußt. Schon im dritten Zug überrascht sie mit einem ungewöhnlichen Vorstoß. Bauer e4. Werde ich schon in der Eröffnung überfahren?

Brigitta Cimarolli blickt aufs Brett und schweigt. Noch vor wenigen Stunden haben wir uns locker und lachend über Schach und die Welt unterhalten. Sie hat über ihre Lehr- und Wanderjahre, über ihren Beruf und über die Männer geplaudert.

Vor 26 Jahren wurde sie in Salzburg geboren, mit vier, als ihre Eltern sich trennten, kam sie in ein katholisches Mädchenheim, «weil meine Mutter nicht genug Zeit und Geld für meinen zweijährigen Bruder und mich hatte». Im Heim hat sie das Überleben gelernt. «Ich habe mich immer gegen Ungerechtigkeiten gewehrt. Und wenn ich zehnmal soviel Schläge bekam und zehnmal mehr ins Besinnungskammerl mußte. Mich hat das stark gemacht.»

Mit ihren aggressiven Bauern droht sie, mich in meiner Hälfte zu ersticken. Ich darf auf keinen Fall passiv spielen. Also Bauer d5, den sie mir aber vier Züge später abjagt.

Trotz ihres starken Willens und ihres Fleißes erlitt sie als Klosterschülerin Rückschläge. Zwar war sie in der Schule immer die Klassenbeste, aber als sie mit 15 Jahren betrunken auf ei-

ner Parkbank gefunden wurde, steckten die Nonnen sie in ein Heim für schwererziehbare Kinder. «Das war die schlimmste Zeit meines Lebens. Da habe ich alles Schreckliche kennengelernt. A Wahnsinn.»

Nach dem Jahr des Schreckens wollte sie auf eine Handelsakademie. Aber die frommen Schwestern versagten ihr «wegen des Geldes» die Akademie und schickten sie auf eine einfache Handelsschule.

Im zehnten Zug muß Brigitta ihren Mehrbauern zurückgeben und mit der Dame zurück aufs Ausgangsfeld d1. Die Nichtraucherin bittet die Kiebitze um eine Zigarette. Sie ist in der Bredouille. Schließlich rückt sie mit ihrer Dame wieder vor, fesselt und bedroht meinen Springer auf e5. Jetzt schnell mit Zwischenschach den Läufer entwickeln, tauschen und rochieren. Zu schnell. Mit sofortiger Rochade hätte ich eine Figur und die Partie gewonnen.

Brigitta Cimarolli bewältigte auch ihre Enttäuschung über die verbotene Handelsakademie. Mit 17 Jahren meldete sie sich zu einer Misswahl in Salzburg – und gewann. «Damit veränderte sich mein Leben. Von jetzt an wurde ich von allen respektiert, den Männern, Kameradinnen, sogar von den Nonnen. Dann ging alles ganz schnell. 1977 Playmate im *Playboy* und Miss Young International in Tokio.» Und dann kamen die Aufträge aus der Werbung. Brigitta wurde ein Star.

Mit ihrer Dame greift sie meine Dame an. Brigitta atmet auf. Mein Vorteil schmilzt. Schon will ich, wie geplant, mit Turm d8 die Dame decken, um anschließend endlich den Läufer auf d3 zu gewinnen, da blendet mich ihre Mattdrohung auf h7. Ich übersehe, daß ich nach dem Turmzug meinen König retten kann. Ich lasse mich also auf den Abtausch und auf ein vermeintlich gewonnenes Endspiel ein. Im 25. Zug gewinne ich nur einen Bauern, stelle aber meinen Läufer ins Abseits und lasse mich von Brigittas Figuren zerquetschen. Ihr vorher so bedrängter König marschiert kühn in mein Lager. Sie raucht nicht mehr.

Warum spielt sie so gut Schach? Daß in letzter Zeit Frauen im Schach immer stärker auftrumpfen, daß viele sich nicht mehr mit den Meisterschaften der Damen begnügen, sondern in den Männergruppen mitmischen (umgekehrt ist verboten), haben viele der Alt- und Großmeister schon bitter erfahren. Die Schwedin Pia Cramling kanzelte Viktor Kortschnoi ab. Weltmeister Karpow meidet Turniere, an denen Frauen teilnehmen.

Daß schachspielende Frauen keineswegs seelenlose Rechenmaschinen sind, hatte ich zuletzt bei der Schacholympiade in Saloniki gesehen, wo man sich angesichts ungezählter rochierender Schönheiten schon wie auf einer Misswahl vorkam.

Aber daß ein Fotomodell Lust hat, Dutzende von Schachstellungen im Kopf zu überprüfen, ist neu. Da sitzt sie und rechnet, dieselbe Frau, die auf meine Frage, ob es ihr peinlich sei, in den intimsten Stellungen vor männlichen Fotografen zu posieren, antwortete: «Im Gegenteil, es macht mich heiß.»

Ich versuche meinen gefährdeten König zu aktivieren, um wenigstens ein Remis zu retten. Aber sie treibt ihn zurück. Ihr Druck wird immer stärker. Sie schnürt mich ein. Im 32. Zug tauscht sie Türme ab, macht sich mit ihrem König auf den Weg, meine beiden Bauern am Damenflügel zu schlucken. Sie vollzieht das Endspiel so logisch und kaltblütig wie ein Großmeister.

Über Brigittas Spielstärke wundert sich auch unser Schachkommentator Helmut Pfleger, «vor allem weil sie das Spiel erst so spät gelernt hat. Normalerweise ist das viel zu spät.» Es war «der Philosoph», ein väterlicher Betreuer während der schweren Heimtage, der ihr eines Tages, als es nichts Besseres zu tun gab, das Schachspiel zeigte. «Ich war sofort fasziniert darüber, wie er die Energie der verschiedenen Figuren, die Philosophie der Züge erklärte.»

Sie lernte schnell. Nach zwei Monaten schlug sie ihren Meister sechsmal hintereinander und «war heiß auf Schach. Es gab nichts anderes für mich.» Statt Klamotten kaufte sie Schachbücher («Ich habe neunzig»).

Statt ins Fotostudio lief sie nun in den Schachclub im Café Mozart, spielte sechs Stunden täglich. «Normalerweise spielen die Asse nicht gegen die schwachen Frauen. Aber ich hatte Glück, daß ich so hübsch bin. Mit mir spielen sie alle. Ich lernte endlich soviel, wie ich wollte. Nach einem Jahr konnte ich sogar die alten Hasen schlagen.»

Die alten Hasen stehen jetzt als Kiebitze ums Brett, auf dem ich abserviert werde. Während ich versuche, meine Figuren für die Schlußattacke zu postieren, spielt sie einen stillen Abwarte- und Vorbereitungszug für das Endspiel in geradezu Karpowscher Manier.

Eine Huldigung an ihr Schachidol. Während alle Welt den Herausforderer Kasparow dem Weltmeister Karpow vorzieht, liebt sie den «sanften Tolja». «Alles, was man bei Kasparow so deutlich sieht: Energie, Elastizität, Kreativität und Mut, das sieht man bei Karpow nicht», sagt sie. «Aber er hat das alles auch. Er hat das innen, er zeigt es nicht. Doch kenne ich ihn. Mein Gott, wenn ich einmal mit ihm schlafen könnte!»

Die Partie neigt sich dem Ende zu. Die letzte Remischance verpasse ich im 39. Zug, wo ich mir den Läufer abtauschen lasse, anstatt ihn nach d3 zu ziehen. Doch Brigitta steht klar überlegen. Nach dem 42. Zug gebe ich auf.

Brigitta ist's zufrieden: «Es war ja so peinlich, wie ich anfangs dastand. Ich hab mich wahnsinnig geärgert, daß ich diese Partie womöglich verliere. Hab halt auf ein Wunder gehofft. Und das Wunder kam.»

Sie will jetzt in die Disko, lädt mich aber für den nächsten Morgen zum Frühstück in ihr kleines Appartement ein, in dem sie wohnt, seit sie 1978 das Kloster verließ.

Es ist eine Eineinhalb-Zimmer-Anlage, doppelt so groß wie ihr riesiges King-size-Bett mit der Mickymaus auf dem Laken. An den Wänden hängen dicht bei dicht Plakate mit nackten und halbnackten Mädchen, meist stellen sie Brigitta dar. «Meine Lieblingsfotos.» Es gibt auch ein Bild vom halbnackten René Weller, dem boxenden Leichtgewicht, mit dem sie eine glücklich-unglückliche Liebe verbindet. «Er ist der wunderbarste Mann, den ich kenne, so hart und so zart.»

Auf den Schränken lagern unausgepackte Koffer, an den Schränken hängen Kleider und Hosenanzüge, in den Schränken stehen Bücher, Schachbücher. Ihr Lieblingswerk: Anatoli Karpow «Wie ich kämpfe und siege».

In einem Glasschrank strahlen Dutzende von Pokalen und Medaillen. «Alles für Schach?» «Für alles», antwortet sie. «Für Schach und Schönheit.»

(Fortsetzung von Seite 62)
Die Geschichte des Schachs ist nicht nur reich an Romanzen, auch eine Blutspur von Gewalttaten durchzieht sie. Mag das literarische Bild vom Schach als Sex-and-Crime-Werkzeug überzeichnet sein, in Wirklichkeit wurde es von fast allen Königen und Co. gespielt. König Arthur soll es bei der Krönung getan haben, Lancelot mit der Königin – erst am Brett, dann im Bett, Tristan auf dem Weg zu Isolde.

H. J. R. Murray gibt in seiner «Short History of Chess» eine Aufstellung von Schachschicksalen in europäischen Herrscherhäusern: Papst Gregor XI., dessen wertvolles Schachbrett später im Besitz der französischen Könige landete; die englischen Könige: John, der Schach spielte, als er Rouen befreien sollte; Edward I., der als junger Mann beinahe ums Leben gekommen wäre, als der Dachboden, auf dem er Schach spielte, einstürzte; Henry VI., der Schachverluste im Haushaltsbuch abrechnete; Kaiser Friedrich II., der einen Verwandten während einer Partie umbringen wollte; die dänischen Könige Knut V. und Waldemar, die beim Schachspiel von dem Rivalen König Sweyn überrascht wurden. Knut wurde erschlagen, während Waldemar – mit dem Schachbrett als Schutzschild – fliehen konnte. Murray zählt noch weitere Dutzend Herzöge und Grafen auf, auch Gräfin Jeannie von Flandern, die ihren Mann im Jahre 1213 verließ, weil er sie – von ihr matt gesetzt – mit den Fäusten niedergeschlagen hatte.

Derlei Schicksalsschläge der Großen jener Welt haben die Qualität von Tragikomödien, betrieben doch die Herrscher das königliche Spiel als politisches Intelligenztraining. Wie Helena M. Gaber in ihrem Aufsatz «Politik und Leidenschaft im mittelalterlichen Schach» schildert, glaubten die mittelalterlichen Vips, «die Intelligenz, die im Schachspiel erforderlich ist und zu Erfolgen führt, mit politischer Intelligenz, ja mit Weisheit schlechthin gleichsetzen» zu können. Eine Ansicht, die auch heute noch gelegentlich vertreten wird. Der amerikanische Kolumnist Walter Lippmann antwortete 1960 auf die Frage, welcher Präsidentschaftskandidat am besten geeignet sei, mit den Russen zu verhandeln: «Es muß ein Schachspieler sein.» Das Schachspiel setze ähnliche geistige Fähigkeiten voraus wie die politische Strategie: «Nur wenn wir die Züge unserer Gegner voraussehen, können wir ihre Pläne vereiteln. Es kommt auf Scharfsinn und Klugheit und auf genaue Kenntnis der Realität an.»

Erfolgreiche schachspielende Politiker der Weltgeschichte listen die Autoren Mike Fox und Richard James in ihrem wunderbaren Brevier «The complete Chess-Addict» auf. In England: Gladstone, Disraeli, Balfour, Attlee und vor allem Churchill, der schon als Zwölfjähriger in einem Brief an seine Mutter ein Schachspiel wünschte, «das Brett weiß und rot, nicht schwarz und weiß», und als 21jähriger in Bombay bei einem Turnier das Halbfinale erreichte.

Von den amerikanischen Präsidenten spielten Washington, Jeffersen, James Monroe, Teddy Roosevelt, der sich auch mit dem berüchtigten Schachautomaten *Ajeeb* maß. Lincoln war (laut *American Chess Magazine*) «ein wirklich gewiefter Schachenthusiast». Von Woodrow

Wilson sind sogar Partien überliefert. Geradezu süchtig war Benjamin Franklin.

Lenin war wie Marx ein guter Spieler und ein schlechter Verlierer. (Maxim Gorki: «Er wurde schlechtgelaunt und depressiv, wenn er verlor.») Jelzin hat den Swerdlowsker Schachclub gegründet; auch einer seiner stärksten politischen Widersacher, der russische Parlamentspräsident Ruslan Chasbulatow, ist ein sehr starker Spieler. In Ungarn brachte es KP-Chef János Kádár zu Meisterstärke, ebenso wie Tito in Jugoslawien. Fidel Castro spielte oft mit Che Guevara und verlor meistens. Ho Chi Minh schrieb Gedichte über Schach.

Unter deutschen Politikern (Fox/Richard: «Über Schachaktivitäten der Nazigrößen haben wir nichts erfahren») sind Friedrich der Große und Willy Brandt als Schachfans bekannt geworden; Richard Weizsäcker und Helmut Schmidt sind häufig bei Schaukämpfen (Schmidt als Simultanspieler zum Beispiel gegen Großmeister Hübner) aufgetreten. Zu seinem 60. Geburtstag erhielt Schmidt einen Schachcomputer (von der Friedrich-Ebert-Stiftung), einen Figurensatz aus Porzellan (von Giscard d'Estaing) und antiquarische Schachbücher (von Hans-Dietrich Genscher).

Spätestens gegen Ende des 13. Jahrhunderts hatte sich das Schach vom Hofe bis in die Hinterhöfe demokratisiert. Nur die Kirche behielt ein ambivalentes Verhältnis zu dem unheimlichen Phänomen. Aber da viele Kirchenfürsten den weltlichen Fürsten folgten und es leidenschaftlich spielten und da auch die Kritiker einsahen, daß sie das Spiel im Volk nicht stoppen konnten, drückten sie zumindest in Laienhäusern beim Schach meistens die Augen zu, während das Spiel den Klerikern in vielen Regionen immer noch untersagt blieb.

Allerdings haben religiöse Extremisten bis ins 20. Jahrhundert (in den achtziger Jahren im Iran) das Schachspiel verboten oder vehement bekämpft. Grandiose Anti-Schach-Demonstrationen veranstalteten fanatische Gegner zuweilen mit öffentlichen Brettverbrennungen. So der Dominikanerprior Girolamo Savonarola, der noch 1494 als Strafprediger im Namen einer «theokratisch-demokratischen Bewegung» Schachspiele auf dem «Scheiterhaufen des Luxus» verfeuerte. Den Auftritt seines Vorläufers Johannes von Capistrano in Nürnberg, wo das Schach – wie in den meisten deutschen Städten – durch die Städteordnung längst zugelassen war, schildert 1452 der Nürnberger Rathschreiber J. Müllner: «Montag nach S. Margaretha Tag kam Joh. Capistranus, ein Barfüsser Mönch und Päbstl. Gesandter gen Nürnberg, den empfieng man mit großer Herrlichkeit, er predigte außen an S. Sebalds Kirche auff einem steinern Predigtstuel, straffet die Pracht und den Hoffart hefftig und hieß alle Schlitten, spitzige Schuh, Wulsthauben, Bretspiel und anders verbrennen, darauff wurden an S. Laurentii auff dem Marckt verbrandt 76 Schlitten, 3640 Bretspiel, 40 000 Würffel und ein großer Hauffe Kartenspiel.» (van der Linde I. 144)

Zwar erschien noch 1827 in Leipzig ein Buch «Von einem Theologen» mit dem Titel «Fünfundneunzig Sätze gegen das Schachspiel. Der zum Schachspiel verführten Menschheit, vornehmlich allen Schach-Clubben Deutschlands, ganz besonders aber der Schachgesellschaft zu Leipzig gewidmet.» Aber bis auf solche Ausnahmen hatte die Kirche inzwischen ihren Frieden mit dem Kampf auf dem Brett gemacht. Längst wurde auch in den Klöstern gespielt, sogar zur Erbauung. (Ich bin 1978 bei den Recherchen für eine Reportage über moderne Einsiedler in Bayern einem christlichen Klausner begegnet, auf dessen bescheidenen Regalen außer religiöser Erbauungsliteratur nur drei Schachlehrbücher standen, die er aus seinem bürgerlichen Leben mit in die Einsiedelei genommen hatte.)

Den Sinneswandel vom Contra zum Pro in der mittelalterlichen Kirche hatte (außer der Einsicht, daß die Schachleidenschaft ohnehin nicht zu zügeln war), vor allem die sogenannte «Schachmoral» bewirkt, die in mehreren Büchern gepredigt wurde. Diese Werke konstatierten einen Zusammenhang zwischen dem Wirken der Schachfiguren und menschlichem oder gar göttlichem Tun. Ein Abbild der göttlichen Weltordnung war das Schach für den um 1300 bei Bamberg lebenden Hugo von Trimberg: «Diese Welt gleicht einem Spielfeld, denn wie das Schach hat sie Könige, Grafen (Türme), Ritter (Springer), Richter (Läufer) und Bauern. Und ganz so führt Gott mit uns sein Spiel durch, wenn man es so recht betrachtet. Wer sündigen Gedanken nachhängt, dem bietet der Teufel stets Schach und setzt ihm die Seele matt, falls er sich nicht gut zu schützen weiß.»

Die Welle moralisierender Schachbücher hatte der lombardische Dominikaner Jacobus von Cessoles Ende des 13. Jahrhunderts ausgelöst, der das Schach als Sinnbild des Lebens rühmte und Partien zur Basis seiner Predigten machte. Die Predigten verarbeitete er später auf Wunsch seiner vielen Verehrer zu seinem Buch «Solatium ludi scachrum de moribus hominum et officiis nobilium» («Der Trost des Schachspiels oder die Sitten der Menschen und die Pflichten der Edlen»). Diese Bibel des Schachs, die – nach der echten Bibel – die größte Verbreitung im mittelalterlichen Europa erfuhr, wurde gleichermaßen von Schachspielern, Moralisten, Weltveränderern, aber auch von Politikern und Kirchenmännern wie Konrad von Ammenhausen, Meister Stephan, Meister Ingold und Jacob Mennel gelesen, geliebt und plagiiert. Sie feierten das Schachspiel als Chance, die Menschen zum Besseren zu erziehen, und die Spielbeschreibung als Gelegenheit, «positive Ziele der Gesellschaftsveränderung zu formulieren» (Joachim Petzold: Schach – eine Kulturgeschichte). Daß die erfolgreichsten Prediger ihre Botschaften ausgerechnet am Schach verdeutlichten, zeigt, wie populär das Spiel damals war – als Ab- und Vorbild des Volkes.

Cessoles schildert im ersten Teil seines Buches anhand der klassischen Legenden über den Ursprung des Schachs die mutmaßlichen Ziele der Erfinder: die Belehrung und Besserung der Könige, die Überwindung des Müßigganges sowie die Befriedigung der menschlichen Sehnsucht nach Weiterentwicklung. Am Beispiel der Hauptfiguren nennt Cessoles die Tugenden und Pflichten der Könige, der Richter (Läufer), der Ritter (Springer) und der Türme, die als unbewegliche «Statthalter» in der Ecke stehen. Auffallend ist, daß schon bei Cessoles der Wesir oder Königsberater als Frau erscheint, 200 Jahre bevor diese Figur in der großen europäischen Schachreform von der kurzschrittigen Trippelperson zur brettüberschreitenden Superdame mit Siebenmeilenstiefeln emanzipiert wird. Für die (frühe, erste) Verwandlung des Wesirs – zunächst noch mit der bescheidenen Beratergangart – in eine Dame oder Königin mag es mehrere Gründe geben. Vielleicht meinten die Royalisten des königlichen Spiels, daß dem allmächtigen König besser eine Frau als ein grauer Wesir zur Seite stehen sollte. Für Katholiken hat möglicherweise die Allgegenwart der Mutter Gottes Pate gestanden, was einige Interpreten mit sprachwandlerischer Sicherheit entwickeln: aus dem persischen farzin, arabisch Fers wurde lateinisch fercia, französisch vierge, die Jungfrau, die Himmelskönigin. Die Engländer machten sie zu einer irdischen Queen, einfach zur Ehefrau des Königs, während die Spanier und Deutschen sie neutraler zur dama und Dame, zu einer – immerhin edlen – Frau ernannten.

Jedenfalls paßte den Allegorikern, die ohnehin den Kriegscharakter des Spiels durch eine allumfassende Alltagsgesellschaft ersetzen wollten, eine Frau besser ins Konzept.

Auch Cessoles geht mit weiteren Allegorien über die rein königliche Atmosphäre hinaus und bezieht die bürgerliche Welt mit ein in sein großes Weltspiel. So individualisierte er auch die bis dahin gesichts- und geschichtslosen Fußsoldaten zu Bauern und Bürgern. Außer dem eigentlichen «Ackerbauern» (der als h-Bauer unter dem besonderen Schutz des hinter ihm postierten «Statthalter»turmes stand) gab es vor dem rechten Ritter auf der g-Linie den Schmied, der aber zugleich als Schneider, Tischler und Münzer die ganze Handwerkerschaft symbolisierte; daneben stand auf der f-Linie der Notar vor dem rechten Richter (Läufer), der Königsbauer stellte einen Kaufmann dar, der Königin stand der Arzt am nächsten; auf der c-Linie unterstützten sich Richter und Gastwirt gegenseitig; dem b-Ritter war der Zöllner zugeteilt, während der a-Bauer die Gesellschaft der Boten, Raufbolde und Zocker personifizierte.

Bei dieser Mannschaftsaufstellung ließen sich die wunderbarsten Moralbotschaften kombinieren: Was macht der Ritter ohne Schmied, die Königin ohne Arzt und – kleine Spitze für Juristen – der Richter ohne Gastwirt (und ohne Notar).

Außerdem wurde der alles überragende König an bestimmte Pflichten erinnert: Da die Gemeinschaft anfangs mit dem Rücken zur Wand an den Brettrand gepreßt sei, habe der König die Aufgabe, den freien Raum davor für die beengten Untertanen und mit ihnen zu erobern und vor Feinden zu schützen. Hier gibt Cessoles als «Volk-ohne Raum»-Ideologe dem verbürgerlichten Schach sogar seinen Kriegsspielcharakter zurück.

Das wichtigste aber war für Cessoles (wie für jeden modernen Schachlehrer), daß «alle Figuren auf dem Brett (und im Reich) zusammenwirken». Wenn jeder nur seine eigenen Geschäfte besorge und nicht die Interessen aller, also die des vor dem Matt zu bewahrenden Königs vertrete, so würde das Reich zersplittern und die königliche Würde einbüßen.

Andererseits: Wenn die königlichen Untertanen ihrem bedrohten Herrscher nicht helfen, so kann das auch daran liegen, daß sie sich früherer, in Friedenszeiten erlittener Ungerechtigkeiten erinnern, für die sie sich jetzt endlich rächen könnten. Solche historisch richtigen Überlegungen, die 200 Jahre später der Schachliebhaber Machiavelli in seinem Buch «Der Fürst» bestätigte, lassen sich freilich am Verlauf einer Schachpartie nur dann erkennen, wenn man den Spieler mit dem König identifiziert. Wenn dieser, sei es aus Dummheit oder Geringschätzung, eine Figur auf einem schlechten Feld zum Nichtstun verurteilt oder gar (fälschlich) opfert, wird sie ihm in Zeiten der Not fehlen.

Cessoles hat übrigens in seinem weisen Trost- und Lehrbuch Anregungen aus einem älteren Schachmoralwerk (vermutlich aus England) übernommen oder aufgegriffen. Auffallend ist, daß in dieser Schrift, «Moralitas de scaccaio», die diagonalen Züge von Figuren immer negativ bewertet werden. So befindet der Autor, bei dem es sich entgegen manchen Mutmaßungen wohl kaum um einen Papst (angeblich Innozenz III.) oder einen Mönch namens Innocent Pope gehandelt hat: «Die gehörnten Alphini (Läufer) sind Bischöfe, welche aber nicht wie Moses auf göttliches Geheiß, sondern vielmehr durch königliche Macht für Geld und gute Worte in ihren Stand erhoben werden. Diese Alphini gehen und nehmen schräg über die Felder, da fast alle Prälaten durch Haß, Liebe und Frauengunst verdorben sind.» An anderer Stelle wird der Läufer wegen seiner verdeckten («hinterlistigen») Diagonalzüge auch als Spion oder Dieb bezeichnet.

Auch in der damals nur schräg ziehenden Königin sieht der Autor der «Moralitas» «die Macht- und Raubgier des Frauengeschlechts». Der offenbar frauenfreundliche Cessoles dagegen: «Die kurzen Schrägzüge der Dame entsprechen der Verpflichtung der Frauen, sich mit Argwohn und Vorsicht zu bewegen und gegenüber allen Männern Mißtrauen zu hegen.» Der Unterschied zwischen gutem Geradeausgang und böser Schrägbewegung offenbart sich dem frühen Schachmoralisten auch beim Bauern (hier «Pedes»: Fußgänger), der (in dieser Gesellschaft) arm und schlicht bleibt, solange er geradeaus geht, und nur durch «schräge» Züge, nämlich Lüge und Korruption, andere Figuren nehmen und sich bereichern kann.

Hauptthema der Allegorien war – nach einer Dissertation Heinz-Jürgen Kliewers – eine «demokratisierende Zeittendenz», die letztendliche Gleichheit aller Menschen, die nach ihrer Partie wie Schachfiguren unterschiedslos – ob König oder Ackerbauer – in die Kiste geworfen werden. Der Prediger am Straßburger Dom, Johann Geiler von Kaisersberg, der gegen die Spielleidenschaft wetterte, aber gleichzeitig seine Botschaften mit Schachmetaphern würzte, verglich das Figurenkästchen gerne mit dem Beinhaus, in dem die Knochen der Toten durcheinandergewürfelt lägen, ohne daß jemand erkennen könne, ob sie früher einem Bauern oder König gehörten. Das Gleichnis von Schachkästchen und Sarg hatten freilich schon die Araber benutzt, um fatalistische Elemente im Schach zu beweisen.

Die Spielereien mit der Schachsymbolik führten zu pikanten Problemen der Etikette bei der Grundaufstellung der Königin, als diese an Stelle des alten Wesirs auf dem Brett auftauchte. Die Frage war: Wo? Der Theologe Cessoles berief sich auf die Bibel: «Zur Linken (des Königs) wird die Königin wegen der ehelichen Liebkosungen gesetzt.» Sagt doch das Hohelied (II, 6 und VIII, 3): «Seine Linke liegt unter meinem Haupte und seine Rechte herzet mich.» Andere Autoren verlangten mit Berufung auf Psalm 45, 10, daß «die Braut zur Rechten des Königs steht». (Bei der großen Schachreformation im 15. Jahrhundert einigte man sich dann auf eine Doppellösung, indem man es einfach bei der arabischen Aufstellung beließ. Die beiden Könige (und somit auch die Königinnen) stehen sich gegenüber – also die weiße Dame links, die Schwarze rechts von ihrem König.

In dem mittelalterlichen Gedicht «Les Echez amoureux» («Die amourösen Schachfiguren») sieht der Autor in den Figuren Sinnbilder menschlicher Eigenschaften und beschreibt eine Partie mit solcher Raffinesse, daß die Zugfolge als Parabel auf ein Schäferstündchen erscheint. Kunstvoll werden den Figuren Qualitäten wie «Schönheit» (b-Bauer der weiblichen Seite) zugeordnet, «süße Blicke» läßt der Damenbauer der weiblichen Seite schweifen; beim Liebhaber steht indes der Königsläufer für «Begierde», der Königsturm für «Geduld».

Schon im Jahre 1210 benutzte der Minnesänger Otte in einem Werk über den byzantinischen Kaiser Herakleios eine Schachpartie als Vorlage für eine Liebesnacht. Der Schriftsteller und Arzt Heinrich von Neustadt schildert eine Hochzeitsnacht in Schachmetaphern: «Zunächst führte der Herr ein Spielchen zu Ende: er zog einen Venden (Bauern), der die Königin matt machte. Kurze Zeit darauf setzte ihn die Königin matt und wiederholte diese Erwiderung seines Schachs viermal.» Die Minnesänger spielten hier mit der Doppelbedeutung des Wortes «matten», das damals wie noch heute im Englischen (to mate) auch «sich paaren» bedeutete.

Während die meisten Autoren ihre Allegorien aus den Schachfiguren bezogen, richteten die Maler ihr Augenmerk eher auf die Spieler selbst, die sie im Zweikampf mit Gott, Tod und Teufel darstellten. Kupferstecher zeigten Schachspieler, die mit dem Teufel um ihre Seele spielten. Im Spiel gegen den Tod hat allerdings auch der beste Schachspieler keine Chance, wie der Dichter Heinrich von Neustadt betonte: «Der Tod sagt allen Menschen Schach und wirft sie den Würmern zum Fraße vor.»

Für die Allegoriker, die verschiedene menschliche Laster mit unterschiedlichen Spielen in Verbindung brachten, war Schach das Spiel des Hochmuts, vermutlich weil Könner und Meister dieses Denksports sich Schwächeren gegenüber überlegen fühlen und diese Überlegenheit auch außerhalb des Brettes zur Schau tragen. Eine Haltung, die auch heute in den Zirkeln von Kasparow und Co. ebenso wie im Schachcafé beobachtet werden kann.

Für die hochmütigen Spieler hielten die Allegoriker natürlich den

Hinweis auf den König bereit, der vom kleinen Bäuerlein mattgesetzt wird. Ein Aspekt, der den Cessoles-Verehrer Meister Ingold in seinem Buch «Dz gulden Spil» dazu verleitet, hochmütige Menschen gerade mit Schachspielen von ihrem Laster heilen zu wollen.

Andere Todsünden wollte Meister Ingold übrigens mit anderen Spielen bekämpfen: Gegen die Freßsucht wirkt das Damespiel heilsam, während man mit Kartenspielen der Geilheit zu Leibe rücken kann. Mit Würfeln wird der Geiz gelockert, Schießen duldet keinen Zorn. Das Harfenspiel vertreibt Haß und Neid; Faulheit wird beim Tanzen geheilt.

Daß in manchen Fällen die Therapie ein schlimmeres Laster werden kann als die ursprüngliche Sünde, spricht nicht gegen Meister Ingolds Rezepte.

Weltmeister im Wichtigtun

Sevilla, Dezember 1987

Der Matador macht Versprechungen: «Das Blut, auf das die Fans so lange warten, wird bald fließen.» Die angeblich blutrünstigen Fans befinden sich jedoch mitnichten in Sevillas Stierkampfarena – sie sitzen im rotgepolsterten Zuschauerraum des feinen neoklassizistischen Lope-de-Vega-Theaters; sie sind Schachenthusiasten aus aller Welt, und der Matador ist Schachweltmeister Garry Kasparow.

In seinem vierten Duell gegen Anatoli Karpow hat er gerade die 15. Partie zu Ende gebracht, ein sterbenslangweiliges Remis. Drei Stunden lang lavierten die beiden mit ihren Figuren auf dem Brett wie Ringer, die umeinander herumschleichen, ohne sich je zu berühren. Bloß keine Blöße.

Bei Karpow ist man derlei Methoden gewöhnt. Dennoch wirkten sie bei diesem Spielstand verwunderlich, lag Karpow doch vor dieser 14. Partie mit 6:7 im Rückstand, benötigte also bis zur 24. Partie noch mindestens zwei Siege, um den Weltmeister zu entthronen. Kasparow andererseits hatte früher wenigstens mit den weißen Steinen stets seinen Anzugsvorteil zu stürmischen Attacken genutzt, ist dabei freilich oft in Karpows Konter gelaufen. So spielte er nun seine letzten drei Partien mit Weiß risikolos wie sein Gegner. Hat er gelernt oder verlernt, fragen die großen und kleinen Meister. Er hat gelernt – zu warten. «Bei dem Spielstand ist es Karpow, der kommen muß», sagt der Weltmeister.

«Er hat verlernt, mit Weiß zu spielen», meint hingegen der englische Großmeister Raymond Keene, einer seiner glühendsten Verehrer. Tatsächlich wirkt der Weltmeister in Sevilla generell schwächer als in den früheren Matches. Zwar spielte er in der ersten Phase des Wettkampfes nicht gar so einfallslos wie jetzt, aber dafür unterliefen ihm einige zum Teil krasse Fehler.

Nach den drei vorangegangenen langen Duellen, in denen er dem alten Weltmeister Karpow mühsam und gleichsam etappenweise den Titel wegnahm, scheint er jetzt einfach nicht mehr so motiviert, hält er sich doch sowieso für den Größten. Zudem hat er sich in einer Reihe von Nebentätigkeiten verzettelt, etwa als Präsident der von ihm gegründeten «Großmeisterunion» (GMA), einer Art Gegenorganisation zum offiziellen Internationalen Schachverband (Fide), dessen verhaßten Präsidenten Florencio Campomanes er ausstechen will.

Beifall für Karpow

Zum anderen ist er in einem gerade erschienenen Buch «Politische Partie» in neue Bereiche eingestiegen. In diesem wichtigtuerischen Werk rechnet er nicht nur ein weiteres Mal mit der «Karpow-Campomanes-Mafia» ab – er stilisiert sich obendrein zu einem Schachmessias, der den Aufbruch Gorbatschows auf dem Schachbrett mitvollzieht.

Sein zunehmend selbstherrliches Gehabe geht vielen Anhängern auf die Nerven. Schon kritisieren viele Großmeister, daß Kasparow, der den Schachdiktator und Breschnewjünger Karpow abgelöst habe, selbst diktatorische Allüren pflege. Wie einst Karpows Leute dürfen jetzt auch Kasparows Sekundanten nicht mehr ihre Räume im Hotel verlassen, dürfen nicht einmal als Zuschauer bei den Partien ihres Großherrn und Meisters ins Theater kommen. Und wie Karpow seinerzeit bei Breschnew hat jetzt Kasparow bei Gorbatschow durch politische Solidaritätsaktionen seine Macht abgesichert. Der Rebell rebelliert nur noch gegen die Vergangenheit. Zumindest am Brett aber ist es durchaus möglich, daß ihn die Vergangenheit, sprich Karpow, wieder einholt.

Eine Lektion erhält der Weltmeister schon vor Beginn der 14. Partie. Als er, wie üblich pünktlich um 16.30 Uhr, die Bühne stürmt, nehmen die Zuschauer das lautlos zur Kenntnis. Beim Auftritt des wie immer verspäteten Herausforderers dröhnt Beifall durch den Saal. Ohne Zweifel: Kasparow hat viele der Sympathien, die er im ganzen Westen besaß, eingebüßt. Karpow hat zumindest an Popularität aufgeholt. Trotz seines Rückstandes ist er, der die schwarzen Figuren führt, in dieser Partie mit Remis zufrieden. Nach 18 Zügen schiebt jeder noch einmal einen Randbauern bescheiden ein Feld vor, dann einigen sie sich auf Punkteteilung. Frustriert, zum Teil empört verlassen die Zuschauer das Theater. Der sowjetische Schachjournalist Alexander Roschal sieht allerdings gerade in dieser Schiebepartie die «spannende Ruhe vor dem Sturm».

Zwei Tage später wird die Ruhe noch spannender: Kasparow nimmt seine zweite Auszeit. Partie verschoben auf Freitag. «Die Spannung steigt», souffliert Alexander Roschal wieder, aber die Zuschauer fühlen sich gefoppt. Die Auszeiten, die jeder Spieler zwecks Ausheilung von Krankheiten oder (schlimmer!) Wunden durch Niederlagen dreimal im Verlauf des ganzen

Matches beanspruchen darf, empören regelmäßig die treuen Fans, die pünktlich und oft von weit her zu dem Spektakel erscheinen und dann vor verschlossenen Türen stehen.

«In anderen Sportarten hat der Akteur eben Pech, wenn er krank wird; er verliert bei Nichtantritt seinen ganzen Kampf», kommentieren wütende Besucher. «Warum dürfen ausgerechnet die Schachspieler willkürlich Pausen einlegen?» Tatsächlich wäre die Abschaffung der Auszeiten nicht nur fair den Zuschauern gegenüber, sie würde auch dem physisch und psychisch Stärkeren ein Plus einräumen, wie es im Sport, zu dem sich das Schach ja rechnet, üblich ist.

Unverhofft haben also an diesem warmen, sommerlichen andalusischen Novembertag die ausgeladenen Fans Gelegenheit, durch die Stadt zu bummeln. Gleich neben dem Theater liegt die neue Universität, um die herum Scharen raffiniert und elegant angezogener Studentinnen und Studenten flanieren. Von den Straßenbäumen kann man Orangen pflücken, in den verwinkelten Gassen der Altstadt betäuben die Gerüche von Jasmin, Wein, Knoblauch und Gambas die Sinne, aus den Lokalen klingen Flamencorhythmen. «In dieser Stadt», befand die heilige Teresa von Avila, Schutzpatronin der Schachspieler, «hat man schon genug getan, wenn man nicht sündigt» und empfahl den Gläubigen, ihr Leben zu ordnen wie eine Schachpartie.

Zwei Tage später geht es dann endlich los, 15. Partie. Der Matador stürzt wie gewohnt im Sturmschritt auf die Bühne, pflanzt sich auf seinen Stuhl. Das Ritual kann beginnen. Er zückt seinen Stift wie einen Degen, schreibt Datum und Nummer der Partie auf das Notationsblatt. Dann rückt er jede einzelne seiner (heute schwarzen) Figuren so sorgfältig zurecht wie ein Elfmeterschütze den Ball zum Strafstoß. Schließlich dreht er das Gesicht in den Saal und blickt durch das Publikum hindurch in eine ferne Ewigkeit. Ruckartig erhebt er sich, als Karpow erscheint und dem Feind die Hand entgegenschiebt. Kasparow ergreift sie, legt aber den Oberkörper ausweichend nach hinten. Nach dem Eröffnungsritual starrt Karpow eine halbe Minute reglos aufs Brett, bevor er endlich seinen Damenbauern um zwei Felder voranschiebt.

Mit der Dame ins Zentrum

Obwohl beide genau wissen, welche Eröffnungszüge sie spielen werden, zögern sie vor jedem Griff nach der Figur eine knappe Minute, so als solle nicht nur der Kopf, sondern der ganze Körper die Stellung aufsaugen. Der Weltmeister beantwortet Karpows Damenbauerneröffnung, spielt zum x-ten Mal seine geliebte Grünfeld-indische Verteidigung. Obwohl er damit schon mehrmals gegen Karpow verloren hat, bleibt er bei dem System, das oft zu besonders undurchsichtigen Stellungen führt. Sein Glaube, daß er sich in diesen besser zurechtfindet als der Gegner, ist unerschütterlich.

Die beiden machen ihre ersten elf Züge jeweils in etwa elf Minuten, dann weicht Karpow als erster von den Vorgängerpartien ab – mit einem schlichten Turmzug, der den Weltmeister in tiefes Nachdenken stürzt. Nach 25 Minuten antwortet der ebenfalls mit einem Turmzug. Der Herausforderer rückt nun schnell mit einem Damenbauern weiter vor in des Weltmeisters Lager, worauf dieser erneut in fünfminütiges Grübeln versinkt. Kein Zweifel, wieder einmal hat Karpow seinen Widersacher mit einer Eröffnungsvariante überrascht. Wie schon in einigen Partien zuvor muß Kasparow jetzt am Brett Zugfolgen erforschen, die Karpow schon längst am häuslichen Tisch analysiert hat. Das kostet den Weltmeister Kraft und Zeit, die ihm möglicherweise später fehlen werden.

Schon jetzt, meint der Kommentator, stehe er schlechter. Überhaupt wirkt der Herausforderer in diesem Match besser vorbereitet. Karpow hat im vergangenen Jahr schwache Turnierergebnisse in Kauf genommen, um sich ganz der Vorbereitung auf das erhoffte Comeback zu widmen; es ist wahrscheinlich seine letzte Chance. Der nächste Wettkampf findet erst in drei Jahren statt, wenn Karpow, dann 39, wahrscheinlich zu alt sein wird, um den zwölf Jahre jüngeren Erzfeind noch gefährden zu können.

Für einen besonders klugen Zug in der Vorbereitung halten viele seine Heirat mit Natalija Bulanova. Die freundliche Moskauer Bibliothekarin hat dem sanften Tolja neue Selbstsicherheit und Gelassenheit gegeben. Er hat jetzt auch – im wahrsten Sinne des Wortes – einen Bauch. In Sevilla ist offenbar Natalijas bloße Anwesenheit eine Unterstützung für den Grübler auf der Bühne. Bei Karpows erstem Sieg machte sie ganz spontan einen Luftsprung – mitten unter den geschockten Kasparow-Freunden.

Kasparow hat in seiner schwierigen Position inzwischen Gegenspiel erlangt: Von den Läufern unterstützt, sind die Springer, ungedeckte Bauern zurücklassend, in Karpows Damenflügel eingedrungen. In einer wilden Position – das Brett brennt – kann sich Karpow nur mit einem Qualitätsopfer – Turm gegen Springer – retten.

Während die Kommentatoren Kasparow jetzt deutlich in Vorteil sehen, gelingt Karpow mit einem feinen Springermanöver ein Entlastungsangriff. Er beseitigt den starken schwarzen Deckungsläufer, rückt mit der Dame ins Zentrum, wo er zunächst einen vorgerückten Bauern des Weltmeisters schlägt und dann zwei weitere Bauern, einen links, einen rechts, wie Apfelsinen pflückt.

Plötzlich ist Karpow der Matador, der den wutschnaubenden Stier abgewehrt hat und zum entscheidenden Stoß ansetzt. Mit letzter Kraft und Materialopfern rettet sich Kasparow ins Remis.

Erst in der nächsten Partie bekommen die Zuschauer «Blut» zu sehen, das Blut des Stiers Kasparow. Er verliert mit Weiß. Es steht 8:8. Das letzte Drittel beginnt.

Matriarchat auf dem Brett

Wie aber spielten die Menschen im Mittelalter? Über Qualität und Ablauf von echten Partien gibt es – im Gegensatz zu den vielen allegorischen Spielen und Spielereien – kaum Aufzeichnungen aus jener Zeit. Entweder sind die Notationen verlorengegangen, oder die Partien waren zu belanglos, um notiert zu werden (oder die Spieler und Kiebitze der damaligen Zeit waren schreibfaul oder -unfähig.) Wahrscheinlich aber wurden gar nicht so viele Partien gespielt, wie die blühenden Allegorien vorgeben. Die Schachbegeisterung beschränkte sich mehr auf das Erfinden und Lösen sogenannter Probleme und Studien, künstlicher Stellungen, in denen durch völlig überraschende Manöver ein scheinbar unmögliches Matt in wenigen Zügen entdeckt werden muß.

Schon aus der arabischen Blütezeit des Schachs sind weit mehr solcher «Mansuben» – etwa das «Matt der Dilaram» – überliefert worden als echte Partien. Die Vorliebe für diese künstlichen Schachrätsel, die die geheimnisvolle, oft versteckte Kraft der Figuren viel eleganter offenbaren als eine dilettantische Partie, erklärt sich auch aus den alten Spielregeln. Mit der ursprünglichen Gangart waren bis auf den (eingeschlossenen) Turm alle Figuren so kurzschrittig, daß die Eröffnungsphase bis zum ersten Feindkontakt sehr lange dauerte und vermutlich auch ziemlich langweilig war. Die Araber hatten deshalb die Tabiya eingeführt: Partieanfänge, in denen beide Kontrahenten sich durch eine Reihe von symmetrischen Zügen schon erheblich näher gekommen sind, bevor das eigentliche Spiel beginnt. Die Tabiya-Mode, nach der auch im Schachdorf Ströbeck im Harz gespielt wurde, hat sich in Europa nicht durchgesetzt, vermutlich weil sie die tiefsinnige Symbolik und die Spannung der geradlinigen Grundstellung zerstörte.

Die alte Spielregel litt unter einem weiteren Mangel, denn das eigentliche Ziel, das Mattsetzen des Königs, war mit den schwachen Figuren äußerst schwierig und wurde nur selten erreicht. Die Sieger mußten sich nur allzuoft mit dem Ersatz-, dem «Beraubungssieg», zufriedengeben, der nie den Thrill eines Matts erzeugte. Kein Wunder, daß immer mehr Schachliebhaber das Matterlebnis in den eleganten, rätselhaften «Mansuben» suchten und fanden.

Die Verlagerung des Schachinteresses von schwerfälligen Partien auf die Rätselsuche nach Mattkombinationen in wenigen Zügen kam übrigens auch den Könnern und Zockern entgegen, die am Brett Geld gewinnen wollten. Sie konfrontierten unbedarfte Schachliebhaber mit obskuren Stellungen, in denen eine Partei scheinbar hoffnungslos verloren war, machten sich aber anheischig, die «verlorene» Stellung gegen den Schachfreund dennoch zu gewinnen – um einen hohen Wetteinsatz, versteht sich. Sodann überraschten sie den Ahnungslosen mit einem raffiniert versteckten Schlüsselzug und einer wunderbaren Kombination (wie dem Dilaram-Matt) und kassierten ab – wie heute die Hütchenspieler am Straßenrand.

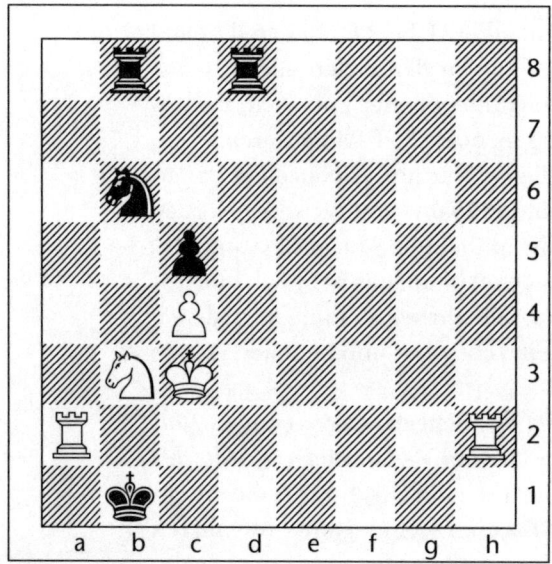

Das Matt des Abu-Naam.
Schwarz zieht: 1. Sa4+, Txa4; 2. Txb3+, Kxb3; 3. Td3++.
Miniatur aus dem Schachbuch von Alfons dem Weisen.

Die Vorliebe für Schachprobleme wird auch durch ein weiteres großes Schachbuch des Mittelalters bestätigt. Der «Codex Alfonso», der heute im Kloster von Escorial bei Madrid aufbewahrt wird, bietet die 103 berühmtesten Mansuben seiner Zeit, die in heutiger Diagrammform vorgestellt und gelöst wurden. Herausgeber war der hochgebildete, berühmte, aber glücklose spanische König Alfons X., ein großer Förderer von Kunst und Wissenschaft. Er veranlaßte Gesetzessammlungen, eine Geschichte Spaniens und der Welt, förderte die Übersetzung arabischer Werke und war selbst literarisch tätig.

In seinem Vorwort beschreibt Alfons Spiele als «gottgewollte Zerstreuung für die von Sorgen und Mühen geplagten Menschen» und erzählte eine indische Legende über das Wesen der Spiele: Drei weise Männer diskutieren mit dem König über Selbstbestimmung und Fatalismus. Einer der Weisen vertritt die Auffassung, jeder Mensch könne mit Hilfe seines Verstandes sein Schicksal selbst bestimmen, während der andere dagegenhält, allein der Zufall würde alles entscheiden, denn wer nur auf seinen Verstand vertraue, verpasse die Chancen, die der Zufall bietet. Der dritte indes sah in einer Kombination der beiden ersten Standpunkte die Wahrheit: alle Menschen erleiden durch den Zufall Schicksalsschläge, die sie aber dank unterschiedlicher Verstandesgabe unterschiedlich bewältigen. Jeder der drei Weisen erfand ein Spiel, das seiner Sicht der Welt entsprach. Der erste Weise wollte seinen Standpunkt mit dem Schach, der zweite mit dem puren Würfelglück, der dritte mit einer Kombination, einem «Würfelschach» (die Würfel schreiben vor, mit welcher Figur gezogen werden muß) oder dem «Nard» (dem heutigen Backgammon) untermauern. Bei diesem Spiel gewinnt auf Dauer der bessere Spieler, weil er auch mit schlechten Würfen besser umgehen kann. Obwohl die Auffassung des dritten Weisen am einleuchtendsten erscheint, gab Alfons der Weise dem «vornehmen» Schach den Vorzug, bei dem der Zufall, so glaubte er, überwunden worden ist.

Entspricht das Schach somit weniger dem Leben als das Backgammon? Keineswegs. Denn beim Backgammon oder Würfelschach spielt der Zufall eine weit größere Rolle als im täglichen Leben. Er beschränkt bei jedem Zug die Entscheidungsfreiheit auf eine ganz geringe Zahl von Möglichkeiten und wirft langfristige Planungen viel häufiger und einschneidender über den Haufen als der Alltag.

Auch ist Schach nicht ein so zufallsfreies Spiel, wie es nach den Regeln den Anschein hat. Oft lassen äußere Spielbedingungen oder die Tagesform eines Matadors die strenge Kunst zum reinen Glücksspiel werden. Großmeister berichten sogar, daß sie schon manchmal wie ferngesteuert einen Zug ausgeführt haben, den sie bereits als völlig idiotisch verworfen hatten. Jedenfalls kann auch beim Schach der Meister durchaus gegen einen viel schwächeren Spieler eine Partie verlieren. Und nur deshalb bleibt das Spiel interessant. Der große Schachmeister Savielly Tartakower (1887–1956) behauptete sogar: «Zum Schachspiel – diesem Berechnungsspiel par excellence – gehört Glück und Glück und noch einmal Glück.»

Der «Codex Alfonso» besticht nicht nur mit seinen wunderbaren Miniaturen, er ist zugleich ein Meilenstein der Schachgeschichte, hält er doch in den Spielregeln zum ersten Mal Unterschiede zur ursprünglichen Gangart der Figuren fest. Jetzt dürfen – solange noch keine Figur geschlagen ist – die Bauern mit einem Doppelschritt beginnen. Bereits Ende des 13. Jahrhunderts waren die Schachspieler also darauf aus, das langsame Spiel, vor allem aber den schleppenden Anfang schneller zu machen. Die Bauern konnten jetzt schon im ersten Zug das Zentrum besetzen und im zweiten schlagen oder geschlagen werden und damit Linien für den Angriff öffnen. Alfons' bäuerlicher Doppelschritt hat sich bis auf den heutigen Tag bewährt. Das Regelwerk des weisen Königs zeigt auch, daß schon sehr früh dem Wesir, der «Dame», zusätzliche Möglichkeiten eröffnet wurden. Der Wesir durfte bei Alfons auch geradeaus ziehen und übernahm eine Besonderheit des damaligen Läufers: Er durfte über andere Figuren hinweg auf das übernächste Feld springen.

Es dauerte allerdings noch mindestens 200 Jahre, bis das neue europäische Schach über die alte indische Form die Oberhand gewann. Der neue «Läufer», der in anderen Ländern unter anderen Namen agierte, hatte sich aus einem kurzbeinigen, schräg stapfenden Leisetreter in einen wirklichen Läufer mit Siebenmeilenstiefeln entwickelt, der übers ganze Brett rennen und schlagen konnte. Übrigens hat diese Figur, die heute in Frankreich als «Hofnarr», in Großbritannien und Amerika als «Bischof» agiert, auf seinem Weg aus Indien durch die große weite Welt eine solche Menge von Bezeichnungen und Verballhornungen erlitten wie wohl kein anderes Wesen auf dieser Welt. Auf Sanskrit hieß er Pilu (Elefant), was sich in Persien in Fil (syrisch filo, hebräisch fil) und Pil verwandelte. Der Pil erhielt in Arabien den Artikel al-Philus, sodann Richtung Westen: alphinus, alpinus, ulficus; italienisch: delfino, alfino, alfiere (Fähnrich); spanisch: alfil, arfil, arfel, alfére, alférez, alfieres (ebenfalls Fähnrich); altfranzösisch: auphin, aufin, dauphin, später fol und fou (Narr); englisch: alphyn, alfin, awfyn. Die Briten haben vermutlich später die französischen Narrenkappen in Bischofsmützen umgedeutet – daher noch heute der Kopfeinschnitt in den offiziellen Staunton-Figuren – und aus den Narren Bischöfe gemacht. Eine Metamorphose, die auch die veränderte Einstellung der Kirche zum Schach würdigte. Jedenfalls bildete der Läufer (in Deutschland auch merkwürdigerweise «Schleich» genannt) zusammen mit der neuen Dame, die mit der vereinten Power von Turm und Läufer übers Brett fegte, ein Gespann, das die Partien im Handstreich mit wunderschönen Matts entscheiden konnte.

Wann und wo genau die neuen Regeln in Kraft traten, liegt verblüffenderweise genauso im dunkeln wie die Urgeburt des Schachs. Während beispielsweise der Schachhistoriker van der Linde den «Gedankenblitz eines genialen Schachspielers» vermutet, legt Joachim Petzold in seiner «Schach-Kulturgeschichte» recht überzeugend dar, daß das Spiel sich während des 14. und 15. Jahrhunderts parallel mit der geschichtlichen Entwicklung in Europa und der ganzen Welt verändert hat. Während der

Islam die militärische und wissenschaftliche Vormachtstellung in Europa verlor, wurde auch das arabische Schach generalüberholt. Ob tatsächlich die Erfindung der Artillerie und die entfernungsüberwindenden Fahrten der portugiesischen Seefahrer die neue Langschrittigkeit der Schachfiguren inspiriert haben, mag dahingestellt bleiben, sicher ist sie aber ein Ausdruck des neuen weltbeherrschenden Tempos. Schach als Taschenspiegel der Geschichte.

Eine hübsche Variante in der Welt-Schach-Beziehung schildert Edward Lasker in seinem Buch «The Adventure of Chess». Dem Schach, so macht der Autor glauben, ist sogar die Entdeckung Amerikas zu verdanken. Lasker fand im Archiv von Cordoba zwei Briefe eines gewissen Hernando del Pulgar, die vom 2. und 4. Februar 1492 datiert sind. Zu diesem Zeitpunkt, sechs Monate vor seiner ersten Amerikareise, wollte der verärgerte Kolumbus Spanien verlassen, weil der König ihm den Titel eines Admirals verweigerte. Die Nachricht der bevorstehenden Abreise erreichte den Königshof, als Ferdinand gerade gegen einen seiner ständigen Schachpartner, Fonseca, am Brett saß. Seine Frau Isabella, die den König überreden wollte, den wütenden Kolumbus zu besänftigen, wußte aber, daß dazu gute Laune ihres Mannes nötig war. Dem König, dessen Stimmung sich bei Niederlagen noch mehr verschlechterte als bei Unterbrechungen, drohte indes Matt in zwei Zügen. Da flüsterte Hernando del Pulgar der Königin ins Ohr: «Wenn seine Hoheit richtig spielt, gewinnt er in fünf Zügen.» Ferdinand wollte gerade die falsche Figur ziehen, als die Königin unterbrach: «Wollen Sie nicht gewinnen?» Der König zog die Hand zurück und brütete erneut über der Stellung, bis er die gewinnbringende Abwicklung entdeckte. Er sah, lächelte und siegte – und erfüllte den Wunsch der Königin. Ein Reiter holte den emigrierenden Kolumbus zurück, der sich – Schach sei Dank – ein halbes Jahr später aufmachte, um Amerika zu entdecken.

Bei Ferdinands gewinnbringender Kombination setzte übrigens ein neuer, nämlich langschrittiger Läufer matt.

Zu dieser Zeit waren vor allem in Italien und Spanien immer neue Schrittfolgen und Gangarten ausprobiert worden, bis sich eines Tages eine bestimmte Regel, die heutige, in ganz Europa durchsetzte.

Bis dahin aber herrschten in verschiedenen Gebieten Europas verschiedene Regeln, Doppelzüge, Königssprünge, Halbrochaden, spezielle Umwandlungsbedingungen. Trafen sich Spieler aus verschiedenen Landstrichen, mußten sie sich zunächst über lokale Eigenarten einigen (wie heute manchmal bei Doppelkopf- oder Skatrunden). Der Besucher:

«Wenn ein Bauer die gegnerische Grundlinie erreicht, darf er sich in eine Dame verwandeln.» Der Einheimische: «Bei uns darf der Bauer sich nur in eine Dame verwandeln, wenn der Spieler keine andere Dame auf dem Brett hat!» Der Besucher: «Warum das?» Der Einheimische: «Der König (oder der Spieler) darf nicht zwei Damen haben.» Der Besucher: «Bestimmt bei euch die Kirche die Regeln?» Meistens mußte der Besucher in den sauren Apfel beißen und sich anpassen.

Im Jahre 1467 fand in Heidelberg das erste deutsche Schachturnier statt zwischen den Schachgesellschaften von Heidelberg und Nördlingen, für das sich Vertreter beider Vereine im Vorwege darüber einigten, «wie es mit dem Ziehen gehalten werden soll».

Das einzigartige historische Einladungsschreiben, das im Nördlinger Stadtarchiv aufbewahrt wird, berichtet über Sponsor- und Preisgeldsitten jener Zeit: «Den ehrsamen, weisen, unsern besondern und guten Freunden: dem Bürgermeister, Rat und Gemeinde zu Nördlingen entbieten wir, die Gesellschaft des Schachzabelspiels zu Heidelberg, unseren freundlichen, willigen Dienst und alles Gute zuvor. Wir tun Euch zu wissen, daß wir vom durchlauchtigen, hochgeborenen Fürsten und Herrn: Friedrich, Pfalzgrafen bei Rhein, Herzog in Bayern, des heiligen römischen Reiches Erztruchseß und Kurfürst, unserem gnädigen, lieben Herrn, erworben haben eine Gesellschaft und ein Schachzabelspiel vorzunehmen und darin mit seinen Gnaden mit Euch und anderen guten Freunden und Gesellen zu üben. Und ... haben wir erlangt, daß seine Gnade zum Voraus ein Kleinod oder 22 Gulden Wert dazugeben; auch daß sie denen, die also zu dem Schachzabelspiel kommen und um das Kleinod ziehen werden, Futter und Mahle die Zeit über die das Spiel währen wird, geben und auch allen denselben in seiner Gnaden Land sicheres Geleit in einem besonderen Brief zuschicken will.

Demnach bitten wir Euch mit freundlichem Ernst, Ihr wollet auch denjenigen in Eurer Stadt, sie seien edel oder unedel, die Schachzabelspiel und gute Gesellschaft pflegen und üben wollen, solches offenbaren und auch Euren Nachbarn bei Euch herum zu wissen tun, daß sie sich hier gegen Heidelberg verfügen, auf den nächsten St. Matthäustag hier zu sein, um auf den andern Tag eins zu werden, wie es mit dem Ziehen gehalten werden soll. Wie dann die Gesellen, die ziehen wollen, sich miteinander vereinen, sämtliche oder der größere Teil, das soll also geschehen und auf denselben Tag anfangen. Und zu den Kleinoden, die unser gnädiger Herr zum voraus geben wird, soll von einem jeglichen Zieher ein Gulden eingelegt werden oder mehr, wie sich des die Gesellen oder der größere Teil miteinander vertragen. Und was man also eingelegt, soll man zu Gaben machen, so daß möglichst viele Gaben daraus werden mögen, auf das nicht allein die Meister, sondern auch die Mittelmäßigen und andere Gewinner auch zu Gewinnen und Gaben kommen mögen. Und wollet zu solchem Abenteuer und Spiel nicht ausbleiben, auf daß Ihr unserem gnädigen Herrn Euern guten Willen dazu beweiset...»

Auffallend ist, daß der Kurfürst Friedrich von der Pfalz, der in Studentenliedern als großer Säufer gefeiert wird, am Wettkampf offenbar selbst teilnehmen wollte und daß er mit dem noch heute gültigen Preisgeldsystem die verpönte Schachzockerei auf elegante Weise in geordnete Bahnen lenkte, legalisierte und etablierte – ganz so wie es heute bei den großen Schachturnieren gehalten wird.

Während also 1467 in Deutschland noch eine Artenvielfalt von Spielregeln blühte, begann sich das neue Schach in Italien, Spanien und Frankreich durchzusetzen. Der deutsche Historiker von der Lasa erblickt es 1475 in Spanien, der Engländer Murray 1485 in Italien, wo es «alla rabiosa» («auf stürmische Art») genannt wurde.

Die Regeln des neuen Schachs werden zum ersten Mal 1497 von Lucena in dem Buch «Über die Liebe und das Schach» («Repetición de Amores y Arte de Axèdres») niedergelegt. Lucena hat mit einer gewissen Logik das neue Schach in «del la dama» umgetauft – zu Ehren der brettbeherrschenden neuen Dame. Da aber trotz der Superdame der schwache König, mit dessen Mattsetzung das Spiel erst gewonnen oder verloren war, die wichtigste Figur auf dem Brett blieb, konnte sich der neue Name nicht durchsetzen. Es blieb beim alten Königswort «Schach».

Über das Auftreten der starken Dame und die neuen Machtverhältnisse auf dem Brett haben viele Historiker gerätselt und spekuliert. Und ob die schachliche Beziehung zwischen der starken Frau und dem schwachen Herrscher eher der Wirklichkeit entspricht – oder dieser geradezu Hohn spricht –, darüber habe ich schon Feministinnen streiten sehen.

Während Zyniker Lucretia Borgia als Vorbild für die neue Killerdame auf dem Brett sehen, schwört der Historiker Jacob Silbermann auf die Jungfrau von Orléans, die den französischen König in den Krieg gegen die Engländer trieb und selber in den Schlachten mitmischte wie die Dame beim Mattangriff. Der Jeanne-d'Arc-These widerspricht Petzold mit dem Argument, daß Johanna eigentlich eine Verliererin gewesen sei: sowohl gegen die Damen am Hofe als auch gegen die Geistlichen, die sie als Ketzerin verbrennen ließen: Kein Vorbild der Schachdame.

Petzold aber deutet die neuen Machtverhältnisse auf dem Brett, wo der «König seine überragende Position verlor und zum schutzbedürftigen und von mächtigen Figuren abhängigen Repräsentanten wurde», mit der gleichzeitigen «Krise und Ohnmacht des Feudalismus in Europa». Als Beispiel nennt er Kaiser Friedrich III., der als «Reichserzschlafmütze» verspottet wurde, sowie den Sieg der Schweizer Eidgenossenschaft über Herzog Karl den Kühnen von Burgund (der übrigens selbst ein meisterlicher Schachspieler war). «Ist es da verwunderlich», fragt Petzold, «wenn auch auf dem Schachbrett Figuren erscheinen konnten, die stärker als der König waren?» Ist es nicht, nur: der (im Vergleich zu seinen Untertanen) schwache König ist eben nicht eine Erscheinung der neuen Regeln, sondern schon in den Entstehungslegenden eine moralische Botschaft des Urschachs. Schon bei den Persern und Arabern, bei denen laut Petzold «eine derartige Degradierung nicht denkbar gewesen» wäre, war der König eben doch «ein schutzbedürftiger und von mächtigen Figuren abhängiger Repräsentant». Der Turm hatte die sechsfache Kraft des Königs.

Im übrigen wurden die kraftvollen neuen Figuren nicht zur Rebellion gegen den eigenen Herrscher, sondern zum Kampf gegen den gegnerischen König eingesetzt. Ein Herrscher wird durch die Stärkung loyaler Untertanen eben nicht schwächer, sondern stärker. Das Problem für den Schachkönig war nur, daß auch der gegnerische König (kraft seiner neuen Truppen) stärker wurde. Die Könige lebten gefährlicher wegen der gegnerischen Damenartillerie und Läuferkanonaden.

Vielleicht waren es ja die neuen, weitwirkenden Kriegswaffen, die sich auf dem Schachbrett in der neu verliehenen Fernwirkung einiger Figuren widerspiegelten. Vielleicht aber entwickeln sich die Regeln eines Spiels unabhängig vom geschichtlichen Zeitgeist einfach auch nur in Übereinstimmung mit dem, was es selber braucht (um zu überleben). Ganz simpel: das Schach brauchte dynamischere Figuren, um nicht einzuschlafen.

Auf der Suche nach dem historisch-psychologischen Background der neuen Weiblichkeit, der Geburt der Dame, bringt Petzold die «Himmelskönigin», die Mutter Gottes, ins Spiel. Er zitiert das mittelalterliche Schachwerk «Gesta Romanorum», das im 116. Kapitel den Schachkönig nicht nur mit Jesus Christus vergleicht, sondern ausdrücklich hinzufügt: «Endlich nimmt er auch die Königin mit sich, das heißt die fromme Mutter des Erbarmens, unsere Frau Maria». Gautier de Coincy läßt in seinen «Miracles de la Nostre Dame» im 13. Jahrhundert Gott mit dem Teufel eine Partie Schach um das Seelenheil der Menschen spielen, wobei ihm die Jungfrau Maria als seine Königin hilft.

Ob die Jungfrau Maria oder die «von Orléans» – vermutlich wollten die Schachbesessenen bei ihrer Leidenschaft am Brett einfach auch mal eine Frau – berührt – geführt – anfassen. Jedenfalls hatte sich – wie wir bei Cessoles gesehen haben – der Wesir in manchen Gegenden Europas schon in eine Königin verwandelt, bevor sie diesen immensen Kraftzuwachs erlebte. Vielleicht aber war die überdimensionale Kraft der Dame auch nur ein Ausgleich für die quantitative Unterrepräsentation der Frau auf dem Brett. Für eine solche Wiedergutmachung spricht auch eine Regelbegründung von Lucena, der zur Umwandlung des Bauern zur Dame schreibt: «Wenn ihr der Spielweise beipflichtet, die ich anwende, so darf der Bauer, wenn er zur Dame wird, beim ersten Zuge nehmen und Schach bieten wie eine Dame und zugleich wie ein Springer, da wir dies den Frauen schuldig sind.»

Der Psychoanalytiker Ernest Jones, der in der Schachpartie einen Psychokrieg von Ödipus-besessenen Vatermördern sieht («der gegnerische König ist der verhaßte Vater»; der eigene König ist der gute, geliebte Vater), wundert sich keineswegs über die Transformierung des Wesirs in eine Dame: «Beim Angriff auf den Vater leistet die Mutter (die Königin) die mächtigste Hilfe.» Okay, der ödipussierende Schachspieler benutzt die eigene Dame, um den gegnerischen König zu killen. Aber welche Rolle spielt eigentlich die gegnerische Königin in diesem Familiendrama? Und wie paßt Jones' Theorie auf weibliche Schachspieler: Spielen Frauen etwa deshalb das weniger aggressive Schach, weil sie keine Ödipussies sind? Als Elektras müßten sie unbewußt lieber die gegnerische Dame jagen als den König matt setzen. Schwierige Fragen.

Einen interessanten Hinweis gab der spanische Schachmeister Ricardo Calvo, der mich darauf aufmerksam machte, daß während der Damenverstärkung auf dem Brett in Spanien unter der Königin Isabella (die selbst eine starke Schachspielerin war) ein kraftvoller Feminismus herrschte, der möglicherweise auf dem Schachbrett seinen Niederschlag fand. Vielleicht.

Eine der verblüffendsten Folgen der Damenemanzipation auf dem Brett aber war, daß bald darauf nicht nur der spanische Feminismus verwelkte, sondern daß in ganz Europa die bis dahin spielstarken Frauen das Interesse an dem Spiel verloren. (Sie haben sich erst im 20. Jahrhundert zunächst ganz sachte, neuerdings stürmisch zurückgemeldet.

Und eine junge Dame wird König

Saloniki, Dezember 1988

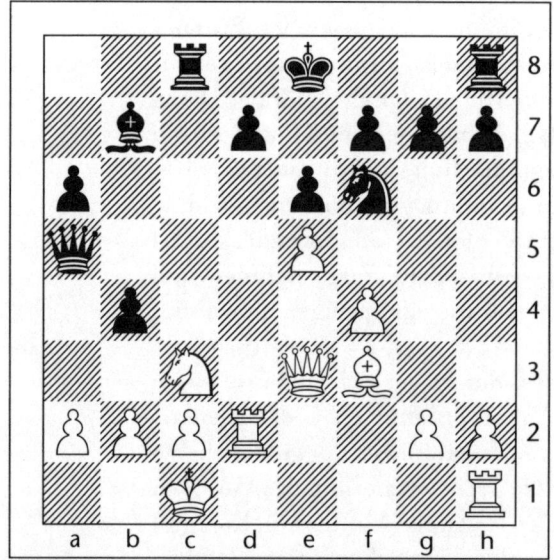

Stellung nach 15. ... b4. Das Brett in Flammen.

**Polithroniade –
J. Polgar,
Saloniki 1988**

1. e4, c5
2. Sf3, e6
3. d4, cxd4
4. Sxd4, Sc6
5. Sc3, Dc7
6. Le2, a6
7. f4, Sxd4
8. Dxd4, b5
9. Le3, Lb7
10. 0–0–0, Tc8
11. Td2, Sf6
12. Lf3, Da5
13. e5, Lc5
14. Dd3, Lxe3
15. Dxe3, b4
16. Lxb7, bxc3
17. Td3, Sg4
18. Txc3, Sxe3
19. Txc8+, Ke7
20. Txh8, Dxa2
21. g3, Sc4
22. Kd1, Db1+
23. Ke2, Dxc2+

Schachnationalmannschaft; ein Kind und zwei Teenager, die die gesamte Konkurrenz das Fürchten gelehrt haben. Sogar die sonst unbezwingbaren Sowjetrussinnen, auf Olympiasiege abonniert, unterlagen ihnen 1:2. Das war in der fünften Runde.

Nur gegen Jugoslawien verloren die Ungarinnen – vor allem deshalb, weil die zwölfjährige Judit, der Star der Spiele, nach einer langen Hängepartie geschont werden sollte und von einer Ersatzspielerin vertreten wurde. So konnten die Sowjetspielerinnen, die am gleichen Tag China 3:0 schlugen, die ungarischen Wunderkinder zum ersten Mal überflügeln und die alleinige Führung in der Tabelle der 56 weiblichen Teams übernehmen.

Jetzt, in der achten Runde gegen die Tschechoslowakei, gilt es für «Polgarn» (wie das Donauland inzwischen in Schachkreisen genannt wird), den Anderthalb-Punkte-Rückstand zu verringern.

Der Vater setzt die Videokamera ab, die Mädchen hängen ihre Handtaschen über die Stuhllehnen, nehmen nebeneinander an ihren drei Brettern Platz; sie werden von Fotografen geblitzt und von Fans bestaunt wie Oscar-Preisträgerinnen. Aber sie lächeln nicht. Es gilt, den Tschechoslowakinnen die Zähne zu zeigen.

Die 19jährige Zsuzsa an Brett 1 ganz elegant in weißer Seidenbluse, schwarzem Lederrock und weißen Pumps, die beiden Kinder mit Pull-

«Sie kommen», ruft jemand. Fans und Fotografen wenden sich blitzartig von Kasparow und Karpow ab und stürmen in die andere Ecke des Saales. Sie kommen. Draußen auf dem Messegelände in Saloniki schreiten drei junge Damen auf Halle 13 zu, in der die diesjährige Schacholympiade stattfindet. Neben ihnen, etwas abseits, geht liebevoll lächelnd eine Frau um die Vierzig – halb Anhängsel, halb Beschützerin: die Mutter.

Allen voran aber rennt ein Mann im Rückwärtsschritt, Videokamera auf der Nase.

Die Polgars kommen. Der Vater filmt seine Töchter: Zsuzsa, 19, etwas verlegen, Sofia, 14, recht freundlich, Judit, 12, aufrecht und cool.

Die drei sind die ungarische

overn, Jeans und Tennisschuhen. Der Gong erklingt. Ohne die üblichen Präliminarien – Zurechtrücken und längeres Fixieren der Schachfiguren in der Grundstellung – ziehen sie los: Zsuzsa antwortet auf 1. e4 sizilianisch mit c5, Judit (die jüngste spielt an Brett 2) zieht 1. e4, und Sofia bringt auf das gegnerische 1. d4 ihren Springer nach f6 ins Spiel. Alle müssen nach zwei Stunden verbrauchter Bedenkzeit 40 Züge gemacht haben; wenn bis dahin keine Entscheidung gefallen ist, bekommt jeder noch einmal eine Stunde für weitere 20 Züge. Die Sitzung kann also – die beiderseitigen Bedenkzeiten zusammengenommen – sechs Stunden dauern. Danach wird, wenn nötig, die Partie abgebrochen und am nächsten Tag als Hängepartie weitergespielt.

Schon nach wenigen Minuten versinken die meisten der 592 Spieler im Saal (56 Damenteams an jeweils drei, 106 Männerteams an vier Brettern) in tiefes Nachdenken, eingelullt vom permanenten Tuscheln der Zuschauer. Das besorgteste Gesicht macht ein Zuschauer mit Vollbart, buntkariertem Hemd und Hausschuhen: Vater Polgar, der Erzeuger und Erfinder des Polgar-Schachwunders.

Die Mädchen stehen nicht nur in der Weltrangliste des Frauenschachs ganz oben; sie mischen seit acht Jahren die Herren der Schachschöpfung auf, reden bei vielen wichtigen Turnieren ein Mattwort mit. Alle haben sie schon gegen männliche Großmeister gewonnen, und Judit ist unlängst – im Alter von elf Jahren – jüngster Internationaler Meister aller Zeiten geworden – in der härteren Männerwertung! Diesen Titel erwarben Fischer und Kasparow erst mit 16 bzw. 17 Jahren. Judits Elo-Zahl, ihre aus den Turniergewinnen berechnete Papierform, steigt im Januar auf 2520. Mit dieser Zahl wird die 12jährige aller Voraussicht nach die Nummer eins bei den Frauen – weltweit; bei den Männern wird sie unter die ersten Hundert kommen, vor den deutschen Großmeistern Eric Lobron und Ralf Lau.

Vater Polgar breitet riesige Bögen Millimeterpapier aus, auf denen er die Erfolge seiner Töchter im Vergleich zu den Frühwerten der berühmten männlichen Großmeister hochrechnet. Judit müßte mit 18 Jahren Weltmeisterin (bei den Männern) werden. Um dieses Ziel zu erreichen, darf sie – so sagt es der Vater – weder einen Mann lieben noch unter diesem Verzicht leiden. Solche Entsagungen hat die ältere Schwester Zsuzsa schon geleistet – war es schwer? Jedenfalls verlief ihre Erfolgskurve nicht so steil wie programmiert.

Daß sie so bald nicht Großmutter wird, bekümmert Mutter Klara, die sich eine echte ungarische Großfamilie wünscht. «Aber ich sehe, wie glücklich das Schach die Mädchen macht. Enkelkinder können ja später noch kommen.»

Männliche Partner suchen die Mädchen am Brett – gegen Frauen spielen sie so gut wie nie. Die Ausnahme bei der Schacholympiade der Frauen gestattet Vater Polgar, «um endlich Frieden mit dem ungarischen Schachbund zu schließen».

Weil Zsuzsa sich dem ungarischen

24. Kf3, Db3+
25. Kg4, Se3+
26. Kh4, Dxb7
27. Tg1, Df3
0–1

Frauenteam verweigerte, hatte ihr der Verband Auslandsreisen verboten. Zwei Jahre lang mußte sie rund hundert attraktive Einladungen absagen.

Frauenturniere betrachten die Polgars als pure Zeitverschwendung. Hier sei weniger zu verdienen und nichts zu lernen. Nach Meinung von Laszlo Polgar ist die Trennung in Männer- und Frauenturniere eine Diskriminierung der Frauen, «die ihnen die Chancen nimmt, sich bei den – historisch bedingt – erfahreneren und besser trainierten Männern entscheidend zu verstärken». Die Frauen untereinander würden sich im Schach, wenn überhaupt, zu langsam verbessern.

Mit seinem Drei-Mädchen-Schachexperiment will der fanatische Pädagoge beweisen, daß Genialität machbar ist: «Man muß nur die jedem Kind angeborene Fähigkeit mit zielgerichteter, kompromißloser Erziehung fördern. Man darf sich nicht verzetteln, sondern muß sich spezialisieren», sagt er. Ursprünglich wollte Polgar zum Beweis seiner Thesen gar sechs eigene und sechs adoptierte Kinder großziehen. Aber: «Wir haben darauf verzichtet, weil die Behörden uns immer Schwierigkeiten gemacht haben.» Als er Zsuzsa nicht zur Schule schickte, sondern sie mit seiner Frau, einer Sprachlehrerin für Deutsch, Russisch und Esperanto, zu Hause unterrichtete, kam des öfteren die Polizei, um Zsuzsa abzuholen. Resigniert beließ er es bei drei Mädchen.

Diese Koryphäen beweisen nach Meinung des Vaters, eines mäßigen Schachspielers, daß jedenfalls Schach-

genies machbar sind – durch konzentrierte Arbeit von Geburt an. Zsuzsa lernte Sprachen, Mathematik und Schach. Normales Spielzeug sah sie nicht, ihre Märchen spielten auf dem Schachbrett. Da konnte sich beispielsweise der c-Bauer – zunächst ein schüchterner, kleiner Hirtenjunge – im Verlauf der Partie zu einem mutigen Angreifer entwickeln oder sich – Höhepunkt – schließlich in eine Dame, die stärkste Schachfigur, verwandeln. Ein Emanzipationsdrama im Märchenschach.

Bereits als Vierjährige siegte Zsuzsa bei der Budapester Pioniermeisterschaft aller Kinder unter zehn. Zehn Punkte aus zehn Partien. Inzwischen sind Judits («Judkas») Erfolge spektakulärer als Zsuzsas. Ist sie ein noch größeres Talent? «Keineswegs», sagt Laszlo Polgar, «sie konnte nur nach der Erfahrung mit den älteren Schwestern noch gezielter ausgebildet werden.» Außerdem interessiert sie sich, im Gegensatz zu Zsuzsa und Sofia, die sich nebenbei mit Sprachen und Musik befassen, ausschließlich für Schach. Allein Judits Schachergebnisse sind Vater Polgar schon Beweis genug, daß «Frauen dieselben geistigen Leistungen erbringen können wie Männer».

Der Streit, ob Männer oder Frauen besser Schach spielen, ist so alt wie das Spiel selber. Schon in einem persischen Gedicht aus dem 12. Jahrhundert hat die schöne Dilaram ihren Geliebten vor einer Niederlage bewahrt, indem sie ihm die rettende Kombination zuflüsterte. Auch haben im Mittelalter, am Hofe und in Salons, etwa bei Isabella d'Este in Italien, die Frauen meistens die Männer besiegt. Erst mit der Vulgarisierung des Schachs im 19. Jahrhundert erreichten die Männer in den Cafés die quantitative Überlegenheit. Heute begründen Männer ihre scheinbare Überlegenheit mit einer Reihe psychischer und physischer Geschlechtsunterschiede. So würden Frauen den mehrwöchigen Turnierstreß schlechter verkraften als die Männer. Tatsächlich hat aber die Weltmeisterin Maja Tschiburdanidse ihre Wettkämpfe besser überstanden als beispielsweise Exweltmeister Karpow, der bei seinen Matches oft bis zu 15 Pfund abnahm und in körperliche Krisen geriet. Tschiburdanidse nahm eher zu.

Ob es stimmt, daß es bei Männern und Frauen verschieden stark ausgeprägte Gehirnhälften gibt – rechts Intuition, links logisches Denken –, braucht im Falle Schach gar nicht geklärt zu werden: Für Großmeister ist Intuition, «Imagination», wie der Frauentrainer Sergui Smaran sagt, mindestens ebenso wichtig wie logisches Denken oder pures Durchrechnen kritischer Positionen. Tatsächlich glänzen Frauen bisher eher durch Positionsverständnis und strategische Partieanlagen als durch taktische Finessen.

Bereits im 14. Zug dieser achten Runde bläst Zsuzsa zum direkten Königsangriff. Im 20. Zug bietet sie ein Läuferopfer auf g3 an, das die Tschechin klugerweise ablehnt; aber vier Züge später muß sie einen geopferten Springer nehmen, worauf Zsuzsa die weiße Stellung zerfetzt wie weiland Paul Morphy, der Kombinationswelt-

meister. Da kommen selbst Kasparow und Karpow von ihren Brettern an Zsuzsas Tisch, um sich das Gemetzel anzusehen. Ihre Partie wirkt wie ein spöttischer Kommentar auf das Statement des deutschen Schachexperten Dr. Bachl: «Frauen hüten die Figuren wie ihre eigenen Kinder», sie opfern nicht «und bringen es deshalb selten zu wahrer Meisterschaft...»

Überhaupt kommen Männer gerne mit psychologischen Argumenten; zu großem Schach fehle es den friedfertigen Frauen am «Killerinstinkt», auf den Bobby Fischer seine Erfolge zurückführte: «Ich will das Ego meines Gegners zerstören.» Zsuzsa Polgar zuckt die Schultern: «Es gibt bei den Weltmeistern die Killertypen wie Aljechin, Fischer und Kasparow, aber auch die sanften Sieger wie Capablanca, Botwinnik, Spassky und den sanften Tolja Karpow.» Sie meint, daß sie selbst etwas schwächer spielt, «wenn ich den Gegner sehr sympathisch oder sehr unsympathisch finde».

Als andere angeblich weibliche Schwäche gilt die mangelnde Hartnäckigkeit in schlechten Stellungen. Der englische Großmeister John Nunn, der selbst viele Partien gegen Zsuzsa gespielt hat: «Wenn sie im Vorteil sind, spielen sie sehr kreativ, sobald sie aber in Nachteil geraten, reagieren sie zu passiv, zu zaghaft.» Sie gäben sich zu schnell auf, wenn durchaus noch ein Remis zu retten sei. Eine Tendenz, die manche Männer «als größere Bereitschaft, sich zu unterwerfen» werten. Ein weiteres Handicap hat der Trainer und Schachjournalist Otto Borik beob-

89

achtet: «Frauen leiden mehr und länger an Niederlagen als Männer.» Während diese sich ihren Verlustfrust mit blöden Ausreden schnell von der Seele redeten, seien Frauen oft tagelang deprimiert. Deshalb hätten Frauen sogenannte Verlustserien weit häufiger als Männer, die in der Evolution früher gezwungen gewesen seien, Niederlagen schnell zu überwinden. Die jugoslawische Großmeisterin Milunka Lazarević kommentiert derlei Beobachtungen: «Wir müssen einen Jahrhundertvorsprung aufholen.»

Die zwölfjährige Judit, die von 13 Partien 12 gewann und nur eine remis gab, ist der Star der Spiele, deutlich vor dem Weltmeister Kasparow, der wie ein Gockel zwischen den Brettern stolziert. Judit begeistert auch männliche Großmeister und Zuschauer mit phantastischen Opferangriffen und reifem Positionsschach.

Schon erhalten die Polgar-Mädchen aufgrund ihrer Weiblichkeit gelegentlich höhere Startgelder als spielstärkere Großmeister, worüber sich der englische Matador Murray Chandler bei einem Turnier in Biel beklagte.

Im Deutschen Schachbund hat man diese Zeichen der Zeit noch nicht verstanden. Von den 30 000 Mark Olympiahonorar eines Sponsors erhielten die deutschen Olympiateilnehmerinnen je 1000 Mark, während die restlichen 26 000 Mark auf die sechs Männer verteilt wurden. Und das, obwohl die Damen im internationalen Vergleich an siebter Stelle, die Männer nur an achter Stelle rangieren. Und obwohl die Damen bei allen bisherigen Olympiaden besser abgeschnitten haben als ihre männlichen Landsleute. (In Saloniki landeten sie auf dem 15. Platz, die Männer auf Rang 18.) Auf ihre Beschwerden erhielt Gisela Fischdick, die am zweiten Brett spielte, den kühlen Befund des Präsidenten Heinz Hohlfeld: «Die Männer sind im Gegensatz zu den Damen eben Profis», die während der Olympiade finanzielle Einbußen hätten. Dabei bekommt die Amateurin Barbara Hund mehr Angebote, Schach gegen Geld zu spielen, als manch männlicher Profikollege.

Zu der Benachteiligung der Frauen merkt der Präsident auch an, daß der Anteil der Damen in der Mitgliederzahl des Deutschen Schachbundes nur 3,7 Prozent betrage. Das ist ein kleinerer Frauenanteil als im deutschen Box- und Rugby-Verband.

Der Schachbund sollte einmal nach den Gründen suchen. Weltweit sind – auch unter den besten 300 Schachspielern – die Frauen mit etwa zehn Prozent gleichmäßig verteilt.

Nur unter den ersten zehn fehlt noch eine. Aber die Polgars kommen. In Saloniki verwiesen sie die Russinnen auf den zweiten Platz. Und jetzt sind die Männer wieder dran.

Alla rabiosa: Sturm über dem Mittelmeer

Dank der neuen Regeln erlebte das Schach in Europa eine zweite Blütezeit. Das Spiel, das zuletzt als Grundlage für moralische Predigten und zur Konstruktion von künstlerisch-künstlichen Mansuben und Mattproblemen gedient hatte, triumphierte wieder als spannender Zweikampf, in dem endlich jeder Spieler sein eigenes Matt bauen (und erleiden) konnte. Folgerichtig erkannten die neuen Regeln schließlich auch nur das Matt (und natürlich die vorzeitige Aufgabe) als Sieg an. Materielle Überlegenheit, die nicht in ein Matt umzusetzen war, wurde ebenso zum Remis (Unentschieden) abgewertet wie das Patt, in dem der gelähmte König zwar nicht ziehen kann, weil er kein Fluchtfeld mehr hat, aber auch nicht direkt angegriffen ist: Er steht nicht «im Schach».

Diese Pattbewertung setzte sich in Europa allerdings endgültig erst im 19. Jahrhundert durch. In vielen Ländern galt das Patt noch lange Zeit als Sieg des Pattsetzers, in Spanien als halb gewonnen, in Italien und Frankreich als unentschieden, während es in England für den Pattsetzer (!) gar als verloren gewertet wurde: bis der Londoner Schachclub 1808 diese Umkehrung der Regeln revidierte.

Schachpatts haben oft die mit Schadenfreude verbundene Komik eines Eigentors beim Fußball. Der materiell überlegene, auf Sieg spielende Angreifer leidet unter seiner eigenen Übermacht, mit der er das Brett beherrscht. In höchster Not legen clevere Matadore oft eine Pattfalle, indem sie in scheinbarer Selbstverstümmelung ihr Material wegopfern, bis sie – König im Patt – nicht mehr ziehen können: ein Remis, das mehr Spaß macht als mancher Sieg.

Ähnlich lange wie die Einigung über die Pattsituation dauerte es, bis sich in Europa einheitliche Regeln für die Rochade herausgebildet hatten. Nötig war eine Schutzmaßnahme für den König, der im Angriffssturm der neuen Raketen theoretisch schon in zwei oder drei Zügen nach Partiebeginn matt gesetzt werden konnte. Deutsche und skandinavische Experimente mit einem einmaligen Zwei- oder Dreifelderzug des Königs in eine geschützten Ecke erschienen den Anhängern des stürmischen Blitzangriffs immer noch zu langsam oder zu passiv. Um den König ruckartig aus den gefährlichen Mittellinien in einen sichereren Randbunker zu evakuieren und gleichzeitig am Prinzip einer schneller Figurenentwicklung festzuhalten, erfanden die Experten im Spanien und Frankreich des 16. Jahrhunderts einen genialen einmaligen Doppel-Doppelzug: Unter bestimmten Bedingungen und nur einmal pro Partie durfte der König ausnahmsweise einen Doppelschritt machen, während gleichzeitig der Turm, vom Rand über den eigenen König hinwegspringend, neben diesem Platz nehmen durfte. (Bei der italienischen «freien Rochade» konnten unter bestimmten Bedingungen König und Turm zwischen verschiedenen Zielfeldern wählen.) Der Turm, arabisch *Roch*, gab dem Sonderzug denn auch den Namen Rochade. Die Engländer, bei denen der Turm Rook heißt, nennen das Manöver «castling», Burgenbau.

Trotz des Namens aber gilt der Burgenbau als «Königszug», was bedeutet, daß nach den Regeln zuerst der König, dann der Turm gezogen werden muß. Wer es in einer Turnierpartie umgekehrt macht, muß damit rechnen, daß sein Gegner nur den Turmschritt erlaubt. Auch vielen Meistern ist der untypische Zug so fremd, daß sie in Blitzesschnelle die beiden Figuren gleichzeitig mit beiden Händen hochreißen, kreuzen und abstellen.

Übrigens hielt vierhundert Jahre später der deutsche Schachweltmeister und Philosoph Emanuel Lasker die Rochade für eine verfehlte, dem wahren Geist des Schachkampfes schädliche Regel, die, so ergänzte der Meister Savielly Tartakower, «ja nur der Willkür eines mittelalterlichen Schachtheoretikers zu verdanken» sei. Tatsächlich sind bis heute die Bedingungen für die Zulässigkeit des Sonderzuges vielen Matadoren noch nicht in Fleisch und Blut übergegangen. Sogar Großmeister können da ins Schleudern geraten. So begab sich 1974 der russische WM-Kandidat Viktor «der Schreckliche» Kortschnoi in einem WM-Match gegen Karpow zum Schiedsrichter, um zu fragen: «Darf ich rochieren, wenn mein Turm angegriffen ist?» Er durfte. Nur der König darf durch die Rochade nicht einem direkten Angriff, einem Schachgebot, entfliehen und darf auch nicht über ein beschossenes Feld rochieren. Beide Figuren müssen zudem noch unberührt auf ihrem Stammplatz stehen. Der amerikanische Großmeister Gata Kamsky rochierte im Interzonenturnier 1990 in Manila gegen Illescas, obwohl sein König schon vorher gezogen hatte. Beim Länderkampf Frankreich gegen Ungarn 1983 machte der Franzose Koutly die große Rochade, obwohl der betroffene Turm schon Züge gemacht hatte. Niemand bemerkte die Regelwidrigkeit, die erst bei der Veröffentlichung der Partie entdeckt wurde.

Ende des 15. Jahrhunderts führten die neuen Regeln, nach denen schon ein Fehler in der Eröffnung die ganze Partie entscheiden konnte, zu einem Boom von Studienbüchern. In ihnen kamen endlich die Theoretiker zu Wort, die die Eröffnungslehre zu der Wissenschaft machten, die sie bis heute geblieben ist.

Ein Beispiel für die neuerdings möglichen Blitzüberfälle durch «Gambits» (von gamba: Bein; mit einem Materialopfer wird dem Gegner ein Bein, eine Falle, gestellt) zeigte schon Lucena 1497 in seinem Buch «Liebe und Schach» mit dem berühmten «Gambit Bastardo». Früher hatte Schwarz nach den Zügen 1. e2 – e4, e7 – e5; 2. Sg1 – f3 die gute Verteidigung f7 – f6 zur Verfügung, ein Zug, der im Vergleich zu d7 – d6 und Sb8 – c6 durchaus gewisse Vorteile hatte, weil er dem Königsläufer nicht den Weg versperrte und keine Doppelbauern produzierte. Nach den neuen Regeln aber konnte Weiß auf 2. ... f6 mit 3. Sxe5 den Springer opfern, um nach 2. f6xe5 mit sofortigen Damen- und Läuferschachs (Dh5+, De5+, Lc4+) den schwarzen König in ein Mattnetz zu hetzen, bevor Schwarz überhaupt nur eine Figur entwickelt hat. (Noch drastischer und schneller schlug die neue Dame beim heute noch berüchtigten «Schäfermatt» zu, bei dem Weiß in vier Zügen, oder beim «Narrenmatt», bei dem Schwarz sogar in zwei Zügen – 1. f3, e5; 2. g4, Dh4 matt – das Spiel entscheidet.)

Genaugenommen war das neue Schach ein völlig anderes Spiel, das mit seinem Vorgänger nur die Optik gemeinsam hatte.

Vom «Gambit Bastardo» (oder «Damiano»), anhand dessen auch heute noch Anfängern die Gefahr falscher Entwicklungszüge demonstriert wird, druckt Lucena einige Varianten in seinem Buch ab – allerdings mit erstaunlichen Ungenauigkeiten und Fehlern. So übersieht er in einer Variante ein Matt und präsentiert ein «Matt», bei dem der «matt gebende» Läufer einfach von der Dame geschlagen werden kann. Obwohl er offensichtlich kein besonders starker

Lucenas «Gambit Damiano»

1. e4, e5
2. Sf3, f6
3. Sxe5, fxe5
4. Dh5+, Ke7
5. Dxe5+, Kf7
6. Lc4+, d5
7. Lxd5+, Kg6
8. Dg3+, Kf6
9. Df4+, Kg6
10. Df7+ (Lf7++), Kg5
11. d3+, Kg4
12. Df3+, Kh4
13. g3+, Kh3
14. Dh5+, Kg2
15. e5+

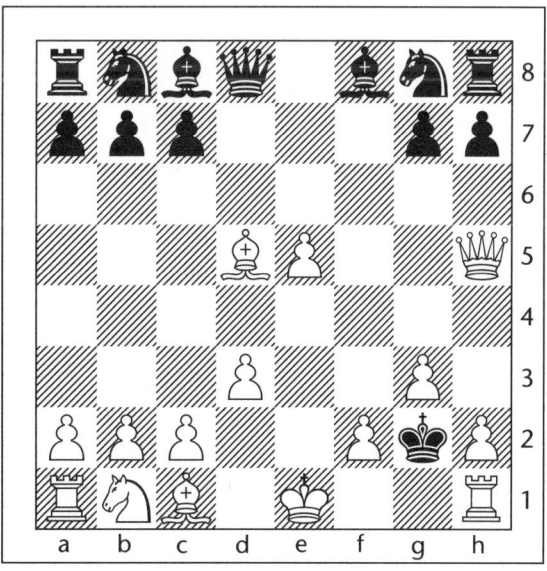

Nach 15. e5, laut Lucena matt.

93

Spieler gewesen ist, gilt sein Buch als erstes wichtiges theoretisches Werk, in dem schon Eröffnungen vorgeführt werden, die erst viel später auf Grund genauerer Analysen ihre endgültigen Namen erhielten: italienische, spanische, russische, skandinavische, französische Eröffnung, Philidor und Läuferspiel. An der Behandlung der Eröffnungen und der Bevorzugung der Mittelbauern bei Lucena zeigt sich auch, daß er schon die strategische Bedeutung des Zentrums instinktiv erkannt hatte.

Über taktische und strategische Anweisungen hinaus gab Lucena auch praktische Tips, die allerdings im Vergleich zum Psychoterror moderner Wettkämpfe eher harmlos erscheinen: Er empfiehlt beispielsweise, das Brett so zu postieren, daß man selber gut sehen kann, der Gegner aber möglichst von der Sonne geblendet werde. Ein anderer Rat wird auch heute noch von etlichen Schachaktivisten mißachtet, nämlich Alkohol zu meiden.

Lucenas Ratschlägen für Theorie und Praxis folgten rasch weitere Schachbücher, so etwa die aus Frankreich stammende, in der Göttinger Universitätsbibliothek aufbewahrte «Göttinger Handschrift» und ein Lehrbuch des Portugiesen Damiano, die Endspiele und Eröffnungen – darunter bereits das Damengambit – analysieren.

Der erste deutsche Autor, der ein schachtheoretisches Werk veröffentlichte, war Jacob Mennel, Magister der freien Künste und erster Stadtschreiber zu Freiburg im Breisgau. Sein 1507 erschienenes Buch trägt den barocken Titel: «Wie sich eyn angeender Leerknabe desß Ritterlichen Schachtzabel Spieles schicken und lernen solle, den streyt anzuheben, die steyn zu ziehen, sein feynden zu begegnen, widerfechten, abbrechen, nemmen, vnnd sie fahen solle». Mennel eröffnet sein Buch mit dem Ratschlag, daß der kluge Spieler im ersten Zug den Damenbauern ziehen soll, sonst «mag dich eyn fürsichtiger Schachzieher im dritten oder vierdten zugk matten». Eine Empfehlung, die sogleich in eherne Spruchweisheit gegossen wird: «Das fendlin (Bauern) vor Deiner Frawen clug, soltu ausziehen im ersten Zug.»

Auch um die Vorteile offener Linien wußte Mennel: «Ziehe die beyde Rach (Türme) zu hauff, hinder die vnerwarteten Fenden (Bauern). Dann so dieselben Fenden genommen werden oder hinwegk getzogen, so sehen dein Rach von eym ort zu dem andern, vnnd mögen leichtlich rauben vnnd nehmen.» Zuvor schon, 1498, hatte Mennel in einer rechtswissenschaftlichen Abhandlung nachgewiesen, daß Schach kein Glücksspiel ist.

94

Der erste Buchautor der Meisterklasse aber war der Spanier Ruy Lopez, nach dem die «spanische Eröffnung» in vielen Ländern noch heute «Ruy Lopez» heißt, obwohl er den tieferen, strategischen Gedanken dieses Angriffs nicht so recht verstanden hatte. Er hatte lediglich den schwarzen Verteidigungszug 2. Sc6 (nach 1. e4, e6; 2. Sf3) verurteilt, weil Schwarz nach dem weißen 3. Lb5 und nachfolgendem Lxc6 unter einem ungünstigen Doppelbauern leiden würde. Dieses Urteil ist um so verblüffender, als Lopez selber eine mögliche Abwicklung vorführt, die das Gegenteil beweist. Nach 16 Zügen in Lopez' Analyse gewinnt Schwarz einen Bauern bei weiterer Initiative.

Wie Lopez zu seiner Bewertung kommt, bleibt rätselhaft, denn seine anderen Analysen (so des Königs-, des Damen- und des Lopez-Gambits) bestätigen seinen Ruf als Begründer der Schachtheorie, zudem war er tatsächlich der erste große internationale Schachmeister. Lopez, Stadtpriester von Zafra, der sich 1559 wegen der Wahl des neuen Medici-Papstes Pius IV. in Rom aufhielt, spielte dort hauptsächlich Schach – gegen die italienischen Meister, die damals neben den spanischen Matadoren die stärksten Spieler waren.

Er schlug den jungen Jurastudenten Giovanni Leonardo di Bona, genannt «il Puttino» (der Kleine), der aber bald im Schach der Größte werden sollte. In einer Partie siegte Lopez mit dem altbekannten Gambit Bastardo in einer Variante, in der Leonardo seinen h-Turm opferte, um die Dame auf h8 auszusperren. Der Versuch mißlang.

Nach seiner Wettkampfniederlage im eigenen Land verschrieb sich «Il Puttino» gänzlich dem Studium des Schachs, um für die Schachschmach Revanche zu nehmen. In Neapel, wo er von adligen Gönnern gehegt und gepflegt wurde, entwickelte er sich zum stärksten Spieler Italiens. Seine Karriere beschrieb später der Schachautor und Doktor der Rechte Alessandro Salvio (nach dem eine Variante des Königsgambits be-

Die spanische
Partie des
Ruy Lopez

1. e4, e5
2. Sf3, Sc6
3. Lb5, Lc5
4. Lxc6, dxc6
5. Sxe5, Dd4
6. Sd3, Dxe4+
7. De2, Dxe2+
8. Kxe2, Lb6
9. c4, Lf5
10. Se1, Sf6
11. d3, 0–0
12. Le3, Tfe8
13. Kd2, Lxe3+
14. fxe3, Tad8
15. Sc3, Sg4
16. Sd1, Se5
1–0

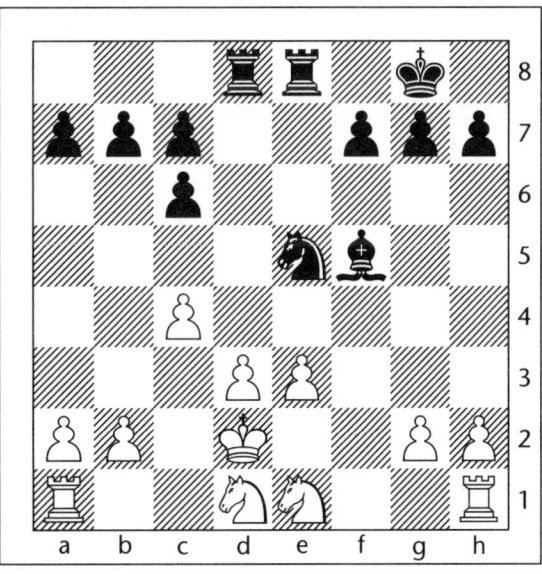

Schwarz steht deutlich besser, obwohl Lopez das Gegenteil beweisen wollte.

nannt wurde) in einem Buch, das romanhafte Ausschmückungen mit knallharten Analysen kombiniert. Der stärkste Gegenspieler «Il Puttinos» war der Syracuser Paolo Boi, der nach Neapel reiste, um Leonardo kennenzulernen. Er begegnete ihm zum ersten Mal im Hause des Gönners, wo dieser natürlich gerade mit einem schmächtigen Kerlchen über einem Schachbrett hing. Der Schmächtige gewann und erklärte dem Verlierer, warum nur ein Spitzenspieler gegen seinen Angriff die richtige Verteidigung finden könne. Als solcher bot sich sofort der frisch eingetrudelte Syracuser an, der freilich die Variante schon analysiert hatte. Die Figuren wurden wieder aufgestellt, und der Besucher widerlegte die Strategie des maßlos überraschten Schmächtigen, der niemand anders war als «Il Puttino». Als dieser erfuhr, wer ihn gerade überlistet hatte, starteten die beiden sofort ein Match über mehrere Partien, das unentschieden endete. Paolo Boi und «Il Puttino» beherrschten jahrelang das Schach in Italien und machten auch mit Blindauftritten Furore: Sie schlugen zwei Gegner gleichzeitig ohne Ansicht der Bretter.

Leonardo fühlte sich 1575 – 16 Jahre nach seiner Niederlage gegen Ruy Lopez – stark genug, um endlich in Spanien an seinem früheren Bezwinger Rache zu nehmen. «Il Puttino», der mit einer Truppe italienischer Spitzenspieler anreiste, gewann den Revanchewettkampf in Madrid 3:2 – in Gegenwart des Schachfans König Philipp II. – und besiegte anschließend im Madrider Großmeisterturnier eine ganze Reihe weiterer spanischer Matadoren. Inzwischen war auch Paolo Boi dem Leonardo nachgereist, um ebenfalls die Spanier abzubrettern. Danach spielten die beiden italienischen Meister ein dreitägiges Match gegeneinander, das Leonardo mit séinem vorsichtigeren Stil gegen den stürmischeren und brillanteren Paolo Boi knapp gewann. Am 22. August 1575 beglückwünschte König Philipp die italienische Mannschaft schriftlich zum Sieg im ersten internationalen Schachturnier und beschenkte den ent-

Lopez –
«Il Puttino»
Leonardo,
Madrid 1575

1. e4, e5
2. f4, d6
3. Lc4, c6
4. Sf3, Lg4
5. fxe5, dxe5
6. Lxf7+, Kxf7
7. Sxe5+, Ke8
8. Dxg4, Sf6
9. De6+, De7
10. Dc8+, Dd8
11. Dxd8+, Kxd8
12. Sf7+
    und Weiß
    gewann

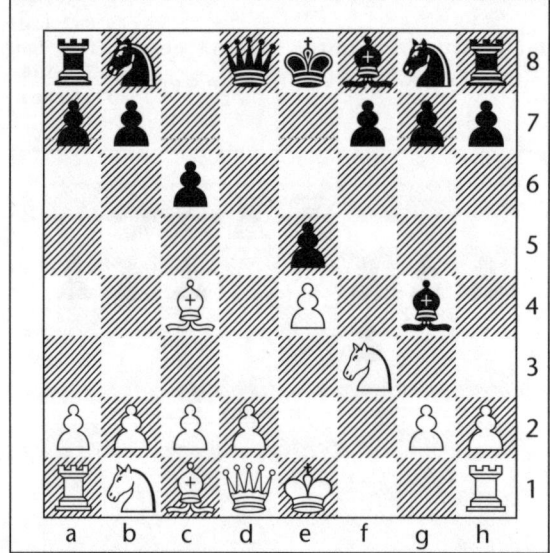

Stellung vor 6. Lxf7+.

thronten Spanier Lopez mit einem goldenen Halskettchen, an dem ein Schachturm baumelte. Mit dem Madrider Turnier und Lopez' Niederlage ging die spanische Schachherrlichkeit zu Ende. Die Vorherrschaft übernahmen die Italiener, deren Spitzenspieler von Madrid gleich weiter nach Portugal tourten.

Wie die Partien des Madrider Turniers, die Leonardos Sekundant Giulio Cesare Polerio glücklicherweise aufgezeichnet hat, zeigen, wurde nach den neuen Regeln spanischer Art gespielt, nämlich mit der heute üblichen Rochade – im Gegensatz zur italienischen «freien Rochade», nach der unter bestimmten Bedingungen König und Turm – aneinander vorbei – beliebige Plätze einnehmen konnten. Auf dieser Sonderrochade beharrten die Italiener bis zum Ende des 19. Jahrhunderts, als sich die jetzt übliche Form im übrigen Europa längst durchgesetzt hatte. Dieser Eigensinn ist deshalb so verblüffend, weil die italienischen Stars noch bis Mitte des 17. Jahrhunderts das europäische Schach dominierten und auf ihren zahlreichen europäischen Schachreisen nach anderen Regeln als zu Hause spielen mußten.

Die beiden frühen Helden des italienischen Schachs führten auch nach ihrer Heimkehr so abenteuerliche Künstlerleben und Wanderjahre wie ihre Figuren in den wilden Partien. Der 45jährige Leonardo wurde 1587 von einem neidischen Rivalen vergiftet. Paolo Boi war ein Günstling von Papst Pius V., der ihn großzügig sponsern wollte, wenn er nur der Kirche beitrete. Aber Boi verdiente sein Geld lieber durch das Schach. Er reiste von Hof zu Hof und beglückte Königinnen und Könige mit brillanten Kombinationen. Während der Partien mit dem König Sebastian von Portugal mußte er mit dem rechten Bein auf einem Kissen knien. Der König stand und reichte gelegentlich seinem siegenden, aber leidenden Gegner die Hand, damit er sich erheben – und das kniende Bein wechseln konnte.

Einmal wurde Boi von algerischen Seeräubern gefangengenommen, konnte sich aber seine Freiheit zurückkaufen, indem er den stärksten Spieler der Piraten im Blindschach schlug. 1598 kam er zurück nach Neapel, wo er gegen den neuen Jungstar (und späteren Schachbuchautor) Alessandro Salvio antrat. Durch eine raffinierte fünfzügige Kombination eroberte er Salvios Dame und mußte sodann – sich siegessicher zurücklehnend – erfahren, daß Salvio zwei Züge weiter gerechnet hatte und seinerseits Bois Dame und die Partie gewann. Der 70jährige gratulierte und bezeichnete Salvios Erfolg als «Sieg der Jugend gegen das Alter». Drei Tage später wurde er in einem Gasthof von seinem Diener vergiftet, ob auf eigenen Wunsch (wie der Diener behauptete) oder aus Habgier, wurde nie geklärt.

Der nächste große Star war Leonardos Sekundant Polario, der neben seiner spielerischen Tätigkeit auch Meisterpartien sammelte und aufzeichnete, merkwürdigerweise meist nur bis zum Ende der Eröffnungsphase. Selbst historische Partien wie Leonardo gegen Lopez enden nach dem 11. oder 12. Zug mit der lapidaren Bemerkung: und Weiß gewann. Offenbar galt das Hauptinteresse in dieser Zeit dem Ziel, schon in der Eröffnung gewinnbringende Kombinationen zu erfinden. Daraus erklären sich auch die vielen Gambits, die als Varianten des überaus populären Königsgambits ausprobiert wurden. So hat Polario schon lange vor Muzio das später so genannte Muzio-Gambit gespielt und untersucht.

Als der letzte große fahrende Ritter des Schachs darf der um 1600 geborene Calabreser Giocchino Greco gelten. Er begeisterte ganz Europa mit seinen abenteuerlichen Partien. Als Italien langsam vom wirtschaftlichen Niedergang erfaßt wurde, verloren auch die Gönner ihr Interesse am Schach und seinen charismatischen Meistern. Greco wurde ein Globetrotter des Schachs, der in Frankreich als Gewinner von 5000 Scudi Furore machte, die ihm aber in England geraubt wurden. Den Verlust machte er prompt mit neuerlichen Spielgewinnen wett. In Spanien fand er schließlich einen reichen Edelmann als Gönner. Mit diesem reiste er auf die Westindischen Inseln, wo er einer unbekannten Krankheit zum Opfer fiel; sein Vermögen vermachte er den Jesuiten.

Grecos Bücher unterscheiden sich von denen seiner Vorgänger vor allem dadurch, daß sie sich nicht auf die Eröffnungen beschränken, er führte auch vor, wie der errungene Eröffnungsvorteil in einen Sieg umzusetzen ist. Seine geistreichen Opferkombinationen, die er in mehreren Varianten vorführt, sprühen vor brillanten Einfällen wie Feuerwerke. So stammt die heute so beliebte Metapher «Das Brett steht in Flammen»

Greco-Analyse, etwa 1625

1. e4, e5
2. Sf3, Sc6
3. Lc4, Lc5
4. c3, Sf6

Stellung nach 7. Sc3.

5. d4, exd4
6. cxd4, Lb4+
7. Sc3, Sxe4
8. 0–0, Sxc3
9. bxc3, Lxc3
10. Db3, Lxa1
11. Lxf7+, Kf8
12. Lg5, Se7
13. Se5, Lxd4
14. Lg6, d5
15. Df3+, Lf5
16. Lxf5, Lxe5
17. Le6+, Lf6
18. Lxf6, Ke8
19. Lxg7 1–0

98

schon aus der Zeit Grecos. Auch der heute immer wieder an gestrebte Rochadeangriff mit dem Läuferopfer auf h7 findet sich in seinen Partien. Seine Bücher waren die ersten Zugsammlungen, die mehr boten als Anschauungs- und Lehrmaterial: Sie zeigten ungeahnte Wirkungskräfte der Figuren und verschafften den Lesern ein ästhetisches Vergnügen. Zum ersten Mal erschienen Schachpartien als Kunstwerke.

Bald darauf erhielt die neue Kunst sogar ihre Muse. Diese, «Caissa», war selbst ein Geschöpf der Künste, nämlich der Poesie, die sich weiterhin gerne mit dem Schach befaßte. Schon im Jahre 1513 hatte Marcus Hieronimus Vida das lateinische Gedicht «Scaccia ludus» geschrieben, in dem anläßlich der Hochzeit zwischen dem Meeresgott Oceanus und Mutter Erde im Olymp das Schachspiel vorgestellt wird. Der Göttervater ist nach der ersten Partie, die Jupiter gegen Apoll gewinnt, so begeistert, daß er eine Nymphe namens «Scaccia» losschickt: Sie soll die Menschen mit dem Spiel glücklich machen. Den schwer auszusprechenden Namen der Muse vereinfachte der englische Orientalist Sir William Jones (1746–1794) in zwei Gedichten, «Advertisement to Caissa» und «Caissa and the Game of Chess», zu dem heute populären Namen (mit dem die Sowjets 1975 ausgerechnet eine ihrer Schachmaschinen tauften).

Eine andere olympische Götter-Schachpartie schildert ein katalanisches Gedicht Ende des 16. Jahrhunderts, das den Liebeskrieg zwischen Mars und Venus anhand einer echten Partie zwischen Francisco de Castellin und Narciso-Vinoles schildert. Es handelt sich vermutlich um die älteste überlieferte Partie nach den neuen Regeln, mit einigen Besonderheiten, die der Abt Fennollar, der während des Spiels als Merkur kiebitzt, gleich mitliefert: Der König darf (statt der Rochade) einmal ins übernächste Feld springen; ein Bauer kann sich nur dann in eine Dame verwandeln, wenn seine Partei keine andere Dame auf dem Brett hat; Matt wird unterschieden in mates commun (normales Matt), mates abogado (Patt), mates robado (beraubter König); der Bauer kann schon «en passant» schlagen.

Venus spielt (skandinavisch) recht ordentlich bis zum sechsten Zug, stellt im siebten den b-Bauern ein, den Mars mit der Dame kassiert. Anschließend verliert die Göttin der Liebe noch den a-Bauern und eine Qualität (Turm gegen Springer) an Mars, der nach einem weiteren Venus-Patzer im 21. Zug matt setzt. Der Sieg des Kriegsgottes Mars konterkariert die Schachgeschichte, waren doch real existierende Feldherren wie Harun al-Raschids Sohn, al-Mamun, das Militärgenie König Karl XII. von Schweden und Napoleon zwar begeisterte, aber patzende Schachspieler.

99

Das Schach blühte im 16., 17. und 18. Jahrhundert bei den Göttern und bei den Menschen, jedenfalls bei Italienern, Spaniern und Franzosen, auch bei den Engländern. Und bei den Deutschen? Die spielten lieber wieder mal den echten Krieg, im 17. Jahrhundert einen besonders ausgiebigen, nämlich den Dreißigjährigen. Der beschränkte das Ersatzspiel auf kleine, lokale Ereignisse. Selbst im Schachdorf Ströbeck am Rande des Harzes lagen die Bretter während des großen Krieges meist brach. Aber auch nach dem Ende des Krieges hatten die Überlebenden zunächst anderes im Sinn als Schach. Es gab keine großen Partien, keine großen Meister und keine großen Bücher, die sich mit dem neuen Schach befaßten.

Das Schachdorf Ströbeck
Ströbeck, Mai 1992

Wenn sich ein Schachsüchtiger sein Schlaraffenland wünschen dürfte – wie sähe das aus? Etwa so: In einem sagenhaften Ort namens «Schachdorf» wohnen nur Schachspieler (männlich und weiblich). Der Bürgermeister, gewählt als Mitglied der mächtigen Schachpartei, kümmert sich in erster Linie um die Pflege des königlichen Spiels; sein Büro ist mit Schachbildern und Schachbüchern ausgestattet. In der – nach dem einzigen deutschen Weltmeister benannten – Dr.-Emanuel-Lasker-Schule ist Schach Pflichtfach, und die örtliche Theatertruppe spielt nur Schachstücke. Der Marktplatz heißt «Platz Zum Schachspiel» und ist mit einem riesigen Schachbrett gepflastert. Das Lokal am Platz nennt sich «Gasthaus Zum Schachspiel», und in dem anderen Lokal bildet das teuerste Gericht – drei Steaks, Spargel, Brokkoli – eine Schachstellung ab und heißt ebenfalls «Schachspiel». Auf dem Kirchturm weht statt einer Wetterfahne eine Schachbrettfahne, die Häuserwände sind mit Schachbrettmosaiken verziert. Das Heimatmuseum ist in Wahrheit ein Schachmuseum mit erlesenen Figurensammlungen, wertvollen Büchern und Schriften.

Das «Schachdorf» gibt es tatsächlich, und es existiert schon seit Jahrhunderten. Es heißt Ströbeck und hat schachspielend den Feudalismus, den Dreißigjährigen Krieg, zwei Weltkriege, mehrere Diktaturen, die Nazis und die Stasi überstanden. Das 1200-Seelen-Dorf liegt in Deutschland, in Sachsen-Anhalt am Fuße des Harzes, wo es die DDR-Zeit in einer Art Dornröschenschlaf verbrachte.

Davor aber war Ströbeck durchaus weltberühmt. Schon im Jahr 1836 veröffentlichte das Londoner *Penny Magazine* – herausgegeben von der Society for the Diffusion of Useful Knowledge – einen Bericht über den merkwürdigen Ort und seine Geschichte. Fast hundert Jahre später, 1931, schickte das amerikanische *National Geographic* zwei Reporter für eine Achtseitenreportage nach «Ströbeck, *Home of Chess*».

Wie die beiden Reporter, die damals mit Rucksäcken die zwei Kilometer vom Bahnhof ins Dorf wanderten und sich «in Brüder Grimms Märchenwelt versetzt» fühlten, steige auch ich am Bahnhof Ströbeck aus, um mich ganz langsam der Heimat des Schachs zu nähern. Eine karogemusterte Spur aus uraltem Kopfsteinpflaster führt mich vorwärts zu dem verborgenen Nest. Plötzlich nähert sich Hufgeklapper, und mich überholt – wie seinerzeit die amerikanischen Reporter – ein Pferdekarren. Ein Bauer und ein Springer. Der Läufer bin ich.

Dem Turm begegne ich erst im Ort, in dem die Fassaden der alten Fachwerkhäuser mit Schachbrettern geschmückt sind. In dem alten «Schachturm» begann angeblich vor fast tausend Jahren, nämlich 1011, die Ströbecker Schachgeschichte.

Damals, so wird in den alten Schriften erzählt, hielt der Bischof vom zehn Kilometer entfernten Halberstadt den Wendengrafen Guncelin in dem Turmverlies gefangen, um ein Lösegeld zu erpressen. Vor Langeweile schnitzte der Graf Schachfiguren und brachte seinen Wärtern das königliche Spiel bei, das die Ströbecker bis auf den heutigen Tag an ihre Kinder und Enkel weitergeben. (Noch heute können Besucher sich in dem Turm einschließen lassen und auf dem gräflichen Sitz vorm Schachbrett brüten.)

Nach einer anderen Legende brachte erst 1068 der Bischof Burchard II. einen gefangenen Fürsten als Ströbecks ersten Schachlehrer in den Turm. Beide Versionen sind historisch möglich: Das im 6. Jahrhundert in Indien erfundene Schach – es kam über Persien und Arabien ins maurische Spanien und von dort nach Mitteleuropa – war schon im 10. Jahrhundert in Deutschland bekannt. In der deutschen Literatur wurde es zum ersten Mal in einem Gedicht des Mönchs Froumund vom Tegernsee erwähnt. «Ruodlieb: Im Schachspiel hat er öfters zu schlagen mich versucht; doch glückte es ihm nimmer, wenn ich nicht gern verlor.» Richtig ist auch, daß das Schach anfangs nur von Adligen und Geistlichen gespielt wurde und erst durch längeren, möglicherweise erzwungenen Kontakt zwischen Herrschern und Beherrschten (wie in Ströbeck) unters Volk kam.

Allerdings wurde um 1800 in Ströbeck selbst eine dritte Version über die Ankunft des Schachs erzählt, wie das *Penny Magazine* 1836 recherchiert hat. Danach geschah es erst Ende des 15. Jahrhunderts, daß ein kirchlicher Würdenträger aus Halberstadt, der nach Ströbeck strafversetzt war, den Dörflern aus Dank für ihre Gastfreundschaft die Regeln erklärte. Als er später – rehabilitiert – Bischof von Halberstadt wurde, schenkte er den Ströbeckern eine Schule, in der die Lehrer Schach unterrichten mußten. Jährlich sollte der beste Spieler mit einem besonderen Schachbrett belohnt werden. Der Bischof wollte mit dem Denksport die Ströbecker vom Glücksspiel abbringen.

Diese wechselten zwar brav von

den Würfeln zum Schach, spielten aber auch dieses um Geld. Vor allem Fremde, die das Schach-Mekka besuchten, wurden knallhart abgezockt. Zudem vermasselten die Ströbecker ihren Gästen jegliche Eröffnungsvorbereitung. Die mußten sich den obskuren Ströbecker Regeln anpassen, wonach die ersten vier Züge (Randbauern, Damenbauern und Damen jeweils zwei Felder vor) für beide Spieler fest vorgeschrieben waren.

Der Dorfschulze, meist der beste Spieler des Ortes, füllte die Gemeindekasse mit einer Ströbecker Variante des Jus primae noctis auf. Jeder Bräutigam mußte am Abend vor der Hochzeit, am Polterabend, seine Ehetauglichkeit in einer (Schach-)Partie mit dem Dorfschulzen beweisen. Verlor der Freier, durfte er zwar trotzdem heiraten, mußte aber eine beträchtliche Summe (47 Taler im 17. Jahrhundert) abführen.

Solche und andere Details aus der Ströbecker Geschichte erfährt der Besucher von Josef Cacek, dem Verwalter des einzigen deutschen Schachmuseums, gleich neben dem legendenumrankten Turm. Prunkstück des Museums ist ein wunderbares Intarsienschachbrett, das der Große Kurfürst, laut Inschrift «Serenss. Churfe. Durchl. zu Brandenburg und Fürst zu Halberstadt Herr Friedrich Wilhelm dieses Schachspiel am 13. May 1651 den Flecken Ströpcke aus sondern Gnaden verehret...» Leider ist nur noch das Brett vorhanden; die dazugehörigen Silber- und Elfenbeinfiguren hat sich das Halberstädter Domstift ausgeliehen und nie wieder zurückgegeben.

Vielleicht erfanden die Ströbecker nach dem Verlust dieser Figuren das «Lebendschach», das 1989 sein 300jähriges Jubiläum feierte. Statt der Steine konnten berühmte Gäste Dorfbewohner auf dem Marktplatz herumschieben, wobei die weißen Bauern Dreschflegel, die schwarzen Morgensterne trugen. Heute lassen sich die lebenden Figuren nicht nur schieben, sondern tanzen ein eigenes Schachballett auf den 64 Feldern. In wochenlangen Diskussionen konnten sich die Ballettmeisterin und der Schachmeister der Lasker-Schule auf eine («allerdings dämliche») Partie einigen, die den echten Regeln und gleichzeitig einer bretterfassenden Choreographie bis zum Matt-Taumel in der Brettmitte folgt.

Ein anderes Schmuckstück im Museum ist das 170 Jahre alte Buch eines gewissen Hirsch Silberschmidt. In dem Kapitel «Die Reise nach Ströbeck» schildert Silberschmidt seinen Besuch beim Bürgermeister, der ihm die Schachgeschichte mit dem verbannten Geistlichen und späteren Bischof von Halberstadt als Heilsbringer Ströbecks erzählte.

Nach dem Geschichtenerzählen ging es zur Sache. Der Bürgermeister und Silberschmidt spielten um hohen Einsatz, aber der Gast, offenbar ein großmeisterlicher Kämpe, setzte – trotz Ströbecker Eröffnungsregeln – das Dorfoberhaupt in zwei Partien matt (die er in seinem Buch abdruckte und kommentierte: «Schwarz, 9. Zug: Er hatte meinen Zug zu spät berechnet. Jetzt sieht er ein, daß wenn er dies nicht thut, nemlich freiwillig seinen

Thurm und Bauern gegen meinen Springer aufopfert, er durch 2g–3g seine Dame verliert»). Nach seinem Sieg verlangte er ein Zertifikat über die Ströbecker Niederlage, war aber bereit, die gewonnene Summe für die Schachschule und die Armen zu spenden, «wenn sie schwören, nie wieder um Geld zu spielen. Denn», so Silberschmidt, «das Schach trägt seinen Reiz in sich selbst. Eine gewonnene Partie ist ein Schatz an Befriedigung des eigenen *amour-propre*.» Die Ströbecker schworen – aber 170 Jahre später, am Abend in der Kneipe, macht mir ein Lokalmatador Mut: «Bier ist ja kein Geld.»

Das Schachdorf behielt seine Sonderstellung in der NS-Zeit. 1941, mitten im Zweiten Weltkrieg, wurde ein zehnminütiger Kinovorfilm über das Dorf gedreht, in dem zwei wunderschöne Gänsemägde bei einer Partie inmitten des Geflügels zu bewundern sind.

Auch die DDR respektierte die Außenseitertradition in dem karierten Dorf, und die SED erlaubte sogar den Pionieren ein aufgedrucktes Schachabzeichen auf Hemd und Bluse und der örtlichen landwirtschaftlichen Genossenschaft den Namen «LPG Schach».

Schwierigkeiten gab es ausgerechnet nach der Wende durch das neue Kultusministerium in Magdeburg, das solche Extravaganzen sofort verbieten wollte und zunächst die Planstelle für den Schachlehrer strich. Schach als Pflichtfach an der Schule gibt es mindestens seit 1823. Zurück bis zu jenem Jahr reicht die Ehrenliste

der jährlichen Schulsieger, die jeweils mit einem Ehrenschachbrett belohnt wurden.

Mit der Streichung des Schachfachs würde die Motivation für die jährlichen Wettbewerbe ebenso verschwinden wie der Nachwuchs für die Lebendschachgruppe, fürchtete Rektor Dietmar Kahnert, zugleich Leiter der Schachschauspieler.

Bürgermeister Rudi Krosch von der Schachpartei, die bei den Kommunalwahlen mit vierzig Prozent die CDU, PDS, FDP, SPD und andere abgehängt hatte, sorgte sich um die Zukunft Ströbecks, die er durch Schachtourismus sichern wollte. Schon hatte er bei verschiedenen Ministerien mehrere hunderttausend Mark Fördergelder lockergemacht, wurden Schachplatz und Häuser renoviert, die beiden Kneipen privatisiert, ein neues Mai-Schachfest eingeführt. Schon gab es auch mehr Besucher, da drohte plötzlich das Schulmatt: Jetzt aber griff der König in dieser Partie selber an. Mit gewitzten Winkelzügen konnte der unermüdliche Bürgermeister schließlich dank persönlicher CDU-Beziehungen seine Ströbecker Figuren aus dem Würgegriff der Bürokratie befreien.

Der Schachunterricht geht also weiter. Ich sitze in der sechsten Klasse. Thema: Zugzwang und Hineinziehungsopfer. Zwei Mädchen sind die Klassenbesten: Sie sehen am schnellsten die Tücken der Stellung auf der Schultafel.

Widerlegt Ströbeck die alte Behauptung, Frauen spielten schwächer Schach als Männer? Der langjährige

Schachlehrer der Lasker-Schule und jetzige Museumsleiter, Josef Cacek, hat die Erfahrung gemacht, daß die Mädchen in den unteren Klassen – wie in anderen Fächern – aufmerksamer und fleißiger seien als die Jungen, aber im Wettkampf ängstlicher und defensiver spielten, was er sich damit erklärt, daß die Mädchen mehr Angst vor Niederlagen hätten. «Sie brechen nach jedem Verlust zusammen und wollen dann einfach nicht mehr spielen.» Und schließlich, «mit dreizehn, vierzehn Jahren, verlieren selbst die zähen Kämpferinnen die Lust am Schach, weil andere Interessen wach werden», während die Jungen trotz der anderen Interessen dem Schach treu blieben.

In der Schachpartei dominieren gleichwohl die Frauen. Vorsitz, Kasse und Öffentlichkeitsarbeit werden von Frauen verwaltet. In der Vollversammlung am Abend lautet die Tagesordnung: 1. Lebendschach, 2. Schulschach, 3. Schachmuseum, 4. Vereinsschach, 5. Offensiveres Auftreten gegen die Schachgegner im Ort. Diese meinen, die Schachpartei vernachlässige mit den Fördergeldern die anderen Belange des Dorfes.

Aber viele Gegner können das nicht sein. Als die Einwohner kürzlich in einem Referendum über die Umbenennung von Ströbeck in «Schachdorf Ströbeck» entschieden, stimmten 97 Prozent für Ja.

Große Steine in Bewegung – Deutschland im 18. Jahrhundert

In drei Schachjahrhunderten erschien in Deutschland – abgesehen von den schon erwähnten Mennelschen Schachzabel-Gesetzen und einigen kleinen Büchern – nur ein großes Werk, das «Schach- und Königsspiel» (1616) von Gustavus Selenus. Neben Berichten über das Schachdorf Ströbeck und einer Beschreibung des Spiels *Rythmomachia* bietet das Buch jedoch nur eine schwerfällige Übersetzung einer italienischen Übersetzung des spanischen Schachbuchs von Ruy Lopez. Gustavus Selenus war ein Pseudonym des Herzogs August zu Braunschweig und Lüneburg, der in einer Buchstabenspielerei seinen Vornamen Augustus zu Gustavus geschüttelt und als Nachnamen den der griechischen Mondgöttin Selene (wegen Lüneburg – Lunaburg) übernommen hatte. Obwohl das Buch als Sonderangebot – «öffentlich umb ein geringes feyl» – auf den Markt kam, verkaufte es sich schlecht; selbst von den Fürstenhöfen, die der Herzog persönlich mit mehreren Exemplaren beschickte, wurde Desinteresse gemeldet. Als auch der Kaiser keine sonderliche Begeisterung bekundete, vermerkte der Herzog: «Wolte demnach dieses Kunststücklein nicht gerne an einen Ort schicken, da mans möchte hinter die Thür werffen.»

So liegt das deutsche Schachleben jener langen Epoche trotz der Erfindung der Buchdruckerkunst fast ebenso im Nebel wie die indische Entstehungsgeschichte. Außer dem Schachschlaraffenland Ströbeck am Rande des Harzes ist immerhin die weltliche Leidenschaft Luthers historisch geworden, der seine studentischen Schachpartner als verkleidete Bergmannsgesellen ins Haus ließ: «Die laßt mir herein», sagte er zu seinem Vertrauten, dem späteren Prediger Johann Matthesius, «das sind meine Landsleute und meines Vaters (eines Bergmanns) Schlegelgesellen; den Leuten, weil sie die ganze Woche unter der Erde stecken in bösem Wetter und Schwaden, muß man bisweilen ihre ehrliche Ergötzung und Erquickung gönnen und zulassen.» Ob ergötzend oder erquickend – jedenfalls wurden die Gesellen von Luther «gemattet», wie Matthesius festhielt.

Immerhin kommt das Schach gelegentlich im deutschen Drama vor, so bei Lessing in «Nathan der Weise» und bei Goethe im «Götz von Berlichingen» («Schach ist ein Probierstein des Gehirns»). Goethe schreibt über Schach auch in seinen Schriften «Zur Naturwissenschaft»: «Die Natur hat uns das Schachbrett gegeben, aus dem wir nicht hinauswirken können noch wollen, sie hat uns die Steine geschnitzt, deren Wert, Bewegung und Vermögen nach und nach bekannt werden; nun ist es an uns, Züge zu tun, von denen wir uns Gewinn versprechen.»

Die wenigen deutschen Schachlehrbücher des 18. Jahrhunderts von Hirsch Baruch, H. F. Andrä und Günter Wahl nennt der Schachhistoriker Antonius van der Linde «erbärmlich». J. Ch. B. Uflacker druckt in seinem Buch «Über den Geist des Schachspiels», Hildesheim 1799, als Abschluß eine haarsträubend schwache (van der Linde: «abscheuliche») Partie ab, die weit unter dem Niveau heutigen Parkschachs steht.

Erzählen derartige Bücher immerhin etwas über die – niedrige – Qualität des damaligen deutschen Schachs, so ist über den Ablauf und die Atmosphäre von Turnieren oder Zweikämpfen so gut wie nichts bekannt. Erst kürzlich hat der deutsche Großmeister, Großschiedsrichter (Fischer-–Spassky; Karpow–Kortschnoi, Kasparow–Karpow) und Großsammler Lothar Schmid eine über 250 Jahre alte Reportage «Beschreibung eines großen Spiels im Schach» entdeckt und mir für dieses Buch zur Verfügung gestellt. Der Augenzeugenbericht ist im «Europäischen Staatssekretarius 1737» (einer Leipziger Zeitschrift, «welche die wichtigen Begebenheiten unparteiisch erzehlet, und vernünftig beurtheilet») erschienen und gibt einen Einblick in die ignorante und chaotische Schachszene jener Zeit.

Beschreibung eines großen Spiels im Schach

«Dieses Spiel, davon hier geredet wird, ist eines der beruffensten und ernsthafftesten, so iemals gespielet worden, so wohl in Ansehung des hohen Standes der Spieler und der Zuschauer, als wegen des ansehnlichen Satzes, warum gespielet worden.
Der Saal, wo man einander zu diesem wichtigen Kampf herausgefordert, ist prächtig und groß, und fiel bey den ersten Anblick dergestalt in die Augen, daß man glauben sollen, alle Hoheit und Herrlichkeit unsers Hemisphaerii darauf beysammen zu sehen.
Man bemerckte in dem Gesichte der vornehmsten Zuschauer ein so

aufmercksames Wesen, als ob sie selbst am Spiel Theil gehabt. Ein Mahler und ein Moralist würden hier unvergleichliche Originale gefunden haben, die sie abschildern können. Denn die meisten Passiones wurden hier nach ihrer wahren Beschaffenheit vorgestellet, und man sah sie iedesmahl, so offt einer der Antagonisten die Hand zum Bret brachte, sich verschiedentlich regen.

Der erste der beyden Spieler war ein grosser und starcker Mann, welcher in seiner Gesichtsbildung und Geberden ein hohes Wesen zeigte, lebhaft und munter aussahe, eine lange Peruque und einen grossen Hut über das rechte Ohr hatte, und in einer köstlichen und ausgesuchten Kleidung, wiewohl ohne viel Gold, gieng. Alles an ihm gab zu erkennen, daß er ein großer und vornehmer Mann sey. Der andere Spieler schien von einem ganz widrigen Wesen zu seyn. Er war ein ehrwürdiger Alter von feinem Ansehen, die Freundlichkeit und Höflichkeit leuchteten ihm aus dem Gesichte, aber mit einer untergemischten Hoheit, welche ihm Respect und Gewogenheit bei der ganzen Gesellschaft, wenige davon ausgenommen, zu wege brachte. Man hält es noch heutiges Tages für ein Problema, welcher von beyden den andern zum Kampf aufgefordert: allein die meisten bilden sich ein, als ob der Alte nicht derjenige sey, der alle äusserlichen Zeichen einer vollkommenen Moderation, und folglich wenig Neigung zu einem gar zu hitzigen Spiele, in der That an sich habe. Auf was für Weise nun auch die Partie gemacht worden seyn mag, so haben wir sie doch endlich von beyden Theilen mit sehr guter Art anfangen sehen. Der Alte machte mit einer vorsichtigen Hand zu seinem Spiele dadurch den Anfang, daß er alle seine Bauern unvermerckt mitten auf das Bret zog, und solchergestalt alle seine Steine in den Stand setze, agieren zu können, nachdem es die Noth erfordern würde. Er setzte ferner die Königin und einen Springer aus, um sich bei guter Zeit bedecken zu können, wenn man ihm Schach bieten wolte.

Bis hierher bildete man sich in dem Alten nichts als einen vorsichtigen Spieler ein, welcher nur suche defensive zu gehen. Ihrer wenige bildeten sich ein, daß er von damahls an schon die harten Streiche im Sinn gehabt, die er seinem Gegner seit dem beygebracht.

Dieser im Gegentheil brachte alsbald fast alle seine grosse Steine in Bewegung, auch noch ehe er seine Bauern die gehörige Züge thun lassen. Es schien, als ob dieser grosse Mann einiger massen für verächtlich hielt, sich gegen einen dem Schein nach furchtsamen

Widersacher zu bedecken; er verließ sich auf die Hin- und Wider-
züge drey bis vier grosser Steine, die nicht zum besten bedeckt, und
überhaupt seiner Königin, die in dem Winckel des Brets stund, um
Schach und matt zu bieten, indem sichs der andere am wenigsten
versähe,: aber es ging ihm nicht an. Das Spiel des Alten war nicht zu
ergründen, ieder Stein von ihm stund sehr vortheilhafft, da indessen
des andern seine Steine da und dort zerstreuet waren, ohne einander
recht zu secundiren.

Der Alte that indessen Züge in aller Stille aber mit aller möglichen
Vorsicht, immer fort. Durch einen Zug am anderen brachte er den
Bauer des Königs so weit, daß er nur noch einen Zug zu thun hatte,
da er gedamet werden konnte, und vermittelst einer List brachte er es
auch dahin. Aber die Königin seines Gegners war mit einem Springer in der Nähe, und nötigte den Bauer, ob er gleich gedamet war,
sich bis aufs äusserste Feld zurück zu ziehen, ohne wieder von dan-
nen kommen zu können.

Da dieser listige Streich dem Alten nicht von statten gehen wollen, trieb man das Spiel hitziger und gar mit Hartnäckigkeit. Sein
Gegner frohlockete umso viel mehr darüber, da er auch ein Mittel
fand, den Bauer seiner Königin zu damen, ohne daß es der Alte weh-
ren, oder es ihm gleich thun können. Dieser letzte so bisher geruhig
geschienen, ward über dem Spiel höchst unwillig, rückte seinen
Huth, und that einen Schwur, daß er sich deswegen bald wolte gerochen haben.

Und in der That nahm er seine Königin, die von dem Springer und
dessen Bauern secundiret ward, darzu, überfiel den lincken Flügel
seines Gegners augenblicklich, und nahm weg und schmiß alles, was
er kriegen konnte. Die Bauern des grossen Mannes wurden gar bald
geschmissen, sein Läufer wurde am ersten geschlagen, kurz darauf
sein Springer, und es blieb ihm nichts mehr übrig, als der Rochen
nebst etlichen Bauern; allein der Bauer der Königin des Alten, welcher gedamet war, war im Stande, auf der Seite, die ganz schwach
geworden, Schach zu bieten.

Man hat zu erinnern vergessen, daß der Alte mittlerweile noch die
List gebrauchet, blos mit seinen Bauern gegen die rechte Seite seines
Gegners durchzudringen, und, wenn er nur wolte, daselbst Unord-
nung und Lerm zu stiften.

Die ietzo angeführten Umstände dieses merckwürdigen Spiels sind
es nicht allein, die verdienen, gedacht zu werden. Ich habe Euch eine

so umständliche Nachricht, als nur möglich gewesen, von den Zügen in diesem Spiel ertheilt. Dieses ist die Intrigue: Bey dem Eingange auf diesem prächtigen Kampfplatz hatte ich vor allen andern zwey ehrwürdige Personen beobachtet, welche sich nahe an die Tafel hielten, wo gespielet ward, gleich als ob sie über die Züge urteilen wollten. Die Person auf der Seite des grossen Mannes schien ein Herr von hohem Stande zu seyn, und war ganz mit Gold und Edelsteinen bedeckt. Die andere Person, welche sich nahe zu dem Alten hielt, war weit modester gekleidet, trug ein schlechtes Kleid von Tuch, hatte aber ein überaus majestätisches Ansehen.

Die Spieler schienen gegen diese beyde grosse Zuschauer viel Ehrerbietigkeit zu bezeigen, der grosse Mann überhaupt suchete sie auf alle Art und Weise in sein Spiel zu ziehen. Sein Nachbar hatte ihm auch bey nahe versprochen, mit ihm Moitié [Red.: halbe-halbe] zu machen, der andere aber wolte nicht daran, unter dem Vorwand, daß er weiter nichts thun würde, als über die Züge judiciren.

Ich würde zu weitläufig seyn, wenn ich alle ihre vielen Discurse und Einwendungen, die sie bey dieser Gelegenheit gehabt, anführen wolte.

Es erhoben sich heftige Streitigkeiten wegen der Züge, die gethan worden, wegen der Steine, die verlohren gegangen, und wegen der gedamten Bauern. Der Alte gab vor, daß sein Gegner, indem er seinen Bauern damen wollen, ihn aus den Feldern des ersten Zuges geschlagen, und daß dessen Königin wider die Regeln des Spiels über die Steine gesprungen. Aber sein Gegner beschuldigte ihn wiederum auf verschiedene andere Weise, daß er falsch gespielet.

Er behauptete, daß die Königin des Alten wie der Springer gesprungen, und der Springer wie der Läufer gelaufen, als er seinen Bauern damen wollte, und daß er ihm so gar zwey grosse Steine genommen, welche doch noch nicht im Schach gestanden [vermutlich gemeint: angegriffen waren].

Der Streyt ward hierüber sehr hefftig, und ich befürchtete zu etlichen mahlen, daß bei der Hitze der Spieler das Bret, die Steine und der Tisch selbst möchten umgeworffen werden.

Nachdem die beyden ehrwürdigen Zuschauer von diesem und jenem Theil zu Schiedsleuten erwehlet worden, schienen sie sich äußerste Mühe zu geben, um diese gefährliche Streytigkeit zu schlichten. Ausser daß ihre Ehre daran gelegen, erfordere auch ihr eigenes Interesse, daß sie mit allem Ernst darauf achten, und überhaupt, daß sie wehreten, damit der grosse Mann nicht ganz und gar verspielen möchte, weil sie in gewisser maßen in Connexion mit ihm stunden. Ohne nun entscheiden zu wollen, ob einige Betrügereien bey dem Spiel in beyderlei Zügen vorgegangen, schlugen die Schiedsleute den Spielern vor, sich auf folgende Bedingungen zu vergleichen:

1. Daß der erste Bauer, welcher von dem Alten gedamet worden, für recht gedamet solte gehalten werden, und auf dem Brete bleiben; doch daß er indessen darauf solte pat seyn, ohne weder zu schlagen, noch geschlagen werden zu können.
2. Daß der Bauer der Königin des grossen Mannes für wohl gedamet zu halten, und alle Privilegia davon haben sollte.
3. Daß der Bauer der Königin des Alten auch regelmäßig für gedamet, und die beyden grossen Steine für recht weggenommen zu achten, daß übrigens, dieses ausgenommen, das Spiel des grossen Mannes wieder in seinen vorigen Stand zu setzen, also, daß er einen gedameten Bauern haben solt, und ein Aequivalent wegen des Springers und des Läuffers, den er verlöhre, hätte.

Diese Eintheilung schien dem grossen Manne, und allen denen, die es mit ihm hielten, wohl ausgedacht; aber der Alte und seine Anhänger schrien gewaltig über eine solche Disposition, wodurch er alle Vortheile verlöhre, die er rechtmäßig wolte erhalten haben. Es ist, sprach er, wider die Regeln des Spiels, daß ein Bauer, der rechtmäßig gedamet worden, und auf dem Brete bleibet, seiner Rechte beraubet wird; da indessen der von der widrigen Parthey derselben genüssen soll, ungeachtet dessen Zug nicht regulair gewesen.

Es verlief eine gute Zeit, da man über die Mittel des Vergleichs pro & contra raisonnirte, und endlich ward ausgesprochen, daß er nicht anzunehmen sey, also blieb das Spiel unentschieden.

Seit dem hat man andere Mittel in Menge vorgeschlagen, sie sind aber gleichergestalt verworfen worden, weil keines davon die Ehre und das Interesse des einen und des anderen Spielers bedeckte. Dies ist inzwischen der Knoten, dessen Auflösung sehr schwer ist.

Der Alte will wohl gespielet haben, und der grosse Mann will nicht so viel Steine verlieren, wobey er vorschützet, daß, wenn es auch ohne Betrügerey zugegangen, er wenigstens übereilet worden.

P. S. Man hat mir gesaget, daß die beyden hohen Spieler sich untereinander selbst verglichen, indem beyde einander etwas nachgegeben. Weil man aber noch keine besonderen Umstände davon saget, so fürchte ich, es stecke noch eine List dahinter; denn ihr wisset, daß, wer im Schachspiel seine Absichten am besten zu verbergen weiß, der feinste Spieler sey.»

Diese phantastische Reportage, die ungenau, zum Teil unverständlich, weitschweifig schwadronierend weder Roß noch Reiter nennt noch sonstwie den Streitfall beurteilt, läßt zwar viele Fragen offen, erzählt aber erstaunlich viel über das schwache deutsche Schach im 18. Jahrhundert. Daß der «vorsichtige» Alte in der Eröffnung zunächst «alle seine Bauern (unvermerckt?) mitten auf das Bret zog», entlarvt entweder den Alten als einen schlimmen Patzer oder aber den Reporter als einen noch schlimmeren Beobachter. Völlig rätselhaft bleibt, warum die Spieler die angeblich illegalen Züge nicht sofort reklamiert haben, sondern sich diese später wie schmutzige Wäsche gegenseitig vorhalten. Es hat den Anschein, daß weder Reporter noch Spieler, weder Sekundanten noch Schiedsrichter sich über die Regeln im klaren waren.

Wenn aber eine große Zeitung einen langen Bericht eines regelunkundigen Reporters über eine Partie zwischen regelunkundigen «hohen» Spielern bringt, läßt das auf ein großes öffentliches Interesse an diesem Denksport schließen. Dabei ist das schwache Niveau der Vorstellung für ein Massenpublikum paradoxerweise vielleicht attraktiver als ein Spitzenschach, das außer den Spielern niemand versteht.

Die Begeisterung des Schachpublikums bei jenem Leipziger Wettkampf verblüfft, weil diesem vermutlich die Regeln noch weniger vertraut waren als den Akteuren. Tatsächlich aber scheint allein die Ausstrahlung der beiden Männer an dem rätselhaften Brett die Zuschauer gepackt zu haben, auch wenn sie gar nicht verstanden, was auf den 64 Feldern passierte.

Ein unwissendes und still staunendes Publikum ist den Spielern aber allemal lieber als jene Zuschauer, die der Partie mit dem eigenen Hirn folgen und ihre (meist falschen) Erkenntnisse lauthals den Spielern und den anderen Zuschauern als der Weisheit letzten Schluß mitteilen. Diese aufgeplusterten, um das Brett herumstaksenden Zuschauer wurden schon im Mittelalter – vielleicht wegen ihrer geckenhaften Haltung und Kleidung oder dem sinnlosen «Kiwit»-Geplapper, nach dem Wattvogel «Kiebitz» benannt. Meyers Konversationslexikon von 1896: «Kiebitz, eine schon im 16. Jahrdt. vorkommende Bezeichnung unbeteiligter Zuschauer beim Spiel, die durch Hereinreden stören, und gegen welche Strafandrohungen aufgestellt wurden.»

Die heimliche Flucht des Dr. Robert Hübner

Meran, Januar 1981

Viktor Kortschnoi, Vizeschachweltmeister, schluckte den Rest seines Frühstücksbrötchens herunter, starrte uns am Nebentisch im Meraner Hotel Palace einen Augenblick an und fragte traurig: «Hab ich die Schuld?» Der «Schreckliche», wie ihn viele in der Szene nennen, wirkte wie ein geschlagener Mann. Dabei war er der Sieger. Aber selten wohl hat ein Sieger seinen Sieg so freudlos vermeldet wie Viktor Kortschnoi seinen Erfolg gegen den deutschen Großmeister Robert Hübner.

Eigentlich war sein Sieg schon am Vortag, dem Donnerstag vergangener Woche, beschlossene Sache – ein Geheimnis, das erst am folgenden Freitagabend für die Öffentlichkeit gelüftet werden sollte. Aber Viktor wollte und konnte die unfrohe Botschaft beim Frühstück nicht mehr zurückhalten. Den verdatterten Journalisten raunte er zu: «The match is over.» Sofort versuchte die herbeigeeilte Petra Leeuwerik, Kortschnois Mädchen für alles – außer Schach –, den Geheimnisverrat als «Viktors Witz» zu bagatellisieren.

Aber es war kein Witz, es war eher eine klassische Tragödie, wie Hübners Sekundant Vlastimil Hort es später nannte. Es war das Drama vom plötzlichen, aber schon seit Tagen drohenden Zusammenbruch des Robert Hübner, den deutsche Medien und Optimisten schon als künftigen Weltmeister gefeiert hatten. Tatsächlich hätte Hübner nach einem Sieg in diesem auf 16 Partien angelegten Kampf den Weltmeister Karpow ans Brett fordern dürfen. Aber das ist nun irreal geworden. Nur die Hälfte, acht Partien, wurden zu Ende gespielt, sechs gar nicht mehr angefangen, zwei Partien hängen und werden ewig hängen, unvollendete Großmeisterwerke. Als Viktor Kortschnoi am Freitagmorgen das Versteckspiel nicht mehr mitmachen wollte und das Geheimnis preisgab, während gleichzeitig noch Hunderte von Fans aus Südtirol und auch aus Deutschland zu einem Großmeisterwochenende nach Meran anreisten, da hatte sich der Kandidat schon heimlich, still und leise verzogen. Fuhr im Eilzug in der Frühe seinen Fans sozusagen entgegen, um ihnen zu entfliehen.

Die geheime Flucht nach Seefeld in Tirol war schon am Vortag vorbereitet worden. Kritischen Beobachtern kündigte sich irgendein Unheil an, als am Donnerstag, an dem die beiden Hängepartien Nr. 9 und 10 zu Ende gespielt werden sollten, der holländische Schiedsrichter Henk Folkers eine Stunde vor Beginn ein Time-out für Hübner verkündete, eine Auszeit, die nach den Regeln des internationalen Schachverbandes mindestens fünf Stunden, bevor die Schachuhren zu ticken beginnen, angemeldet sein muß. Folkers: «Es besteht eine ungewöhnliche Situation.»

Noch ungewöhnlicher war, daß die Kortschnoi-Seite die verspätete Auszeit akzeptiert hatte, obwohl dies dem

Hübner-Team drei Tage zusätzlicher Analysierzeit besonders für die verlustverdächtige Stellung in der zehnten Partie bescherte. Zudem hatte Weltmeister Karpow aus Moskau angerufen und die Stellung als schwierig, aber haltbar bezeichnet. Schon wurde gemunkelt, Weltmeister Karpow, der natürlich lieber den lieben Hübner zum Gegner gehabt hätte als seinen Intimfeind Kortschnoi, würde aus der Ferne die Analysearbeit von Hübners Sekundanten unterstützen. Das alles schien die sonst so sowjetphobistische Mannschaft des Republikflüchtlings Kortschnoi nicht zu erschüttern. Sie wußten: Diese Partien werden von niemandem mehr analysiert – außer den ahnungslosen Fans, die im Kurcafé über den Brettern brüteten.

Die halbe Wahrheit schilderte Schiedsrichter Henk Folkers 26 Stunden später auf einer Pressekonferenz im Turniersaal wie ein Zeuge vor Gericht: «Es war 14.10 Uhr; ich saß in meinem Zimmer und las mit meiner Frau. Es klopfte, Robert Hübner trat ein, teilte mit: ‹Ich gebe das Match auf. Ich kann nicht mehr Schach spielen.› Und lieferte eine entsprechende schriftliche Erklärung.» Vergeblich versuchte der entsetzte Schiedsrichter, dem Kandidaten seinen Plan auszureden. Schließlich gingen die beiden ein paar Zimmer weiter zu Viktor Kortschnoi, der, nicht minder fassungslos, seinen Gegner beschwor: «Robert, das kannst du doch nicht machen.» Robert: «Es geht nicht mehr.»

Als seine Überredungskünste nichts fruchteten, bot Kortschnoi ein Gentleman's Agreement an: alle übrigen Partien zum Schein vor der Öffentlichkeit weiterzuspielen und jeweils mit Remis zu beenden, so daß er, Kortschnoi, lediglich mit einem halben Punkt Vorsprung gewänne. Hübner lehnte auch das ab. Worauf Folkers dem verstörten Großmeister das plötzliche Time-out verordnete: «Damit er sich noch mal alles überlegen könne.» Folkers setzte sogar die schachnotorische Berührt-geführt-Regel außer Kraft und wollte dem Unwilligen die schriftliche Aufgabeerklärung wieder aushändigen. Aber Hübner war so wild entschlossen, daß ihn weder seine Sekundanten noch der Schiedsrichter noch sein Gegner umstimmen konnten.

Resigniert nahm Kortschnoi schließlich Hübners totales Gambit an. Auch ein wenig verbittert war er, als sei er durch eine raffinierte Falle um den echten Sieg betrogen worden. «Hübners Verhalten ist unfair. Sein Abgang aus der Schachszene ist schlimmer als der von Bobby Fischer.»

Tatsächlich scheint Hübner durch seinen Abgang bewirkt zu haben, daß sich ausgerechnet beim «schrecklichen» Viktor (der mir einmal sagte: «Beim Schach muß man seinen Gegner wie einen persönlichen Feind bekämpfen, sonst spielt man nicht entschlossen genug») Schuldgefühle eingestellt haben, wie seine bekümmerte Frühstücksfrage «Hab ich die Schuld?» vermuten läßt.

Aber natürlich hat der Sieger nicht «die Schuld», mag auch sein geradliniges, unerbittlich-unwiderstehliches Spiel in den letzten Partien bei Hübner das Gefühl totaler Hoffnungslosigkeit erzeugt haben. Als Schuldige wurden denn auch schnell andere genannt. Die Delegation Hübners, voran Delegationschef Wilfried Hilgert, Hübners Mäzen, sowie Sekundant Hort beschuldigen die Presse, den sensiblen Robert mit ihrem Auftreten und ihren Produkten total verunsichert zu haben. Tatsächlich war die Presse eine Last, von wegelagernden Fotografen hinter Sträuchern bis zu alkoholisierten Fernsehreportern an Hübners Skattisch. Und auch die Produkte verstörten den ohnehin pressescheuen Mann. Ein *Spiegel*-Artikel, der sich hämisch und mit angeblich falschen oder vertraulichen Zitaten über die ganze Schachszene mokierte, nötigte den gestreßten und verletzlichen Großmeister dazu, seine Schachkonzentration mit Richtigstellungen bei dem Nachrichtenmagazin zu stören.

Kortschnoi wiederum entlastete die Presse und meinte, es sei Aufgabe des Delegationsleiters, die Quälgeister und besonders deren Erzeugnisse während des Turniers von den Denkern fernzuhalten. «Hier hat Herr Hilgert versagt.» Wahr ist, daß während Hübners vorletztem Wettkampf gegen den ungarischen Großmeister Lajos Portisch gerade Hilgert seinen Schützling vor den Querelen des Alltags abgeschirmt hatte. Diesmal zog der lebensfrohe Immobilienmakler Journalisten und andere Interessenten auf sich wie ein attraktiver Köder. Mag sein, daß er gerade dadurch die Meute von seinem Schützling weglocken wollte – was dann jedoch mißlang.

Oder hat der schöne Lorenzetto,

ein von Hübner engagierter Heilpraktiker, der den Meister mit Jogging, Massagen und autogenem Training fit halten sollte, sein Hand- und Fußwerk nicht richtig geleistet? Jedenfalls waren es Lorenzettos Hände, die dem Opfer jenen *Spiegel*-Artikel überreichten, der Robert Hübner während der Analyse der ominösen siebten Partie aus der Fassung brachte.

Die siebte Partie war schließlich die Schlüsselpartie des Matches. In der Abbruchstellung nach dem 1. Zug stand Hübner nach Kortschnois und seiner Sekundanten Meinung (zum letztenmal) klar auf Gewinn. Kortschnoi-Sekundant Michael Stean: «Wir fanden keinen Weg zur Rettung der Partie.» Leider aber fand Hübners Team auch nicht den Gewinnweg. Stean: «Schon der 42. Zug Läufer f2 war falsch. Mit unserem Bluff ‹Bauer a4› brachten wir Hübner aus dem Konzept.» Sei es schlechte Analysierarbeit der Sekundanten, sei es, daß Hübner der *Spiegel*-Artikel nicht losließ, sei es, daß Publikums- und Presseandrang im Zuschauerraum ihn nervten, jedenfalls machte er plötzlich jenen katastrophalen Zug, den kaum ein Anfänger macht. Er erlaubte seinem Gegner eine Springergabel auf König und Turm. Kortschnoi: «Er spielte die Hängepartie sehr fahrig. Ich hatte ein Gefühl, daß so etwas Unwahrscheinliches passieren könnte.»

Hübner hatte in dem Match bis dahin sensationellerweise mit einem Punkt geführt. Lag der Patzer wirklich hauptsächlich an der unsensiblen Umwelt? Oder an Hübner selbst? Der deutsche Großmeister und Psychosomatiker Helmut Pfleger hat eine spezielle Theorie für das Versagen Hübners in vorteilhaften Stellungen, die in seiner Karriere immer wieder beobachtet wurden. Pfleger hat durch verschiedene Messungen bei Großmeistern während Turnierpartien festgestellt, daß die meisten Spieler, wenn sie langsam in eine Gewinnstellung geraten, ruhiger werden. Puls und Blutdruck sinken. Bei einigen Spielern dagegen, darunter offenbar auch Hübner, steigen Puls und Blutdruck. Sie werden angesichts des bevorstehenden Sieges aufgeregter. Sie bekommen Angst, den lange erkämpften Vorteil wieder zu verlieren. Pfleger: «Ich glaube, Hübner erlaubt sich unbewußt in einer Selbstbestrafungstendenz selber nicht den Sieg.»

Das würde die katastrophale Springergabel bei vorteilhaftem Partie- und Matchstand erklären. Danach stand es 3½ zu 3½. Es war noch alles drin. Warum spielte er die folgenden Partien so schwach, so unkonzentriert, so unkreativ, so phantasielos? Kortschnoi: «Er war nervös. Er zog viel zu schnell, er nutzte seine Zeit gar nicht aus.» In der neunten und zehnten Partie kam er meist zum Zug kurz auf die Bühne, starrte aufs Brett, zog, verschwand – als wäre jeder Zug eine Qual. Das Spiel war eine schmerzliche Last geworden. Einmal in der Krise, scheinen sein Wille, seine Phantasie gelähmt zu sein. Einem Freund vertraute er an: «Ich lebe jetzt wie in einer permanenten Narkose.» Um daraus zu erwachen, mußte er wohl tatsächlich total heraus aus dem Match: «Ich kann nicht mehr Schach spielen.»

Café de la Régence – Die französische Partie

Die auffallende Faszination, die brütende Schachkontrahenten auf stau-
nende Zuschauer ausüben, war Mitte des 18. Jahrhunderts nicht nur in
der deutschen Schachprovinz in Leipzig zu beobachten. Auch in den
neuen Schachhochburgen Frankreich und England, die Italien die Vorherrschaft streitig machten, fanden die Zuschauer oft mehr Gefallen an
den Figuren vor dem Brett als an denen auf dem Brett.

Die unangefochtene Schachmetropole der damaligen Welt aber war
das berühmte Pariser Café de la Régence. George Walker, Präsident des
englischen Schachclubs von Nottingham und ein regelmäßiger Besucher
im Régence, wußte zu berichten, daß in dem Café zehn Jahre lang jeden
Tag ein Mann erschien, der beeindruckt und stumm den Spielern zusah,
aber nie selber spielte. Als eines Tages bei einem der vielen Streitfälle zwischen zwei Matadoren ein Schiedsrichter fehlte, wurde der stille Dauer-
beobachter mit dem Kennerblick um sein Urteil gebeten. Dieser bekannte
nun, daß er nicht nur nicht schiedsrichtern könne, sondern daß er auch
nicht die leiseste Idee habe, wie das Spiel überhaupt ginge. Die anderen
Stammgäste fragten irritiert: «Aber warum verbringen Sie Ihre ganze Zeit
hier, wenn Sie das Schach nicht kennen?» Der Mann antwortete leise: «Sie
kennen meine Frau nicht. Sonst würden Sie sich nicht wundern.»

Im Régence, von etwa 1740 bis 1830 Mekka der Schachspieler und
Fans aus aller Welt, in dem anfangs auch Dame, Domino, Karten und Bil-
lard gespielt wurden, tummelten sich Meister und Patzer, die zockten,
kiebitzten, räsonnierten, stritten, tranken und rauchten. (Bis zu dem
späteren Zigarrenverbot waren Schachspieler im Régence hauptsächlich
an Lungen und Bronchien gefährdet. George Walker kommentierte das
Zigarrenverbot: «Richtig. Iß, trink und lutsch, was du willst, aber zwing
mich nicht, gegen meinen Willen teilzuhaben.»)
Es herrschte die auch in heutigen Schachcafés anzutreffende Spannung
zwischen eisiger Ruhe und latenten Wutexplosionen – immer ein-
gebettet in ein flüsterndes Dauergetuschel der Kiebitze. George Walker
schildert einen eigenen Elefantenauftritt im Régence: «Gesteuert von

Übereifer eilte ich einem Bekannten entgegen, wobei sich meine Rock-schöße unglücklicherweise in einem benachbarten Schachtisch verfin-gen. Sofort geht die Partie den Bach runter; die Figuren fliegen über den Boden. In der allgemeinen Verwirrung bricht der Zorn einer ganzen Gruppe von Feinden über mich her. ‹Sir›, ruft jemand, ‹können Sie nicht geradeaus gucken?› Ein anderer schreit: ‹Sir, Sie haben mich meine Par-tie gekostet.› ‹Die war doch sowieso verloren›, bemerkt sein Gegner. ‹Die war gewonnen, mein Herr, die hätte ich gegen Verdoni und selbst gegen Philidor gewonnen.›

‹Aber, meine Herren›, bemerkte ich, ‹reden Sie doch nicht alle durcheinander. Ich werde den Einsatz bezahlen, wenn es meine Schuld war.› ‹Zahlen, zahlen. Sie wären nicht reich genug, wenn Sie Ihr Hirn und Knochen in Münzen verwandeln könnten.›

‹Für wieviel haben Sie denn gespielt?› frage ich. ‹Für die Ehre, mein Herr. Ich bin 700 Meilen gekommen, um die Herausforderung dieses Herrn hier anzunehmen, der sich für unverwundbar hält. Und ich hätte ihn von seinem hohen Roß heruntergeholt, wenn Sie nicht gekommen wären. Ich hätte ihm eine Lektion erteilt.› Sein Gegner kontert: ‹Lektion? Was soll das heißen? Sie sollten dem jungen Mann für seine Hilfe dank-bar sein. Sonst hätte ich zwingend Ihre Dame in 18 Zügen gewonnen.›

‹Absurd. Lächerlich. Ich hätte Sie in elf Zügen mattgesetzt. Das habe ich gesehen.›

‹Mich mattgesetzt? Das wagen Sie zu sagen?› Und dann zu mir: ‹Sie sind es, Sir, dem ich diese schwere Beleidigung zu verdanken habe. Mer-ken Sie sich, junger Mann, man rennt nicht im Café de la Régence.› Und dann springt ein anderer Spieler auf und schreit zum Vorredner: ‹Und ler-nen Sie, daß Leute nicht schreien dürfen im Café de la Régence. Sie haben nicht mal das Recht, zu reden.› Der Tumult schwillt weiter an, und mir bleibt nur die Flucht als Rettung.»

Wie andere Spezialcafés in der Gegend hatte das Régence auch eine Animierperson, in diesem Falle einen starken Berufsspieler, der wie in den Clubs an der Place Pigalle den Gästen zum Spielen zur Verfügung stand und diesen – hier wie da – das Geld aus der Tasche zog oder zockte. Der erste dieser Animierherren war ein gewisser Kermay Sire de Legal, der damals vermutlich neben dem Syrer Philipp Stamma der stärkste Spieler der Welt war und gegen den die frühen Régence-Gäste nur eine Chance hatten, wenn er ihnen Bauern oder gar Figuren vorgab. Manch-mal legte er übermütige Schachschafe mit dem heute noch gegen Anfän-ger bewährten dreizügigen Schäfermatt aufs Kreuz.

Im Frühjahr 1740 erschien im Régence ein vierzehnjähriges Wunderkind namens François André Danican Philidor, das sich nicht mit dem Schäfermatt oder ähnlichen Witzchen übertölpeln ließ, gleichwohl es zunächst manche Niederlage gegen den Superprofi einstecken mußte. Der Junge, der aus einer berühmten französischen Musikerfamilie stammte und selber bereits mit einigen Kompositionen aufgefallen war, hatte das Schach als Pausenunterhaltung während seiner musikalischen Karriere kennengelernt. Als Chorsänger in der Königlichen Kapelle zu Versailles sah er in Auftrittspausen den älteren Kollegen beim Schachspielen zu, was – wie bei vielen Schachgenies – reichte, um das Spiel zu erfassen.

In Paris, wo er seine musikalische Ausbildung vervollkommnen sollte, entdeckte er das Café de la Régence und vervollkommnete als Schüler des Cafémeisters Sire Legal statt dessen sein Schach. Schon bald konnte sich Legal keine Vorgaben gegen den Jungen mehr erlauben. Dieser verblüffte die Gäste vor allem mit seiner Fähigkeit, sie «blind» – ohne Ansicht des Brettes – zu schlagen.

Manchmal spielte er sogar zwei oder drei Partien gleichzeitig blind, was damals als Hexerei erschien und den Philosophen Denis Diderot dazu veranlaßte, in einem beschwörenden Brief Philidor vor den gesundheitlichen Folgen dieser Aktivitäten zu warnen: «Ich wäre eher geneigt, Ihnen diese gefährlichen Experimente zu verzeihen, wenn Sie sie einsetzten, um damit 500 oder 600 Guineen zu gewinnen. Aber Ihr Talent und Ihren Verstand für nichts aufs Spiel zu setzen, ist einfach unvorstellbar... Nehmen Sie meinen Rat an, schreiben Sie weiter schöne Musik für uns... Sonst wird man höchstens von Ihnen sagen: Das ist Philidor, diese Kreatur, er ist ein Nichts, er hat allen Verstand verloren, indem er Holzklötzchen über ein Schachbrett schob.» Mit diesem Hinweis hat der große Dichter und Philosoph allerdings gründlich danebengegriffen. Beim Blindspiel, vor dem Diderot so eindringlich warnt, ist gerade der Witz, daß der Spieler die Figuren nicht auf dem Brett, sondern nur in seinem Kopf hin- und herschiebt.

Die Auswirkungen von Blindsimultanauftritten sind auch heute noch umstritten (in der Sowjetunion waren sie verboten), obwohl etwa der Argentinier Miguel Najdorf sich blindsimultan gegen 45 sehende Gegnern gestellt hat und sich im Alter von 84 noch beeindruckender geistiger Frische erfreute. Während einer wichtigen Partie spielen Großmeister (beim Brüten) Dutzende verschiedener Varianten «blind» (im Geiste) durch, meistens schwierigere Abläufe als in einem simplen Blindsimultan gegen ein paar Patzer.

Zehn gegen ein Phantom
Hamburg, Juni 1985

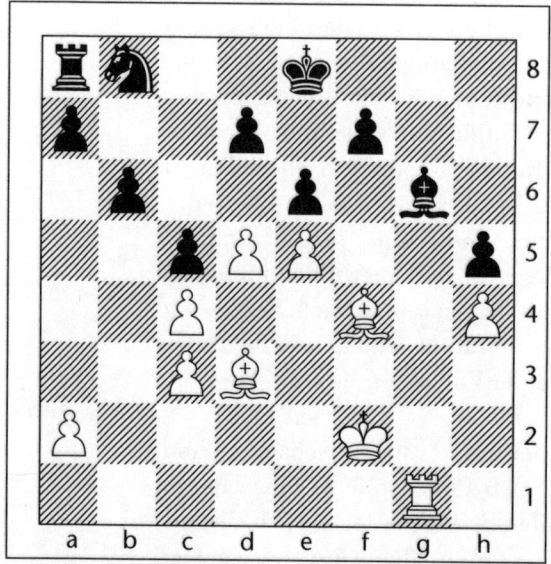

Stellung nach 25. e5.

**Kasparow –
Röpert,
Hamburg 1985**

1. d4, Sf6
2. c4, e6
3. Sc3, Lb4
4. e3, b6
5. Ld3, Lb7
6. Sge2, Lxg2
7. Tg1, Lf3
8. Txg7, Se4
9. Dc2, Dh4
10. Sg1, Lh1
11. Kf1, Lxc3
12. bxc3, Kf8
13. f3, Sg5
14. Txg5, Dxg5
15. e4, Dh5
16. Dd2, Tg8
17. Dh6+, Dxh6
18. Lxh6+, Ke8
19. Lf4, c5
20. d5, Txg1+
21. Kxg1, Lxf3

Auf Zetteln notieren die Kuriere die Botschaften – ein paar Ziffern, ein paar Buchstaben. Dann kämpfen sie sich wie Händler an der Börse durchs Gedränge hinter die spanische Wand, wo ein junger Mann konzentriert in die Ferne starrt.

Der junge Mann nimmt die Botschaften zur Kenntnis, schreibt seine Antwortzeichen aufs Papier, reicht die Note dem Kurier zurück, der sogleich wieder durchs Gedränge an den Counter eilt.

Neun Menschen und ein Computer brüten dort vor ihren Schachbrettern, ohne erkennbares Gegenüber – sie spielen gegen ein Phantom. Der Kurier des Magiers hinter der Wand kommt

von Zeit zu Zeit ans Brett, führt den notierten Zug aus, drückt die Uhr.

Was sich hier ausnimmt wie absurdes Theater, ist eine Weltpremiere des Schachsports. Zum ersten Mal wagt es ein Großmeister, gegen eine Reihe starker Amateure blindsimultan und – das ist das aufregend Neue daran – mit dem Handicap der Uhr zu spielen. Während frühere Meister wie Aljechin oder Morphy beim Blindsimultanspiel einfach der Reihe nach die gegnerischen Bretter aufriefen, worauf der Gegner sofort seinen Zug angeben mußte, räumt der Star dieser von der *Zeit* veranstalteten Vorstellung im Hamburger Pressehaus, Garry Kasparow, seinen Gegnern jeweils anderthalb Stunden für 40 Züge ein, die gleiche Zeit also, die ihm für 400 Züge, für alle Partien insgesamt zur Verfügung steht.

Eine halbe Stunde allerdings wird dem Meister gutgeschrieben werden für die Zeit, die ihm durch den Transport der Züge per Kurier verlorengeht. Da niemand Erfahrungen hat mit dieser Art von Zeithandicap beim Blindsimultanschach, soll der Schiedsrichter, Großmeister Helmut Pfleger, die Zeitvorgabe «korrigieren» dürfen, wenn sie sich als unrealistisch erweisen sollte. In Zeitnotphasen, in denen es um Sekunden geht und im Blitztempo gezogen werden muß, würde Kasparow sonst ein Fiasko riskieren, zumal er ja auch die Uhren nicht sieht.

Auf eine Gutschrift verlorener Zeit über den 40. Zug hinaus verzichtet Kasparow. Partien, die bis dahin nicht entschieden sind, sollen einfach nach der Regel gespielt werden: Jeder erhält eine weitere halbe Stunde Zeit bis zur Beendigung der Partie – wessen Fähnchen zuerst fällt, der verliert. Helmut Pfleger warnt Kasparow: «Wenn Sie in dieser Phase noch mehrere Gegner haben, dann haben Sie keine Chance.» Doch Garry winkt lässig ab: «Bis zum 40. Zug sind es höchstens noch drei.»

«Ich bin zu gut»

An Mut und Selbstbewußtsein fehlt es dem 22jährigen sowjetischen Großmeister nicht. In Hamburg, wohin er auf Einladung des *Spiegel* gekommen ist, hat er zuvor den stärksten deutschen Spieler, Robert Hübner, Nr. 11 der Weltrangliste, in einem Kampf über sechs Partien mit 4,5 zu 1,5 Punkten geschlagen und ist dabei ohne Niederlage geblieben; in drei Simultanveranstaltungen ist er gegen 93 Gegner angetreten, darunter die 32 stärksten kommerziellen Computer der Welt, und hat 87mal gewonnen (bei drei Remisen und drei Niederlagen – eine gegen den Autor). Mut bewies er nicht zuletzt in einem *Spiegel*-Gespräch, in dem er sich nicht sehr freundlich äußerte über die Rolle, die das sowjetische Partei- und Schachestablishment beim Abbruch seines Weltmeisterschaftskampfes gegen Karpow gespielt hat.

Als Freunde sich wegen der Offenheit des Interviews Sorgen um seine Zukunft machen, lacht er nur: «Die

können mir nichts tun – ich bin zu gut.»

Selbstbewußtsein oder Selbstüberschätzung? Auch die Veranstaltung im Hamburger Pressehaus ist ein kleiner Affront gegen den sowjetischen Schachverband. Blindsimultanveranstaltungen sind den sowjetischen Schachspielern nämlich generell verboten, seit russische Wissenschaftler 1930 in Untersuchungen bei solchen Schachshows die Gefahr schwerer Gesundheitsschäden festgestellt haben. Sowjetische Spieler dürfen seither nur nach offizieller Anmeldung, nur unter ärztlicher Aufsicht und nur zum Training sich blind mit mehreren Gegnern gleichzeitig messen. Schiedsrichter und Arzt Dr. Pfleger: «Er spielt ja unter ärztlicher – unter meiner – Aufsicht.»

Über dem Soll

Von den Gegnern, die er nun, unsichtbar, vor sich hat, haben fünf die von ihm gewünschte Spielstärke von rund 2000 Elo-Punkten, darunter Regina Grünberg, Zweite der deutschen Meisterschaften von 1984. Vier liegen unter dem «Nennwert»: die Hamburger Mädchenmeisterin Olga Wildgruber, Fußballnationalspieler Felix Magath und zwei der vier teilnehmenden *Zeit*-Redakteure. Einer, Andreas Röpert, der Sohn des *Zeit*-Verlagsleiters, hat 2220 Punkte, erheblich über dem Soll.

Darf er spielen? Pünktlich um 14 Uhr erscheint Garry Kasparow. Eleganter grauer Anzug, graues Hemd mit weißem Bubikragen. Elo 2715, der derzeit höchste Wert der Welt. Die anfäng-

22. Kf2, Lh5
23. Tg1, Lg6
24. h4, h5
25. e5, exd5
26. cxd5, Lxd3
27. Tg8+, Ke7
28. Lg5+, f6
29. exf6+, Kf7
30. Tg7+, Kf8
31. Lh6, Lc4
32. Te7+ 1–0

liche Schüchternheit streift er gekonnt ab, federt durch den Raum. Der Star, das bin ich. Garry Superman, stark wie Muhammad Ali, genial wie Bobby Fischer. Er blickt auf die zehn Bretter in Grundstellung, als könne er schon kraft seiner Augen die Figuren in Bewegung setzen.

Aber gerade die Augen werden heute keine Hilfe sein. Nur den ersten Zug führt er noch eigenhändig am Brett aus, zur Begrüßung sozusagen. Darf Röpert, 2220 Elo, spielen? «Natürlich», 200 Elopunkte – das nimmt ein Kasparow nicht so genau. «Aber ich brauch was zu essen, habe den Lunch verschlafen.» Schon sitzt er hinter dem Paravent und wartet auf die ersten Antwortzüge und das Mittagessen. Zuerst kommen die Züge – schneller, als es ihm lieb sein kann.

Schon liegen reichlich Zettel auf Garrys Tisch. Die Gegner ziehen schnell, haben ihre Eröffnungsstrategie gut geplant, wissen, was sie wollen. Auch die zweiten, dritten Züge werden im Blitztempo von den drei Boten, alles starke Spieler über 2300, hereingebracht. Helmut Pfleger, der wahrlich die Blindspielfähigkeiten von Großmeistern aus der Praxis kennt, sieht plötzlich schwarz: «Er hat sich überschätzt. Blind spielen, das kann er wahrscheinlich besser als irgend jemand anders, aber die Zeit, die wird ihn kaputtmachen.»

Gebannt starren die Zuschauer teils auf die Entwicklung an den Brettern, teils auf Garry. Ein Genie bei der Arbeit. Geballte Konzentration bei blitzenden Fotoapparaten, surrenden Kameras, heißen Fernsehlampen, tuschelnden Zuschauern. Sechs Zettel warten auf Antwort. Garry nimmt «Brett» 10 in die Hand, blickt in die Ferne, an die Decke, zur Seite, nach unten. Nimmt den Kopf in die Hände. Ist er dabei, die Stellung im vierten Zug zu rekapitulieren? Kombiniert er? Oder sucht er bereits eine überraschende Neuerung?

Tatsächlich ist für den Blindspieler die Anfangsphase, wenn die einzelnen Partien noch kein Gesicht haben, wenn sie sich noch mehr oder weniger ähneln, am schwierigsten. Wenn die Partie, das von zwei Menschen geschaffene Werk, ihre eigene Originalität, sozusagen ihre Individualität bekommt, dann hat Garry sie im Griff, aber jetzt? Zudem macht ihm offensichtlich, wie Pfleger vermutet hat, die Anfangsschnelligkeit der Gegner zu schaffen.

Er wirkt plötzlich nervös. So hat er während seines Wettkampfes mit Hübner nie ausgesehen. Er nimmt einen Zettel, legt ihn zurück, nimmt einen anderen. Schreibt endlich. Der Bote drängt sich zwischen den Fernsehkameras hindurch, zu Brett 10. Hier spielt eine Unperson, Prototyp des neuesten «Mephisto»-Computermodells, das im Herbst erscheinen soll.

Die Spieler an den Brettern spüren Garrys kleine Krise ebensowenig wie der Computer. Manche wundern sich, «daß die Antwort so lange dauert».

Auf die Zuschauer hinter dem Paravent aber überträgt sich die Spannung. Es ist jetzt mäuschenstill. Eine Kollegin zittert, geht weg, «ich halte es nicht mehr aus».

Das Essen kommt. Aber Garry beachtet es zunächst nicht. Dann ist es passiert. An Brett 1 will er im 9. Zug rochieren, aber das geht nicht, der Springer steht noch auf g1. Pfleger holt Regina Grünbergs Partieformular. Garry sieht es und erbleicht. Tatsächlich, im dritten Zug hat er Bauer e 3 gespielt, in seinem Kopf aber Springer f3 gespeichert. «Ich hatte e3 erwogen, mich aber dann für den Springerzug entschieden, aber irgendwie e 3 weitergegeben.» Garry wird einen Turm verlieren. Er ist sauer.

Er spielt weiter, aber ohne Brett 1. Den Zettel mit dem Zug Läufer f5 läßt er einfach liegen. Die Zeit an Brett 1 läuft ihm davon.

Dafür entwickelt sich an den anderen Brettern, so nach dem 10. bis 12. Zug, langsam doch alles zum Guten für Garry. An acht Brettern hat er eine überlegene Stellung, Brett 4, Andreas Röpert, ist unklar. Garry hat auch mehr Zeit verbraucht. Vor allem das Fernsehteam hat die Zugboten doch mehr behindert als erwartet.

Garry entspannt. Er beginnt endlich zu essen, zu lachen, kommentiert gelegentlich sogar die Stellung. Als ein Gegner eine Figur einstellt, gibt er den Zug zurück: «Der soll was anderes machen.»

Nach knapp zwei Stunden kündigt er den ersten Sieg an: «In zehn Zügen setze ich ihn matt!» Den Computer nämlich. Zur Freude aller, besonders der schwächeren Spieler, die schon seit langem auf Verlust stehen, ist es ausgerechnet die Maschine, die als erste verliert. Kasparow hat den neuen «Mephisto» erst strategisch so überspielt, daß sich dieser kaum noch rühren konnte, nur noch stumpfsinnige Wartezüge

spielte, hat dann seinen Königsangriff vorbereitet und schlägt los. Im 28. Zug opfert er einen Springer, im 30. Zug den Turm, im 32. den Läufer. Im 36. Zug ist «Mephisto» matt. Da waren es nur noch neun.

Zum Fußball verabredet

Garry ist wieder King. Er verabredet sich mit Magath zum HSV-Spiel am nächsten Tag, beantwortet jetzt sogar Fragen der Zuschauer. Für die meisten ist schon die Fähigkeit, zehn oder mehr Bretter mit wechselnden Stellungen im Kopf zu haben, ein unerklärliches Phänomen. Aber daß jemand an diesen Brettern auch noch kreativ kombinieren kann, geniale Züge findet und Kunststücke schafft – das grenzt an Hexerei.

Dabei ist es für Großmeister nicht ungewöhnlich, blind zu spielen. Bei jeder Turnierpartie läßt der Meister, der notwendigerweise ein gutes visuelles Gedächtnis haben muß, immer wieder die veränderten Stellungen in unzähligen Varianten vor seinem geistigen Auge Revue passieren, oft Dutzende verschiedener Zugfolgen, zehn Züge tief. Kombinieren ist Blindspielen.

Bei einem Simultanauftritt muß der Meister freilich zusätzlich mehrere Partien «auseinanderhalten». Er schafft das dadurch, daß er jede einzelne Partie an einem bestimmten auffälligen Zug wiedererkennt, identifiziert: «Brett 6, ach ja, das ist das Spiel mit dem bizarren Springerzug des Gegners» oder «die Partie mit dem schwachen Läuferausfall». Harold C. Schonberg, Musik- und Schachkritiker der *New York*

Times, verglich diese Trennfähigkeit «mit der Kunst der großen Komponisten, beim Anblick der Partitur gleichzeitig die verschiedenen Instrumente musizieren zu hören».

Das Blindspiel ist fast so alt wie das Schachspiel selbst. Zum ersten Mal wird im Jahre 1266 der Sarazener Buzzecca erwähnt, der in Florenz gegen zwei Spieler blindsimultan spielte. 1783 zog der Franzose Philidor gegen drei Gegner los, blind.

1865 wurde der Amerikaner Paul Morphy nach einer Sechs-Partien-Show von den begeisterten Zuschauern durch die Straßen von Paris getragen. Es begann die Rekordjagd. Der Amerikaner Pillsbury nahm es 1902 mit 21, Aljechin 1924 mit 26, 1933 mit 32 Gegnern auf. Den Weltrekord hält heute der Ungar Janos Flesch, der 1970 gegen 62 Bretter antrat.

In Zeitnot

Aber noch nie hat vor Garry Kasparow ein Blindsimultanspieler mit Uhrenhandicap gespielt. Und die Zeit wird schließlich auch Garrys Hauptproblem. Zwar sind um sechs Uhr sechs Partien für ihn siegreich beendet – darunter sein «Lieblingsstück des Tages», die Gewinnpartie gegen Röpert, auf die jeder Sehende stolz wäre (siehe Notation), aber vier Bretter «leben» noch, an zweien sind die Gegner, an einem ist er selbst in Zeitnot. Hier greift nun der Schiedsrichter ein und dreht bei zwei Partien die Uhren beider Kontrahenten eine Viertelstunde zurück, um ein «wegen der Übermittlungsprobleme drohendes Fiasko» zu verhindern.

Regina Grünberg, an deren Brett seit dem neunten Zug die Figuren stille standen, stellt des Meisters Uhr gar eine Stunde zurück, um «die gewonnene Stellung am Brett auch wirklich zu spielen». Als Olga Wildgruber aufgibt und *Zeit*-Redakteur Ulrich Stock nach einem schweren Fehler Kasparows («ich hatte den Turm auf a6 ‹gesehen›») ein Remis rettet, bleibt Regina Grünberg mit ihrer Mehrfigur die letzte Mohikanerin.

Die Zeitnot beginnt. Die Züge werden jetzt nicht mehr schriftlich übermittelt, sondern zugerufen. «Bishop b eight» – Läufer b 8. Regina fiebert, Garry ist erschöpft. Sein Kopf ruht seitlich in der stützenden Hand, die Augen sind geschlossen, als sei er wirklich blind. Das ist nicht mehr nur Konzentration, er ist wirklich müde. Aber, unersättlich, vermeidet er eine Remisvariante, um noch einen Gewinnversuch zu machen. Schließlich schafft Regina Grünberg doch das versöhnende Remis. Garry erscheint endlich vor der spanischen Wand und führt noch am Brett vor, wie sie weitere Gewinnversuche hätte wagen können. Er hat jedenfalls die verlorene Partie gerettet. Acht Gewinne, zwei Remisen. Er übertraf Cäsar – kam, sah nicht und siegte.

Schach, Musik und Philosophie

Wahr ist allerdings, daß Philidor dem Schach zuliebe seine musikalische Ausbildung vernachlässigte. In seiner ersten Régence-Phase gab er keine großen Konzerte und verdiente sich ein Zubrot als Musiklehrer. Auf einer Konzerttournee durch die Niederlande – angeblich war es eine Flucht vor Gläubigern – kam er in Amsterdam finanziell unter die Räder und konnte sich nur mit Schachauftritten in Kaffeehäusern über Wasser halten. Dabei lernte er glücklicherweise englische Schachenthusiasten kennen, darunter den Historiker Alexander Lord Cunningham, den Erfinder des Cunningham-Gambits, die das Schachwunderkind nach England

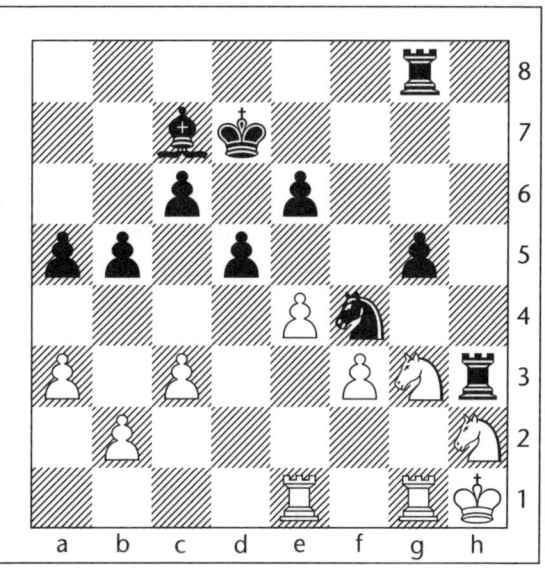

Stellung nach 29. Tg1. Philidor schlägt zu.

einluden. Hier stieg er zum Star des berühmten Slaughter's Coffeehouse auf, dem Londoner Pendant zum Régence, das schon seit 1696 als das Hauptquartier der englischen Schachspieler galt. Im Slaughter's hielt bis dahin der heimliche Weltmeister, der Syrer Philipp Stamma, Hof, den Philidor aber in einem Wettkampf über zehn Partien 8:2 schlug, obwohl Stamma in allen Partien den ersten Zug hatte und Remisen als Stamma-Siege gewertet wurden.

Der neue inoffizielle Weltmeister Philidor schrieb nun sein noch heute berühmtes Buch «Analyse du jeu Échecs», in dem zum ersten Mal Stellungen und Varianten systematisch untersucht, «analysiert» wurden. Philidor darf als der erste Schachautor der Geschichte gelten, der ein konsequentes Lehrbuch schrieb und die vorgeführten Partien mit genauen –

Captain Smith –
Philidor,
London 1790

1. e4, e5
2. Lc4, Sf6
3. d3, c6
4. Lg5, h6
5. Lxf6, Dxf6
6. Sc3, b5
7. Lb3, a5
8. a3, Lc5
9. Sf3, d6
10. Dd2, Le6
11. Lxe6, fxe6
12. 0–0, g5
13. h3, Sd7

14. Sh2, h5
15. g3, Ke7
16. Kg2, d5
17. f3, Sf8
18. Se2, Sg6
19. c3, Tag8
20. d4, Lb6
21. dxe5, Dxe5
22. Sd4, Kd7
23. Tae1, h4
24. Df2, Lc7
25. Se2, hxg3
26. Dxg3, Dxg3+
27. Sxg3, Sf4+
28. Kh1, Txh3
29. Tg1, Txh2+
30. Kxh2, Th8+
31. Sh5, Txh5+
32. Kg3, Sh3+
33. Kg4, Th4++

wenn auch zuweilen fragwürdigen – Kommentaren versah. Er verwarf die opfersüchtigen, aber «sprunghaften» Gambittaktiken der italienischen Schule und setzte auf solide Entwicklung und den Aufbau eines starken Bauernzentrums. Leichtfertiges, wenn auch spektakuläres Opfern der Bauern hielt er für unseriös und nur dann für erfolgreich, wenn der Gegner in der Kunst der Verteidigung unbewandert war. Für Philidor waren die Bauern nicht mehr Zeit und Raum gewinnende Wegwerfstücke, sondern «die Seele des Schachs». Um die Bauern schon in der Eröffnung prophylaktisch zu schützen, empfahl er das Läuferspiel: 1. e4 e5, 2. Lc4. Den heute meistgespielten Zug 2. Sf3 hielt er wegen der Antwort 2. . . . d6 für widerlegt, weshalb dieser Zug heute Philidor-Verteidigung heißt. Allerdings hat er ihn angeblich nie selber gespielt.

Wie viele Schachtheoretiker nach ihm konnte auch Philidor nicht der Neigung widerstehen, richtig erkannte Tendenzen und Richtlinien rigoros als alleingültige Grundprinzipien zu verfechten. Schachdogmatiker behaupten gern, das Rätsel des Schachs durch einige – teilweise richtige – Erkenntnisse gelöst zu haben. Doch gibt es in der Welt des Schachs keine «Naturgesetze», sie würden der Komplexität des Spiels auch nicht gerecht werden. Dank dieser Komplexität treffen nämlich bestimmte scheinbar ewige Spielprinzipien in etlichen Stellungen und Situationen gerade nicht zu. So gilt die Weisheit «Springer am Rand bringt Schimpf und Schand» (weil er vom Rand aus weniger Felder beherrscht als von der Mitte) oft nicht, weil er am Rand plötzlich wichtigere Felder beherrscht. Tatsächlich entdeckt man in Meisterpartien öfter einen Springer am Rand als in den Stellungen mittelmäßiger Amateure, die sich zu dogmatisch an jene Regel halten. Auch von der Lehrbuchforderung «Zuerst alle Figuren entwickeln!» weichen Meisterspieler öfter ab als Fortgeschrittene, die häufig zu «schematisch» spielen. Der ehemalige Weltmeister Michail Tal warnte vor Schematismus: «Sehr viele beherrschen heute das große Einmaleins des Schachs und kennen sogar die Logarithmentafeln auswendig – aber beim Schach kann manchmal zwei mal zwei auch fünf sein.»

Der Witz ist, daß die meisten Züge die Stellung in einer Hinsicht verbessern, in einer anderen aber verschlechtern. Jeder (für den Gegner) unangenehme Bauernzug schafft auch Schwächen im eigenen Lager. Die Kunst besteht darin, die Nachteile und Vorteile der möglichen Züge richtig zu erkennen und zu nutzen.

Trotz der Kritik an Philidors manchmal übertriebener und einäugiger Dogmatik gilt sein Werk über den systematischen Aufbau der Partie und die Bedeutung der Bauern noch heute als Götterdämmerung eines tieferen Schachverständnisses, das allerdings erst hundert Jahre später von Wilhelm Steinitz durchdrungen und auf den Punkt gebracht wurde.

Obwohl Philidors methodisches Positionsspiel weniger spektakulär daherkam als die frühen Wildwestpartien von Greco und Co., war er doch ein populärer Schachperformer. Auf seinen Europatourneen gab er auch Vorstellungen in Berlin und Potsdam, am Hofe Friedrichs des Großen, der mit Voltaire oft am Brett gesessen hatte. Gegen Philidor vermied der Preußenkönig eine Niederlage, indem er sich mit einem klugen Zug auf das Zuschauen beschränkte.

Dagegen wollte der Mathematiker Leonhard Euler, der auch die Formel zur Berechnung der Springerzüge (des «Rösselsprungs») gefunden hatte, gerne mit ihm spielen: Wie er am 3. Juli 1751 schrieb, verpaßte er den Franzosen, während er «sich mehrenteils in Potsdam aufhielt. Er soll noch ein sehr junger Mann sein, führte aber eine Maitraisse mit sich, wegen welcher er mit einigen Offizieren in Potsdam Verdrießlichkeiten bekam, die ihn nötigten, unvermutet wegzureisen, sonst würde ich wohl Gelegenheit gefunden haben, mit ihm zu spielen.»

Trotz seiner internationalen Schachkarriere kehrte Philidor 1755 nach Paris und zur Musik zurück. Er schrieb zwanzig Opern, darunter eine sehr populäre Vertonung von Fieldings «Tom Jones». Seine Werke wurden später von Rossini und den neuen Romantikern aus dem Pariser Repertoire verdrängt.

Mit seiner Doppelbegabung wies Philidor als erster auf jene geheimnisvolle Seelenverwandtschaft zwischen Schach und Musik hin, die den amerikanischen Musik- und Schachjournalisten Harold C. Schonberg (New York Times) zu seinem Statement veranlaßte: «Schach ist wie eine Symphonie.» Die Affinität zwischen Schach und Musik demonstrierten zuletzt Exweltmeister Wassili Smyslow (Sänger an der Moskauer Oper) und der russische Konzertpianist Mark Taimanow, der sich 1971 nach seiner deprimierenden 0:6-Niederlage im WM-Kampf gegen Bobby Fischer tröstete: «Mir bleibt immerhin die Musik.» Als starke Schachspieler erwiesen sich auch Richard Strauss, die Oistrach-Brüder und Piatgorsky. Prokofiew erblickte im Schach «eine Welt des Kampfes, der Planung und der Leidenschaft».

Zu Philidors Verehrern gehörten nicht nur Schach- und Musikenthusiasten in ganz Europa, sondern auch die Philosophen Diderot, Voltaire und Rousseau, die ihn regelmäßig im Café de la Régence aufsuchten, wo sich die beiden letzteren hartnäckig, aber erfolglos um schachliche

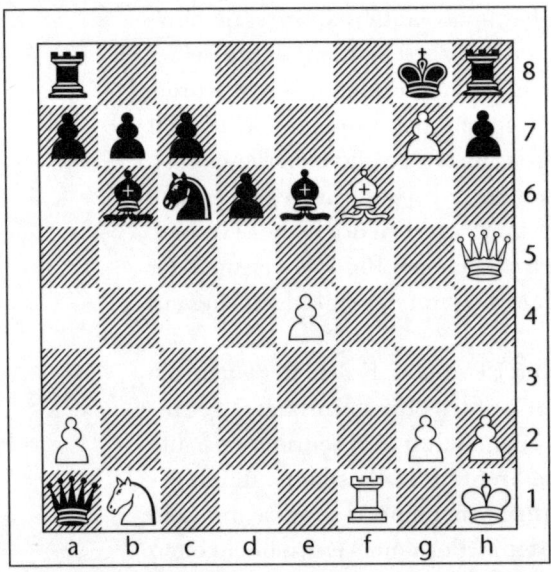

Nach 16. f6 hat Schwarz eine Dame und einen Turm mehr, aber keine Chance.

**J. J. Rousseau –
Marquis de Conti**

1. e4, e5
2. Sf3, Sc6
3. Lc4, Lc5
4. c3, De7
5. 0–0, d6
6. d4, Lb6
7. Lg5, f6
8. Lh4, g5
9. Sxg5, fxg5
10. Dh5+, Kf8
11. Lxg5, Dg7
12. f4, exd4
13. f5, dxc3+
14. Kh1, cxb2
15. Lxg8, bxa1D
16. f6, Kxg8
17. fxg7, Le6
18. Lf6 1–0

Fortschritte bemühten. Voltaire und Rousseau, die Heroen des Geistes, blieben am Brett ewige Verlierer, und zwar schlechte. Voltaire konnte seine Wut nicht beherrschen, wenn er matt gesetzt wurde. Rousseau klagt in seinen «Confessions» mehrmals über die Frustrationen, die er als schwacher Spieler und hoffnungsloser Lehrling immer wieder erlitt. Vergeblich hatte er Grecos Buch auswendig gelernt (und zwei Greco-Partien als eigene Werke verbreitet). Nachdem ein drittklassiger Spieler ihn matt gesetzt hatte, gab er schließlich all sein Mühen auf und «ließ das Spiel im Stich, ich glaube, wenn ich Tausende von Jahren üben würde, könnte ich bestenfalls [dem Patzer] Bagueret einen Turm vorgeben».

Diderot hatte seine Hoffnung auf Meisterklasse schon früher begraben und erschien im Régence als einer jener Nur-Zuschauer. In «Rameaus Neffe» schrieb er: «Wenn es zu kalt oder regnerisch ist, flüchte ich mich in das Café de la Régence und sehe zu meiner Unterhaltung den Schachspielern zu. Paris ist der Ort in der Welt und das Café de la Régence ist der Ort in Paris, wo man das Spiel am besten spielt. Da, bei Rey, versuchen sich gegeneinander der profunde Legal, der subtile Philidor, der gründliche Mayot. Da sieht man die bedeutendsten Züge, da hört man die gemeinsten Reden. Denn kann man schon ein geistreicher Mann und zugleich ein großer Schachspieler wie Legal sein, so kann man auch ein großer Schachspieler und zugleich albern sein wie Foubert und Mayot.»

Im Régence tauchten gelegentlich auch kleine Möchtegernmeister auf, die durch schlechtes Benehmen auffielen. Einer der berühmtesten Wichtigtuer war ein Mann namens Napoleon. Wie viele erfolgreiche Feldherren blieb er beim königlichen Spiel ein hoffnungsloser Stümper, der seine wenigen Siege dem Respekt seiner Gegner oder ihrer Angst vor seinem Zorn verdankte. Sein Schicksal glich dem des Harun-al-Raschid-Sohnes al-Mamun, der einst jammerte, daß er «vom Indus bis Andalusien beherrschte, aber nicht mit den 32 Figuren auf dem kleinen Brett umgehen kann».

Ein anderes Militärgenie, der schwedische König Karl XII., verlor laut Voltaire die meisten Schachpartien, weil er am liebsten mit seinem König über die Felder zog. Ein Atavismus, den Friedrich der Große wiederum zum Vorbild seines eigenen militärischen Marschzwangs erhob: «Ich bin wie der Schachkönig von Karl XII.: immer marschieren.»

Nachdem Philidor den ewigen Marschierer in Potsdam als bescheidenen Zuschauer angetroffen hatte, lernte er in Paris den berühmtesten amerikanischen Schachamateur kennen, den Schriftsteller, Erfinder (Blitzableiter) und Staatsmann (Mitautor der Unabhängigkeitserklärung) Benjamin Franklin. Auch er kam als Zuschauer, und zwar nicht in die Oper, sondern ins Café de la Régence, («I call this my Opera»), wo er 1779 dem Meister über die Schulter guckte. Franklin war ein leidenschaftlicher Chess-Player, der oft von sechs Uhr abends bis in die Morgendämmerung am Brett saß, vorzugsweise mit «charming women». Einmal entschuldigte er sich brieflich bei einer gewissen Madame Brillon, daß er sie in seiner Schachversunkenheit zu lange in der Badewanne sitzen ließ: «Liebe Freundin, sagen Sie mir, wie es Ihnen geht. Ich werde nie wieder eine Partie mit Ihnen im Bad beginnen. Können Sie mir meine Indiskretion verzeihen?»

Einige Jahre nach seinem Besuch im Régence schrieb Franklin seine «Morals of Chess», eine amerikanische Version von Cessoles Schachmoral: «Das Leben ist ein harter Kampf. Das Schachspiel lehrt uns die Vorsorge, die ein wenig in die Zukunft blickt, die Umsicht, die das ganze Brett berücksichtigt, die Vorsicht, die uns zurückhält, zu hastige Züge zu machen.» Heute preisen Kenner das Schach vor allem deshalb, «weil es uns lehrt, zu Entscheidungen, auch zu falschen oder scheinbar falschen, zu stehen und weiterzuspielen». In einem Benimmkatalog plädiert Franklin – im Gegensatz zu Lucenas «Setze dich so, daß die Sonne deinen Gegner blendet» – für absolute Fairneß: «Man sollte weder singen, noch pfeifen, noch auf die Uhr blicken, noch ein Buch zur Hand nehmen, noch mit den Füßen auf dem Boden oder mit den Fingern auf dem Tisch trommeln.» Auch gegenüber langsamen Brütern, die zu Franklins Zeiten – als die Bedenkzeit noch nicht bemessen wurde – ihre Gegner buchstäblich aussitzen wollten, soll der Franklin-Jünger Nachsicht üben: «Wenn Ihr Gegner zu langsam spielt, sollten Sie ihn nicht zur Eile treiben oder sich Unbehagen über sein Zaudern anmerken lassen.» Ein Problem, das es heute nur noch beim lockeren Freizeitschach gibt. Bei Turnierpartien mahnt seit

1851 die gnadenlos tickende Schachuhr – mit einem roten Fähnchen als Damoklesschwert – den Ablauf der Zeit an. Bemerkenswerterweise wurde ein Franklin-Statement aus dem Vorwort in späteren Ausgaben gestrichen: «Chess is never played for money.»

Sobald Philidor sich wieder in Paris etabliert hatte, zog es den Opern- und Schachkomponisten, der die bei vielen Schachkünstlern und Profi-musikern beobachtete harmonische Seelenverwandtschaft zwischen Musik und Schach auslebte, immer wieder nach London, wo er alljährlich «während der Saison» im «Parsloes»-Pub für den London Chess Club als festangestellter Berufsspieler (und Schachlehrer) herumzockte, womit er offenbar mehr verdiente als mit seinen Opern. Jedenfalls klagte er in einem Brief an seine Frau, eine Sängerin, die mit fünf Philidor-Sprößlin-gen in Paris lebte: «Es ist lächerlich, daß der Komponist der ‹Ernelinde› gezwungen ist, die Hälfte seines Lebens in England Schach zu spielen, um seine Familie zu ernähren.»

Sein englisch-französisches Schach-Musik-Doppelleben hielt er so-gar während der Französischen Revolution durch; doch als der Krieg zwi-schen England und Frankreich ausbrach, drohte ihm als Emigranten bei der Heimkehr die Guillotine. Es gab kein Zurück. Wie viele Schachmei-ster vor (und nach) ihm starb er arm und allein und fern der Heimat.

Schach – wie es singt und weint
Das Musical «Chess», die Weltmeisterschaft und der erbitterte Kampf hinter den Kulissen

London, August 1986

Heiß ist es. In Soho schwitzen Besucher in schwarzweißen Sweatshirts in der Sonne; in einem Pub gibt es eine heiße Debatte in fremden Sprachen, in der die Namen «Kasparow» und «Karpow» verraten, worum es geht. In einer Bier-lache schwimmen einige Bauern und Pferde, geschlagene Figuren eines Mini-Steckschachs.·

London wird in diesem August von Touristen heimgesucht, die nicht we-gen Tower und Buckingham gekom-men sind, nicht wegen der königlichen Hochzeit, sondern die wegen des königlichen Spiels anreisen. London ist zum Mekka der Schachenthusiasten geworden. In Scharen pilgern sie zum Prince-Edward-Theater in Soho, wo das Musical «Chess» die Schach-höhepunkte der letzten 15 Jahre zu einer Liebes- und Politikschau ver-schmilzt. Schach – wie es singt und weint.

Da rocken und zocken auf der Büh-ne Bobby Fischer, Viktor Kortschnoi nebst Frau und Freundin, Anatoli Karpow und der Chef des Weltschachverbandes Fide, Florencio Campomanes, und sogar der bayerische Schiedsrichter Lothar Schmid tanzt auf allen Tischen.

Das Theater ist bis zum nächsten Frühjahr ausverkauft. Doch die wahren Zieher und Drahtzieher der aktuellen Schachwirklichkeit hocken derweil, nur zwei Kilometer entfernt, im feinen Park-Lane-Hotel an der Prachtstraße Piccadilly. Hier werden die Vorlagen für die nächsten Musicals und Romane geliefert.

Schon zwei Stunden vor Beginn der vierten Partie beherrscht in der prunkvollen Haupthalle des Hotels, in dem eine einfache Übernachtung immerhin 330 Mark kostet, eine unangemessen saloppe, jugendliche Gästeschar die Szene. Neben den Erdbeeren mit Sahne essenden Ladies und Gentlemen sitzen in T-Shirts die Schachbesessenen vor den Brettern, klopfen auf lauttickende Schachuhren oder unterhalten sich in Code-Dialogen:

«Wenn er 39. Turm c7 zieht statt Springer e3, dann droht Turm schlägt d7 nebst Springer e5 Schach.»

«Ja, wenn Schwarz mit dem Turm zieht, dann einfach Sb6 und guten Morgen, liebe Sonne!»

Die erste Woche ist um, die drei ersten Partien endeten remis. Heute muß es passieren, Garry Kasparow, der amtierende Weltmeister und Liebling aller westlichen Besucher, hat Weiß: Angriff. Nachdem er schon in Partie Nummer zwei mit Weiß eine Gewinnstellung erreicht, aber im 39. Zug verpatzt hatte, muß er es heute dem Herausforderer Karpow, muß er es allen zeigen.

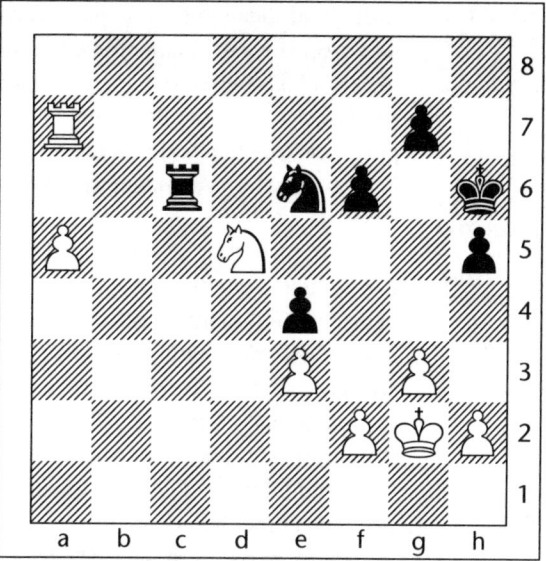

Hängepartie nach 40 Zügen. Schwarz gab auf.

Eine Stunde vor Spielbeginn sitzen schon einige Fans im Old Ballroom unter Jugendstillampen und -mosaiken (nackte Jünglinge umarmen Pferdeköpfe), inmitten von Kabelgeschnür, Kameras und Bildschirmen. Der Platz kostet 20 Pfund, 66 Mark, genausoviel wie die besten Plätze beim Musical.

Von 16.30 Uhr an füllt sich der Ballsaal wie auch der Kommentarraum, in dem Großmeister Tony Miles die Züge und Ideen der Kämpfer den Zuschauern erläutern wird. Schon rochiert Viktor Kortschnoi, Sowjetdissident, früherer Herausforderer und Erzfeind des Exweltmeisters Karpow, als Vertreter einer Schweizer Fernsehstation wie ein Turm durch die Räume und gibt Interviews über neue, heimtückische Machenschaften Karpows, der Campomanes-Clique und der sowjetischen Führung. Hauptthema unter

Kasparow – Karpow, WM London 1986, 4. Partie

1. d4, Sf6
2. c4, e6
3. Sc3, Lb4
4. Sf3, c5
5. g3, cxd4
6. Sxd4, 0–0
7. Lg2, d5
8. Db3, Lxc3+
9. bxc3, Sc6
10. cxd5, Sa5
11. Dc2, Sxd5
12. Dd3, Ld7
13. c4, Se7
14. 0–0, Tc8
15. Sb3, Sxc4
16. Lxb7, Tc7
17. La6, Se5
18. De3, Sc4
19. De4, Sd6
20. Dd3, Tc6
21. La3, Lc8
22. Lxc8, Sdxc8
23. Tfd1, Dxd3
24. Txd3, Te8
25. Tad1, f6
26. Sd4, Tb6

27. Lc5, Ta6
28. Sb5, Tc6
29. Lxe7, Sxe7
30. Td7, Sg6
31. Txa7, Sf8
32. a4, Tb8
33. e3, h5
34. Kg2, e5
35. Td3, Kh7
36. Tc3, Tbc8
37. Txc6, Txc6
38. Sc7, Se6
39. Sd5, Kh6
40. a5, e4
    1–0

Groß- und Kleinmeistern freilich: Wird Kasparow mit dem Damenbauern oder dem Königsbauern eröffnen? Und wird Karpow sich trotz der Beinahekatastrophe in der zweiten Partie wieder auf die Nimzo-indische Verteidigung einlassen?

Um halb fünf erscheint auf der Bühne der Schiedsrichter. Es ist der deutsche Großmeister Lothar Schmid, der schon den berühmten Fischer–Spassky-Kampf in Reykjavik 1972 und das Karpow–Kortschnoi-Duell 1978 in Baguio geleitet hat. Er ist auch neben Fide-Chef Campomanes das Modell für den Schiedsrichter, den «Arbiter» im Musical «Chess». Es ist, als wolle er seinerseits den Arbiter des Musicals karikieren. Er hat die Kiste mit den Figuren unter dem Arm, stellt die wertvollen, elektrisch geladenen Stücke sorgfältig auf das elektrische Brett, das die Stellung sofort auf Dutzende von Bildschirmen im ganzen Haus bis in die Hotelzimmer überträgt. Im «Chess»-Musical heißt es: «Die Bühne des Spiels ist imposant und wird beherrscht von einer phantastischen elektronischen Anzeigetafel, die der Schiedsrichter mit großem Stolz vorführt.»

Schmid spricht mit dem Hotelmanager, läßt von einer 16köpfigen Sicherheitstruppe die Ruheräume und Toiletten auf mögliche geheime Botschaften untersuchen, warnt schließlich die Fotografen davor, länger als drei Spielminuten zu stören. Zuwiderhandelnde werden gnadenlos des Saales verwiesen.

Drei Minuten vor fünf stürmt Garry Kasparow mit langen, federnden Schritten auf die Bühne und ans Brett. Er grüßt den Schiedsrichter mit einem Krause-Nase-Lächeln wie ein schüchterner Teenager. Dann setzt er sich hin. Er schreibt seinen Namen in sein Notationsformular und stellt die von Schmid so sorgfältig aufgestellten Figuren noch sorgfältiger auf, genau in die Mitte der Felder, Pferdeköpfe nach rechts.

17.01 Uhr. Karpow ist noch nicht da. Schmid teilt Kasparow flüsternd mit, daß er ziehen und Karpows Uhr anstellen darf. Aber Garry winkt grimmig ab. Dann kommt der 35jährige Herausforderer und Exweltmeister vorsichtig auf die Bühne und begrüßt alle mit Haifischlächeln.

Gong zur ersten Runde. Die Uhr tickt. Kasparow zieht, knallt den Damenbauern zwei Felder vor, als sei das schon das Matt. Karpow sieht sich das eine gute Minute nachdenklich an und spielt dann wie immer Springer f6.

Beim vierten Zug überlegt Karpow vier Minuten, bevor er genauso zieht wie in der zweiten Partie. Natürlich hat er nicht ernsthaft einen anderen Zug ins Kalkül gezogen. Er hat sich auf diese Eröffnungsvariante mit seinen Sekundanten genau vorbereitet und sich auf mögliche Folgezüge längst festgelegt. Das lange Überlegen an dieser Stelle soll Kasparow irritieren. Hauptsächlich aber ruft sich hier Karpow alle Varianten noch einmal ins Gedächtnis, in sein Schachhirn zurück, um das Stellungsgefühl zu vertiefen. Vielleicht braucht er auch Zeit, um Emotionen gegen die übermächtige körperliche Präsenz des vor Energie und Aggressivität berstenden Gegners zu kontrollieren.

Der Haß der beiden Kontrahenten aufeinander geht weit über die übliche Spannung zwischen konkurrierenden Sportlern hinaus: Er geht auch weiter als die unter Schachspielern nötige Aggressivität, die (laut Bobby Fischer) jeder Siegertyp braucht, um seinem Gegner den Schmerz einer entscheidenden Niederlage zufügen zu können.

Kasparow hält Karpow schlicht für einen Betrüger, der sich mit einer langen Reihe von Tricks und mit Hilfe korrupter Freunde in den Spitzenverbänden an seinen alten Titel klammert. Insbesondere wirft er Karpow vor, nicht nur Nutznießer, sondern auch Mitinitiator beim skandalösen Abbruch des Weltmeisterschaftskampfes 1984 zu sein. Jenen Kampf, in dem Kasparow zum ersten Mal den damaligen Weltmeister Anatoli Karpow herausforderte, hat Karpows enger Freund, der umstrittene Fide-Chef Florencio Campomanes, nach 48 Partien einfach zugunsten des vor dem K.-o.-Niederschlag stehenden Karpow abgestoppt. Erst den Wiederholungskampf gewann Kasparow dann im vergangenen Jahr nach weiteren 24 Partien mit 13:11. Auch dem jetzigen dritten Wettkampf muß Kasparow sich nur aufgrund eines von Campomanes für Karpow bestimmten einmaligen Sonderrechts stellen. Für all dieses Ungemach will Kasparow jetzt Karpow strafen.

Aber der «sanfte Tolja» ist auf der Hut. Im sechsten Zug weicht er tatsächlich von der zweiten Partie ab. Im neunten Zug unternimmt er einen Springerausfall an den Rand, «der bringt» (nach einer alten Anfängerregel) «Schimpf und Schand». Aber bei Großmeistern gelten die Kinderregeln nicht. Im zwölften Zug macht Kasparow seinen dritten Damenzug, was Altlehrmeister Tarrasch ebenfalls als Stümperei bezeichnet hätte, doch bei den modernen Meistern lautes Entzücken hervorruft.

«Wonderful», sagt Tony Miles im Kommentarraum. «Excellent», jubiliert Nigel Davis, dessen Kommentare aus einer abgeschlossenen Kabine die Zuschauer direkt im Spielsaal über Kopfhörer empfangen können.

Dieser Kopfhörerverleih ist ebenso eine Neuerung wie Kasparows Damenzug, wie das Match überhaupt. Zum ersten Mal spielen zwei sowjetische Schachmatadoren um die Weltmeisterschaft im Ausland. Daß die ersten zwölf Partien dieses Wettkampfes (die zweite Hälfte wird in Leningrad ausgetragen) in London über die Bühne gehen, verdanken die Engländer der «Schachexplosion» in ihrem Lande. Längst ist England mit zehn jungen Großmeistern die zweitstärkste Schachnation der Welt. Der englische Schachverband unter Führung des unermüdlichen Präsidenten Raymond Keene nutzte das Schachfieber und machte bei verschiedenen Sponsoren 600 000 Pfund Sterling locker (knapp zwei Millionen Mark), eine Summe, mit der der Verband nicht nur die beiden Spieler, sondern vor allem die internationale Schachföderation Fide überzeugen konnte.

Fide-Präsident Campomanes richtete sich in der Supersuite des Park-

133

Lane-Hotels ein und verlangte für jedes Remis des Wettkampfes ein Prozent des Preisgeldes, angeblich für die Unterstützung des Schachs in der dritten Welt. (Er braucht deren Hilfe bei der nächsten Fide-Präsidentenwahl.) Campomanes blieb auch bei seiner Forderung, obwohl beide Spieler, erst Kasparow, später auch Karpow, auf ihr Preisgeld zugunsten des Tschernobyl-Hilfsfonds verzichteten.

Zu der Partie hat Kasparow für ein aktives Läuferpaar jetzt einen schwachen, isolierten c-Bauern in Kauf genommen. Ihm gelingt es, den Schwächling im Tausch gegen den schwarzen b-Bauern loszuwerden. Karpow, der seinerseits hoffte, nach dem Tausch den gefährlichen weißen Läufer zu tauschen, wird im 17. Zug wie alle Anwesenden von einem «brillanten, nicht stereotypen Zug» (Großmeisterkommentar) überrascht und muß mit seinem vorgedrungenen Springer weichen. Sodann treibt Kasparow – im Stile Aljechins – mit drei feinen Damenzügen Dd3 – e3 – e4 – d3 den Springer auf ein ungünstiges Feld, wirft seinen zweiten Läufer in den Angriff und dringt ins Lager von Schwarz ein.

Karpow krümmt sich auf seinem Stuhl zu einem Häufchen Elend zusammen. Zudem gerät er in Zeitnot. Von seinen zweieinhalb Stunden für 40 Züge hat er bereits jetzt, nach 25 Zügen, über zwei Stunden verbraucht. Für die restlichen 15 Züge verbleiben ihm nur 25 Minuten.

Man spürt förmlich, wie Kasparow seine Chance wittert. Er tigert über die Bühne, stürzt in seinen Ruheraum, kommt zurück, starrt aufs Brett. Karpow scheint sich in seinen Stuhl zu schrauben.

Die Spannung überträgt sich aufs Publikum. In Totenstille verfolgt es die Szenen auf der Bühne. Plötzlich Gekicher, Gelächter von mehreren Plätzen. Schiedsrichter Schmid macht beschwörend «Ruhe»-Bewegungen – vergeblich. Schließlich erkennt er, daß die Leute mit den Kopfhörern hilflos den Witzen eines Gastkommentators in der Glaskabine ausgeliefert sind. Schmid rast in die Kabine und fordert: «No more jokes, please, gentlemen!»

Kasparow hat inzwischen einen Bauern gewonnen und marschiert mit seinem Freibauern der gegnerischen Grundlinie entgegen. Trotz Zeitnot macht Karpow einige clevere Züge und rettet die Partie jedenfalls bis zum Abbruch nach vierzig Zügen. Kasparow steht überwältigend gut. Wird er gewinnen? Kortschnoi: «Na klar.» Andere zweifeln, alle hoffen.

Die westlichen Schachmeister wünschen Kasparow den Sieg nicht nur, weil sie seine Persönlichkeit und seinen dynamischen Schachstil vorziehen, sondern weil sie hoffen, daß Kasparows Sieg auch die «Karpow-Campomanes-Mafia» endgültig zerschlagen wird und daß bei den nächsten Fide-Wahlen im Herbst in Dubai statt Campomanes der Brasilianer Lincoln Lucena zum Präsidenten gewählt werden wird.

Die Spannung zwischen den beiden Lagern wird am nächsten Morgen deutlich. Während die Partie noch hängt und von beiden Teams in geheimen Sitzungen analysiert wird, gibt

134

Campomanes eine Pressekonferenz. Die Journalisten attackieren ihn hart. Viele Fragen läßt der Filipino einfach unbeantwortet. Hauptvorwurf ist, daß er die nächste Schacholympiade, auf der auch die Präsidentenwahl stattfindet, nach Dubai vergeben wird, obwohl Dubai den israelischen Schachverband nicht zu der Veranstaltung einlädt. Campomanes bevorzugte Dubai vor anderen Bewerbern, weil er hier mehr Geld bekommt, das er für seine Wahlkampagne in den Ländern der dritten Welt braucht.

Um fünf Uhr soll die vierte Partie fortgesetzt werden. Um halb vier kommt ein Anruf aus Karpows Lager: Aufgabe. Aber Schiedsrichter Lothar Schmid weist derartige Telefonaufgaben zurück. Er pocht auf die Regeln: Die Aufgabe muß schriftlich niedergelegt sein.

Am Abend sitze ich mit Lothar Schmid in einem arabischen Restaurant. Er ist im Hauptberuf Karl-May-Verleger und labt sich an der arabischen Vorspeisetafel «Mezze» wie Hadschi Halef Omar. Er ist noch immer ärgerlich über den Pressechef, der als erster «zu früh» Karpows Niederlage verbreitet hat. «Alles muß seine Ordnung haben», sagt er bestimmt. Schmid, dem seine Brüder und Mitverleger vorwerfen, er vernachlässige bei seinen Schiedsrichterauftritten die Verlagsarbeit, erklärt, daß die vielfältigen Schiedsrichteraktivitäten während der Partie dem Publikum nicht auffallen. Stundenlang verhandelte er mit den Spielern über Größe und Form der Figuren, Politur des Tisches, Rollen un-

ter den Stühlen, Lampenform, Lichtstärke auf der Bühne, Anordnung der Ruheräume und Toiletten, Sitzordnung der Teammitglieder (siebte Reihe) und Dutzende weiterer Details. «Und trotzdem gibt es immer wieder Proteste.» Bei allem bemüht er sich in dieser Zwei-Lager-Schachwelt um strikte Neutralität, die oft seltsame Blüten treibt: Obwohl Aljechin sein Vorbild war und ist und er Kasparows Stil mit Aljechins vergleicht, «bevorzuge ich weder den Stil Karpows noch Kasparows». Schmid trinkt während des Essens nur eine Flasche Bier, «um morgen fit zu sein». Für den Fall, daß der zerschmetterte Karpow keine Auszeit nimmt.

Garry Kasparow feiert an diesem Abend ohne Alkohol und ohne Mädchen. Erst nach dem Wettkampf will er endlich ein paar westliche Mädchen kennenlernen, erzählt sein Manager Andrew Page. Dieser, ein glänzendes Produkt des westlichen Kapitalismus – Oxford-Schüler, ehemaliger Rennfahrer, Schauspieler, Computerfachmann –, vermarktet jetzt Sport und Sportler. Seine Pläne mit Garry gipfeln in eine Weltschachliga «mit oder gegen Fide». Damit es wegen der Überlegenheit Garrys nicht zu langweilig wird, will er ähnlich wie bei seinem Lieblingssport Golf Handicaps einführen. Schwächere Spieler bekommen je nach Elo-Wertung materielle oder zeitliche Vorgaben.

Am nächsten Morgen nimmt Karpow nicht nur keine Auszeit. Er erscheint pünktlich zur fünften Partie, blickt dem Weltmeister mit erstaunlichem Selbstbewußtsein lange ins Gesicht und macht seine Züge in einer neuen Variante der Grünfeld-indischen Verteidigung. Er zieht schnell und sicher. Kasparow läßt sich nicht lumpen und zieht genauso schnell. Nach 19 Zügen hat Karpow erst 20, Kasparow 22 Minuten verbraucht. Aber Kasparow ist, so lautet die einhellige Meinung der Großmeister, schon verloren, überrannt, seine Läufer sind gefangen. Masochistisch quält der Weltmeister sich und die Zuschauer noch zwei Stunden und zwölf Züge weiter. Dann flieht er den Ort der Niederlage, nimmt eine Auszeit, um ein Konzept gegen den wiedererstarkten Altweltmeister zu finden.

Nach zwei Remisen ging Kasparow dann in der achten Partie wieder in Führung, als Karpow in verlorener Stellung die Zeit überschritt: 4,5 zu 3,5. Vielleicht braucht der 35jährige Karpow doch eine Zeitvorgabe.

Wie man einen Türken baut oder
Der erste Schachautomat

Philidor verband nicht nur Musik und Schach, seine Freundschaft mit Rousseau und Diderot verweist auch auf die Verwandtschaft mit der Philosophie, und seine Nähe zu Leonhard Euler und Benjamin Franklin spiegelten auch die engen Beziehungen zwischen Schach und den Wissenschaften wider, wie sie in jenen Tagen in Europa blühten. Euler, der das Rätsel des Rösselsprunges auf den 64 Feldern löste, nahm Schachunterricht und studierte Philidors Lehrbuch. Gottfried Wilhelm Leibniz, der Gründer der Preußischen Akademie der Wissenschaften in Berlin, pries das Schach als «Übung der Denkfähigkeit und der Erfindungsgabe: Wir müssen nämlich überall dort, wo wir uns der Vernunft bedienen, eine ausgearbeitete Methode zum Erlangen des Zieles haben.» Überdies komme der Einfallsreichtum des Menschen am besten beim Spiel zum Vorschein.

Vom Schach inspirieren ließen sich auch der Mathematiker, Physiker und Astronom Henri Poincaré, die Chemiker Michail Wassiljewitsch Lomonossow und der Entdecker des periodischen Systems der Elemente Dimitri Iwanowitsch Mendeljew, der in seinem Petersburger Haus Turniere veranstaltete. Die damaligen Könige unter den Naturwissenschaftlern, die Mechaniker, die schon etliche Androiden, musizierende menschengroße Puppen, geschaffen hatten, träumten natürlich davon, einen Schachautomaten herzustellen.

Baron Wolfgang von Kempelen, Hofrat bei Maria Theresia, war ein begnadeter Mechaniker. Inspiriert durch eine Magnetismusvorführung am Wiener Hof, führte er eines Tages der Kaiserin eine schachspielende Maschine vor. An einem kastenförmigen Spieltisch saß eine als Türke verkleidete Puppe, die mit der linken Hand einen Zug ausführte, sobald sich jemand zu einer Partie bereit erklärte. Die Puppe gewann meist schnell und leicht. Der Schachautomat wurde bald auch einem größeren Publikum vorgeführt, das sich auch an den humoristischen Einlagen des Türken erfreute. Zum Beispiel wackelte er, wenn er am Zug war, mit dem Kopf, als studiere er die Stellung. Illegale und idiotische Züge wies er durch Kopfschütteln zurück und schlug bessere Möglichkeiten vor. Ein Schachgebot kündigte er mit dreimaligem Kopfnicken an.

Um Zweifler, die einen Zwerg in dem Kasten vermuteten, eines Besseren zu belehren, öffnete Kempelen vor der Partie die Frontklappen der Kiste, die den Zuschauern jedoch nur einen Blick auf ein kompliziertes Räderwerk mit Hebeln und Walzen freigab. Sogar der Körper des Türken wurde aufgeschlossen und auf seine Un-Menschlichkeit untersucht. Der Schachautomat war eine solche Sensation, daß Kempelen mit seiner Maschine eine Europatournee unternahm, wobei er vermutlich mehr Geld verdiente als bei der Kaiserin. In Paris im Café de la Régence verlor er gegen Philidor. Gelegentliche Niederlagen schadeten seiner Popularität keineswegs, da allein die mechanische Fingerfertigkeit des Türken, seine Ausführung der Züge das Publikum schon an Wunder glauben ließ, von seiner Schachkunst ganz zu schweigen.

Nach und nach rüstete Kempelen den Automaten mit immer neuen sensationellen Features aus. So konnte der Türke bald auch nach den Partien Fragen beantworten, indem er mit dem Finger die Buchstaben auf einer vor ihm liegenden Tafel antippte, etwa auf die Frage: «Wie hat dein Gegner gespielt?» A.: «So gut wie Philidor.» Frage: «Bist du verheyratet?» Antwort: «Ich habe viele Weiber.»

Natürlich mehrten sich im Lauf der Jahre die Stimmen, die einer Maschine derartige Künste nicht zutrauen mochten und den Baron als Betrüger beschuldigten. Er selber aber behauptete klugerweise nie, daß hier eine Maschine Schach spielen könne, er erweckte nur den Eindruck. Viele Zeugen der Türkenauftritte hielten die ganze Erscheinung für Wunder oder Teufelswerk. (Eine Frau glaubte einmal faulen Höllenduft zu riechen.) Manche rochen den Braten ziemlich genau und vermuteten einen Menschen in der Kiste, obwohl sie ihn nicht sahen.

Erst zwanzig Jahre nach der ersten Aufführung entlarvte Joseph Friedrich zu Racknitz nach mehrjährigen Analysen das Geheimnis des Türken, der nicht von einer Maschine, sondern von einem Menschen angetrieben wurde. Dieser war so geschickt im Kasten untergebracht, daß er sich immer von dem gerade zur Besichtigung freigegebenen Teil wegdrehen und verborgen bleiben konnte. Noch heute erscheint es als Wunder, daß Kempelen immer neue drahtige, schlanke Burschen fand, die zugleich Schachspieler der Meisterklasse waren. Als der Automat 1806 in Schönbrunn Kaiser Napoleon besiegte (der als notorischer schlechter Verlierer anschließend die Figuren vom Brett fegte), soll der berühmte österreichische Meister Allgaier unterm Brett gesessen haben.

Doch die Entlarvung des Automaten – Racknitz veröffentlichte ein Buch, in dem er sogar die magnetische Übertragung der Züge sehr genau darlegte – schmälerte keineswegs seine Popularität. Nach dem Tode Kempelens übernahm der Wiener Hofrat Johann Nepomuk Mälzel den Automaten nebst Schachspieler. Mälzel bereiste mit dem Automaten die halbe Welt und spielte gegen mehrere Schachgrößen und Persönlichkeiten des öffentlichen Lebens. Die spielstarke Puppe erregte auch die Aufmerksamkeit von Edgar Allan Poe, der 1836 einen Essay veröffentlichte, der in detektivischer Kleinarbeit das Geheimnis der Maschine, zum Teil nicht ganz korrekt, ein zweites Mal lüftet.

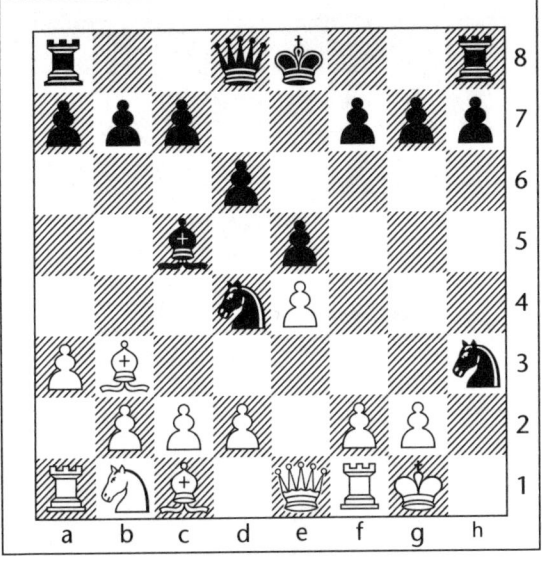

11. ... Sxh3 hatte Napoleon übersehen.

Napoleon I. – «Schachautomat» Schönbrunn, 1809

1. e4, e5
2. Df3, Sc6
3. Lc4, Sf6
4. Se2, Lc5
5. a3, d6
6. 0–0, Lg4
7. Dd3, Sh5
8. h3, Lxe2
9. Dxe2, Sf4
10. De1, Sd4
11. Lb3, Sxh3+
12. Kh2, Dh4
13. g3, Sf3+
14. Kg2, Sxe1+
15. Txe1, Dg4
16. d3, Lxf2
17. Th1, Dxg3+
18. Kf1, Ld4
19. Ke2, Dg2+
20. Kd1, Dxh1+
21. Kd2, Dg2+
22. Ke1, Sg1
23. Sc3, Lxc3+
24. bxc3, De2+
0–1

Der kleine Fritz – Computer setzen matt
Hamburg, März 1993

Frederic Friedel würde in einem mittelmäßigen Schachclub kaum eine Partie gewinnen und verliert meistens sogar gegen seinen zehnjährigen Sohn Tommy. Abends aber diskutiert der 47jährige Familienvater und Gesellschafter der Hamburger Firma ChessBase häufig von seinem niedersächsischen Dorf telefonisch mit Garry Kasparow in Moskau über eine aktuelle Schachpartie. So rief ihn der Weltmeister am Tag nach der achten Partie zwischen Bobby Fischer und Boris Spassky an und «fragte mich, was ich von Spasskys 31. Zug Turm c1 hielt» (ein Zug, den alle Zeitungen als groben Fehler eingestuft hatten). «Der Zug war okay», antwortete Friedel, «aber nach 31. ... Scb3; 32. axb3, Sxb2 war natürlich 33. Tc6 ein schlimmer Fehler. Spassky sollte 33. Dc2! spielen; danach steht er sogar etwas besser.» Am anderen – Moskauer – Ende der Leitung Schweigen. Dann: «Das hat dein verdammter Fritz herausgefunden.»

Fritz? Fritz ist ein dünnes, kleines Wunderkind, das – in einen PC-Schlitz geschoben – großmeisterliche Schachzüge auf den Bildschirm sprudelt. Schon steckt der Newcomer den langjährigen Champion Mephisto in die Tasche und hat bei der jüngsten Compu-

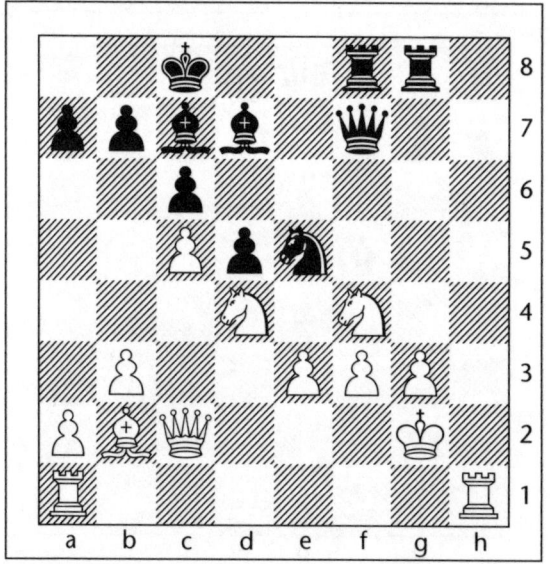

Vor 27. ... Sxf3. Garry schlägt zu und verliert.

Fritz2 –
G. Kasparow,
Köln 1992

1. Sf3, d5
2. d4, e6
3. c4, c6
4. e3, f5
5. Ld3, Ld6
6. c5, Lc7
7. Sc3, Df6
8. h3, Sh6
9. Ld2, Sd7
10. 0–0, g5
11. b3, g4
12. hxg4, Sxg4
13. Dc2, Tg8
14. Lc1, Sf8
15. Lb2, Dg6
16. g3, Dh6
17. Se2, Sg6
18. Kg2, Dg7
19. Th1, e5
20. dxe5, S6xe5
21. Lxf5, Df7
22. Lxg4, Lxg4
23. Sfd4, h5
24. Sf4, 0–0–0
25. f3, Ld7
26. Sxh5, Tdf8
27. Sf4, Sxf3

terweltmeisterschaft unter einer Reihe von Großrechnern den fünften Platz erreicht. Außer Fritz vertreiben auch andere billige PC-Programme die traditionellen, aber teureren und schwächeren Schachcomputer vom Markt. Die Diskettenschacher verdanken ihre Überlegenheit vor allem der neuen Computerhardware, die mit den rasanten 486er-Prozessoren bestückt ist.

Der kleine Fritz beispielsweise, der pro Sekunde 20 000 Stellungen untersucht, kombiniert mit solcher Spielstärke, daß die Schöpfer der IBM-Superschachmaschine Deep Thought schon eine Fritz-Diskette als Trainingspartner für ihren Schach-Frankenstein benutzen, der demnächst Weltmeister aller Klassen werden soll. Während Deep Thought ein einmaliges Millionen-Dollar-Objekt ist, schwärmt der kleine, 178 Mark billige Fritz schon mit

6000 Exemplaren durch den Schachdschungel, wo er in der Turnierstufe locker 99 Prozent aller Gegner vom Bildschirm wischt. Bei kürzerer Bedenkzeit nimmt seine Überlegenheit noch zu; und beim Blitzschach, wo die Kontrahenten nur fünf Minuten für die ganze Partie haben, kommen sogar Groß- und Weltmeister ins Schleudern. Matadore wie John Nunn und Patrick Wolff erreichten in Blitzserien gerade fünfzig Prozent: gleich viele Niederlagen wie Siege. Der Weltranglistenvierte Alexej Schirow und der Fünfte Vishy Anand schafften immerhin siebzig Prozent. Selbst Weltmeister Garry Kasparow gewann bei seinem letzten Deutschlandbesuch im Blitzmarathon gegen den kleinen großen Fritz von 37 Partien nur 24, bei vier Remisen: 72 Prozent. Obwohl der Eröffnungsspezialist in fast allen Partien einen Anfangsvorteil errang, mußte er sich neunmal Fritzchens Verteidigungskünsten und wundersamen Konterschlägen beugen.

In der nachfolgend abgedruckten Partie konnte Kasparow – laut johlend und hämisch lachend – den scheinbar stumpfsinnigen Gegner bis zur teilweisen Lähmung einschnüren, um dann einen so furiosen Angriff zu starten, daß die meisten Mitmenschen schon psychisch kapituliert hätten. Fritz aber behielt seine Drahtnerven; mit abenteuerlicher Unverfrorenheit rettete er seinen nackten Körper über mehrere beschossene Linien hinweg vor des Weltmeisters Türmen und Läufern, um dann seinerseits mit dem 33. Zug so viel unerwartetes Gift zu verspritzen, daß der inzwischen fluchende Garry «Neue Partie» anklickte.

Fritz hat Nerven wie Drahtseile

Die meisten Groß-, Mittel- und Kleinmeister benutzen inzwischen Fritzens taktische Fähigkeiten als Analysehilfe beim heimischen Partienstudium. Über Fritz können sie auch in dessen professionellen Bruder ChessBase einsteigen, wo sie mit Zusatzdisketten mehr als 250 000 Meisterpartien nachspielen und durchleuchten können. Mit dieser Datenbank bereiten sich neuerdings fast alle Turnierspieler auf ihre nächsten Gegner vor, indem sie deren – auf ChessBase abgespeicherte – Partien untersuchen und so des Gegners Schwächen und Stärken kennen- und nutzen lernen.

Fritzens meisterliche Spielstärke wirft freilich auch Probleme auf. Zunächst für Fritzens Mutter ChessBase. Die Hamburger Firma gewinnt zwar weltweit – auch wenn neuerdings der deutsch-preußische Name Fritz in den USA Schwierigkeiten macht – Kunden aus der Meisterklasse, verliert aber gleichzeitig die zahlreichere Kundschaft aus der schachlichen Unterklasse, für die eine Partie gegen Fritz so sinnlos und schmerzlich ist wie ein Boxkampf gegen George Foreman. Selbst wenn diese Schachspieler Fritz auf die unterste Spielstufe – nur eine Sekunde pro Zug – schalten und sich selbst beliebig Zeit nehmen, haben 95 Prozent von ihnen keine Chance gegen den schnellen Brüter.

Um trotzdem diese 95 Prozent als

Käufer zu motivieren, mußten die Fritz-Schöpfer «Handicap»- (im Jargon: «Patzer»-)Stufen einrichten, in denen Fritz absichtlich Fehler macht, um Patzern zu Siegen zu verhelfen. Um die Benutzer weiter aufzubauen, haben Fritzens Väter in der neuen Version Fritz2 pädagogische Features eingerichtet. Kritische Felder werden je nach Gefahr in den Ampelfarben grün, gelb und rot erleuchtet. Auf Knopfdruck erscheinen beispielsweise angeschossene Felder grün, bedrohte Figuren werden rot eingefärbt. Es mag durchaus sein, daß diese Signalfarben Anfängern Schachprobleme einsichtig machen.

Fritz plagt Meister und Patzer

Als wir testweise die «Unsterbliche Partie» Anderssen–Kieseritzky (London 1851) spielten – in der Anderssen Läufer, Türme und Dame opferte und seinen Gegner matt setzte, als dieser noch über sämtliche Figuren verfügte –, gingen uns jedenfalls etliche Lichter auf: Die alte Metapher vom «Brett, das in Flammen steht» wurde auf dem Bildschirm bunte Wirklichkeit. Allerdings stellte Fritz bei der Analyse auch gleich die «Unsterblichkeit» der Partie in Frage, indem er einen Zug vorschlug (20. Läufer a6! statt Springer a6), mit dem sich Kieseritzky aus dem scheinbar zwingenden Mattnetz hätte befreien können.

Inzwischen machen sich Schachprofis zunehmend Sorgen, daß nicht nur unsterbliche Partien vom Computer entmystifiziert werden, sondern das Schach insgesamt. Der deutsche Groß-

28. Kxf3, Txg3+
29. Kxg3, Lxf4+
30. Kf2, Le5+
31. Ke1, Lg4
32. Dg2, Tg8
33. Sb5, De7
34. Sxa7+, Kb8
35. Lxe5+, Dxe5
36. Sxc6+, bxc6
37. Dh2, Dxh2
38. Txh2 1–0

meister Gerald Hertneck schreibt angesichts der Analysefähigkeiten von Fritz im *ChessBase-Magazin* schon ironisch von «schöner neuer Welt» und vom «großen Ausverkauf des Schachs».

ChessBase-Vertreiber Friedel erklärt solche computerfeindlichen Attacken von Großmeistern mit «deren Frust darüber, daß sie sich jetzt auch gegen mittelmäßige, aber durch Fritz genau präparierte Gegner viel mehr anstrengen müssen als früher». Damals hatte ein Großmeister täglich viele Stunden mit dem Studium der Eröffnungstheorie verbraucht und dieses Wissen wie Asterix' Zaubertrank gegen die vielen ahnungslosen, halbstarken Schacher eingesetzt. Dank ChessBase aber ist der Zaubertrank jetzt für jeden Fortgeschrittenen zugänglich und gegen die alten Exklusivbenutzer anwendbar. Fritz demokratisiert Schach. Zudem können sich schwächere Turnierspieler durch das Studium der im Computer gesammelten Partien ihres nächsten Gegners auf diesen einstellen, ja einschießen.

Aber die Computer enthüllen auch Geheimnisse, die Menschen bisher gar nicht entdeckt oder falsch interpretiert hatten. So hat der englische Großmeister und Mathematiker Dr. John Nunn mit speziellen Datenbanken jetzt die Geheimnisse der Turmendspiele gelüftet und in einem Buch veröffentlicht. Nunn hat unter anderem herausgefunden, daß bestimmte Endspiele jahrelang von allen Meistern und Buchautoren falsch eingestuft und behandelt worden sind. So ist das Endspiel König und zwei Läufer gegen König und Springer entgegen früheren Annah-

men grundsätzlich gewonnen. Der Weltschachbund hat die alte 50-Züge-Regel (nach 50 Zügen ohne Bauernzug oder Materialreduzierung ist die Partie remis) auf 75 Züge für bestimmte Endspiele erweitert, in denen die Computer die alten Strategien über den Haufen geschmissen haben.

Während Nunn sein Computerwerk als «revolutionär» und «erstes Buch ohne einen einzigen Analysefehler» rühmt, ergriff seinen dänischen Großmeisterkollegen Curt Hansen das blanke Entsetzen: «Wenn uns Schach wegen seiner komplexen und unlösbaren Probleme fasziniert, was ist dann die Idee eines Buches mit endgültigen Antworten, die durch einen Computer gefunden worden sind?» Hansen befürchtet, daß durch die Computer das wunderbare, schier undurchdringliche Dickicht des Schachs gelichtet wird; er äußert Mitleid mit den frustrierten Kollegen, die Jahre ihres Lebens der Erforschung der Endspiele gewidmet haben und jetzt durch Datenbanken überholt werden. Schließlich sorgt er sich, daß «Großmeister durch die Computerentwicklung ihre Jobs und die Quelle ihres Einkommens verlieren können», und appelliert an alle Schachorganisationen, bei IBM gegen die Weiterentwicklung des erbarmungslosen Frankenstein-Monsters Deep Thought zu protestieren.

Bleibt ein Trost für die besorgten Großmeister: In einer Partie von 40 Zügen beträgt die Zahl der möglichen Abläufe 25×10^{115}. Mit diesen Möglichkeiten, gegen deren Menge die Zahl der Atome im Weltall lächerlich gering ist, werden auch die besten Computer noch viele Jahre unlösbare Probleme haben.

P. S.: Am 29. Mai 1995 wurde Fritz3 in Hongkong Weltmeister der Computer. Er schlug auf einem handelsüblichen Pentium-Prozessor unter anderem den IBM-Großrechner und (Ex)-weltmeister Deep Blue sowie – im Stichkampf – den US-Giganten „Star Socrates", eine 17 Meter lange und 13 Tonnen schwere Schachmaschine.

Die neuen Wilden – Zurück zur Romantik

Auch nach dem Tod Philidors blieb Frankreich mit vier Schachtitanen das Zentrum der Welt und das Régence der Kreißsaal der Schachgenies. Doch die neuen französischen Asse, Alexandre Louis Deschapelles, Charles Mahe de La Bourdonnais, Pierre Saint-Amant und der aus Livland eingewanderte Lionel Kieseritzky zogen ihre Figuren keineswegs in Philidors stilistischen Fußstapfen übers Brett. Im Gegenteil, sie verwarfen Philidors theoretische Erkenntnisse über den systematischen Partieaufbau, seine Positions- und Bauernregeln, und griffen zurück auf das wilde italienische Figurenspiel mit Kombinations- und Opferattacken, zur Freude der wachsenden Zahl der Enthusiasten. Das zurückhaltende Filigranschach Philidors, das den sensationslüsternen Fans nicht mehr behagte, geriet in Vergessenheit, bis Steinitz hundert Jahre später es wiederentdeckte und zum modernen Schach ausfeilte.

Die Entwicklung der Schachstile vom Abenteurer Greco zum kühlen Denker und Analytiker Philidor und zur folgenden Wiederaufnahme wild-virtuoser Kampfspiele hat die Historiker und Kulturkritiker zu interessanten Zeitgeistparallelen inspiriert. Der im historischen Materialismus geschulte Joachim Petzold glaubte 1986, Philidors «Analyse»-Stil sei «von der französischen Aufklärung geprägt. Alles wurde vor den strengen Richterstuhl der Vernunft gezogen. Nicht wenige ihrer kühnsten Denker hofften, alle Wissenschaften auf die einfachen Formeln der Mechanik und der Logik zurückführen zu können.» Zwar, so meint Petzold, sollte Philidor «nicht die Welt, sondern nur die Schachkunst verbessern. Aber ein Blick in die Geschichte der Aufklärung beweist, daß Philidors berühmter Grundsatz ‹Die Bauern sind die Seele des Spiels› nicht allein seinen Erfahrungen auf dem Schachbrett entsprang.»

Im Gegensatz dazu ordnet der spanische Anarchist Fernando Arrabal in seinem Schachroman «Hohe Türme trifft der Blitz» den großen Philidor nicht der Aufklärung, sondern der Französischen Revolution zu.

Harold C. Schonberg wiederum erklärt sich die gegenläufige, die postphilidorsche Rückkehr zum ungehemmten wilden, romantischen

Schach mit «den neuen Ideen, wie sie in der Französischen Revolution zum Ausdruck kamen, im amerikanischen Unabhängigkeitskrieg, in der industriellen Revolution, in der neuen Dichtung von Wordsworth, Byron und Goethe, in der verblüffend freien Musik Beethovens».

Die Beispiele zeigen, wie leicht sich irgendwelche geschichtlichen Entwicklungen in Teilbereichen der Kultur einem allgemeinen Zeitgeist unterschieben lassen. Immerhin reduziert Schonberg seine Mutmaßungen auch auf ein «Vielleicht». Und fährt fort: «Was auch immer dahinter stecken mochte, jedenfalls wird die romantische Schachepoche eingeläutet – und sie war genauso romantisch wie Byron, Berlioz oder die Gemälde von Delacroix.»

Vielleicht aber wird der jeweilige Schachstil gar nicht durch irgendeinen Zeitgeist bestimmt, sondern durch den Stil der stärksten Meister einer Epoche. Das Publikum hat zu allen Zeiten die romantischen Spieler und ihre Kombinationskünste mehr geliebt als die wissenschaftlichen, dogmatischen Meister wie Philidor (100 Jahre später Steinitz und abermals 100 Jahre später Karpow), die aber auf Grund ihrer Erfolge auch den stilistischen Ton angaben.

Heute, gegen Ende des 20. Jahrhunderts, haben sich die Schachstile versöhnt. Die Meister streiten nicht mehr über die Richtigkeit der einen oder anderen Methode. Wilde Gambits und das Spiel «vom ersten Zug auf Matt» sind in der Großmeisterklasse nur selten anzutreffen. Alle Meister entwickeln ihr Spiel auf einer soliden positionellen Basis, um angesichts einer Blöße im gegnerischen Lager auch mit taktischen Schlägen und Opferkombinationen die Partie zu entscheiden. Nur: manche entdecken solche Möglichkeiten in einer Partie früher, manche später, einige nie. Und manche sehen die Möglichkeit, meiden aber das Risiko eines Rechenfehlers oder einer falschen Einschätzung und versuchen, langsam aber sicher ihren Stellungsvorteil auszubauen und eventuell im Endspiel auszuwerten.

Der erste der neuen Wilden, die Anfang des 19. Jahrhunderts mit ihren Erfolgen die engen Schranken des Philidorschen Schachgeistes durchbrachen, war Louis Deschapelles, ein wüster, arroganter Haudegen, der im Krieg gegen Preußen seine rechte Hand verloren hatte, aber mit der Linken – ohne positionelle Planung und ohne Rücksicht auf Verlust – das tat, «was ich für das Beste halte: matt setzen». Als Anhänger dieser radikalen Philosophie («Ich spiele vom ersten Zug auf Matt») treten heute noch die Verfechter des Blackmar-Diemer-Gambits auf, die allerdings in stark besetzten Turnieren keine Chancen mehr haben.

Anfang des 19. Jahrhunderts aber war der wüste Deschapelles vermutlich der stärkste Spieler der Welt, der erst in seinem Schüler La Bourdonnais seinen Meister fand.

Auch dieser wuchtige Schachbesessene hielt Hof im Café de la Régence, hatte seinen eigenen Tisch, an dem er wie ein Automat saß, der von jedem Normalmenschen mit einem entsprechenden Einsatz angeworfen werden konnte. George Walker war von der Schnelligkeit dieser frühen Schachmaschine geschockt: «Man hebt die Hand um zu ziehen, und schon schwebt die Hand des Franzosen über dem Brett, zum Sturzflug bereit, bevor sich die eigenen Finger auch nur der Zielfigur genähert haben. Man zieht, und der Gegenzug ist beendet, bevor man selbst seine Zughand zurückgezogen hat.» La Bourdonnais wäre vermutlich der erste Blitzweltmeister gewesen, wenn es damals bereits Uhren für Blitzschach gegeben hätte. Auch heute ziehen manche Kaffeehausspieler nach der La-Bourdonnais-Methode in Windeseile, um ihre schwächeren Gegner verschärft mit A-tempo-Reaktionen einzuschüchtern. La Bourdonnais verstärkte den Alptraum seines Auftritts noch durch seine stechenden Augen, die, laut Walker, «das Brett scheinbar durchbohren und mit denen er vermutlich auch im Dunkeln sehen kann».

Daß La Bourdonnais aber nicht nur durch die Magie seiner Augen und Finger die Gegner erstarren ließ, zeigen die Notationen seines Londoner Wettkampfes gegen den Iren Alexander McDonnell, aufgezeichnet von George Walker, der der Nachwelt damit das erste nachvollziehbare Großmatch der Geschichte hinterließ, sozusagen das erste (inoffizielle) WM-Match. Insgesamt spielten La Bourdonnais und McDonnell zwischen Juni und Oktober 1834 in einer Serie von sechs Matches 88 Partien, von denen La Bourdonnais 44 gewann und 30 verlor, Rest remis. Eine Analyse der Partien zeigt, daß McDonnell, der immer wieder mit seinem halbseidenen Königsgambit sein Glück versuchte, der wagemutigere,

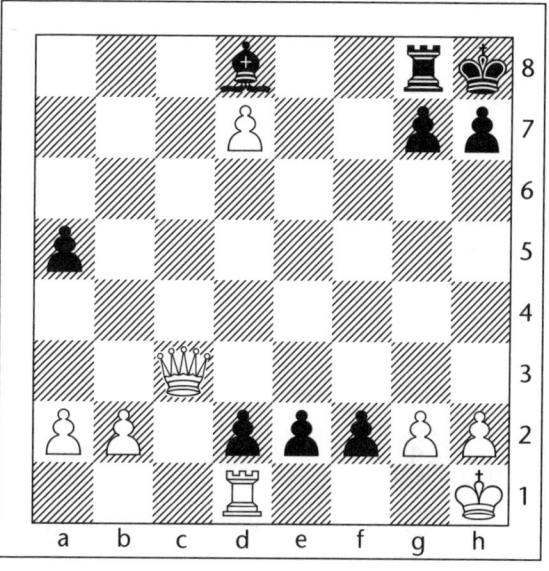

Schlußstellung

McDonnell –
La Bourdonnais,
London 1834,
4. Match,
62. Partie

1. e4, c5
2. Sf3, Sc6
3. d4, cxd4
4. Sxd4, e5
5. Sxc6, bxc6
6. Lc4, Sf6
7. Lg5, Le7
8. De2, d5
9. Lxf6, Lxf6
10. Lb3, 0–0
11. 0–0, a5
12. exd5, cxd5
13. Td1, d4
14. c4, Db6
15. Lc2, Lb7
16. Sd2, Tae8
17. Se4, Ld8
18. c5, Dc6
19. f3, Le7
20. Tac1, f5

147

21. Dc4+, Kh8
22. La4, Dh6
23. Lxe8, fxe4
24. c6, exf3
25. Tc2, Lc8
26. Ld7, De3+
27. Kh1, f2
28. Tf1, d3
29. Tc3, Lxd7
30. cxd7, e4
31. Dc8, Ld8
32. Dc4, De1
33. Tc1, d2
34. Dc5, Tg8
35. Td1, e3
36. Dc3, Dxd1
37. Txd1, e2
0–1

aber La Bourdonnais der genauere Spieler war, der die Blößen des wilden McDonnell geschickt ausnutzte.

Allerdings gewann der Taktiker McDonnell die interessanteste Partie, die 50., ausgerechnet mit einem positionellen Damenopfer im 13. Zug, das erst 23 Züge später die Ernte einfuhr.

George Walker hat nicht nur die Züge notiert, sondern in seiner plastischen Sprache auch die Atmosphäre des Wettkampfes eingefangen, der im Westminster Chess Club stattfand. Die Zuschauer drängten sich bis an den Spieltisch und diskutierten hemmungslos laut die Züge und mögliche Varianten. Einige sprachen sogar die Spieler an: «Ihr Turm steht aber schlecht.» Während die Zuschauertumulte dem empfindsamen Iren an den Nerven zerrten, schien der lebenslustige, rauhbeinige La Bourdonnais es eher zu genießen. Er gab selber lautstarke, launige Kommentare von sich, wenn der Ire wieder einmal mehrere Stunden über einem Zug grübelte, die aber – auf französisch – von den meisten nicht verstanden wurden. Die beiden Akteure hatten ohnehin nur ein gemeinsames Wort: «Check!»

Trotz der Niederlage ihres Heroen blieben die Briten glühende Liebhaber des königlichen Spiels, während in Frankreich das Interesse langsam erlahmte. La Bourdonnais gründete in Paris das erste Schachmagazin der Welt *La Palamède* (der Griechenkönig Palamedes galt damals als Erfinder des Schachs), das ihn aber nicht reich machte. Krank und arm verbrachte er wie Philidor seinen Lebensabend als Berufsspieler in London, im Schachclub «Chess Divan», wo die Mitglieder in einer Spendenaktion 100 Pfund für den Schwererkrankten sammelten.

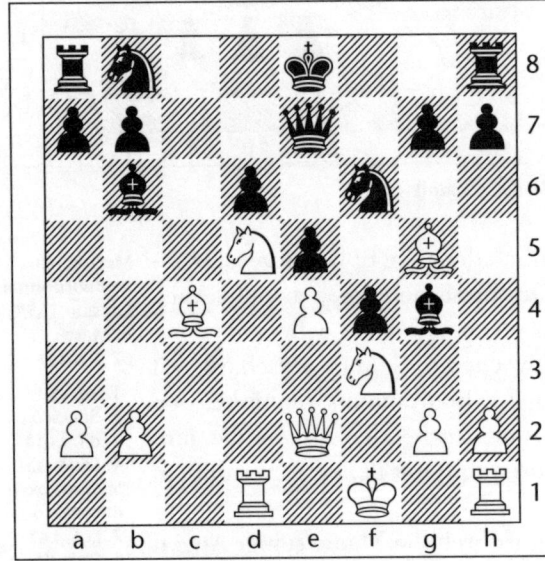

McDonnells Damenopfer. Stellung vor dem 13. ... Zug Sxd5.

Die britische Hilfsaktion für französische Spitzenmatadoren wurde von der Schachgöttin Caissa belohnt. La Bourdonnais' Nachfolger Pierre Saint-Amant verlor 1843 deutlich 6:11 (bei vier Remisen) gegen den neuesten englischen Topspieler Howard Staunton, der sich prompt selber als Schachweltmeister feierte.

Wenn er wirklich ein Weltmeister war, dann war er jedenfalls der erste in einer langen Reihe von Weltmeistern, die ihre Rolle mißverstanden und glaubten, die ganze Schachwelt dominieren zu dürfen. Staunton verweigerte nicht nur seinen unterlegenen Widersachern – mit allen möglichen Ausreden – einen Revanchekampf, sondern mied potentielle Sieger wie die Pest. Sogar dem später alles überstrahlenden US-Star Paul Morphy, nach Meinung von Bobby Fischer noch immer «der Größte von uns allen», wich er bei dessen Triumphzug durch Europa unter fadenscheinigen und hypochondrischen Begründungen aus – und verwehrte ihm so den verdienten Weltmeistersieg.

Die zurückgewiesenen Kandidaten bekämpfte Staunton wie seine unerwarteten gelegentlichen Bezwinger mit wüsten verbalen Attacken und Beleidigungen und giftiger Feder. Der Herausgeber etlicher erfolgreicher und zum Teil guter Schachlehrbücher benutzte seine Schachkolumne in den *Illustrated London News* als Brett, auf dem er seine Gegner mit Worten mattsetzte. Gegenzüge in Form von Leserbriefen unterdrückte er oder beantwortete sie mit ätzenden Beschimpfungen, die er als Leserzuschriften getarnt abdruckte.

Staunton war so unbeliebt, daß sich das *City of London Chess Magazine* in seinem Nachruf weigerte, «die alte Regel zu befolgen, nach der man über Tote nur Gutes sagen solle. Das mögen Verfasser von Grabinschriften tun, deren Geschäft es ist, Lügen in Marmor zu meißeln.» Statt dessen geißelte das Magazin seinen Mangel an Großzügigkeit und seine Unfairneß.

Spätere Autoren entschuldigten sein ätzendes Wesen mit seiner Kindheit, die er als illegitimer Sohn von Frederick Howards, des fünften Earl of Carlisle, in bitterer Armut und ohne Ausbildung erleiden mußte.

In die Schachgeschichte ist sein Name eingegangen – nicht wegen seiner Attacken am Brett (und auf dem Papier), sondern weil alle Figuren, die heute auf dem Brett in Turnierspielen attackieren oder attackiert werden, seinen Namen tragen: Staunton-Figuren. Entworfen hatte die Figuren der Künstler Nathaniel Cook; Staunton hatte sie nur vermarktet.

La Bourdonnais –
McDonnell,
London 1834,
4. Match,
50. Partie

1. d4, d5
2. c4, dxc4
3. e4, e5
4. d5, f5
5. Sc3, Sf6
6. Lxc4, Lc5
7. Sf3, De7
8. Lg5, Lxf2+
9. Kf1, Lb6
10. De2, f4
11. Td1, Lg4
12. d6, cxd6
13. Sd5, Sxd5
14. Lxe7, Se3+
15. Ke1, Kxe7
16. Dd3, Td8
17. Td2, Sc6
18. b3, La5
19. a3, Tac8
20. Tg1, b5
21. Lxb5, Lxf3
22. gxf3, Sd4
23. Lc4, Sxf3+
24. Kf2, Sxd2
25. Txg7+, Kf6
26. Tf7+, Kg6
27. Tb7, Sdxc4
28. bxc4, Txc4
29. Db1, Lb6
30. Kf3, Tc3
31. Da2, Sc4+
32. Kg4, Tg8
33. Txb6, axb6
34. Kh4, Kf6
35. De2, Tg6
36. Dh5, Se3
0–1

149

Als wär es ein Schafott...

Meran, November 1981

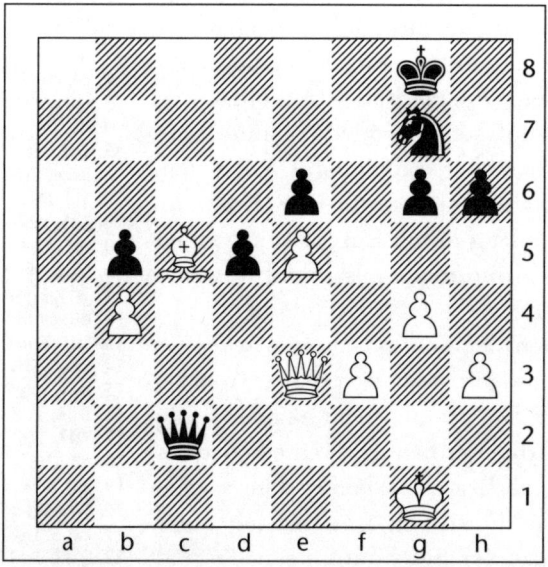

Kortschnois Bauernopfer 41. ... Dc2 lähmte Karpow.

Karpow –
Kortschnoi,
WM Meran 1981,
16. Partie

1. e4, e5
2. Sf3, Sc6
3. Lb5, a6
4. La4, Sf6
5. 0–0, Sxe4
6. d4, b5
7. Lb3, d5
8. dxe5, Le6
9. Sbd2, Sc5
10. c3, d4
11. Lxe6, Sxe6
12. cxd4; Scxd4
13. Se4, Le7
14. Le3, Sf5
15. Dc2, 0–0
16. Seg5, Lxg5
17. Sxg5, g6
18. Sxe6, fxe6
19. Tae1, Dd5
20. b3, Tac8
21. Lc5, Tfd8

Zunächst fixieren sich nur zwei leere Stühle. Der Hauptschiedsrichter setzt die Schachuhr in Gang, aber außer dem Ticken geschieht nichts. Die Stühle, zwischen sich das Schachbrett, stehen einander gegenüber, stumm wie zwei Schachspieler. Im Hintergrund das Schiedsgericht, drei Menschen am Richtertisch, die schweigend auf das Brett blicken. Minuten ticken dahin.

Das absurde Theater erhöht die Spannung im Saal. Über fünfhundert Zuschauer starren das Nichtstun auf der Bühne an. Meran, Südtirol, Schachweltmeisterschaft 1981, 16. Partie.

Die 16. Partie ist ein besonderes Ereignis in diesem Match. Schachlich bietet sie ein Konzentrat der Stärken und Schwächen der beiden Akteure, des 30jährigen Titelverteidigers Anatoli Karpow und des 50jährigen Herausforderers Viktor Kortschnoi, während hinter den Kulissen das hysterische Getöse der Delegationen in neue Höhen rotiert. Stillschweigend angesagt ist die Exekution des Herausforderers, der 2:5 im Rückstand liegt. Der Weltmeister braucht nur noch einen Sieg zur Titelverteidigung, und er hat Weiß, den ersten Zug, Angriff. Aus Moskau angereist sind zu dieser Partie der sowjetische Sportminister Viktor Iwonin sowie Karpows Frau Irina und ein Freund.

Im Team Kortschnois, dessen Ehefrau seit seinem Abgang in den Westen 1976 in der UdSSR zurückgehalten wird, agieren gleich drei Frauen, die sich heimlich und offen, still und laut bekämpfen: Viktors derzeitige Lebensgefährtin Petra Leeuwerik, seine Meditationsmeisterin Didi, ein Mitglied der philippinischen Ananda-Marga-Sekte, sowie Natascha, Verlobte des in einem sowjetischen Arbeitslager sitzenden Kortschnoi-Sohnes Igor.

Viktor hat Didi und der Meditation zuliebe dem Fleisch und seinem geliebten Kaviar abgeschworen und außerdem die aufgeregte und intrigante Petra aus seiner Villa verstoßen. So schießt Petra im notorischen Eilschritt durch die säulenheilige Stille des Meraner Palace-Hotels und erzählt jedem Gast, daß sie Didi umbringen werde. Sie glaubt längst nicht mehr an einen Sieg ihres Viktor, im Gegenteil, sie hofft auf ein «schnelles Ende», also einen Sieg des Gegners. «Besser ein Ende mit Schrecken als ein Schrecken ohne Ende.» Dieser schier endlose Schrecken sind die unberechenbaren Meditationsübungen zwischen Viktor und Didi.

Delegationsleiter Alban Brodbeck, Rechtsanwalt und Dissidentenbetreuer (unter anderem auch des Eiskünstlerpaares Protopopow), hat längst alle Hoffnung aufgegeben, widmet sich telefonisch bereits in Meran seinen Heimatmandanten in der Schweiz und diskutiert lautstark bei den Mahlzeiten im Restaurant mit Petra die finanzielle Abwicklung nach dem bevorstehenden Ende des Matches. Als Verlierer bekäme Viktor von den Meraner Veranstaltern immerhin noch 300 000 (der Sieger 500 000) Schweizer Franken steuerfrei auf den Tisch (gerüchteweise gibt's unter dem Tisch noch mal die gleiche Summe). Aber wie soll das im Team aufgeteilt werden?

Wie kann der schon jetzt gefledderte Viktor noch Schach spielen?

Als erster, mit zwei Minuten Verspätung, erscheint Karpow auf der Bühne. Mit einem verrutschten Versuchslächeln stakst er wie auf Eiern am Schiedsgericht vorbei, stellt dreimal linkisch seine Rechte dem Händedrücken zur Verfügung, strebt zum Schachtisch, setzt sich auf den richtigen, mit «Karpow» beschrifteten Stuhl (einmal hatte er sich schon halb auf Kortschnois Stuhl niedergelassen, bevor er die entsetzliche Verwechslung merkte).

Karpow stellt zunächst ausgiebig die Figuren genau in Reih und Glied, zieht endlich und wie erwartet den Königsbauern zwei Felder vor, drückt die Uhr, schreibt liebevoll den Zug in sein Partieformular und verschwindet in seinen Ruheraum rechts hinter den Kulissen.

Kortschnois Zeit läuft, läuft ab. Meist gerät der langsame Brüter Kortschnoi zum Schluß in schreckliche Zeitnot, muß die letzten Züge im Blitztempo abspielen. Warum kommt er dann ausgerechnet auch noch zu spät, verschenkt wertvolle Minuten?

Endlich tritt er auf, schwer und mißmutig, ohne Lächeln, mit einer Thermosflasche voller Kaffee, die hat Petra ihm gekauft. Angeblich ißt er auch wieder Kaviar. Ein Arzt hat ein Machtwort gesprochen; tierisches Eiweiß tut not.

Was sagt Didi dazu? Sie sitzt in der ersten Reihe und blickt unverwandt entspannt-konzentriert auf die Bühne, eine in Orange gewickelte Sphinx, die vielleicht alles weiß, vielleicht aber auch nichts. Auch als Viktor erscheint, verändert sich nichts in Didis Gesicht.

Kortschnoi begrüßt das Richterkollegium, würdigt das Brett keines Blickes und verschwindet zunächst in seinem Kabäuschen. Dann schreitet er mit einem gequälten Blick ans Brett, als wär's ein Schafott. Haßt er das Schachspiel inzwischen? Nein, nur seinen Gegner, der heute vollstrecken will.

Viktor setzt sich müde hin. Zieht, tritt ab. Auftritt Karpow, zieht. Ab. Kortschnoi ab, Karpow ab.

Eine Minute lang sind beide ge-

22. h3, Dc6
23. b4, Td7
24. Td1, Tcd8
25. Txd7, Txd7
26. Te1, Dd5
27. a4, Sh4
28. f3, Sf5
29. axb5, axb5
30. De2, Dc6
31. Tc1, Td8
32. Le3, Dd5
33. Lf2, c6
34. De1, Db3
35. Ta1, Db2
36. Tb1, Da2
37. Td1, Td5
38. Txd5, cxd5
39. g4, Sg7
40. Lc5, h6
41. De3, Dc2
42. Kf1, g5

$^1/_2 - ^1/_2$

meinsam am Brett, ziehen im Blitztempo eine Zugserie durch, die gleiche Folge wie in der 14. Partie, die Karpow den fünften Punkt einbrachte. In jener Partie brütete Kortschnoi vor Zug 13 (Läufer nach e7) eineinviertel Stunden, die Hälfte seiner gesamten Zeit. (Danach zog er so schnell, daß er kurz darauf den entscheidenden Fehler machte.) Diesmal verbraucht er für Läufer e7 nur eine Sekunde. Im 14. Zug kommt seine «Neuerung»; statt mit dem Springer auf f3 zu schlagen und Karpows Dame zu entwickeln, zieht er sich bescheiden nach f5 zurück, wo das Pferd bis gegen Ende der Partie verweilt, bis es sich zu einem wahren Unglücksrappen entwickelt.

Diesmal ist es Karpow, der in tiefe, halbstündige Grübelei versinkt. Als er sich endlich zu einem überraschenden, aber leicht zu parierenden Springervorstoß entschließt und von der Bühne verschwindet, bleibt auch Kortschnoi weg. Schläft er, um Gottes willen? Keine Angst. Er analysiert die Stellung in seinem Ruheraum auf einem Bildschirm. Auf der Bühne sitzt jetzt nur das Wachsfigurenkabinett der Schiedsrichter.

Das Publikum wechselt jetzt in einen Nebensaal, wo Großmeister Bent Larsen aus Dänemark die meisterlichen und unmeisterlichen Züge als launiger Schachconférencier erläutert.

Den Auftritt der beiden sieht er als Ballett, das irgendein unbekannter Scharlatan inszeniert hat: die leeren Stühle, der verlassene Schachtisch, die Auf- und Abtritte der Akteure. «Das ist eine lächerliche Choreographie. Beim richtigen Schach sitzen sich zwei Spieler gegenüber und spielen.»

Aber natürlich gehört die Choreographie zu den taktisch-psychologischen Winkelzügen der beiden Matadoren oder ihrer Berater. Wer die wahren Choreographen sind, das weiß niemand genau. Sind es die Sekundanten, die Delegationschefs, die Ärzte, die Psychologen? Ist es bei Karpow der gefürchtete, kleine, dicke, glatzköpfige, ständig zigarrenrauchende Balturinsky, der von Kortschnoi als blutiger Ankläger der Schachprozesse von 1936 bezeichnet und von vielen als KGB-Mann angesehen wird? Bei Kortschnoi wurde Chefchoreograph Petra von Didi abgelöst.

Nach Ansicht verschiedener Matchbeobachter, wie zum Beispiel des Großmeisters und Sowjetdissidenten Lew Alburt, ist der «Zustand der Delegation der Hauptgrund für den derzeitigen Matchstand. Bei Karpow ist alles durchorganisiert, sogar die verschiedenen Sekundanten sind hierarchisch gestaffelt. Sekundant Saitschew zum Beispiel hat viele Ideen, von denen aber die meisten verrückt sind. Also wird erst Sekundant Balaschow die verrückten Ideen aussieben. Dann wählt Ex-weltmeister Tal eventuell was wirklich Brauchbares aus, bevor überhaupt Karpow damit belastet wird. Bei Kortschnoi aber reden alle mit Viktor, sogar Petra redet über Schach und über Bratfett; es ist so furchtbar. Da kann Viktor nicht gewinnen, obwohl der bestimmt nicht schlechter spielt als Karpow.»

Kortschnoi als Opfer des Chaos, in dem er lebt? Wahrscheinlicher ist, daß

Kortschnoi die Disziplin eines Verbandes mehr haßt als das Chaos oder die Unordnung. Das zeigen auch seine Partien (wenn er gewinnt, sind es immer die chaotischen Partien). Und seine Partieformulare. Viktors Schrift ist wild, von Ungeduld gezeichnet, unleserlich, eine lästige Dokumentationspflicht. Bei Karpows Kleinmädchenschrift hat man das Gefühl, daß er Schach spielt, damit er das aufschreiben darf.

Auch Kortschnoi war Mitglied des sowjetischen Schachverbandes. Aber er war immer ein Rebell. Darum mußte er einmal auf Anordnung von oben gegen Petrosjan verlieren, deshalb sollte er wie eine Schachfigur gegen den treuen Arbeitersohn und Kommunisten Karpow geopfert werden, als es 1973 galt, den Herausforderer für den amtierenden Weltmeister Bobby Fischer zu ermitteln. Kortschnoi wollte nicht geopfert werden, kämpfte, verlor und floh schließlich, «als der Druck gegen mich zu groß wurde», aus dem Schutz und dem Zwang des Verbandes in den Westen, Frau und Sohn zurücklassend.

Im Westen begab er sich freilich nach ersten Querelen in Holland und Deutschland bald in den Schutz und die Zwänge einer neuen Verbindung – nämlich mit Petra Leeuwerik, die ihm bei seiner Rückkehr ans Weltmeister-Kandidatenbrett half, ihn aber bald von Turnier zu Turnier schob.

Viktor war wieder eine Schachfigur. Daß er ausgerechnet jetzt während des Matches gegen Petra rebelliert, ist typisch für ihn. Schach ist Kampf. Seit er rebelliert, spielt er besser. Oft rebelliert er auch während der Partie gegen die mit Sekundanten verabredeten Varianten.

In der 16. Partie hätte er im 17. Zug leicht auf eine sichere Remisvariante einschwenken können (was jedem «Schwarzen», jedem Nachziehenden, dringend empfohlen wird), aber Viktor verwirft den einfachen Springerzug und zieht Bauer g6. Larsen: «Jetzt ist er verrückt geworden.»

Bald stellt sich jedoch heraus, daß Larsen unrecht hat. Im Presseraum, wo Journalisten aus aller Welt wie die Aasgeier über dieser Partie schweben, sind die Russen gute Gradmesser zur Beurteilung der Stellung. Die Gesichter, die durchweg unter langen Haaren aus den Nadelstreifenanzügen herausgucken, werden nämlich immer länger. So um den 22. bis 26. Zug, nach dreieinhalb Stunden Spielzeit, ist man sich einig: Kortschnoi steht besser, Karpow hat sich mit seinen übervorsichtigen, passiven Zügen in Nachteil drängen lassen.

Auch auf der Bühne hat sich die Atmosphäre verändert. Je weiter sich die Matadoren von den durchanalysierten und verabredeten Zugfolgen entfernen, je tiefer sie in den immer dichter werdenden Variantendschungel eindringen, desto tiefer geraten sie auch in die Einsamkeit des Schachspielers. Die «lächerliche Choreographie» als Stütze funktioniert nicht mehr. Wenn Kortschnoi am Brett sitzt, wandert Karpow unruhig hin und her zwischen Tisch und Couch im Ruheraum, jedesmal einen kurzen Blick aufs Brett und einen langen zur russischen Delegation im Zuschauerraum werfend. Er ist eine Unruhequelle, derentwegen Kortschnoi in einer früheren Partie die Nerven verlor und seinen Kontrahenten als kleinen «Regenwurm» und «Hosenscheißer» beleidigte und sich eine Verwarnung einhandelte.

Heute verzichtet Viktor auf solche Ausbrüche, aber plötzlich setzt er sich zu Anatoli an den Tisch und starrt den Nachdenkenden minutenlang selbstvergessen an. Karpow zwinkert mit den Lidern. Er schiebt sich so dicht ans Brett heran, als wolle er Kraft aus den Figuren saugen oder selber eine Figur werden.

Er spielt wieder einen Wartezug. Inzwischen gerät Kortschnoi in seine traditionelle Zeitnot, macht zwei, drei schwache Züge. Plötzlich steht Karpow wieder besser. Im 34. Zug könnte er mit Dame nach e4 eine zwingende Gewinnstellung erreichen. Aber er spielt Dame e1. Kortschnoi hat nur zwei Minuten für fünf Züge. Er steht vor dem Brett, während Karpow denkt, und zieht jetzt auf Karpows Züge a tempo, sofort. Im 36. Zug bietet er Remis an. Karpow lehnt ab. Im 39. Zug greift Karpow den f5-Springer an. Es gibt nur zwei Fluchtfelder, und Kortschnoi zieht ihn nach g7, von wo er niemals wieder auf ein gutes Feld kommen kann. Larsen: «Die Partie ist verloren.»

Abbruch. Hängepartie – morgen wird weitergespielt. Über den voraussichtlichen Ausgang der Partie gibt es Meinungsunterschiede und Streitgespräche. Großmeister Pachman zu Larsen: «Entweder sind Sie dumm oder böse. Die Partie ist remis.» Niemand weiß es. Karpow hat mit seinem letzten Zug einen Bauern Kortschnois angegriffen.

Kortschnoi sitzt noch eine halbe Stunde am Brett und denkt über den richtigen geheimen Abgabezug nach, verbraucht bereits wieder die Hälfte seiner Zeit für die nächsten morgigen 16 Züge.

In der Nacht analysieren nicht nur Kortschnois und Karpows Sekundanten in Meran und Moskau, sondern auch Hunderte von Fans in aller Welt. Am nächsten Morgen herrscht die Meinung vor, daß Kortschnoi die Partie wahrscheinlich nicht halten kann. Aber niemand ist sicher.

Um 17 Uhr wird die Partie fortgesetzt. Steht das Ende des Matches bevor? Die Hinrichtungsatmosphäre ist noch ausgeprägter als gestern. Die Gesichter der Zuschauer sind ernst. Einer sagt: «Ich friere vor Spannung.»

Das Kuvert mit dem Abgabezug wird geöffnet. Dame nach c 2. Karpow erstarrt genauso wie die Zuschauer. Kortschnoi opfert den Bauern für einen Gegenangriff. Den Zug, so erzählt mir später ein Russe, haben die Sowjets überhaupt nicht analysiert. Es ist ein einsamer Rettungszug Kortschnois, den die sowjetische Analysiermaschinerie übersehen hat und vor dem der jetzt einsame Karpow Angst hat. Er macht noch einen belanglosen Zug und bietet Remis an. Das Ende des Matches ist aufgeschoben. Zwei Partien später ist Kortschnoi endgültig besiegt.

Anderssen und die neue deutsche Welle

Staunton machte noch durch eine andere Meisterleistung Schachgeschichte. Er organisierte 1851 – anläßlich der Londoner Weltausstellung – das erste internationale Großturnier. Unter den 16 Teilnehmern galt Staunton als der Hauptfavorit. Gespielt wurde nach K.-o.-System wie in Wimbledon; in der ersten Runde siegte, wer zuerst zwei Partien gewann, in der nächsten waren vier Siege nötig. In der dritten Runde, dem Halbfinale, flog Staunton aus dem Turnier, wobei er seinen Gegner Adolph Anderssen, einen deutschen Mathematiklehrer aus Breslau, weniger mit seinen Zügen als mit der ewigen Grübelei zwischen den Zügen nervte. Die Partien dauerten bis zu 16 Stunden. Anderssen gewann auch das Finale und wurde inoffizieller Weltmeister. Unsterblich wurde Anderssen nicht durch seinen Turniersieg, sondern durch seine begnadete Partie gegen den französischen Meister Lionel Kieseritzky, in der Anderssen Läufer, Türme und Dame opferte und seinen Gegner matt setzte, als dieser noch über sämtliche Figuren verfügte. Noch heute gilt dieses Meisterwerk als «die unsterbliche Partie».

Nach Anderssens spektakulärem Londoner Auftritt erwachte das deutsche Schach aus seinem Dornröschenschlaf. Zwar geisterten zuvor schon einige Schachenthusiasten durch die deutschen Städte, aber sie wirkten eher wie Sektierer und erreichten nicht das Niveau der Matadoren in Paris und London. In Berlin trafen sich schon 1803 die Mitglieder des ersten deutschen Schachvereins in einer Gaststätte zur «geselligen Unterhaltung und zum Schachspiel». Die Berliner Schachgesellen spielten von 1829 bis 1833 ein Fernschachmatch – die Züge wurden per Post übermittelt – gegen Breslau und gewannen, unterlagen aber anschließend in zwei Fernpartien von 1833 bis 1836 gegen Hamburg, für das der Astronom Karl Schumacher spielte.

Mehr Furore als der alte Club unter Führung von Julius Mendheim machte eine zweite Berliner «Schachgesellschaft», die 1827 gegründet wurde und zweimal wöchentlich im Gasthaus «Blumengarten» an der «Potse» (Potsdamer Straße) zusammentraf. Diese originelle Truppe, die

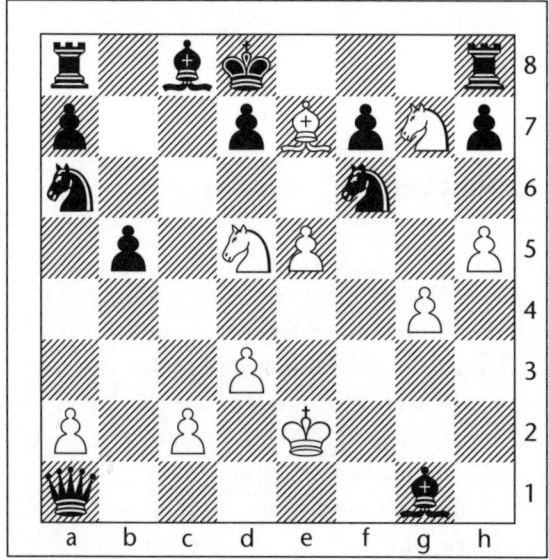

Endstellung

bald als «Berliner Siebengestirn» oder als die «Plejaden» bekannt wurde, war eine buntgemischte Gruppe von Mathematikern, Juristen, Malern, Diplomaten, Offizieren, die das Schach wie eine Religion pflegte und im Lande weiterverbreiten wollte. Plejadenanführer Ludwig Bledow, Mathematiklehrer an einem Berliner Gymnasium, Mendheim-Schüler und Spieler der Meisterklasse, gab auch die erste *Deutsche Schachzeitung* heraus. Zu dem exquisiten Schachkreis gehörte ferner der legendäre Leutnant Rudolf von Bilguer. Immer wieder floh er vom ungeliebten Kriegshandwerk ans Schachbrett, bis er schließlich 1839

**Anderssen –
Kieseritzky,
Die «unsterbliche Partie»,
London 1851**

1. e4, e5
2. f4, exf4
3. Lc4, Dh4+
4. Kf1, b5
5. Lxb5, Sf6
6. Sf3, Dh6
7. d3, Sh5
8. Sh4, Dg5
9. Sf5; c6
10. g4, Sf6
11. Tg1, cxb5
12. h4, Dg6
13. h5, Dg5
14. Df3, Sg8
15. Lxf4, Df6
16. Sc3, Lc5
17. Sd5, Dxb2
18. Ld6, Dxa1+
19. Ke2, Lxg1
20. e5, Sa6
21. Sxg7+, Kd8
22. Df6+, Sxf6
23. Le7+ 1–0

wegen einer Lungenkrankheit den Dienst quittierte und mit seinem «Lebenswerk» begann, einem großen Schachbuch. Es sollte das deutsche Standardwerk werden und die Nachfolge der 1795 in Wien erschienenen «Neuen Theoretisch-praktischen Anweisung zum Schachspiele» von Johann Allgaier antreten.

Das Schach, so postulierte Bilguer, biete wie jede Kunst oder Wissenschaft «Stoff und Gelegenheit für menschlichen Scharfsinn und schöpferische Phantasie». An der Vollendung seiner Lebensaufgabe hinderte ihn seine Lungenkrankheit, die ihn zuvor vom verhaßten Militärdienst befreit hatte. Bilguer starb 1840 mit 25 Jahren. Sein Werk vollendete später sein Freund und Conplejade Baron Tassilo von Heydebrand und der Lasa. 1843 erschien das umfassende «Handbuch des Schachspiels», das – der bescheidene von der Lasa gab als Verfasser seinen verstorbenen Freund an – als «der Bilguer» in die deutsche Schachgeschichte einging und in England als «Bilguers Handbook of Chess» erschien. Es schildert den damaligen Stand der Forschung und diskutiert Eröffnungs- und Endspieltheorien anhand von Analysen der Plejaden. (Von der Lasa veröffentlichte später ein eigenes Buch: «Zur Geschichte und Literatur des Schachspiels».)

Mögen die Plejaden sich um die Verbreitung und Popularisierung des Schachs in Deutschland verdient gemacht haben, unsterblich wurde das deutsche Schach nicht durch einen Plejaden des «Siebengestirns», sondern durch einen Solostar, den Breslauer Mathematiklehrer Adolph Anderssen. Mit ihm erreichte die romantische Epoche ihren Höhepunkt. Er war der Mann, der nicht nur die originellsten und elegantesten Kombinationen fand, sondern auch damit gewann. Der feinsinnige Mathematiker, vom Erscheinungsbild ein Koloß von einem Mann, benutzte das Schwermaterial seiner Figuren hauptsächlich, um es sich wegnehmen zu lassen und währenddessen die tödlichen Mattzüge vorzubereiten. Mit der Schönheit seiner Partien begeisterte er nicht nur Anhänger und Zuschauer, sondern auch seine Gegner. Kieseritzky war von seiner Niederlage in der «Unsterblichen» so beglückt, daß er die Züge sofort nach Paris durchtelegraphierte und die Partie Freunden und Bekannten immer wieder vorspielte, als wäre es sein großes Werk. Und das war es ja auch in gewisser Weise. Denn natürlich hat Kieseritzky durch seine Züge den Gegner zu dessen Kombinationen inspiriert – wenngleich ungewollt.

Ein Jahr nach seiner «Unsterblichen» spielte Anderssen gleich noch eine Unsterbliche, die zur Unterscheidung den Namen «Evergreen», die «Immergrüne», erhielt. Als sein Gegner Jean Dufresne im 18. Zug zu einem Königsangriff ansetzt, antwortet Anderssen mit einem Turmzug, der mit seiner hinterhältigen Harmlosigkeit die gegnerischen Drohungen scheinbar gar nicht erkennt. In Wirklichkeit ist es Dufresne, der die raffinierte Hintergrundwirkung des Turmzuges verkennt; er kassiert einen geopferten Springer und droht Matt im nächsten Zug. Doch Anderssen opfert munter weiter, Turm, Dame, die Dufresne nehmen muß, nur um gleichzeitig das Mattnetz für seinen eigenen König selbst mitzuknüpfen.

Die «Unsterbliche» und die «Immergrüne», die spektakulärsten Partien der romantischen Epoche, sind bis heute die unübertroffenen Juwelen, die «Sonette» (Fernando Arrabal) der Schachgeschichte.

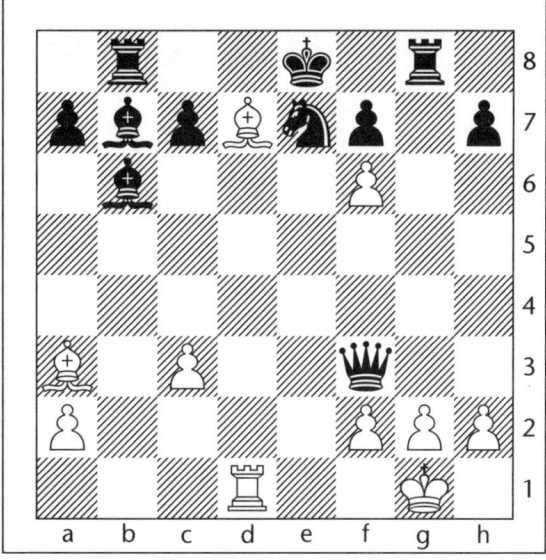

Stellung nach 23. Ld7+

Anderssen –
Dufresne,
«Die Immergrüne»,
Berlin 1852

1. e4, e5
2. Sf3, Sc6
3. Lc4, Lc5
4. b4, Lxb4
5. c3, La5
6. d4, exd4
7. 0–0, d3
8. Db3, Df6
9. e5, Dg6
10. Te1, Sge7
11. La3, b5
12. Dxb5, Tb8
13. Da4, Lb6
14. Sbd2, Lb7
15. Se4, Df5
16. Lxd3, Dh5
17. Sf6+, gxf6
18. exf6, Tg8
19. Tad1, Dxf3
20. Txe7+, Sxe7
21. Dxd7+, Kxd7
22. Lf5++, Ke8
23. Ld7+, Kf8
24. Lxe7+ 1–0

157

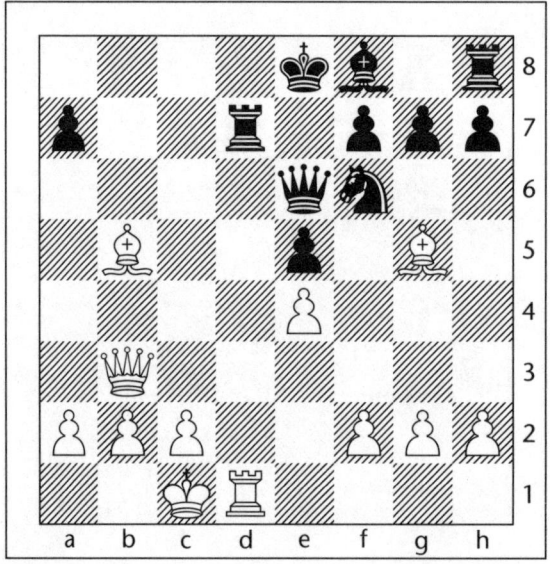

Stellung nach 14. ... De6. Es folgt dreimal Schach und matt.

**Morphy –
Herzog von
Braunschweig/
Graf Isouard,
Paris 1858**

1. e4, e5
2. Sf3, d6
3. d4, Lg4
4. dxe5, Lxf3
5. Dxf3, dxe5
6. Lc4, Sf6
7. Db3, De7
8. Sc3, c6
9. Lg5, b5
10. Sxb5, cxb5
11. Lxb5+, Sbd7
12. 0–0–0, Td8
13. Txd7, Txd7
14. Td1, De6
15. Lxd7+, Sxd7
16. Db8+, Sxb8
17. Td8+ 1–0

Anderssen wurde von einem plötzlich aus der Ferne aufgetauchten Meteor ausgeblendet. Der Superstar kam aus der Neuen Welt, die schachlich bis dahin nur durch die Schachetikette des Benjamin Franklin aufgefallen war. Der Amerikaner Paul Morphy, Rechtsanwalt aus New Orleans, übertraf bei seinem Siegeszug durch Mitteleuropa sogar Cäsar, der kam, sah und siegte: Morphy kam, sah nicht und siegte. Nach einem Blindspieltriumph am 27. September 1858 gegen acht sehende Gegner (sechs Siege, zwei Remisen) im Café de la Régence wurde er auf den Pariser Straßen von so vielen Bewunderern gefeiert, daß die Polizei erschien, um den Auflauf zu zerstreuen.

Der elegante, 1,62 Meter kleine Morphy schlug die schwersten Gegner mit der Leichtigkeit eines Zauberers. Während er auf den Beginn der deutschen Weihnachtsferien wartete, um in Paris den Breslauer Schulmeister und inoffiziellen Weltmeister Anderssen zu einem Wettkampf zu empfangen, vertrieb er sich die Zeit, genoß das Pariser Nachtleben, bretterte en passant die Schachelite ab, ganz gleich, ob im scharfen Turnierspiel, in Blindauftritten oder in der Loge der Pariser Oper, wo er während einer Aufführung des «Barbiers von Sevilla» Europas Schachadel, den Herzog von Braunschweig und Graf Isouard, in einer feinen Partie matt setzte.

Am 18. Dezember erschien Anderssen in Paris, wo er mit Morphy einen Wettkampf auf sieben Gewinnpartien (in neun Tagen) verabredete, ohne Geldeinsatz. Es ging um die Ehre. Die erste Partie gewann Anderssen, der Morphy offenbar mit einem Königsangriff überraschte, aus dem er einen Mehrbauern für ein siegreiches Damenendspiel erzielte.

Es folgten ein Remis und eine Siegesserie Morphys, die nur durch ein weiteres Remis und einen Anderssen-Sieg in der zehnten Partie unterbrochen wurde. An diesem Match der beiden besten Spieler fiel auf, daß in den Partien die brillanten, faszinierenden Kombinationen, mit denen

158

sie in vielen Partien die ganze Schachwelt entzückt hatten, fast völlig fehlten. Auf die Frage, warum er nicht so gut gespielt habe wie in früheren Wettkämpfen, antwortete Anderssen, der überall als der fairste Meisterspieler der Welt gerühmt wurde: «Morphy ließ mich nicht.»

Der schlichte Satz sagt alles – nicht nur über den Matchverlauf, sondern auch über den neuen sich ankündigenden Stilwechsel im Schach. Morphy, der wie Anderssen gegen schwächere Spieler mit genialen Opferkombinationen Furore machte, hatte als letzter Romantiker erkannt, daß er sich gegen starke Kombinationsgegner zunächst mit einer soliden Position selber vor Opferüberfällen schützen muß, auch wenn diese Position seine eigenen Chancen für Angriffskombinationen zunächst verringert. Morphy erwies sich als der stärkere, weil er bereits mit einem Bein im kommenden modernen Positionsschach stand. Er bot dem vergeblich suchenden Anderssen keine Ansatzpunkte für seine gefürchteten Kombinationen.

Vermutlich war der 40jährige Anderssen schon zu alt, um seinen romantischen Offensivstil auf das tiefsinnig-vorsichtige Positionsschach umzustellen, das er nur sehr verzögert verstand. Jedenfalls berichtet Morphys Sekretär Frederick Edge über den «Gentleman Anderssen»: Nach den Partien «saß er am Brett und studierte die schrecklichen Stellungen, in die Morphy ihn gebracht hatte, bis er die feinsinnige Strategie seines Gegners verstand. Dann strahlte er übers ganze Gesicht, begann zu lachen und die Figuren neu aufzustellen.»

Während Morphy nach seinem europäischen Triumph bald das Interesse am Schach, später auch am Leben verlor und in geistige Umnachtung versank, gelang dem großen Anderssen nach Morphys Rückzug ein Comeback, bevor die neue Schule endgültig das moderne Schach bestimmte. Im Jahre 1862 gewann er noch einmal das berühmte Londoner Turnier vor seinem damals schärfsten Widersacher Louis Paulsen, mit dem er sich auch noch auf den Kongressen des 1876 gegründeten Deutschen Schachbundes Spitzenduelle lieferte.

...und Beckenbauer im Sinn: Die deutsche Schachbundesliga

Hamburg, Januar 1982

Draußen auf dem Hof der Kättner-schule in Hamburg-Barmbek tobt eine Schneeballschlacht. Die Geschosse klatschen an die Scheiben der großen Pausenhalle.

Aber der Schlachtenlärm läßt die Leute in der Halle kalt. Sie schlagen andere Schlachten. 16 Mann sitzen artig aufgereiht an acht Tischen, zu zwei und zwei einander gegenüber, und spielen Schach. Es herrscht ·brütende Wortlosigkeit; Pokermienen starren auf die karierten Bretter und sehen mehr, als da ist; Doppeluhren ticken ihre Galgenfristen. Unter den Tischen klopfen die Füße den Takt zu einer Musik, die niemand hört. Streßtänze. Die ans Brett gefesselten Kämpfer bauen so die Adrenalinüberschüsse ab, die sie während der Partien vor Schreck, Angst oder Freude überreichlich produzieren. Schach als Sport. HSV gegen Sindelfingen. Bundesliga.

Seit einem Jahr hat Schach in Deutschland, wie Fußball, seine eingleisige, überregionale Spitzenklasse, die Bundesliga. Zur Zeit erscheint sie als eine kuriose Zwitterliga zwischen Professionalismus und Provinzialismus. Es gibt Bundesligamannschaften wie den Schachklub des Hamburger Johanneum-Gymnasiums, wo jeder Spieler vor dem Spiel 50 Mark in die Vereinskasse zahlen muß, und es gibt Vereine wie die Solinger SG, wo den Spielern nicht nur die Spesen ersetzt, sondern auch Gehälter, Prämien und Startgelder bis 1000 Mark pro Spiel bezahlt werden.

Am Spitzenbrett des Bundesliganeulings HSV, sonst bekannt als BP-Beckenbauer-Klub, sitzt Deutschlands Schachkönig Robert Hübner. Er spielt mit den schwarzen Figuren gegen Herrn Hottes aus Sindelfingen, königsindisch. Den Körper ans Brett geschmiegt, sitzt er da, zu höchster Konzentration versammelt, und saugt die Stellung in sich auf, um «herauszufinden, wie ich die Kräftekonstellation in einem für mich günstigen Sinne beeinflussen kann».

Freilich soll er hier die Kräftekonstellation vor allem in einem für den HSV günstigen Sinn beeinflussen, am Brett, in der Ligatabelle, auf der Imageskala ganz allgemein. Schach ist schick geworden.

Mit dem «Einkauf» (HSV-Präsident Wolfgang Klein) des Dr. Robert Hübner durch den HSV hat Schach in Deutschland offiziell seine Unschuld verloren. Jahrelang war es der Feierabendsport einer stillen Minderheit – jetzt sind für das Schach auf der Leistungssportschiene die Weichen in Richtung Showsport gestellt. Nachdem sich Deutschlands erfolgreichster Fußball-Starclub Bayern München eine Bundesliga-Schachtruppe zugelegt hatte, gab der Konkurrent von der Elbe, der bis dahin nur eine sechstklassige Schachabteilung

160

pflegte, noch eins drauf und holte Robert Hübner, der sogar seinen Vertrag mit der Universität Köln kündigte und endlich – wie alle erfolgreichen Großmeister im Ausland – Vollprofi wurde.

Es war, so erzählt HSV-Präsident Wolfgang Klein, auf einem der geselligen HSV-Abende im vergangenen Jahr, als jemand sagte: «Den Hübner können wir für 2500 Mark haben.» Klein zögerte bei dem Sonderangebot nicht lange. Ein Beckenbauer-Coup am Schachbrett.

«Ein paar Anrufe bei Hamburger Firmen, und die Sache war klar» – auch wenn das Gehalt zu verdoppeln war, mit Spesen auf 100 000 Mark jährlich anstieg: Hübner konnte kommen.

Frage: Warum ließ sich Hübner, dieser das Showgeschäft verachtende Geistesmensch, immer in Sorge, daß Journalisten seinen Namen zu Werbezwecken für ihre Artikel mißbrauchen könnten – warum ließ sich diese sensible Schachprinzessin auf der Erbse von einem Verein anheuern, der nur über eine sechstklassige Schachmannschaft verfügt?

Die Antwort liegt wohl in den Ereignissen des Jahres 1981. Für den 32jährigen Hübner war es ein entscheidendes Wechseljahr. In Meran, beim Weltmeisterschaftskandidatenfinale gegen Viktor Kortschnoi, erlebte Hübner zugleich seinen größten schachlichen Erfolg und seine – schachlich wie menschlich – größte Enttäuschung. Trotz seiner vorzeitigen Abreise, trotz des vorzeitigen Abbruchs des Matches setzte ihn der Weltschachbund wegen der beiden überzeugenden Partiesiege

gegen Kortschnoi auf den dritten Platz der Weltrangliste hinter Karpow und Kortschnoi. Und: Man weiß inzwischen, daß Hübner nicht vor seinem Gegner floh (nicht mal vor den lästigen Journalisten), sondern vor seinem Delegationsleiter, dem langjährigen Betreuer, Förderer und Freund Wilfried Hilgert, Immobilienmakler und Herr über eine Heringsfischerflotte.

Wie der Maschinenfabrikant Egon Ewertz in Solingen und der Drucker Kurt Hechinger in Frankfurt leistete sich auch der Unternehmer Hilgert eine hochqualifizierte Truppe von Schachspielern – wie sich andere einen Rennstall leisten. Die Mannschaften dieser drei, die SG Porz, die SG Solingen und «Königsspringer» Frankfurt, waren denn auch die erfolgreichsten der letzten Jahre. Kersten Spruth, Erster Vorsitzender des ältesten deutschen und zweitältesten Schachclubs der Welt, des Hamburger SK von 1830 (den sich der HSV nach seinem Hübner-Coup per Fusion einverleibte), bewertete das so: «Deutscher Meister zu werden kostet rund 250 000 Mark.»

So teuer sind die Spieler in jedem der drei Spitzenklubs. Da spielen inzwischen internationale Stars wie Exweltmeister Boris Spassky aus der UdSSR, Lubomir Kavalek aus den USA oder Vlastimil Hort aus der CSSR. Schon wechseln die Spieler die Vereine wie beim Fußball, schon gilt die Schachbundesliga als «härteste Liga der Welt», wie der Neuseeländer Murray Chandler befindet, der zu Bundesligawochenenden ans zweite HSV-Brett aus London geflogen kommt.

Unter den großen Schachsponsoren war freilich Hilgert der einzige, der die Chance hatte, über den deutschen Mannschaftsmeistertitel hinaus noch Höheres zu erreichen – dank seines Juwels Robert Hübner. Als Freizeitspieler brachte Hübner – *summa cum laude* Doktor der Papyrologie und hauptberuflich Dozent an der Universität Köln – das Kunststück fertig, in die Weltspitze des Schachs vorzustoßen. Als Spieler in Wilfried Hilgerts SG Porz und auf internationalen Turnieren verdiente er gut, lebte aber bescheiden in einer kleinen Kölner Wohnung ohne Telefon und Television. Bei seinen Schachauftritten litt Hübner besonders unter dem Gequatsche von Dilettanten, sprich: Journalisten. (Hübner sagt: «Noch nie habe ich einen Schachartikel ohne Fehler gesehen.») Um den Einsiedler Hübner vor journalistischen und anderen Quälgeistern zu schützen, übernahm der Vereinsboß Hilgert persönlich die Rolle des Leib- und Seelenwächters. Doch nach Hübners spektakulärem Erfolg im Kandidatenturnier gegen Portisch begann Hilgert, sich nicht nur als Vater des Sieges, sondern schon als kommenden Weltmeister zu sehen. Und in Meran hätte er bereits selber einen Wächter gebraucht: Während Hübner am Brett grübelte, machte sich Hilgert in jeder Hinsicht zum Star der Meraner Szene – mit Wein, Weib und Gesang. Je mehr Hilgert sich extrovertierte, um so mehr kehrte sich Hübner verstört nach innen. Und als Hilgert dem *Spiegel* gegenüber sich über Kortschnois Privatleben mokierte, hielt Hübner es endgültig nicht mehr aus.

Für Hübner ist Schach außer Wissenschaft und Sport vor allem Kunst. Das Kunstwerk einer Partie lebt durch seine Notation und Analyse in Büchern fort. Wie jeder Künstler aber weigert sich Hübner zu produzieren, wenn er sich dazu – warum auch immer – nicht in Form fühlt. In Meran war der Künstler durch Hilgerts Zirkusdirektorauftritte in eine Kreativitätskrise geraten. Da wollte er lieber unvollendete als oberflächliche Werke hinterlassen. Er verließ Hilgert für immer.

Sein Hamburger Freund Gisbert Jacoby stellte die Verbindung zum HSV her, dessen Präsident Wolfgang Klein den drittbesten Schachspieler der Welt für 60 000 Mark Jahresgehalt plus Spesen einkaufte. Hübners Gegenleistung sollte sein: eine Simultanveranstaltung für einen Sponsor und Jugendtraining für die Schachabteilung, «wann immer es ihm passe».

Das war nicht viel, aber Präsident Klein hatte sowieso mehr vor. Es galt, für den Topstar eine gute Mannschaft zu besorgen, eine Bundesligamannschaft. Da war ihm der traditionsreiche, 150 Jahre alte Hamburger Schachklub gerade recht. Wie die meisten Schachbundesligisten hatte der HSK bis dahin vergeblich einen potenten Sponsor gesucht, der dem Verein ein professionelleres Auftreten, sprich: den Erwerb von Spitzenspielern und somit Konkurrenz zu Solingen und Porz ermöglichen sollte. Aber die reichen Geldgeber wollten nicht. Freilich – wenn der Schachklub einem prominenten Großverein, etwa einem Fußballklub wie dem HSV, angegliedert wäre, dann . . .

Nach einigen Besprechungen, einigen Mitgliederversammlungen und einigen Protesten und Austritten im HSV und HSK fusionierten die Noblen und die Reichen: Der HSK kriegte Hübner sozusagen geschenkt, Hübner und der HSV kriegten eine Bundesligamannschaft – auch geschenkt.

So sitzt Hübner jetzt am Brett eins für den «HSK im HSV» (auf den alten Namen wollten die HSKer nicht verzichten) und spielt gegen Leute, die tausend Ränge unter ihm stehen.

Im Kampf mit Sindelfingen verläßt er mit dem 13. Zug die Theorie und macht einen aggressiven Damenausfall nach a 5. Im 16. Zug läßt sein Gegner Hottes einen angegriffenen Bauern stehen, um selber zum Königsangriff zu kommen. Hübner greift zu. Er muß gewinnen. Der HSV braucht Punkte. Er steht zum Zeitpunkt dieser Partie mit 2 : 4 Punkten am Tabellenende, und die Mannschaft ist in einem desolaten Zustand.

Der plötzliche Professionalismus hat den Teamgeist ausgetrieben. Die unbezahlten Amateure fühlen sich zum Teil benachteiligt. Einige Spitzenspieler sind in andere Vereine gewechselt.

Auch finanziell hat sich die Sache bisher nicht wie erhofft entwickelt. Mit jeweils etwa hundert Zuschauern hatte man gerechnet, doch es kamen kaum mehr Interessenten als Spieler. Für die Zukunft hat HSV-Präsident Klein jegliche Finanzunterstützung ausgeschlossen: «Wir können die Schachspieler nicht mit Fußballgeldern finanzieren. Die sollen ihren eigenen Sponsor fin-

den.» Da es an Geld fehlt, erhielt Hübner-Freund Gisbert Jacoby bisher auch nicht den gewünschten hochbezahlten Trainerjob, und so fühlt er sich inzwischen auch für Partien am Brett fünf «indisponiert».

Grimmig schlendert Jacoby beim Treffen mit Sindelfingen an den Brettern vorbei und verschwindet nach einer Stunde, weil er sich über irgend etwas geärgert hat. Die meisten Partien sind zu der Zeit noch unklar. Nur Chandler an Brett zwei steht auf Gewinn.

Hübner hat einen zweiten Mehrbauern, muß sich aber gegen einen gefährlichen Angriff verteidigen. Macht ihm das Spiel in der Mannschaft Spaß? «Es hat natürlich eine andere Qualität als Großmeisterturniere, aber ich kann hier Sachen ausprobieren.» Auf jeden Fall spielt er «mit dem Einsatz seiner ganzen Person», mit voller geistiger und körperlicher Konzentration.

Hübner ist der Meinung, daß Schach heute in einer Gesellschaft, in der die meisten Menschen die meisten Tätigkeiten oberflächlich und ohne vollen Einsatz ausüben, «eine vielleicht nicht ganz unwichtige Funktion erfülle».

«Halten Sie also Schach für nützlich?» Hübner, leicht verärgert: «Um das zu beantworten, müßte man zunächst den Begriff nützlich axiomatisch bestimmen. Jedenfalls will und kann ich nicht bewerten, ob etwas für diese Gesellschaft gut oder schlecht ist, weil die Gesellschaft – philosophisch gesehen – weder gut noch schlecht ist. Die Gesellschaft entwickelt sich nach eigenen Gesetzen, da kann ich nicht mit Bewertungen eingreifen.»

Wenn auch nicht in die Gesellschaft, so kann er doch in das Spiel auf den 64 Feldern eingreifen, und wenn auch nicht perfektionieren, so kann er doch die Zahl der Fehler verringern. Auf seiner Suche nach Perfektion hat sich Hübner endgültig für das königliche Spiel entschieden. Was ihn am Schach fasziniert, ist die innere Logik der Felder und Figuren. Die schönen Partien sind nicht jene fehlerhaften Opferserenaden, über die Schachlaien ins Schwärmen geraten, sondern es sind die Partien, die – möglichst fehlerlos – den Gesetzen der Schachlogik folgen.

Hübners Sehnsucht nach Fehlerlosigkeit geht freilich nicht so weit, daß er in einer Wettkampfpartie Gegnern die Rücknahme eines fehlerhaften Zuges erlauben würde. «Schach ist ein Kampfspiel, dessen Gesetze ich akzeptiere, die Perfektion muß man nachher in der Analyse suchen.» Hübner arbeitet zur Zeit an seinem ersten Buch, einem Schachbuch, dessen Analysen an Tiefe und Genauigkeit alles bisher Geschriebene übertreffen sollen. Es wird vielleicht das erste fehlerlose Schachbuch sein.

Zum Schachwettkampf aber gehören Fehler. «Der vorletzte Fehler gewinnt», hat Großmeister Tartakower einmal gesagt. Bei Hübners Kampf mit Hottes geschehen vorläufig keine offensichtlichen Fehler. Der Meister hat auch nach vier Stunden Spielzeit und über 20 Zügen Verteidigungsprobleme...

Hübners nächstes großes Ziel sind die Weltmeisterkandidatenwettkämpfe 1983, für die er schon qualifiziert ist und für die er sich mit einfühlsamen Leuten vorbereiten wird. Wie wird er sich vor den lästigen Zuschauern, vor den Journalisten abschirmen? Hübner: «Die Zuschauer stören gar nicht so sehr. Die Schiedsrichter sind viel lauter. Und vor den Journalisten schütze ich mich notfalls mit meinem verbalen Knüppel!» Knüppelbeispiel: Auf die Journalistenfrage, wie er sich auf ein Match vorbereitet habe, konterte er einmal: «Durch Atmen.»

Was macht Hübner, wenn er nicht Schach spielt? «Ich mache immer noch bestimmte Arbeiten an der Universität in Köln. Außerdem lese ich viel, auch nicht-schachliche Literatur. Zur Zeit Homer.» Auf griechisch? «Natürlich.» Hübner, der ungern redet, versteht zu lesen und zu schreiben in acht Sprachen.

Hat er sich durch den Vertrag mit dem HSV ein finanziell unabhängiges Leben so ganz nach seinem Geschmack, mit Schach und Homer, eingerichtet? Nun, sein Vertrag ist zunächst auf den 30. Juni 1982 befristet. Vielleicht will er, falls die vereinsinternen Querelen nicht ordentlich beseitigt werden, selber nicht mehr bleiben. Aber was dann?

Zunächst muß er hier in der Halle seine Partie gewinnen. Es beginnt die Zeitnotphase. Die Spannung an den Brettern ist explosiv. Jemand wirft seinen König wütend aufs Brett. Hottes greift noch immer an. Hübner kontert. Hottes bietet ein Läuferopfer an, aber

Hübner treibt Hottes' Dame zurück. Hottes opfert eine Qualität (Turm gegen Springer), aber Hübner opfert seine Dame, Matt im nächsten Zug. Hottes gibt auf. Der HSV gewinnt 5 : 3. Er gewinnt auch – zwar mit Hängen und Würgen – am nächsten Tag gegen Zähringen und rutscht mit 6 : 4 in die obere Tabellenhälfte.

Betreuer Ferdinand Rohde, der aus eigener Tasche den Spielern Bier und Steaks bezahlt, hat endlich Grund zu strahlen. Zumal auch seine Bemühungen, für die Mannschaft einen Sponsor zu finden, in diesen Tagen ersten Erfolg zeitigen. Der Otto-Versand scheint anzu-beißen. Rohde: «Über die Summe kann ich nicht reden.»

Muß also Hübner demnächst mit «Otto» auf der Brust ans Brett? Rohde zuckt mit den Schultern. HSK-Vorsitzender Kersten Spruth: «Vielleicht muß Hübner nicht, aber die anderen müssen, die kriegen ja dann auch mehr Geld.» Präsident Wolfgang Klein: «Hübner wird da mitmachen. Er ist realistischer, als viele denken.»

Hübner als «Otto»? Er beantwortet meine Frage mit einem Blick, als hätte ich am Brett mit der Dame einen Springerzug gemacht. Schließlich murmelt er: «Nein.»

Monopoly ohne Würfel –
Die Ökonomierevolution des Wilhelm Steinitz

Bei jenem Londoner Turnier von 1862, Anderssens letztem großen internationalen Erfolg, landete an sechster Stelle ein 26jähriger Turniernovize namens Wilhelm Steinnitz. Der junge Mann, der damals noch – mit wechselndem Erfolg – das romantische Sturm-und-Drang-Schach pflegte, sollte wenige Jahre später der Begründer des modernen Schachs werden.

Wilhelm Steinitz wurde am 14. Mai 1836 in Prag geboren und war zunächst ein eifriger Talmudstudent, bevor er im Alter von zwölf Jahren das Schach entdeckte und umsattelte. Als 18jähriger wurde er von seinem Vater nach Wien zum Mathematikstudium geschickt; aber auch das opferte der nur 1,50 Meter große, gehbehinderte junge Mann der speziellen Rechenkunst auf dem Brett der 64 Felder. Er war Mitglied des Wiener Schachclubs, der ihn 1862 als Vertreter zum Londoner Turnier schickte. Er wurde nur Sechster, war aber vom intensiven Londoner Schachleben so begeistert, daß er nicht mehr nach Wien zurückkehrte, sondern in London sein Glück als Berufsspieler machen wollte.

Zunächst blieb er seinem Kombinationsspiel treu, mit dem er einige spektakuläre Siege erzielte, so in der Partie gegen Mongredien im Juni 1862 und bei seinem Matchsieg gegen Anderssen 1866. Aber er erlitt auch immer wieder Rückschläge, vor allem bei Turnieren, wo jeder gegen jeden spielt. Während bei einem Mehr-Partien-Match gegen einen Gegner fünf Niederlagen nicht tragisch sind, solange man selber sechs Partien gewinnt, können bei einem Turnier schon zwei leichtfertige Niederlagen den Gesamtsieg kosten. Diese Erkenntnis sowie das Studium von Philidors Lehrbuch brachten Steinitz dazu, sein Kombinationsspiel einer «Safety-First»-Strategie zu opfern und erst zum Angriff zu blasen, wenn das risikolos möglich ist. Dem Schachautor Ludwig Bachmann erläuterte er: «Die Turniere von Paris 1867 und Baden-Baden 1870, auf denen ich den erhofften ersten Preis nicht erringen konnte, machten mich stutzig. Ich fand, daß mit dem Kombinationsspiel zwar ganz hübsche Einzelergebnisse, aber keine dauerhaften Erfolge zu erzielen waren. Bei nachträglicher Durchsicht der Partien bemerkte ich recht bedenkliche Schwächen, gar manches anscheinend aussichtsvolle und geglückte Opfer erwies sich als unrichtig. Ich gelangte zu der Überzeugung, daß ein Angriff überhaupt nur Aussicht auf Erfolg besitze, wenn die gegnerische Stellung schon entsprechend geschwächt ist. Dies veranlaßte mich zum Nachdenken, und mein Sinnen war nun darauf gerichtet, eine einfache und sichere Methode herauszufinden, um diese Schwächung der feindlichen Stellung herbeizuführen.»

Diese Steinitzsche Entscheidung war die Geburt des modernen Schachs. Wer auf Dauer erfolgreich sein will, muß zunächst Niederlagen, das heißt auch Risiken vermeiden. Um nicht gleichzeitig das Risiko langweiliger Remisen einzugehen, muß der Meister tiefer in die Geheimnisse des Spiels eindringen als seine Konkurrenten. Er muß die Schwächen einer Stellung schon verstehen, bevor die Gegner sie überhaupt ahnen können. Er muß unauffällig kleine Stellungsvorteile häufen, indem er den Gegner zu Eigentoren zwingt oder verführt, bevor dieser sie als Eigentore erkennt. Die neue Forderung hieß: statt Überrumpelung (die auch nach hinten losgehen kann) allmähliche Unterminierung. Steinitz entdeckte die «schwachen Felder» auf dem Brett: Felder, die mit den Figuren der eigenen Partei nicht oder nur schwer zu kontrollieren sind. Das wird vor allem problematisch, wenn auf solchen Feldern eigene schwache, rückständige Bauern verteidigt werden müssen oder wenn sich dort gegnerische Angriffsfiguren einnisten, die mit Bauern nicht zu vertreiben sind.

Diese Felderschwächen entstehen vor allem durch voreilige Vorstöße von Bauern, die einerseits Raum gewinnen, aber andererseits nicht zurückziehen können und deshalb dauerhafte Deckungsprobleme im eigenen Lager schaffen. Es galt, besonders bei Bauernzügen, noch genauer als früher die langfristigen Vor- und Nachteile genau gegeneinander abzuwägen. Steinitz war der erste, der darauf hinwies, daß der bei Anfängern beliebte Schritt des Randbauern zwar einer feindlichen Figur ein weiteres Feld verbietet und dem rochierten König bei einem Grundlinienangriff ein Luftloch schafft, aber gleichzeitig einen Angriffspunkt für einen Rochadeangriff auf den König bietet.

Steinitz war auch der erste, der Königsangriffe mit kaltschnäuzigen Gegenangriffen auf dem Damenflügel konterte und der wichtige Endspielerkenntnisse verbreitete, die schon in der Eröffnungsphase Bedeutung hatten, etwa: «Eine Bauernmehrheit auf dem Damenflügel ist wegen des entfernten Königs stärker als die Bauernmehrheit auf dem Königsflügel.» Viel Spott erntete er für seine verblüffende (heute akzeptierte) Erkenntnis: «Der König ist eine starke Figur», die vor allem im Endspiel (aber auch in einer als «Steinitz-Gambit» bezeichneten Eröffnung) als aktiver Angreifer durchaus mitmischen kann.

Manchmal erschienen die Weisheiten des neuen selbsternannten «Schachkönigs» wie Oscar-Wildesche Paradoxe, die das bisherige Schachwissen konterkarierten, aber doch irgendwie stimmten.

Seine Schule, die damals «die moderne» hieß, heute «die klassische» genannt wird, ist für das Schach so bedeutsam wie das Geld für die Weltwirtschaft.

Für den Kulturhistoriker Joachim Petzold spiegelt die Steinitzsche Schachschule sodann auch die Wirtschaftsphilosophie jener Jahre wieder: «Was scheinbar wie reine Schachstrategie aussah, war zugleich eine Verallgemeinerung aus dem Wirtschaftsleben. Das bedingungslose und zielgerichtete Erfolgsstreben auf der Basis nüchterner Zweckmäßigkeitserwägungen, unbelastet von jeglicher Verklärung und Illusion, wurde Steinitz in England und Amerika sehr deutlich vor Augen geführt.» Zur Erhärtung dieser verschärften These vom Schach als Spiegel der jeweiligen historischen Entwicklung beruft er sich auch auf die

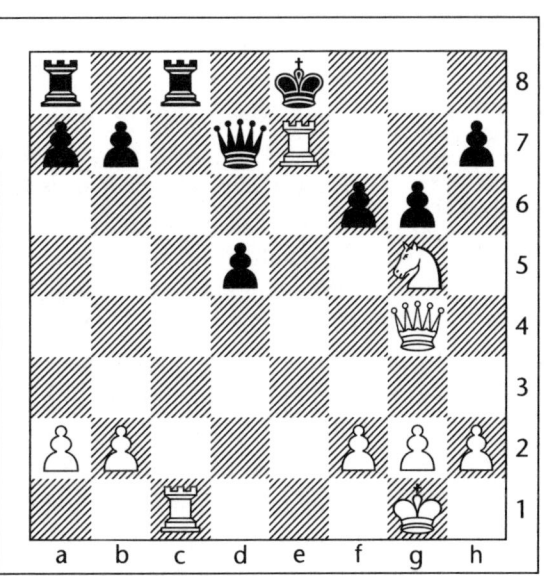

Der unfaßbare Turm. Stellung nach 22. Txe7+.

Wiener Steinitz-Biographie «Der Michel Angelo des Schachspiels» von Jaques Hannak, der Steinitz' Gedanken bei der Prüfung der Kampfposition schildert: «Nondum, noch nicht. Noch ist der Stellungsvorteil zu klein, noch ist das angehäufte Kapital nicht ausreichend, Größeres zu wagen, noch muß neues Spargut angehäuft werden, noch muß die Akkumulation der Spareinlagen Fortschritte machen, aber doch darf nicht gerastet und gerostet werden: Mehrwert heckender Wert, das ist Steinitzens Spiel, das ist das Spiel der Weltökonomie.» Schach als Monopoly.

Steinitz' System verringerte zwar das Verlustrisiko, aber das vorsichtige Lauern und Lavieren erhöhte – zumal gegen ähnlich eingestellte

Steinitz – von Bardeleben, Hastings 1895

1. e4, e5
2. Sf3, Sc6
3. Lc4, Lc5
4. c3, Sf6
5. d4, exd4
6. cxd4, Lb4+
7. Sc3, d5
8. exd5, Sxd5
9. 0–0, Le6
10. Lg5, Le7

169

11. Lxd5, Lxd5
12. Sxd5, Dxd5
13. Lxe7, Sxe7
14. Te1, f6
15. De2, Dd7
16. Tac1, c6
17. d5, cxd5
18. Sd4, Kf7
19. Se6, Thc8
20. Dg4, g6
21. Sg5+, Ke8
22. Txe7+, Kf8
23. Tf7+, Kg8
24. Tg7+, Kh8
25. Txh7+, Kg8
26. Tg7+, Kh8
27. Dh4+, Kxg7
28. Dh7+, Kf8
29. Dh8+, Ke7
30. Dg7+, Ke8
31. Dg8+, Ke7
32. Df7+, Kd8
33. Df8+, De8
34. Sf7+, Kd7
35. Dd6+ 1–0

Gegner – die Gefahr endlos langweiliger Remispartien, eine Tendenz, die der spätere Weltmeister Capablanca als den «Remistod des Schachs» bezeichnete. Steinitz begegnete dieser Gefahr, indem er so kunstvoll verworrene Stellungen herbeilavierte, daß seine Gegner wie Blinde in einem Haus voller Mausefallen tappten. Er war in die Geheimnisse des Schachs so tief eingedrungen, daß er Labyrinthe bauen konnte, in denen er zu Hause war, während sich seine Gegner darin verirrten.

Mit dieser Strategie gewann er 30 Matches (beim 7:0 gegen Blackburne, 1876, wurde zum ersten Mal mit Schachuhren gespielt). Nach seinem Matchsieg gegen Anderssen (8:6, London 1866) hätte er sich wie andere vor ihm als Weltmeister bezeichnen können, er verzichtete aber darauf bis zum Tode Morphys. So kam es erst 1886 zum ersten offiziellen Schachweltmeisterkampf, den er in drei US-Städten (New York, St. Louis, New Orleans) 10:5 gegen den damals zweitstärksten Meister, den in Polen geborenen Johannes Hermann Zuckertort gewann. Zuckertort, der sich selbst als Schüler Anderssens bezeichnete, hing noch immer dem romantischen Schach nach und verabscheute Steinitz' Verwissenschaftlichung des Spiels.

Wie zwei Pokerspieler legten die beiden Kontrahenten je 2000 Dollar als Einsatz auf den Tisch. Die Zeit – 15 Züge pro Stunde – wurde mit zwei verbundenen Stoppuhren gemessen. Der täglich achtstündige Zweikampf war ein Spektakel, das von den Journalisten emphatisch verfolgt und wie ein Showdown beschrieben wurde. Schon beim Schlagen einer Figur sah der Schreiber der *New York Times* gar «das Blut (des Bauern) fließen».

Der gnadenlose Zweikampf zwischen Steinitz und Zuckertort wurde zum Vorbild für viele nachfolgende WM-Kämpfe als Psychokrieg neben und hinter den Brettern. Steinitz, der seit seinem ersten Matchsieg gegen Zuckertort, London 1872, seinem Gegner unter allerlei Ausreden vierzehn Jahre lang einen Revanchekampf verweigert hatte, wurde von Zuckertort in dessen Magazin *Chess Monthly* als «Feigling auf der Flucht» geschmäht. Dieser konterte allerdings in seinem *International Chess Magazine* mit ätzenden Attacken und Beleidigungen. Steinitz war der erste Schachweltmeister, der ganz bewußt die Aura der Unausstehlichkeit pflegte und damit für eine Reihe von Nachfolgern «stilbildend» wirkte. Steinitz beleidigte Gegner und Zuschauer. In London fragte er einen naseweisen Kiebitz: «Haben Sie schon mal gesehen, wie ein Affe eine Uhr untersucht?» Gegner hat er als Lumpen, Trottel oder Köter bezeichnet oder – wenn ihm die Wörter ausgingen – bespuckt. In mehreren Londoner Schachclubs erhielt er Lokalverbot.

Die offen zur Schau getragene Unausstehlichkeit vieler großer Schachgeister ist eine Erscheinung, die selten genauer untersucht worden ist. Vielleicht staut der stundenlange bewegungsarme Kampf des Sitzens und Schweigens Aggressionen auf, die mit schachlichen Aktivitäten allein nicht auszuagieren sind und zusätzliche Ventile erfordern. Andererseits gab es außer den speziellen Ungeheuern auch immer wieder Groß- und Weltmeister, die als faire, geduldige, freundliche, ja Harmonie suchende Menschen gerühmt wurden: Philidor, Anderssen, Morphy, Capablanca, Euwe, Tal, Anand.

Wie viele andere Großmeister starb auch Steinitz in großer Armut und wie manch anderer (Morphy und Rubinstein) in schwerer Geistesverwirrung: Steinitz versuchte gegen Ende seines Lebens mit einem selbstgebastelten drahtlosen Telefon Gott zu erreichen und ihn zu einem Wettkampf herauszufordern, wobei er ihm den ersten Zug und einen Bauern vorgeben wollte.

Dabei hatte ihn schon fünf Jahre vorher, 1894, ein menschliches Wesen entthront. Schon seit den achtziger Jahren hatte sich – nicht zuletzt dank der neuen Steinitzschen Lehren – eine vielköpfige Schachelite gebildet, wie es sie an Zahl und Qualität noch nie zuvor gegeben hatte. Die Schüler jagten den Meister.

Die Spitzenspieler trafen sich alljährlich auf mehreren Turnieren, wo im Kampf eines jeden gegen jeden der Weltmeister oft auch auf den dritten oder vierten Platz verwiesen wurde. Diese reisenden Schachmatadoren, die alle auf einen Zweikampf mit dem Weltmeister hofften, stammten aus Deutschland (Paulsen, Lasker, G. R. Neumann, Tarrasch, Mieses und Teichmann) und Österreich (Schwarz, Weiß, Berger und Schlechter); in England lebten Burn und Blackburne («der schwarze Tod») sowie der aus Ungarn stammende Gunsberg, der in einem WM-Kampf Steinitz unterlag. Aus Ungarn kamen auch Charousek (den der Schriftsteller Gustav Meyrink in seinem Roman «Der Golem» literarisch verewigt hat) und Maroczy, aus Polen Zuckertort und Janowski, die freilich später in Deutschland und Frankreich lebten.

Die französische Schachrevolution der Epoche von Philidor bis La Bourdonnais hatte indes keine Nachfolger mehr hervorgebracht. Dafür meldeten sich zunehmend Koryphäen aus Rußland zu Wort. Neben Alexander Petrow, der die russische Verteidigung einführte, Carl von Jänisch und Ossip Bernstein wurde vor allem der große Michail Iwanowitsch Tschigorin als der «Vater der russischen Schachschule» gerühmt, die nach dem Zweiten Weltkrieg die ganze Welt beherrschte. Er selbst blieb

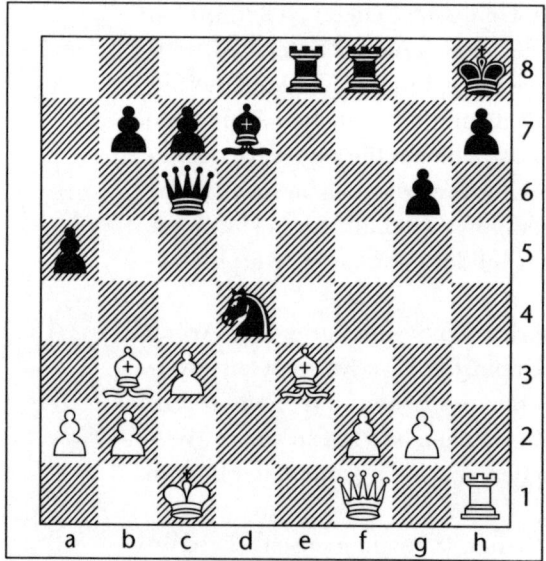

Die Zeit ist reif. Stellung vor 24. Txh7+.

Steinitz –
Tschigorin,
WM Havanna
1892, 4. Partie

 1. e4, e5
 2. Sf3, Sc6
 3. Lb5, Sf6
 4. d3, d6
 5. c3, g6
 6. Sbd2, Lg7
 7. Sf1, 0–0
 8. La4, Sd7
 9. Se3, Sc5
10. Lc2, Se6
11. h4, Se7
12. h5, d5
13. hxg6, fxg6
14. exd5, Sxd5
15. Sxd5, Dxd5;
16. Lb3, Dc6
17. De2, Ld7
18. Le3, Kh8
19. 0–0–0, Tae8
20. Df1, a5
21. d4, exd4
22. Sxd4, Lxd4
23. Txd4, Sxd4
24. Txh7+, Kxh7

tischen Schachs verpflichtet und sah in der «individuellen Kreativität die Seele des Schachs». Der Verehrer Morphys und Anderssens attackierte die Steinitzsche Lehre; er sah das Geheimnis des Erfolges nicht im wissenschaftlichen Partieaufbau, sondern in der Fähigkeit, spontan «jede Situation durch künstlerische Kombinationen zu meistern». Vor allem polemisierte er gegen die damals aufkommenden Theoriediskussionen: «Theoretisch», höhnte er, «ist nur ein anderes Wort für unoriginell.» Und: «Spiele Schach nicht als Wissenschaft, sondern mit Freude!»

Ob Tschigorin viel Freude an seinem – 1889 in New York – endlich akzeptierten Wettkampf mit Steinitz hatte, ist nicht überliefert. Jedenfalls war es Steinitz, der zuletzt lachte. Er gewann den Wettkampf mit seinem zehnten Partiesieg, als Tschigorin erst sechs Partien (bei einem Remis) für sich entschieden hatte.

Tschigorin gab sich keineswegs geschlagen. 1890 führten die Kontrahenten einen eröffnungstheoretischen Streit in einem telegraphischen Fernwettkampf zwischen New York und Havanna, bei dem der New Yorker Steinitz beide Partien verlor und zwischenzeitlich noch als Spion verhaftet wurde, weil die New Yorker Post die Schachnotationen für einen verbrecherischen Geheimcode hielt.

Nach dieser Kubakrise lud der Inselstaat die beiden Unerbittlichen 1892 zu einem weiteren Match ein, das Steinitz nur noch knapp 10,5 : 8,5 (ein Remis) gewann. Der Wettkampf nahm den 56jährigen so mit, daß er unter Schlaflosigkeit litt: «Ich habe stundenlang wachgelegen, mit weit offenen Augen, die wie Feuer brannten, und der Schlaf wollte nicht kommen...» Er zitierte später einen Arzt aus Havanna, der ihm erklärt hatte: «Ich kann mir nichts vorstellen, das alle lebenswichtigen Organe – Gehirn, Herz, Nieren, Leber – so belastet, wie die Erregung beim Schachspielen unter den Augen eines kritischen Publikums.»

Vor den Partien putschte Steinitz sich mit Champagner auf, während der Russe von einem Mäzen mit Cognac versorgt wurde.

172

Im Gegensatz zu vielen Kaffeehausspielern, für die das Bier zum täglichen Brot gehört, meiden Spitzenspieler zumindest bei großen Turnieren und Matches Alkohol. Wie der deutsche Großmeister und Arzt Helmut Pfleger in Untersuchungen herausfand, kann der Alkohol zwar die Nervosität mindern und die Kreativität stimulieren, aber die beim Schach ebenfalls wichtige Rechenkapazität wird mit jedem Glas Bier um zehn Prozent gemindert. Was nützen die tollsten Einfälle, wenn man die Konsequenzen nicht ausreichend berechnen kann? Allerdings kann man gelegentlich auch Könner sehen, die zwar für ihre Figuren immer wieder wunderbare Felder entdecken und diese auch ansteuern, aber den Springer beispielsweise nicht sauber im Ziel postieren können.

Immerhin haben einige Meister trotz Alkohol Weltmeisterniveau erreicht: Blackburne (Whisky), Tal (Wodka), Bogoljubow (Bier), Frank Marshall (verschiedenes). Der Weltmeister Aljechin verlor 1935 seinen Titel gegen den Holländer Max Euwe beim Champagnergenuß (den ihm Euwes Landsleute als Gastgeber gratis kredenzten). Aljechin, der auch einmal betrunken im Turniersaal urinierte, holte sich zwei Jahre später den Titel zurück, mit Milch statt Champagner.

25. Dh1+, Kg7
26. Lh6+, Kf6
27. Dh4+, Ke5
28. Dxd4+, Kf5
29. Df4+ 1–0

Der brutale Brüter – Mensch gegen Maschine

New York/München, Dezember 1990

Helmut Pfleger, deutscher Schachgroßmeister und Schachkommentator im Fernsehen und im *Zeitmagazin*, sitzt am Schreibtisch in einem Chefbüro in München. Vor sich, wie gewohnt, ein Schachbrett. Ihm gegenüber, im Chefsessel hinter den schwarzen Steinen, sitzt nicht der Gegner, sondern ein Mann am Telefon. Der Mann ist Schiedsrichter und «Postillon d'échecs», der die Schachbotschaften beider Gegner übermittelt.

Pflegers Gegner steht 10 000 Kilometer entfernt, auf dem Schreibtisch in einer kleinen Kemenate namens «Chess-Lab» im IBM-Forschungs-Center in Yorktown Heights im Staat New York. Das Ding auf dem Schreibtisch ist Schachweltmeister der zweiten Art, ein Schachcomputer. Sein leicht ironischer Name lautet *Deep Thought (D. T.)*, nach jenem Vorbildcomputer, der in dem Science-fiction-Roman «Per Anhalter durch die Galaxis» in sieben Millionen Jahren Rechnerei die Antwort auf die ewige Frage nach dem Sinn des Lebens fand. Dieser echte *Deep Thought* hier ist in der real existierenden Wissenschaft der Erde nicht nur Weltmeister unter seinesgleichen, sondern hat auch schon etliche menschliche Großmeister ausgezählt, darunter Stars wie den

173

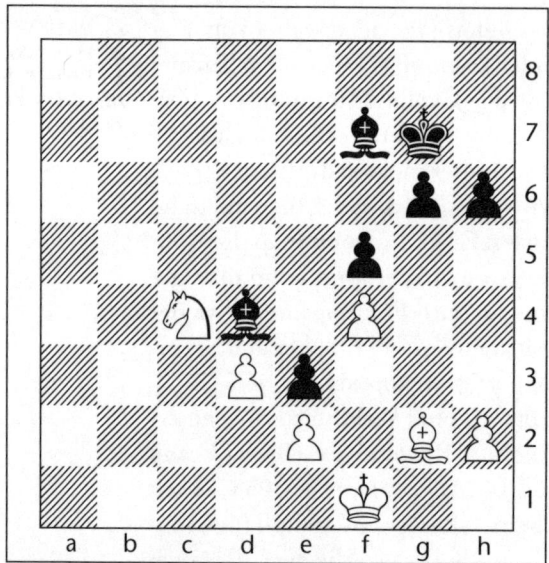

Pflegers Falle. Stellung nach 44. Sc4.

Pfleger –
Deep Thought
Telefonpartie
1990

1. c4, e5
2. Sc3, d6
3. g3, g6
4. Lg2, Lg7
5. Sf3, f5
6. d3, Sf6
7. 0–0, 0–0
8. Tb1, a5
9. a3, Sh5
10. Lg5, Sf6
11. Dd2, Sc6
12. b4, axb4
13. axb4, Le6
14. b5, Se7
15. Ta1, Dc8
16. Txa8, Dxa8
17. Se1, c6
18. Sc2, De8
19. Tb1, Dd7
20. Sa4, Dc7
21. bxc6, bxc6
22. Db4, h6
23. Ld2, Sd7
24. Db7, Tc8
25. Dxc7, Txc7
26. f4, Ta7

Dänen Bent Larsen, den Engländer Tony Miles und den Amerikaner Robert Byrne. Er hat erst kürzlich den Schachcomputerexperten David Levy, der durch eine 1000-Pfund-Wette («Ich schlage jeden Computer») berühmt wurde, mit 4:0 zerschmettert. Auf verschiedenen Turnieren erreichte *Deep Thoughts* Elo-Wert, der sich wie im Tennis aus Wettkampferfolgen errechnet, 2500 Punkte: Großmeisterklasse.

Einzig Weltmeister Kasparow konnte die Maschine bisher in einem Match souverän in seine Rechenschranken verweisen. Erst vor kurzem trat *Deep Thought* gegen den zweitstärksten Spieler der Welt, Anatoli Karpow, an der Harvard-Universität in Cambridge an. Die Maschine trieb den Exweltmeister so sehr in die Enge, daß dieser bis auf eine Minute seine gesamte Bedenkzeit verbraucht hatte,

als *Deep Thought* noch über eine halbe Stunde verfügte. Karpows Gesicht war bereits von Verzweiflung gezeichnet, als er dank eines unverständlichen Endspielpatzers von *Deep Thought* die Partie doch noch mit Hängen und Würgen gewinnen konnte.

Heute setzt also zum ersten Mal ein deutscher Großmeister sein Schachkönnen gegen den schnellen Brüter ein, der pro Sekunde 720 000 Stellungen durchrechnet.

Es ist 16 Uhr in München, 10 Uhr in Yorktown Heights. *Deep Thought* summt. Helmut Pfleger brummt. Er sei müde, habe schlecht geschlafen. Fenghsiung Hsu und Murray Campbell, zwei der Väter des *Deep Thought*, des Tiefen Gedankens, sitzen am Tisch vor der Maschine und lachen: «Ob Kasparow, Karpow oder Pfleger, *Deep Thoughts* Gegner sind immer müde.»

Die Maschine hat überhaupt nicht geschlafen. Selbst nachts analysiert sie unermüdlich berühmte Meisterpartien, von denen ihr 900 eingegeben wurden. Sollte eine bestimmte Stellung aus diesen Partien einmal in *Deep Thoughts* Praxis auftauchen, dann wird *D. T.* die Erfahrungen aus der Analyse verwerten. «Der Computer kann also lernen?» frage ich. Hsu: «Ob man das lernen nennen kann, ist umstritten. Die Maschine kann die Erfahrungen nicht generalisieren, sondern nur in gleichen Situationen anwenden.» Sie kann dann einen Zug als «Fehler» verwerfen, den sie nach ihrer eigenen Berechnung für richtig hält. Nichtsdestotrotz: *Deep Thoughts* Stärke ist weniger das Lernen als das erbarmungslose Rechnen. Wie es sich für einen Computer gehört. Wir werden sehen.

Helmut Pfleger macht den ersten Zug, er schiebt den c-Bauern zwei Felder vor und drückt auf die Uhr. *C Four* übersetzt der Schachcomputerexperte Frederic Friedel und schickt den Zug per Telefon über den Atlantik. Feng-hsiung Hsu empfängt die Botschaft und tippt sie in *Deep Thoughts* Keyboard. «Piep» gibt der zur Antwort und schreibt seinen Auftaktzug auf den Bildschirm. *E Five.* Via Dr. Hsu und Telefon kommt *E Five* zu Friedel, der sofort den Zug ausführt und die Uhr drückt.

Beide spielen die ersten acht Züge im Eiltempo. Ohne lange zu denken oder zu rechnen. Sie spielen eine Variante der englischen Eröffnung, die sie beide gespeichert haben. Dabei wollte Pfleger eigentlich die Maschine mit unorthodoxen Zügen so schnell wie möglich «aus ihrer Eröffnungsbibliothek werfen», weil er bei selbständigen Zügen der Maschine eher auf einen Fehler hofft. Eine vage Hoffnung. Tatsächlich hat *Deep Thought*, so erzählen Hsu und Campbell, sogar in den Eröffnungslehrbüchern der Großmeister schon etliche Fehler und Lücken entdeckt. Vielleicht werden Hsu und Campbell eines Tages ein Buch «Die Patzer der menschlichen Meister» herausbringen.

In der Partie gegen Pfleger sieht freilich *Deep Thoughts* neunter Zug eher wie ein Patzer aus. Springer h5? Und das zieht er, obwohl er laut Bildschirm durchaus damit rechnet, daß Pfleger ihn mit Läufer g5 gleich wieder zurücktreiben wird. Ein solcher Rück

zug unter Tempoverlust, der jeden Menschen auch psychologisch irritieren würde, bekümmert *Deep Thought* nicht im geringsten. Vielleicht hat er einfach herausgefunden, daß demnächst Pflegers Läufer auf g5 nicht gut steht. Jedenfalls hat er die Konsequenzen in allen, auch unsinnigen Varianten mindestens zehn Halbzüge tief (fünf schwarze und fünf weiße) durchdacht, der sture Denker. Einige Stellungen, die am Ende des Zehn-Halbzug-Variantenbaums unklar sind, prüft er gar noch etliche Züge weiter, bis die Stellung übersichtlich und bewertbar ist.

Auch für die Bewertung hat er bestimmte Methoden. Er kann den Wert und Unwert offener Linien oder der Bauernstruktur ebenso berechnen wie den Wert des vorhandenen Materials beider Spieler. Zunächst bewertet er, wie menschliche Schachanfänger, den Bauern mit einem Punkt, Springer und Läufer mit drei, Turm mit fünf, die Dame mit neun Punkten. Aber je nach Stellung wird ein leicht angreifbarer Bauer als schwächer eingestuft, zählt ein Springer im Zentrum mehr als einer am Rand, von wo aus er weniger Felder anpeilt.

Deep Thought schafft während der durchschnittlichen Bedenkzeit von drei Minuten pro Zug 129 600 000 Stellungsbewertungen. Bei zehn Halbzügen aber gibt es theoretisch, alle unsinnigen Züge mitgerechnet, rund 40 hoch 10, also 10 Billiarden Möglichkeiten. Das könnte selbst der schnelle Brüter *Deep Thought* nicht schaffen, wenn er nicht nach einer raffinierten Methode, dem sogenannten Alpha-Beta-

27. Sc3, exf4
28. gxf4, Tc7
29. Sd1, d5
30. cxd5, cxd5
31. Sb4, d4
32. Kf2, Lf6
33. Tc1, Txc1
34. Lxc1, Sb6
35. Sb2, Lh4+
36. Kf1, Kg7
37. Ld2, Lf6
38. Sa6, Sed5
39. Sc5, Lf7
40. Sca4, Sxa4
41. Sxa4, Se3+
42. Lxe3, dxe3
43. Sb6, Ld4
44. Sc4, Lxc4
45. dxc4, Lc5
46. Ld5, Ld6
47. c5, Lxc5
48. Kg2, g5
49. fxg5, hxg5
50. h3 $\frac{1}{2} - \frac{1}{2}$

175

Algorithmus, viele Zugfolgen einfach ignorieren dürfte, die offenbar das Rechenergebnis nicht mehr beeinflussen können. Solche Zugfolgen werden «aus dem Variantenbaum herausgeschnitten wie taube Äste», sagt ein *Deep-Thought*-Programmierer. So muß *D. T.* jedesmal nur einige hundert Millionen Stellungen bewerten, bevor er den für die nahe Zukunft erfolgreichsten Zug entdeckt hat.

Mit ihrer sturen Rechnerei, der sogenannten *Brute-Force*-Methode, mit der die Computer ihren vermeintlich besten Zug ermitteln, unterscheiden Rechner sich grundsätzlich von menschlichen Schachspielern. Die nämlich verplempern keine Zeit mit dem Durchrechnen von Varianten, deren Unzulänglichkeiten sie längst erkennen: Sie verfolgen vielmehr einen langfristigen strategischen Plan und treffen auf Grund ihrer Erfahrung, mit ihrem «Schachgefühl» Entscheidungen, deren Folgen sie viel weiter als zehn Züge absehen können. Sie haben einfach einen weiteren Horizont als der Rechner. Natürlich müssen sie auch hierbei einzelne Varianten durchrechnen und machen dabei menschlicherweise gelegentlich Rechenfehler. «Patzer», die den Computern nicht unterlaufen. Vor allem aber übersehen Menschen oft raffinierte taktische Wendungen, die abseits der üblichen Schachklischees liegen und die dem Rechner bei seinem Totalcheck nicht entgehen.

Um die Rechner von ihrer notorischen Schwäche, der Kurzsichtigkeit, zu erlösen, betraten die Forscher zwei verschiedene Wege. Die Hersteller der kleinen kommerziellen Geräte entwickelten zunehmend sogenannte «selektive» Programme, mit deren Hilfe die Rechner in Sekundenschnelle drei oder vier Halbzüge *Brute Force* durchforsten und ansonsten nur offensichtlich erfolgversprechende Varianten auswählen und weiterverfolgen. Mit dieser «menschlicheren» Methode können die meisten kommerziellen Computer inzwischen 99,99 Prozent aller Schachspieler auf der Welt schlagen, sie erreichen Elo-Werte bis zu 2200, aber sie kommen nicht in die Spitzengruppe. Vor allem verpassen sie, wie menschliche Durchschnittsspieler, viele taktische Möglichkeiten, die die «Brutalrechner» entdecken.

Deshalb blieben die Großrechnerexperten in Amerika ihren *Brute-Force*-Programmen treu: mittels Hardware die Geschwindigkeit zu steigern, damit die Geräte innerhalb ihrer Bedenkzeit tiefer kommen, mehr Halbzüge schaffen. Ken Thompson, der Vater des Computerexweltmeisters *Belle*, fand durch Testreihen heraus, daß bei den *Brute-Force*-Computern jede Vertiefung um einen Halbzug rund 200 Elo-Punkte in der Spielstärke ausmacht. Das Problem ist nur: Um auf dem rasend schnell sich ausbreitenden Variantenbaum die Rechentiefe um einen Halbzug zu steigern, braucht ein Rechner sechsmal soviel Zeit wie für alle Halbzüge vorher. Um eine 40zügige Partie vollständig durchzurechnen, benötigt selbst *Deep Thought* mehr Jahre, als es Atome im Weltall gibt. Aber nach Ken Thompsons Berechnungen reicht schon eine Suchtiefe von 12 bis 13 Halbzügen für 2900 Elo-Punkte. 100 Punkte mehr, als Weltmeister Garry Kasparow hat. *Deep Thought* hat 2500.

Großmeister Pfleger, 2505 Elo-Punkte, hat theoretisch also die etwas besseren Karten. Und er hat durchaus Erfahrung im Umgang mit den Rechnern. Was Pfleger besonders optimistisch macht: Der deutsche Kleincomputer *Mephisto*, der gegen ihn keine Chance hat, konnte kürzlich ausgerechnet *Deep Thought* ausmanövrieren. Der Großmeister genießt denn auch in seiner heutigen Partie, nachdem er *Deep Thoughts* vorwitzigen Springer im zehnten Zug zurückgetrieben hat, einen deutlichen Eröffnungsvorteil: Alle Figuren sind entwickelt, während bei *D. T.* noch ein Läufer und ein Springer auf der Grundlinie stehen. Dementsprechend billigt er dem Großmeister auch einen theoretischen Vorteil von einem fünftel Bauern zu. Pfleger sieht das noch optimistischer und bläst zum Angriff auf dem Damenflügel, wo er zunächst die b-Linie für seinen Turm öffnen will. Er schickt seine Bauern an die Front, treibt *Deep Thoughts* Springer zurück und zwingt *D. T.* zu einer Reihe scheinbar stagnierender Damenzüge. Im 17. Zug überrascht er Pfleger mit einem feinen Bauernzug, der die schwarze Stellung zwar zerbrechlich aussehen läßt, in Wahrheit aber festigt. Nach 25 Zügen hat Pfleger die b-Linie erobert, aber, so ruft er verzweifelt aus: «Ich habe nichts.»

Im 29. Zug hofft der Großmeister vergeblich, daß die Maschine das starke Bauer d5 übersieht. *D. T.* hat die aktiveren Springer und Läufer. Der Großmeister kann nur reagieren. *Deep Thought* sieht sich jetzt einen dreiviertel Bauern im Vorteil, da er im Endspiel mit einem Läuferpaar gegen Läufer und Springer operieren kann.

Nach Pflegers 44. Springer c4 schnellt *D. T. s* Bewertungsziffer auf anderthalb Bauern Vorteil hoch, als hätte er Blut gerochen. Er kann einen ganzen Bauern gewinnen, aber, ach, der Bauer ist vergiftet. Pfleger bietet ein Bauernopfer an, bei dessen Annahme *Deep Thought* seinen Läufer gegen Pflegers Springer tauschen muß. Die Folge: Es bleiben ungleiche Läufer auf dem Brett (Pflegers läuft nur auf den weißen *Deep Thoughts* nur auf den schwarzen Feldern), was theoretisch remis bedeutet, trotz des Mehrbauern auf der Rechnerseite. Zu dieser Erkenntnis aber kann der Computer mit seinem beschränkten Horizont nicht gelangen. So etwas muß man wissen. Hier ist *Deep Thought* eher ein Depp Thought. «Wir müssen ihm die Ungleiche-Läufer-Theorie einprogrammieren», sagt Campbell traurig. Andererseits: Je mehr Bewertungsregeln in den Computer gefüttert werden, desto mehr Zeit verliert er für das wichtige *Brute-Force-*Rechnen.

Nach fünfzig Zügen und über vier Stunden Spielzeit bietet Hsu für die Maschine, die noch immer mit einem Mehrbauern vergeblich um den Sieg rechnet, Remis an.

Den Glückwunsch nehmen die beiden Väter des «Tiefen Gedankens» mit lachenden und weinenden Augen entgegen. Ein Remis ist okay, aber ein

1. c4, Sf6
2. Sc3, c5
3. g3, g6
4. Lg2, Lg7
5. e4, Sc6
6. Sge2, 0–0
7. 0–0, d6
8. d3, Ld7
9. h3, Se8
10. f4, f5
11. Tb1, Tb8
12. Le3, Sd4
13. b4, b6
14. bxc5, bxc5
15. Dd2, Sc7
16. exf5, gxf5
17. Txb8, Dxb8
18. Tb1, Dc8
19. Kh2, e6
20. Dd1, Da6
21. Ld2, Lc6
22. Lxc6, Dxc6
23. Sxd4, Lxd4
24. Dh1, d5
25. Se2, Lg7
26. Le3, Td8
27. a3, Da6
28. Dc1, dxc4
29. dxc4, Lf8
30. Lg1, Dc6
31. De3, Se8
32. Sc3, Sf6
33. Te1, Kf7
34. Lf2, a6
35. a4, h5
36. De2, Tb8
37. Td1, Lg7
38. Kg1, Tb3
39. Le1, Kg6
40. Dg2, Dxg2+
41. Kxg2, Se4
42. Sxe4, fxe4
43. Lf2, e3
44. Lg1, Ld4
45. Kf3, Kf6
46. a5, Ta3
47. g4, Txa5
48. Td3, Ta4
49. Lxe3, Txc4
50. gxh5, a5
51. h6, Kg6
52. Lxd4, Txd4
53. Tb3, Td6

Sieg war möglich. Schließlich malt Hsu das Ergebnis auf die weiße Tafel, auf der *Deep Thoughts* Taten gegen internationale Großmeister wie auf einem Kriegerdenkmal festgehalten werden. Hsu und Campbell identifizieren sich mit ihrem Baby wahrscheinlich mehr als manche ehrgeizige Mutter mit ihrer Eislaufprinzessin.

Deep Thoughts Eltern kamen dabei eher wie die Jungfrau zu ihrem Kind. Zwar waren auch sie Studenten an der Carnegie Mellon Universität in Pittsburgh, wo schon mehrere Schachcomputer geschaffen wurden, aber sie waren keineswegs an der Fakultät bei Prof. Hans Berliner, der gerade mit dem Rechner *Hi-Tech* Schachruhm erworben hatte. Der Doktorand und Hardwarespezialist Feng-hsiung Hsu kam auf die Idee, daß er mit einem Superchip eine Schachmaschine schneller und effektiver betreiben könnte, als es das 64-Chip-Modul in Berliners Hi-Tech-Maschine tat. Hsu bekam von seinem Professor H. T. Kung und entgegen der Meinung von Berliner grünes Licht für sein Experiment und baute mit der Hilfe von vier Kommilitonen, die das Programm schrieben und einige neuartige Elemente hinzufügten, den Rechner *Chip Test*, *Deep Thoughts* Vorgänger.

Ein besonderer Gag war der sogenannte *Singular Extensions Algorithm*, nach dem der Rechner über die *Brute-Force*-Ebene hinaus einzelne Varianten, bei denen der Gegner nur eine gute Antwort hat, bis zum bitteren Ende durchanalysiert. *Chip Test* gewann 1987 die amerikanische Computer-

schachmeisterschaft und wurde anschließend mit weiteren Programmverbesserungen zu *Deep Thought* fortentwickelt. Zum Erntedankfest 1988 gewann D. T. ein großes Turnier in Long Beach, zusammen mit dem Großmeister Tony Miles. Allerdings wurde der erste Preis von 10 000 Dollar nicht, wie in solchen Fällen üblich, geteilt. Grund: Computer sind als Preisempfänger nicht anerkannt.

Brachten die Erfolge auch keine Preisgelder, so verschafften sie doch den drei Programmierern Jobs bei IBM am Thomas J. Watson Research Center. Hier sollen Hsu, Campbell und Thomas Anantharaman eine neue Maschine entwickeln, die auch Kasparow schlägt und so den Schachweltmeistertitel wieder nach Amerika holt, zum Ruhme von IBM. Auf der weißen Tafel im Chess-Lab in Yorktown notieren die Väter bereits Namenideen (mit der IBM-Farbe Blue) für ihr Superbaby: *Blue-Chip. Mr. Blue. Out of the Blue.* Hsu baut zur Zeit diesen Blaumann, der mindestens drei Millionen Stellungen pro Sekunde checkt. Dieser *Mr. Blue* soll in zwei Jahren mindestens eine Milliarde Stellungen pro Sekunde durchrechnen können. Er würde die Geschwindigkeit von *Deep Thought* viermal versechsfachen, die Rechentiefe also um 4 auf 14 Halbzüge, den Elo-Wert um 4 mal 200 Punkte steigern.

Aber macht ein Halbzug wirklich 200 Elo-Punkte aus? Hsu führt uns die Bedeutung mit einem spielerischen Experiment vor. Er läßt *Deep Thought* als Weißen mit neun Halbzügen

Rechentiefe gegen *Deep Thought* als Schwarzen mit zehn Halbzügen spielen, wobei er dem Weißen sechs ganze Entwicklungszüge (e4,d4,Sf3,Sc3,Lf4,Lc4) vorgibt, während der Schwarze aus der Grundstellung startet. Schwarz eröffnet mit d6, hat die Stellung nach 28 Zügen ausgeglichen und nach 59 Zügen gewonnen.

Wird also Garry Kasparow durch die Power von 14 Halbzügen matt gesetzt? Schließlich kann er immer noch tiefer rechnen. «Aber», so antwortet Hsu, «auch *Blue-Chip* wird einzelne wichtige Varianten 30 bis 60 Züge tief prüfen», während Kasparow eher eine Wendung übersieht als der lückenlos rechnende *Mr. Blue*. Vor allem aber: je tiefer der Computer die Stellungen durchanalysiert, desto bedeutungsloser wird das menschliche Positionsgefühl.

Auch Pfleger versucht es am nächsten Tag noch einmal mit seinem Schachgefühl gegen die Rechenmaschine. Diesmal eröffnet *Deep Thought* als Weißer englisch. Bauer c4. Pfleger macht im zehnten Zug einen ungewöhnlichen Bauernzug und versucht im Stil einer Kontermannschaft eine feste, solide Stellung aufzubauen, gegen die der Rechner, der ja keine Pläne schmieden kann, vergeblich anrennt. Im 12. Zug erlaubt er mit einem vorwitzigen Springerzug dem Computer gar, die b-Linie zu öffnen, womit der Rechner aber ebensowenig anfangen kann wie gestern der Großmeister auf der anderen Seite des Atlantiks.

Überhaupt scheinen sich bis hierher die Partien der beiden verschieden-

artigen Spielertypen merkwürdig zu ähneln. Während gestern Pfleger nach seinem Leerlauf in der b-Linie einige uninspirierte Züge machte und schnell die Initiative verlor, kann heute *Deep Thought* trotz Linienöffnung keinen Vorteil erreichen. Im Gegenteil: er schiebt König, Dame und Läufer so rat- und ziellos herum, als wäre er im Zugzwang.

Darauf hat Pfleger freilich gewartet. Er stellt in aller Ruhe seine Truppen zum Angriff auf und dringt immer weiter in *D. T.s* Lager ein. Im 41. Zug schlägt er zu. Er bietet seinen Springer im Zentrum zum Tausch an, wobei er zwei Bauern zu verlieren scheint. Und reibt sich die Hände: «Jetzt ist er verloren.» Wäre er, wenn er, wie von Pfleger erwartet, mit Turm d6 auf Bauernfang gegangen wäre. Aber diese Falle erwägt er nur ganze zwölf Sekunden, dann findet er den entscheidenden Verteidigungszug, den Pfleger nicht gesehen hatte und der das Remis sichert.

Die Partie hat diesmal 66 Züge und fünfeinhalb Stunden gedauert. Pfleger («Ich wollte unbedingt gewinnen») ist enttäuscht und erschöpft. Und *Deep Thought*? Rechnet schon wieder an seinen gespeicherten Meisterpartien. Im Pfleger-Match hat er 20 Milliarden Stellungen geprüft. Milliarden aberwitzige Positionen, in denen sich beispielsweise die Dame von Bauern schlagen läßt oder in denen der König wie ein Idiot ungeschützt im feindlichen Lager herumtaumelt. Er hat einen riesigen Haufen von geistigem Abfall produziert, «aber», so Schach-

54. Tb7, Kxh6
55. Ta7, c4
56. Txa5, Tc6
57. Ke2, c3
58. Kd1, Kg6
59. Kc2, Tc4
60. Te5, Kf6
61. Th5, Txf4
62. Kxc3, e5
63. h4, Tf3+
64. Kc4, Ke6
65. Th8, Th3
66. h5, Kf5
$\frac{1}{2} - \frac{1}{2}$

computerliebhaber Frederic Friedel am Telefon, «er hat in diesem riesigen Misthaufen herumgestöbert, in beiden Partien 116 (na, sagen wir 100) Perlen herausgepickt und – zusammen mit Pfleger – zu zwei großmeisterlichen Ketten aufgereiht».

Es ist ein Gemeinschaftswerk der beiden völlig verschiedenen Schachspielertypen, die es heute gibt. Der eine verläßt sich auf einen ermüdenden Neuronenklumpen mit zehn hoch zehn Nervensträngen, der andere auf seine unermüdlichen Chips.

Der Kaiser aus Berlinchen

Während Weltmeister Steinitz sich in New York von den Strapazen des Matches gegen Tschigorin erholte, stand ihm bereits die nächste Herausforderung ins Haus, und zwar in Form eines smarten, eleganten, schön- und scharfgeistigen jungen Mannes mit buschigem Schnurrbart und großen braunen Augen, die er gelegentlich noch mit einem Kneifer vergrößerte. Er wirkte wie eine Mischung aus Einstein, Joyce und Clark Gable, ein Dichter und Dandy, Denker und Zocker. Aber vor allem war er Schachspieler, einer aus der lauernden Meute der Steinitz-Jäger, der sich 1889 durch einen ersten Preis beim Turnier des Deutschen Schachbundes hervorgetan und den «Schwarzen Tod» Blackburne in einem Match 6:0 erledigt hatte. Emanuel Lasker, Sohn eines Synagogendieners in dem kleinen brandenburgischen Ort Berlinchen, war in das große Berlin gezogen, um – wie Steinitz in Wien – Mathematik zu studieren. Und wie Steinitz sattelte er um auf Schach, erprobte sich in der Heimat und in London und folgte schon als 23jähriger dem Weltmeister nach New York.

Steinitz hatte den jungen Mann vermutlich unterschätzt, sonst hätte er sich nicht so leichtfertig zu einem Match bereitgefunden, das sein Waterloo wurde. Einsatz: 2000 Dollar. Sieg: zehn gewonnene Partien. Bedenkzeit: 15 Züge pro Stunde. Spielorte: New York, Philadelphia, Montreal. Steinitz bestand auf «nur drei Partien pro Woche». Er verlor gleich die erste; die Niederlage erklärte er sich und der Welt mit Schlaflosigkeit und Streß. Erscheinungen, unter denen Lasker nicht zu leiden schien.

Der kaltblütige Jungstar, der Steinitz' Lehren studiert und verinnerlicht hatte, brachte ein neues Element ins Spielgeschehen: die Psychologie. Es genügte ihm nicht, wie Steinitz die geheimen Wirkungskräfte der Schachfiguren wissenschaftlich zu verstehen und nutzbringend anzuwenden, er bezog auch die Persönlichkeit des Gegners in die Partie ein. Mehr noch, die Persönlichkeit des Gegners war für ihn das Wesentliche des Schachs: «Ich spiele nicht mit leblosen weißen und schwarzen Figuren. Ich spiele mit menschlichen Wesen aus Fleisch und Blut.»

Für ihn war Schach weder Kunst noch Wissenschaft noch Sport oder Spiel, sondern «Kampf», und damit meinte er nicht schlicht den Wettkampf, sondern den existentiellen Kampf zweier Menschen um die Macht. Was Wunder, daß er bereits als Student das Schach der Mathematik vorzog: «Wenn ich in der Mathematik eine neue Lösung eines Problems finde, kann ein anderer Mathematiker behaupten, seine Lösung sei eleganter. Beim Schach kann ich jeden, der behauptet, besser zu sein, matt setzen.»

In diesem Kampf ums Matt reichte es ihm deshalb nicht, die Waffen zu beherrschen (hier konnte der Gegner womöglich besser sein), er rüstete sich zusätzlich mit der besseren Menschenkenntnis aus. Er erforschte die Schwächen und Stärken des Gegners, um sie für seine Zwecke zu nutzen. Für ihn gab es nicht den objektiv besten Zug in einer Stellung, sondern den besten Zug in der Stellung gegen diesen speziellen Gegner. Der Zug sollte für den Feind möglichst unangenehm sein. Deshalb studierte er die Partien seiner Kontrahenten, lernte, welche Stellungstypen ihnen sympathisch und deshalb zu vermeiden waren, welche ihnen unangenehm und deshalb anzustreben waren.

Bei seiner Vorbereitung auf das Match gegen Steinitz profitierte er nicht nur schachlich von dem großen Theoretiker, dessen erfolgsorientierter Rationalismus ihn sehr beeindruckte, er studierte gleichzeitig den Schachcharakter seines Widersachers. Im Wettkampf hinderte er sodann Steinitz am Aufbau seiner Labyrinthe und zerfleischte ihn mit Geradlinigkeit und bestechender Logik. Steinitz' Schwäche, so befand Lasker, «ist Dickköpfigkeit», die der flexible Psychologe in seine Pläne mit einbezog wie ein schwaches Feld in des Gegners Stellung. Nach zweieinhalb Monaten gewann Lasker die zehnte Partie, bei fünf Niederlagen und vier Remisen.

Zwei Jahre ließ er den Geschlagenen schmoren, bevor er ihm den Revanchekampf (in Moskau) gewährte, den er noch leichter, mit zehn zu zwei (fünf Remisen), gewann. Es war «der Triumph des Spielers gegen den Denker», resümierte er lakonisch.

Auch als Weltmeister tanzte der Zocker, der übrigens ein gefürchteter Kartenspieler war, auf mehreren Hochzeiten. Er beendete sein Mathematikstudium in Heidelberg, promovierte (summa cum laude), schrieb philosophische Bücher, betrieb (allerdings mit miserablem Erfolg) Landwirtschaft, züchtete Tauben und spielte (nur gegen hohe Honorare von mindestens 2000 Dollar) Schachturniere, die er meist gewann. Gelegentlich (sechsmal in 27 Jahren) verteidigte er seinen WM-

Titel. Die geringe Zahl der WM-Kämpfe hatte natürlich einen einfachen Grund: Jeder Weltmeister wird seinen Titel so selten wie möglich aufs Spiel setzen.

Lasker stellte immer neue Bedingungen an die Matchbewerber und forderte vor allem ungeheure Geldeinsätze – eine Methode, mit der er sich etliche Kandidaten vom Leibe hielt und mit der er zugleich finanziell die langen Zwischenzeiten überbrücken wollte. Seine Forderungen begründete er – ganz im Sinne seiner 70 und 80 Jahre später argumentierenden Nachfolger Bobby Fischer und Garry Kasparow – mit der Popularität des Schachs, das er einfach als Show vermarkten wollte: «Wenn die Schachwelt das Vergnügen, die Aufregung und die Belehrung zu genießen wünscht, welche ein Weltmeisterschaftskampf einigen 100 000 Schachspielern, ja in gewissem Sinne sogar den kommenden Generationen bietet, warum sollen sie nicht dafür bezahlen? Warum sollen sich denn die Meister opfern?» Lasker opferte grundsätzlich nur, wenn es sich auszahlte.

Allerdings erklären sich Laskers seltene WM-Auftritte nicht nur durch Sorge um seinen Titel, sondern auch durch seine vielen anderen Interessen. Nach seiner Promotion in Mathematik – der Terminus «Primzahlenideale» stammt von ihm – studierte er Philosophie, schrieb drei philosophische Bücher «Kampf», «Das Begreifen der Welt» und «Die Philosophie des Unvollendbar». Mit Schach beschäftigte er sich nur beiläufig, außer wenn er sich für seine Wettkämpfe und Turniere vorbereitete.

Nach seinem Rückspielsieg gegen Steinitz ließ er erst zehn Jahre später einen Herausforderer an sich heran, den kombinationsfreudigen US-Meister Frank Marshall, den Erfinder der aggressiven Marshall-Verteidigung, die in der spanischen Eröffnung einen Bauern für einen gefährlichen Angriff opfert und die in den neunziger Jahren des 20. Jahr-

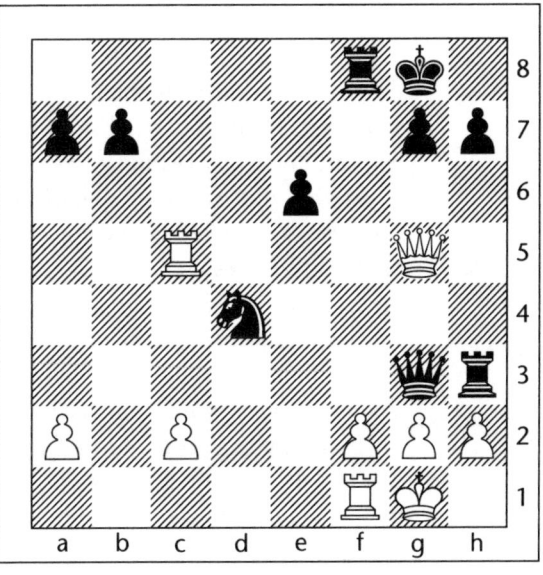

Marshalls Meisterwerk. Stellung nach 23. ... Dg3.

Levitzky –
Marshall,
Breslau 1912

1. d4, e6
2. e4, d5
3. Sc3, c5
4. Sf3, Sc6
5. exd5, exd5
6. Le2, Sf6
7. 0–0, Le7
8. Lg5, 0–0
9. dxc5, Le6

183

hunderts von WM-Kandidaten wie Short und Kamsky angewendet wurde. Lasker baute gegen Marshall eingeengte, schwerblütige Verteidigungsstellungen aufs Brett, an denen der kombinationshungrige Amerikaner sich die Zähne ausbiß, bis seine Verteidigung geschwächt war, worauf in Lasker ein Angriffsspieler erwachte, der den frustrierten Marshall auskombinierte.

Vielleicht betrachtete Lasker den Kampf gegen Marshall nur als Fingerübung für den folgenden Kampf gegen seinen deutschen Landsmann Siegbert Tarrasch, der lange Zeit bessere Turnierergebnisse als Lasker vorzuweisen hatte, damals als fast unschlagbar galt und in der ganzen Welt als «Praeceptor Germaniae», als Lehrer Deutschlands apostrophiert wurde. Tarrasch hatte in Artikeln und Büchern die Steinitzsche Lehre von Verschrobenheiten entschlackt und in eine scheinbar logische Schachdogmatik verklärt, deren Einhaltung er allerdings wie die richtige Anwendung des Ablativus absolutus forderte. Er stellte Schachdogmen auf wie «In der Entwicklungsphase muß jede Figur einmal gezogen haben, bevor eine zum zweitenmal berührt wird». Verletzungen solcher Regeln – sogar in anerkannten Eröffnungen wie der preußischen Partie – zensierte er als «Stümperzüge». Mangelhaft. Sein deutsches Reinheitsgebot wurde allerdings von Anfang an als «zu starr» bekämpft und in den zwanziger Jahren von der neuen, der «hypermodernen» Schule geradezu konterkariert.

Im Prinzip waren Tarraschs Grundsätze, die für die Figuren größtmögliche Beweglichkeit und Wirksamkeit forderten, natürlich richtig, er wollte jedoch nicht einsehen, daß dieses Prinzip bei der Vielfalt der Möglichkeiten manchmal durchbrochen werden müßte, daß es zum Beispiel Situationen geben kann, in denen ein Zug gut ist, selbst wenn er vorübergehend die eigenen Figuren einengt. Warum soll man einen eleganten Entwicklungszug mit dem Springer machen, wenn die Dame ganz prosaisch matt setzen kann? Tarrasch entdeckte im Schach eine abstrakte Schönheit, die «glücklich machen kann wie sonst nur die Musik und die Liebe». Er unterschied schöne und häßliche Züge. Für Lasker war dagegen der effektvolle Zug auch der schönste.

In der Turnierpraxis wich sogar der große Dogmatiker manchmal von seinen Regeln ab, wenn eine bestimmte Situation dies erforderte. Jedenfalls war er einer der erfolgreichsten, bei vielen Turnieren der erfolgreichste Spieler seiner Zeit. Was ihm fehlte – auch als Argument für seine Theorie –, war der Weltmeistertitel. Den aber hatte der verhaßte Lasker, den Tarrasch in seiner Tabelle der «Duselspieler» als Spitzenreiter notierte. Der wütende Tarrasch schrieb sogar: «Wer kann schon gegen Zauberei ankämpfen?» Die Zauberei, das «Spielglück» aber, so befand später der sowjetische Schachpsychologe und Großmeister Nikolai Krogius, hat Lasker durch seine individuelle Vorbereitung auf jeden Gegner herbeigezwungen. An Zauberei glauben in der Welt des Schachs oft die Verlierer, insbesondere dann, wenn sie aus logisch oder psychologisch nicht nachvollziehbaren Gründen plötzlich eklatante Fehler machen.

Für Tarraschs Duseltabelle hatte sich der Weltmeister in *Lasker's Chess Magazine*, das er in New York herausgab, revanchiert: «Dr. Tarraschs Stärke oder Schwäche – wie man will – ist seine außerordentliche Eigenliebe. Ohne sie wäre er nur ein mittelmäßiger Schachspieler; mit ihr ist er ein Riese geworden. Seine Eigenliebe zwingt ihn dazu, sich irgendwo hervorzutun. Da er das nun mal am leichtesten mit dem Schach kann, liebt er das Schach, aber ganz besonders das eigene Schach.»

Die unterschiedlichen Schachstile charakterisierte Lasker: «Im Positionsspiel zielt Dr. Tarrasch eher auf Beweglichkeit und Zeitgewinn, ich eher auf Wirkung gegen Hindernisse. In der Kombination bin ich geneigt, auch sehr schwierige Verteidigungen auf mich zu nehmen, weil mich gerade die Schwierigkeit reizt. Dr. Tarrasch aber liebt die Verteidigung überhaupt nicht und versteht wohl auch nicht das Motiv für eine solche Vorliebe. Überhaupt bin ich recht mißtrauisch gegen Kombinationen, die einen schnurgeraden Gewinn beweisen sollen, sie unterschätzen gewöhnlich die verborgenen Hilfskräfte, welche jede Stellung, auch die schwache, noch in Menge hat.»

Als die beiden verfeindeten deutschen Vorkämpfer des Weltschachs, der methodisch-wissenschaftliche und der philosophisch-realistische, 1908 in Düsseldorf aufeinanderstießen, versuchten die Veranstalter die Widersacher zu einem versöhnenden Gespräch zusammenzubringen.

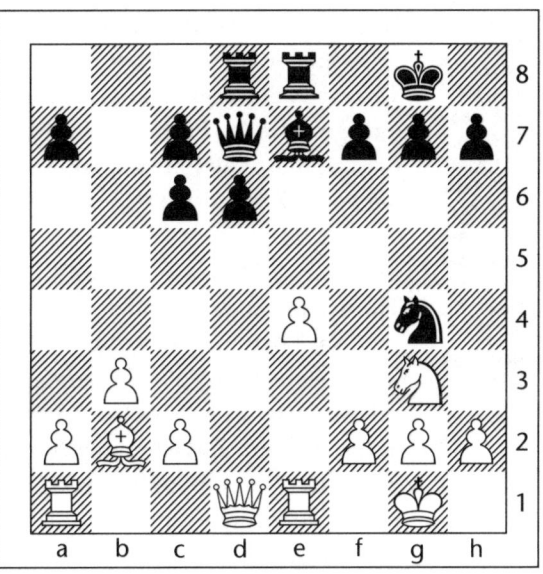

Stellung nach Laskers Provokation 14. ... Sg4.

Tarrasch – Lasker
WM Düsseldorf
1908, 2. Partie

1. e4, e5
2. Sf3, Sc6
3. Lb5, Sf6
4. 0–0, d6
5. d4, Ld7
6. Sc3, Le7
7. Te1, exd4

185

Lasker erklärte sich bereit, doch Tarrasch entgegnete: «Ihnen, Herr Dr. Lasker, habe ich nur drei Worte zu sagen: Schach und matt.» Zog sich zurück und ward erst am Schachtisch wieder gesehen.

In der ersten Partie kam er nicht zu seinen drei Worten. Es sei denn, er benutzte sie im Selbstgespräch. In der zweiten erlitt Tarrasch sogar mit Weiß ein Debakel. In einer Spanisch-Variante, mit der er schon große Erfolge gefeiert hatte, erzielte Lasker im neunten Zug mit einer vorbereiteten Neuerung leicht Ausgleich. Im 16. Zug zog Tarrasch den Gewinn eines Bauern einem gefährlichen Angriff vor, den er mit 16. Dame d4 hätte starten können und der, wie später der berühmte Schachneuerer Richard Réti in seinem Buch «Die Meister des Schachbrettes» analysierte, zum Erfolg geführt hätte. Hat Lasker also wieder Glück gehabt? Lasker erklärte, daß er in Kenntnis des Tarrasch-Stils wie ein Pokerspieler den Bauernraub erwartet, ja herbeiprovoziert hatte. Réti: «Gegen einen Angriffsspieler hätte er den provozierenden Springerzug nicht gemacht.» Tarrasch aber dachte nach eigener Aussage, daß er mit dem Mehrbauern eine gewonnene Partie hätte. Den Verlust erklärte er sich vermutlich wieder mit dem Spielglück Laskers. Tarrasch verlor den Weltmeisterkampf, der vom 17. August 1908 bis zum 20. September in Düsseldorf und München stattfand, mit 10,5 zu 5,5 (8:3 bei fünf Remisen). Er war ziemlich matt. Er spielte zwar noch 20 Jahre Schach, konnte aber kein einziges Turnier mehr gewinnen.

Nach dem Sieg über Tarrasch ließ Lasker zweimal, 1909 und 1910, den in Paris lebenden Polen David Janowski, der von dem Mäzen Pierre Nardus unterstützt wurde, an sich ran, fertigte ihn aber immer vernichtend (8:2 und 9,5 zu 1,5) ab. Zwischendurch erreichte Lasker gegen den Wiener Karl Schlechter nur ein mühsames, für den Titelerhalt ausreichendes 5:5-Unentschieden. Schlechter hatte im Match lange geführt und dem Weltmeister den Ausgleich nur durch einen plötzlichen Teufelsritt in der zehnten Partie erlaubt, mit dem er das Safety-First-Prinzip der Wiener Schachschule verletzte. Wie Lasker seinen vorsichtigen Gegner dazu gebracht hat, seine Prinzipien plötzlich in einer entscheidenden Situation über den Haufen zu werfen, konnten weder Partieanalytiker noch Psychologen ermitteln.

Kasparows Rasterfahndung

Hamburg, März 1987

In der Hotelsuite herrscht eine Atmosphäre aus Chaos und Ordnung – als hätte jemand eine Künstlergarderobe, eine wissenschaftliche Kontrollstation und das Camp eines Boxchampions in einem einzigen Appartement vereinigt. Allerlei Leute – Russen, Engländer, Deutsche, Manager, Betreuer, Freunde, Groupies, Journalisten – sitzen, stehen, liegen herum, telefonieren, rotieren, rochieren.

Wir befinden uns im Lager eines Schachgroßmeisters. Was allerdings weit und breit fehlt, sind Schachbretter und Schachfiguren. Der Meister, Weltmeister Garry Kasparow, starrt wie ein Videofreak auf einen Bildschirm und murmelt auf englisch Mißfallensäußerungen vor sich hin.

Garry Kasparow bereitet sich auf ein Match gegen die Schachbundesligamannschaft des HSV vor. Er wird am nächsten Tag gegen die acht HSV-Matadoren simultan an acht Brettern antreten, wobei ihm für alle Partien insgesamt soviel Bedenkzeit zur Verfügung stehen wird wie jedem der Gegner für die eigenen 50 Züge. Es ist, als würde Maradona allein gegen acht Mann Fußball spielen.

Unter denselben Bedingungen hatte Kasparow gegen den HSV vor einem Jahr «schlecht vorbereitet» 3,5 zu 4,5 verloren. Natürlich konnte der notorische Sieger solche Schmach nicht auf sich sitzen lassen; er forderte Revanche und bereitete sich diesmal auf die in der Bundesliga zwar gefürchteten, aber weltweit unbekannten Amateure so intensiv vor, als hätte er es mit acht Karpows zu tun. Er studiert sämtliche Bundesligapartien seiner Gegner. Das freilich nicht mühsam nach irgendwelchen Spielformularen am Brett, sondern per Computerbild, an einem Gerät namens «ChessBase», das der Bonner Physiker Matthias Wöllenweber entwickelt hat. Das «ChessBase»-Programm kann auf Disketten beliebig viele Schachpartien speichern und diese dem Benutzer jederzeit abrufbar präsentieren.

Kasparow drückt den Namen «Cordes», und auf dem Bildschirm erscheint eine Liste von zehn Cordes-Partien gegen verschiedene Gegner. Mit der «Maus», einem Anzeigepfeil, tippt er auf die erste Partie. Auf dem Bildschirm erscheint die Schachgrundstellung im Diagramm. Per Knopfdruck läßt Kasparow die Figuren im Superzeitraffer über das Brett rasen, vier Halbzüge pro Sekunde, und ob des Gezeigten murmelt Garry: «Very weak player!» Jemand sagt: «Gegen den hast du letztes Mal verloren.» Garry erstarrt. «Gegen den habe ich verloren? Der Mann versteht nichts vom Schachspiel», staunt er über seinen unbekannten Gegner und über sich selbst.

Es folgen weitere Partien. Kasparow hält sie gelegentlich an, wie ein Leser, der einen Satz zweimal lesen muß, schüttelt den Kopf und sagt:

«Schrecklich!» Einmal bewegt er selber die Figuren mit der Maus übers Brett: «So hätte er spielen sollen.»

Nach drei Stunden hat er etwa hundert Partien studiert und sein Konzept für den Kampf gegen die acht tapferen Hamburger fertig. «Ich kenne jeden, und ich biete jede Wette, daß ich mindestens 5:3 gewinne.»

Dank «ChessBase» ist er auf Sieg programmiert. «ChessBase» wird nach Meinung seines Herausgebers Frederic Friedel und seines ersten Abnehmers Garry Kasparow «das Schach revolutionieren», freilich, so glaubt Kasparow, erst in einigen Jahren, «wenn etwa 50 000 wichtige Partien der Schachszene gespeichert sind». Das derzeitige Programm bietet mit rund 10 000 Partien (darunter sämtliche Weltmeisterkämpfe seit Steinitz–Zuckertort 1886 und alle Bundesligapartien 1985/1986) für 600 Mark an; künftig sollen pro Jahr – für zweieinhalb Pfennig pro Partie – etwa 10 000 Partien dazukommen. Den meisten Profis ist freilich diese Sammlung noch zu klein; sie müssen Tausende weiterer Partien und Stellungen dem Computer eintippen.

Wer die für ihn wichtigsten – rund 50 000 – Partien auf Lager hat, der spart dann freilich bei den Turniervorbereitungen enorm viel Zeit. «Es geht etwa zehnmal schneller», meint der Großmeister John Nunn, und das heißt: «Ich kann mich zehnmal besser, intensiver vorbereiten.»

Während die Profis die wichtigen Turnierpartien unter ganz verschiedenen Eröffnungsschlüsseln sowie unter den Namen der jeweiligen Spieler, bei-spielsweise also unter «Sizilianisch», «Karpow» und «Kortschnoi», abgelegt hatten und in diesen Aktenordnern bei Bedarf suchen mußten, brauchen sie jetzt die Partie gar nicht speziell einzuordnen; sie können sie je nach Bedarf in Sekundenschnelle unter «Karpow» oder «Kortschnoi» oder «Sizilianisch» herbeizaubern, gleich am Bildschirm nachspielen und an jeder beliebigen Stelle analysieren. Ohne Zettel, Buch und Brett.

Natürlich begrüßen die meisten Großmeister diese neue Möglichkeit, Zeit und Partien zu gewinnen: «Wenn wir besser vorbereitet sind, wird das Schach auch besser.» Einige Meister verabscheuen allerdings den Gedanken an die schachliche Rasterfahndung. Der englische Großmeister Tony Miles will in Zukunft gar «so verrückte Eröffnungen spielen, daß der Computer mich nicht einordnen kann. Ich sprenge das System.» Großmeisterliche «Hybris», lächelt «ChessBase»-Verleger Friedel.

Kein Zweifel besteht jedenfalls, daß durch «ChessBase» das harmonische Schachgleichgewicht von wissenschaftlicher Hausarbeit, künstlerischer Kreativität und sportlichem Kampfgeist im Match zugunsten der wissenschaftlichen Arbeit verschoben wird. Mehr Forschung, weniger Kunst; mehr Planung, weniger Spontaneität. Der Weltmeister lehnt solche Unterscheidungen ab: «Wer besser vorbereitet ist, spielt auch am Brett kreativer.» Kasparow glaubt sogar, daß «ChessBase» nicht nur zu einer quantitativen, durch Zeitgewinn bedingten, sondern auch zu einer qualitativen Verbesserung der

Vorbereitung führt. «Durch das Vorbeizischen der Partien vor dem Auge entstehen im Gehirn ganz neue Ideen. Das habe ich gerade gemerkt.» Mehr noch: «Ich glaube, daß sich die Partienfilme im Zeitraffer auch morgen am Brett auf meine Ideen auswirken.»

Anscheinend haben die Filme tatsächlich noch nachgewirkt. Jedenfalls führte er die HSV-Garde im Zeitraffer vor. Er schlug die Mannschaft bei sechs Siegen und zwei Remisen vernichtend 7:1.

Als Lehre aus dem Debakel hat der HSV erst einmal «ChessBase» für sein Team bestellt.

Das Schach und die Kunst

Die Strategie der Wiener Schachschule, alle Gefahren zu vermeiden, befand sich in Einklang mit «der Stimmung der letzten Jahrzehnte des Habsburgerreiches», wie Jacob Silbermann bemerkte. Die elegante und kunstsinnige Atmosphäre des Wiener Schachclubs zog die Wiener Gesellschaft vom Parkett aufs Brett. Schach war in. Nicht nur die Boheme übte sich im königlichen Spiel, auch die Gesellschaft der Reichen und der Schönen. Als Großsponsoren und Mäzene engagierten sich Baron Albert von Rothschild und der Industrielle Leopold Trebitsch. Die Zeitungen berichteten über Schachereignisse im Feuilleton, nicht wie heute im Sportteil. Roda Roda und Sigismund von Radetzky schrieben Schachanekdoten, und Otto Soyka, Autor der «Fackel» von Karl Kraus, verfaßte den Schachroman «Der Schachspieler Jörre». Zu den ständigen Besuchern des Wiener Schachclubs gehörten Sänger, Dirigenten, Schriftsteller wie Jakob Wassermann, auch der Arzt und spätere Nobelpreisträger Julius Wagner von Jauregg, während im Literatencafé Central Schachspieler Einkehr hielten.

Der Austausch von Kunst und Schach führte so weit, daß der Pariser Dadaist und Surrealist Marcel Duchamp 1923 die Malerei – zum Ärger von André Breton – aufgab und sich ganz dem karierten Brett widmete. Er bekannte: «Meine Aufmerksamkeit ist total vom Schach absorbiert. Die Malerei mißfällt mir mehr und mehr.» Für seinen Frontwechsel lieferte er künstlerische Gründe: «Das Milieu der Schachspieler ist mir wesentlich sympathischer als das der Künstler. Das sind so richtig umnebelte, blinde Leute, Leute mit Scheuklappen, Verrückte mit Bedeutung, so wie Künstler eigentlich sein sollen, es aber nur selten sind. Nicht alle Künstler sind Schachspieler, aber alle Schachspieler sind Künstler.»

1925 erhielt Duchamp den Meistertitel des französischen Schachverbandes. Er war so schachbesessen, daß er 1927 auf seiner Hochzeitsreise die Tage am Brett verbrachte und in den Nächten seine Schachräusche ausschlafen mußte. Nach einer Woche schlich sich die entnervte Braut ans Schachbrett und machte die Figuren unbeweglich, indem sie sie auf den Feldern festklebte. Die Ehe hielt immerhin drei Monate. 1930 knöpfte er auf einem Hamburger Turnier dem berühmten Frank Marshall ein Remis ab. 1932 gewann er ein Turnier in Paris vor Eugène Snosko-Borowski, dessen berühmtes Eröffnungsbuch er auch ins Französische übersetzte. Anläßlich einer Retrospektive spielte Duchamp, gegen den früher auch Max Ernst und Man Ray angetreten waren, 1963 gegen eine nackte junge Frau. Angeblich war sie «gut entwickelt». Ihre Partie oder ihre Partien?

Richard Humphreys, der 1990 in der Londoner Tate-Galerie die Ausstellung «Kunst und Schach» organisierte, sieht drei Hauptgründe für die Anziehung des Schachs auf Künstler.

Als erstes nennt er die Dramatik und Symbolik der Figuren. Einige Künstler, wie die Hamburger Malerin Elke Rehder, benutzen die Steine wegen ihrer «geheimnisvollen und surrealistischen Qualitäten», oder wie Duchamp wegen der sexuellen Bedeutung». In dessen Skulptur «Large Glas» erscheinen die Bauern als Freier der Dame.

Eine andere Verbindung zwischen Kunst und Schach sieht Humphreys in der Ähnlichkeit des kreativen Schaffens: «Duchamp beschreibt die Schaffung eines Kunstwerks als eine Serie von intellektuellen und imaginären Zügen.»

Schließlich fasziniere die Künstler an einer Schachpartie auch die allgemeine Analogie zum Ablauf des Lebens, eine Analogie, die sich auch durch die Köpfe der meisten Schachmeister zieht.

In der Literatur tauchten Schachmotive schon bei den Arabern auf; in Frankreich in amourösen Balladen und Minneliedern und dem Epos «Floire et Blancheflor», in Italien in «Vida» des Bischofs Hieronimus, in Dantes «Göttlicher Komödie» und in dem biographischen Meisterporträt des Stars «Il Puttino»; in Spanien bei Cervantes; in Deutschland im Ruodlieb-Roman, später in Goethes «Götz von Berlichingen» und Lessings «Nathan der Weise», da nur als Zitat. Lewis Carrols «Alice in Wonderland» aber gilt als klassisches Beispiel eines literarischen Werkes, das Form und Inhalt dem Schach verdankt.

Bereits Ende des 18. Jahrhunderts hatte der Sturm-und-Drang-Dichter Wilhelm Heinse den Schachroman «Anastasia und das Schachspiel» geschrieben, doch erst mit dem Einzug der Psychoanalyse in die Literatur verschob sich das Interesse der Schriftsteller vom eigentlichen Spiel auf den Spieler. Neurotische, paranoide oder auch stupide, geniale und wahnsinnige Großmeister bevölkerten nun die Romane, etwa Stefan Zweigs berühmte «Schachnovelle» oder Vladimir Nabokovs «Lushins

Verteidigung», dessen Held teilweise dem Weltmeister Aljechin nach-empfunden ist. Gustav Meyrink verewigte in seinem Roman «Der Go-lem» den ungarischen Schachmeister Rudolf Charousek.

Nach dem Zweiten Weltkrieg stürzte sich die Filmindustrie in un-zähligen Streifen auf das Schachthema. Mike Fox und Richard James haben in ihrem wundervollen Buch «The even more complete Chess Ad-dict» die zehn Filme mit besten Schachszenen aufgelistet:

1. A Matter of Life and Death; Michael Powell, Emeric Pressburger
2. Das siebente Siegel; Ingmar Bergman
3. Casablanca; Michael Curtiz
4. 2001; Stanley Kubrick
5. Iwan der Schreckliche; Sergej Eisenstein
6. Die Schachspieler; Satajit Ray
7. Blazing Saddles; Mel Brooks
8. Blade Runner; Ridley Scott
9. Thomas Crown ist nicht zu fassen; Norman Jewison
10. Liebesgrüße aus Moskau; Terence Young.

In Bergmans «Das siebente Siegel» spielt der Tod mit dem Ritter eine Partie, die die vielbeschworene Analogie zwischen Schach und dem Le-ben symbolisiert. Die Schachszene in «Casablanca» geht auf einen Vor-schlag von Humphrey Bogart zurück, der selbst ein leidenschaftlicher Schachspieler war (und regelmäßig gegen Art Buchwald verlor). Das Ge-flecht von Erotik und Schach knüpfen in einer wahrlich scharfen Partie Steve McQueen und Faye Dunaway in «The Thomas Crown Affair» («Thomas Crown ist nicht zu fassen»).

Auch Avantgardisten benutzten das schwarzweiße Gerüst. In Hans Richters surrealistischem Schachfilm – mit Max Ernst und Paul Bowles – spielt Jean Cocteau einen Bauern, der sich in eine Dame (Queen) um-wandelt.

Zu den Schach spielenden Filmstars und Regisseuren gehören – wie Fox und James berichten: Woody Allen («Ich war zu klein für die Schach-Schülermannschaft»), Lionel Barrymore, Ingmar Bergman, Charles Boyer, Marlon Brando (der einem Reporter nur unter der Bedingung ein Interview gab, eine Schachpartie zu spielen; Brando wurde zerfetzt: «Das war das schlechteste Interview, das ich je gab»), Charlie Chaplin (der bei Wunderkind Sammy Reshewsky lernte), Marlene Dietrich, Douglas Fairbanks jr., José Ferrer, Henry Fonda, Errol Flynn, Milos Forman,

John Huston, Peter Lorre, Belinda Lee (britischer Sexstar der fünfziger Jahre), Myrna Loy, Steve Martin (der als Zuschauer beim Kasparow–Karpow-Match 1990 in New York auftauchte), Ray Milland, Yves Montand (mit Simone Signoret), Walter Pidgeon, George Peppard, Anthony Quinn, Basil Rathbone, Roberto Rosellini, George C. Scott, Shirley Temple, Roger Vadim, Conrad Veidt, John Wayne, Mae West, Billy Wilder.

Sogar die Popmusik nahm sich in den achtziger Jahren, als die Schachheroen Superstars wurden, des intellektuellen Themas an: Das Musical «Chess» schildert den Psychoterror der Fischer-, Karpow- und Kortschnoi-Ära.

Aber auch die Literaten blieben dem Thema treu: Max Frisch, dessen Romanhelden gerne Schach spielen und reflektieren, strukturierte zum Beispiel sein Schauspiel «Biografie» tatsächlich nach der Analyse einer Schachpartie. Samuel Beckett erfand in seinem Roman «Murphy» (eine Anspielung auf Morphy) die «humorvollste Schachpartie aller Zeiten, die er selbst kommentierte», wie der spanische Surrealist Fernando Arrabal beobachtete. Arrabal, selber eifriger Besucher großer Matches, schrieb mehrere Bücher über Schach und ließ in seinem Roman «Hohe Türme trifft der Blitz» die Kapitel einander folgen wie Züge einer Partie, deren Notation er auch gleichzeitig in großformatigen Diagrammen darstellte. Bei Kundera fühlt sich ein Frauenheld, der gerade zwei Damen matt gelegt hat, «wie Bobby Fischer».

Die Schachbegeisterung der Schriftsteller beflügelte in den zwanziger Jahren die Wortgewalt der Wiener Schachmeister. Die Kommentare von Georg Marco oder Rudolf Spielmann in der *Wiener Schachzeitung* sprühten vor Witz und Polemik wie die Glossen der Feuilletons. Savielly Tartakower, ein Wahlwiener russischer Abstammung, wurde für seine witzigen Sentenzen berühmt, die als «Tartakowerismen» in die Schachliteratur eingingen und noch heute in Schachcafes die Partien begleiten:

«Die Fehler sind da, sie brauchen nur gemacht zu werden.»

«Der vorletzte Fehler gewinnt.»

«Es ist stets besser, die Figuren des Gegners zu opfern.»

«Die Drohung ist stärker als ihre Ausführung.»

«Der Taktiker muß wissen, was er zu tun hat, wenn es etwas zu tun gibt; der Stratege muß wissen, was er zu tun hat, wenn es nichts zu tun gibt.»

Arrabals anarchistisch funkelnde Schachnovelle

London, September 1986

Die beiden Männer auf der Bühne starren ihre Figuren an, als könnten sie sie beschwören. Der bärtige Mann in der ersten Zuschauerreihe starrt die beiden Männer an, als wären sie seine Figuren. Der elegante Schiedsrichter am Rande starrt den starrenden Mann an, als könnte er ihn mit Blicken in einen anderen Raum versetzen.

Schiedsrichter Lothar Schmid, der schon den Psychoterror der Weltmeisterschaftskämpfe Fischer–Spassky und Karpow–Kortschnoi durchlitten hat, leidet diesmal unter einem Zuschauer. «Der tut doch gar nichts», wird er beruhigt. «Er droht dauernd, etwas zu tun. Wer ist dieser Mann?»

Dieser Mann, der jüngst das Weltmeistermatch Kasparow–Karpow heimsuchte, der in verwegener Kleidung mit vielen Schals und Tüchern durch Schachpartien und Pressekonferenzen geisterte, als *enfant terrible* die Funktionäre verspottete, der Mann, der in dieser an exzentrischen Typen wahrlich nicht armen Schachszene auffiel wie ein bunter Springer, dieser Mann ist der spanische Dichter Fernando Arrabal, der sein anarchistisches Herz für das Schachspiel entdeckt hat.

«Schach ist das Leben, Schach ist Anarchie», ergänzt der Dichter seinen stummen, «von einäugigen Eseln der Bürokratie entthronten König» Bobby Fischer. Jedenfalls hat Arrabal die alte Streitfrage, ob Schach Kunst, Wissenschaft oder Sport sei, um eine Variante bereichert: Schach ist Literatur. Mit seinem Buch «Hohe Türme trifft der Blitz» hat er das Schachspiel, genauer eine Partie, zum Herzen eines ganzen Romans gemacht.

Natürlich wurde in Büchern schon immer Schach gespielt, solange es das Spiel gibt, bei Dante, Goethe, Lessing, Cooper, in altpersischen Gedichten genauso wie in Prosawerken dieses Jahrhunderts, etwa Stefan Zweigs «Schachnovelle» und Nabokovs «Lushins Verteidigung». In diesen beiden Büchern spielen zwei besessene Schachspieler die Hauptrolle. Aber es ist weniger das Spiel als vielmehr die Besessenheit selbst, der Charakter der Spieler, welcher diese beiden Geschichten vorantreibt. Bei Arrabal dagegen bestimmt eine Partie nicht nur die Handlung, sondern auch Rhythmus und Stil des Romans; sogar optisch: jeder der 24 Züge beider Spieler wird durch halbseitige Diagramme, auf denen ein Pfeil die Figurenbewegung anzeigt, präziser als in irgendeinem Fachschachbuch dargestellt. In inneren Monologen begründen die beiden Kontrahenten ihre jeweilige Entscheidung und machen sie auch dem ungeübtesten Spieler-Leser verständlich.

In den für den Leser eher langweiligen Grübel- und Rechenphasen zwischen den Zügen, die freilich minuziös aufgelistet sind, wird in Episoden das bisherige Leben der beiden um die

Weltmeisterschaft kämpfenden Gegner erzählt, wobei die Länge der Episoden durch die Denkphasen der Spieler bestimmt wird.

Außer der Biographie der beiden zieht sich eine weitere Handlungsebene, die Entführung des sowjetischen Außenministers Igor Iswoschikow durch kommunistische Terroristen, durch die Partie. Mit dem wahnsinnigen Ende des Spiels lösen sich die Lebensläufe der beiden Opponenten und damit auch der Politkrimi auf.

In der Partie kämpfen zwei exemplarische Antihelden, die sich von Kain und Abel bis etwa zu «Schaum und Shem» in «Finnegans Wake» durch die Literatur verfolgen. Es kämpft der Wissenschaftler gegen den Künstler, der Bürokrat gegen den Anarchisten oder, wie Arrabal schreibt: «die mit Intelligenz gepaarte Strenge gegen die von Talent gekrönte Anmut».

Der Wissenschaftler ist der Physiker, Genetiker und Nobelpreiskandidat Marc Amary, der an der «Großen Vereinheitlichung» arbeitet, einer über Einsteins Relativitätstheorie hinausgehenden Erfassung aller Dinge in einer Formel; nachdem er zufällig den Marxismus entdeckte, will er auch in der Politik die große Vereinheitlichung erreichen. Er ist Mitglied einer linksextremistischen Gruppe, deren Aktionen er ebenso eiskalt analysiert wie seine Züge am Brett.

Sein Gegenspieler Elias Tarsis, ein spanischer ehemaliger Goldschmied und Fräser, ist ein wüster Chaot mit sadistischen und masochistischen Obsessionen, der schon als Kind im Inter-

nat einen Gleichaltrigen als «Sklaven» auf dem Klo quälte, schließlich zum frommen Jesuiten bekehrt wird und sogar die Erscheinung der Unbefleckten Mutter Gottes intensiv erlebt.

Lange bleibt unklar, welches der beiden Temperamente schließlich siegen wird. (Arrabal-Fans dürfen dreimal raten.) Der Sieger ist zugleich Detektiv, der in diesem Krimodram um Haß und Liebe, Geburt und Mord, um die Erschaffung des Menschen durch Terror und Genmanipulation den Täter entlarvt. Zu ertragen ist das wüste Trommelfeuer nur durch die partiebestimmte Dramaturgie sowie durch den surrealistischen schwarzen Witz, mit dem Arrabal über das Entsetzen die Geschehnisse ins Phantastisch-Komische treibt.

Die Terroristen diskutieren und killen mit solch abstruser Logik, daß man wirklich nicht weiß, ob man lachen oder weinen soll. (Man soll natürlich beides zugleich.) Eine Verräterin, die sich verbrecherischerweise verliebt, muß die Internationale singen, während ihr ein Rächer einen Besenstiel in den Hintern schiebt; ein frustrierter Terrorist will Selbstmord durch Masturbieren begehen: Als die ersten Blutstropfen kommen, verliebt er sich zum Glück.

Ich las diese Schachpartie, die in Spanien den *Premio Nadal,* den spanischen Pulitzerpreis, gewonnen und eine Auflage von 170 000 erreicht hat, ausgerechnet, während ich in London das Weltmeisterschaftsmatch zwischen Kasparow und Karpow besuchte. Mit Arrabals Schlachtpartie im Kopf erschienen mir die Auftritte der beiden echten Spieler ein wenig dürftig, obwohl sie zum Beispiel die gleichen zwanghaften Eröffnungsrituale, das nochmalige Zurechtrücken der schon längst präzise aufgestellten Figuren und vergleichbare Grimassenspiele vorführten.

Auch sie hassen sich, auch sie repräsentieren in ihrem Stil arrabalsche Gegensätze. Nach Arrabal gibt es beim Schach «eine unveränderliche Struktur (die Regeln) und eine veränderliche Struktur, die sich aus den Kombinationen auf dem Brett ergibt. Tarsis hat das Gesetz begriffen und weiß, daß man in der Unordnung durch Gelassenheit zur Perfektion gelangt. Amary ist ein Meister der Varianten der Mutationen und flieht deshalb vor dem Chaos, das ihn verwirrt.» Natürlich ist Kasparow der Tarsis-Typ, der mit flammenden Kombinationen den Wissenschaftler Karpow in Verwirrung stürzt. Karpow ist der Amary-Typ: Er «spielt wie ein Funktionär, der seinen Fünfjahresplan umsetzt».

Und wie in Arrabals Buch folgen die beiden echten Spieler in London auch einer speziellen Paradoxie in der Arrabalschen Partie. Wie Amary, der «gegen Tarsis' auf Sand gebaute Schnörkelgotik die rationale Architektur seiner Position setzen wollte», begeht auch Karpow plötzlich ganz unwissenschaftlich die schwersten Fehler, weil «der Wissenschaftler», so erklärt Arrabal, «gelegentlich von der Phantasie gestört wird und sich darin verheddert, während der Künstler kraft seiner Intuition im Chaos den Durchblick gewinnt».

Bei Arrabals Partie handelt es sich um eine echte Turnierpartie zwischen Capablanca und Tartakower in London, 1922. «Nur für das Ende habe ich eine Analysevariante Tartakowers benutzt», sagt Arrabal, ein leidlicher Clubspieler: «Solche Partien kann ich nicht erfinden. Ich bin böse auf Gott, daß er mich nicht besser Schach spielen läßt.»

Doch dann würde er wohl nicht solche Bücher schreiben.

Die Neutöner auf dem Brett

Nachdem mit Karl Schlechter auch die Wiener Schule an Lasker gescheitert war, entwickelte der in Wien agierende Tscheche Richard Réti mit einigen Kollegen aus Ungarn (Breyer) und Österreich (Grünfeld) einen ganz neuen Stil, der das klassisch-moderne Schach mit revolutionären Ideen attackierte. Die Männer der Kunst-Schach-Symbiose übertrugen Entwicklungen der Kulturszene auf ihre spezielle Kunst. Sie brachen mit den alten, sogenannten «modernen» Schulen, die Tarrasch und Lasker aus Steinitz' Lehren entwickelt hatten, und verkündeten neue, «hypermoderne» Prinzipien. So wie Proust und Joyce die Grenzen des klassischen Romans durchbrachen, Schönberg und Egk neue Töne entdeckten und ansonsten Expressionisten, Kubisten und Surrealisten alle Regeln sprengten, so erklärten die Hypermodernen um Richard Réti das Ende des klassischen Aufbaus der Schachpartie. War es seit Jahrhunderten üblich, die Partie entweder mit dem Königs- oder dem Damenbauern zu eröffnen, um das Zentrum zu besetzen und Linien für die Zentralisierung der Figuren zu öffnen, so erklärten die «Kakophoniker» des Schachs: Es ist zwar richtig, das Zentrum zu beherrschen, aber dazu muß man nicht mittendrin stehen. Man kann es auch aus der Ferne mit Figuren kontrollieren, das Zentrum als Grube graben, in die der Gegner fallen soll. Die Hypermodernen hielten die Zentrumsbauern zurück, flankierten die Läufer und lauerten auf vorstoßende Bauern des Gegners, die dann von den kontrollierenden Streitkräften belagert und eventuell erobert würden.

Wichtiger noch als die weißen «Eröffnungen der Zukunft» (Réti) wurden die hypermodernen schwarzen Erwiderungen auf 1. d2-d4, den Doppelschritt des weißen Damenbauern. Statt wie bisher mit dem schwarzen Doppelschritt zu kontern und zu blockieren, spielte Schwarz hypermodern das elastische Springer f6, das provozierend den Weißen zu einem weiteren, verderblichen Vormarsch des Damenbauern einlud. Diese mit dem Springerzug beginnende schwarze Verteidigung, die damals wegen ihres exotischen Charakters «indische Verteidigung» getauft wurde, ist heute populärer als der klassische Bauerngegenstoß.

Die Züge mißfielen strengen und feinsinnigen Dogmatikern als «unnatürlich», aber der Expressionist Réti, dessen Bücher «Meister des Schachbretts» und «Neue Ideen im Schach» die Literaten mehr faszinierte als die verwirrten Schacheleven, konterte, «daß in der Ausführung menschlicher Ideen tiefere Möglichkeiten stecken als in der Natur». Tarraschs Kritik an den «häßlichen und abscheulichen Zügen» konnten die Kakophoniker zurückweisen, ohne auf theoretische Geschmacksdiskussionen eingehen zu müssen. In einer Kunst, in der es um Sieg und Niederlage gehe, könnten gewinnbringende Züge nicht häßlich sein. Zwar haben die Hypermodernen mit ihren umwerfenden neuen Ideen das moderne Schach entscheidend beeinflußt, sie haben auch viele wichtige Turniere gewonnen, jedoch nie Weltmeisterweihen erreicht. Immerhin: Réti, der beim Anblick eines Schachbretts immer ein so glückliches Gesicht machte, als wäre ihm sein Lieblingsessen serviert worden, konnte in einer Glanzpartie den späteren Schachweltmeister Capablanca, die Schachmaschine, überlisten, nachdem dieser acht Jahre keine Partie verloren hatte.

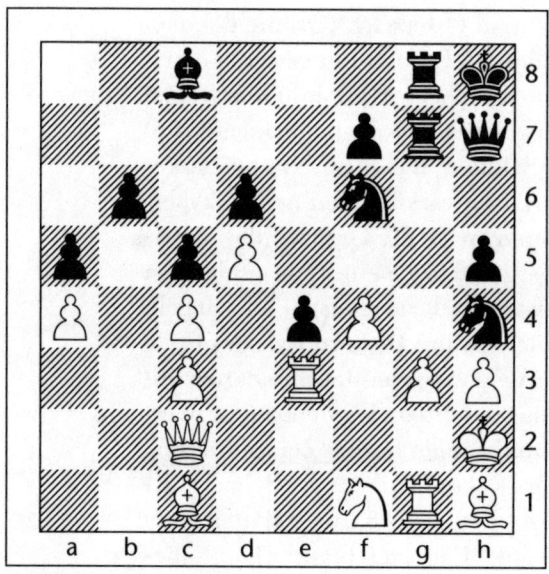

Stellung vor 33. ... Lxh3.

Johner –
Nimzowitsch,
Dresden 1926

1. d4, Sf6
2. c4, e6
3. Sc3, Lb4
4. e3, 0–0
5. Ld3, c5
6. Sf3, Sc6
7. 0–0, Lxc3
8. bxc3, d6
9. Sd2, b6
10. Sb3, e5
11. f4, e4
12. Le2, Dd7

Die Schriftstellerin Christa Reinig nannte die Schachneuerer die «Märtyrer» des Spiels. Besonders der Vater der Hypermodernen, Aaron Nimzowitsch, litt unter dem Spott und Hohn («bizarr, abscheulich»), der ihn vor allem nach schmerzhaften Turnierniederlagen heftig traf und ihn schließlich so nervös machte, daß er die Turnierteilnehmer mit immer neuen Macken überraschte. So liebte er es, schon vor dem ersten Zug eine Stunde seiner Bedenkzeit zu verschwenden, indem er döste oder sich die Bilder im Spielraum betrachtete. Manchmal irritierte er die Mitspieler durch Kniebeugen und Kopfstände im Turniersaal. Berühmt ist sein Zusammenstoß mit dem jugoslawischen Großmeister Milan Vidmar, einem notorischen Zigarrenraucher. Als dieser trotz Rauchverbots eine Zigarre auspackte und stilgerecht ableckte, stürmte der aufgebrachte Nimzowitsch zum

200

Schiedsrichter, um sich zu beschweren. Dessen Feststellung «Vidmar raucht doch gar nicht» konterte Nimzowitsch mit der berühmten Tartakowerischen Schachweisheit: «Die Drohung ist stärker als die Ausführung.»

Zwar erzielte der sensible Nimzowitsch trotz seiner Eskapaden und Marotten nach zwanzig Jahren an den Brettern endlich auch einige beachtliche Turniererfolge, so 1925 in Marienbad vor Aljechin und Rubinstein, aber seine Unsterblichkeit sicherte er sich nicht durch Partien, sondern durch theoretische Werke. Seine Eröffnungsvarianten («Nimzowitsch-Indisch») werden von heutigen Meistern erfolgreicher praktiziert als vom Erfinder selbst. Nimzowitsch behielt recht: «Spott kann zwar jungen Talenten das Dasein vergällen, nicht aber den siegreichen Durchbruch neuer Ideen verhindern.» Wenn «Steinitz der Newton des Schach war», sagte Saidy, «dann war Nimzowitsch der Einstein.»

Der wahre Albert Einstein, ein Zeitgenosse von Nimzowitsch, bekannte einmal, daß er «Schach nicht mag wegen des grimmigen Wettkampfgeistes in diesem hochintellektuellen Spiel». Er pflegte Umgang mit dem Weltmeister Lasker, doch unterhielten sie sich mehr über Mathematik und Philosophie als über Schach. Zumal auch Lasker sich für immer längere Perioden vom Schach zurückzog und sich der Philosophie und Politik zuwandte.

Im Vorwort zu Hannaks Lasker-Biographie schrieb Albert Einstein: «Für mich hatte diese Persönlichkeit trotz ihrer im Grunde lebensbejahenden Einstellung eine tragische Note. Die ungeheure geistige Spannkraft, ohne welche kein Schachspieler sein kann, war so mit dem Schachspiel verwoben, daß er den Geist dieses Spiels nie ganz loswerden konnte, auch wenn er sich mit philosophischen und menschlichen Problemen beschäftigte. Dabei schien es mir, daß das Schach für ihn mehr Beruf als eigentliches Ziel seines Lebens war. Sein eigentliches Sehnen schien auf das wissenschaftliche Begreifen und auf jene Schönheit gerichtet, die den logischen Schöpfungen eigen ist, eine Schönheit, deren Zauberkreis keiner entrinnen kann, dem sie einmal irgendwo aufgegangen ist. Spinozas materielle Existenz und Unabhängigkeit war auf das Schleifen von Linsen gegründet; entsprechend war die Rolle des Schachspielers in Laskers Leben. Spinoza aber war das bessere Los beschieden, denn sein Geschäft ließ den Geist frei und unbeschwert, während das Schachspielen eines Meisters diesen in seinen Banden hält, den Geist fesselt und in gewisser Weise formt, so daß die innere Freiheit und Unbefangenheit auch des Stärksten darunter leiden müssen.» Wie

13. h3, Se7
14. De1, h5
15. Ld2, Df5
16. Kh2, Dh7
17. a4, Sf5
18. g3, a5
19. Tg1, Sh6
20. Lf1, Ld7
21. Lc1, Tac8
22. d5, Kh8
23. Sd2, Tg8
24. Lg2, g5
25. Sf1, Tg7
26. Ta2, Sf5
27. Lh1, Tcg8
28. Dd1, gxf4
29. exf4, Lc8
30. Db3, La6
31. Te2, Sh4
32. Te3, Lc8
33. Dc2, Lxh3
34. Lxe4, Lf5
35. Lxf5, Sxf5
36. Te2, h4
37. Tgg2, hxg3+
38. Kg1, Dh3
39. Se3, Sh4
40. Kf1, Te8
0–1

dem auch sei, Lasker war Berufsspieler wie seine Vorgänger Morphy und Steinitz, aber im Gegensatz zu ihnen war für Lasker das Schach keineswegs der Lebensinhalt. Und vielleicht bewahrte er sich deshalb seine geistige Unabhängigkeit bis ans Lebensende.

Auch nachdem Lasker seinen Weltmeistertitel nach langem Verweigerungsgeplänkel 1921 an den Kubaner Capablanca verloren hatte, tauchte er mit Unterbrechungen immer wieder auf berühmten Turnieren auf und feierte große Erfolge. Mühelos fand er während einer Partie am Brett entscheidende Erwiderungen gegen die neuesten Eröffnungstheorien und ausgeklügelten Varianten, die die Meister zu Hause in stundenlanger Kleinarbeit ausgebrütet hatten.

Der hypermoderne Réti mit seinen wundervollen Theorien hatte keine Chance gegen den vergleichsweise klassischen Lasker. 1924 siegte Lasker in New York vor der ganzen Weltelite (Capablanca, Aljechin, Réti, Bogoljubow, Marshall und Tartakower). Die *New York Times* registrierte einen «untersetzten grauhaarigen Doktor, mit Schnurrbart und Adlernase, gelegentlich in Tabakdunst gehüllt», der, «wenn er sein linkes Knie mit den Händen umfaßt hält, wie ein Schachgott aussieht – ein Mann, dessen Ruhe unmenschlich wirkt». Kein Weltmeister mehr, aber immer noch der König.

Allerdings verschaffte ihm sein Auftritt nicht nur Bewunderung. Insbesondere sein Tabaksdunst, den er auch als Waffe einsetzte, erregte Ärger. Während er normalerweise feine Havannazigarren rauchte, bekämpfte er bei schwierigen Partien sein Gegenüber mit billigen, langen, schwarzen Kalibern. Da half es auch nichts, daß seine Gegner ihm angesichts der drohenden Giftwolken schnell eigene, gute Zigarren anboten. Lasker steckte diese cool in die Tasche und zündete seine Stinkbombe. Der amerikanische Organisator Norbert Lederer beklagte: «Er setzt seine Gegner regelrechten Gasangriffen aus.»

Erst nachdem Lasker bei einem Turnier in Nottingham 1936 als fast Siebzigjähriger mit achteinhalb Punkten hinter Botwinnik und Capablanca an siebter Stelle landete, zog er sich endgültig vom Turnierschach zurück. Lasker, der als verfolgter Jude in Rußland und Amerika lebte, sagte angesichts der Niagarafälle zu seiner Frau: «Weißt du, der See in Berlinchen, das Wasser meiner Heimat, war doch schöner.»

First we take Manhattan – und dann e4
New York, November 1990

Broadway: Theater, Dramen, Musicals, Live-Shows und: Chess-Shows. Abgesetzt ist das unwirkliche «Chess»-Musical über eine Schachweltmeisterschaft mit kaltem Krieg und heißer Liebe, dafür gibt es im Hudson-Theater, hundert Meter vom Times Square entfernt, eine Schach-Liveshow auf Biegen und Brechen.

Die echte Schachweltmeisterschaft, zum erstenmal nach 82 Jahren wieder in Amerika. Als Hauptdarsteller kein Amerikaner, sondern zwei Sowjetmenschen. Aber der amerikanische Schachverband hofft, mit dem Fight zwischen dem 26jährigen Weltmeister Garry Kasparow und seinem 38 Jahre alten Herausforderer Anatoli Karpow Schach in den USA wieder populärer zu machen, nachdem es mit dem Abgang des charismatischen Superstars Bobby Fischer weitgehend an Ausstrahlung verloren hatte.

«*Ladies and gentlemen,* ich bitte um absolute Stille und hoffe, Sie haben viel Vergnügen bei der achten Partie!» Das klingt wie «Ring frei. Runde acht.» Die Zuschauer haben zwischen 25 und 100 Dollar für die Plätze im ausverkauften Hudson-Theater bezahlt und starren erwartungsvoll auf das spartanische Bühnenbild (Tisch, zwei verschiedene Stühle, Schachfiguren und einen unruhigen Schiedsrichter), nicht ahnend, daß sie der spannendsten Partie dieser ersten Hälfte des Wettkampfs beiwohnen werden.

Als erster erscheint Garry Kaspa-

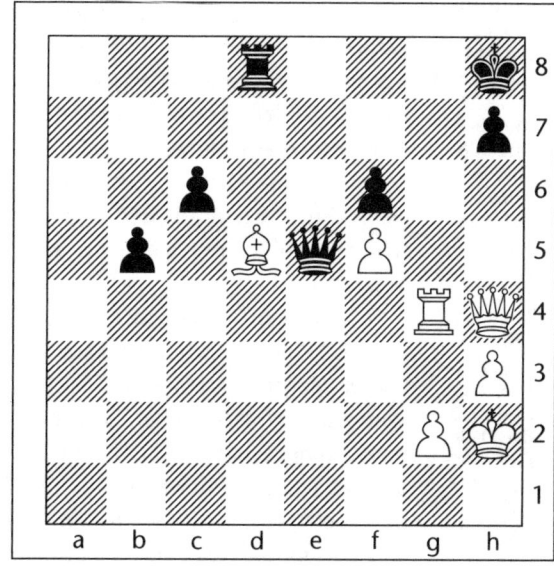

Die Abbruchstellung nach 40. ... De5+.

row aus der Dunkelheit. Beifall. Der Weltmeister schreitet schnell, mit der linken Hand auf seltsame Weise die Jacke gegen den Bauch drückend, an den Tisch, er setzt sich hinter die weißen Figuren, die er Stein für Stein berührt und zurechtrückt. Von Beginn an, noch vor Eröffnung der ersten Partie, hatte er keinen Zweifel an seiner Absicht gelassen, Karpow, seinen ewigen Gegner, gegen den er in bis dahin 120 WM- und elf weiteren Turnierpartien nur zwei Siege Vorsprung erreicht hatte, «endgültig so vernichtend zu schlagen, daß er sich nie mehr davon erholen wird».

Und so sah es am Anfang auch aus. In den ersten vier Partien trieb der

Kasparow – Karpow, WM New York 1990, 8. Partie

1. e4, e5
2. Sf3, Sc6
3. Lb5, a6
4. La4, Sf6
5. 0–0, Le7
6. Te1, b5
7. Lb3, d6
8. c3, 0–0
9. h3, Sd7
10. d4, Lf6
11. a4, Lb7
12. Le3, Sa5
13. Lc2, Sc4
14. Lc1, d5
15. dxe5, Sdxe5
16. Sxe5, Sxe5
17. axb5, axb5
18. Txa8, Dxa8
19. f4, Sg6
20. e5, Lh4

21. Tf1, Le7
22. Sd2, Lc5+
23. Kh2, d4
24. De2, dxc3
25. bxc3, Td8
26. Se4, La3
27. Lxa3, Lxe4
28. Dxe4, Dxa3
29. f5, Se7
30. Dh4, f6
31. Dg3, Kf8
32. Kh1, Dc5
33. exf6, gxf6
34. Lb3, Sd5
35. Dh4, Kg7
36. Td1, c6
37. Td4, Dxc3
38. Tg4+, Kh8
39. Lxd5, Da1+
40. Kh2, De5+
41. Tg3, cxd5
42. Dg4, Dc7
43. Dd4, Dd6
44. Kh1, Te8
45. Dg4, Dd7
46. Td3, Te1+
47. Kh2, Te4
48. Dg3, Te5
49. Ta3, Te8
50. Df4, Db7
51. Kh1, Db8
52. Dh4, Db6
53. Db4, d4
54. Tg3, Dc7
55. Td3, Dc1+
56. Kh2, Df4+
57. Kg1, Dc1+
58. Kh2, Df4+
59. Kg1, Tc8
60. Td1, Td8
61. Dxb5, De3+
62. Kh1, d3
63. Da5, Dd4
64. Da1, Db6
65. Da2, Kg7
66. Dd2, Dc5
67. Tf1, Td4
68. Tf3, Dd6
69. Te3, Ta4
70. Te1, h5
71. Tb1, Dd7
72. Dd1, Kh6
73. Dd2+, Kg7
74. De3, h4
75. Df3, Kh6
76. De3+, Kg7
77. Df3, d2

Weltmeister die Figuren mit einem Feuerwerk noch nie gesehener Züge und verwegener Opferkombinationen so wild übers Brett, daß der geschockte Karpow froh sein mußte, insgesamt mit nur einer Niederlage davongekommen zu sein. Während sich auf dem Brett die Ereignisse überschlugen, stand Garry Kasparow am Tisch, zunehmend an einen Tiger erinnernd, der zum entscheidenden Sprung auf seine Beute ansetzt.

In diesem Tiger-und-Maus-Spiel fand das Opfer freilich in höchster Not immer wieder einen Weg aus der Umklammerung. Gegenüber Kasparow, dem wohl dynamischsten Angreifer des Schachspiels, bewährte sich Karpow wieder einmal als der Welt größter Verteidigungskünstler, der mindestens zweimal schon verlorene Stellungen noch ins Remis retten konnte. Und in der siebten Partie führte Karpow einem faszinierten Publikum dann sogar vor, wie in einer Filigranarbeit ein Spiel zu gewinnen ist: Jetzt steht es 1:1, die Remisen mitgerechnet: 3,5 zu 3,5. (Wer nach 24 Partien – 12 in New York, 12 in Lyon – vorne liegt, ist Weltmeister. Bei Gleichstand behält Kasparow den Titel.)

Vor der achten Partie erwarten die Experten bereits den ersten Zug mit größter Spannung. Wird der angeschlagene Weltmeister vorsichtig eine ruhigere Partieanlage wählen und seine Nerven erst einmal mit einem Remis besänftigen? Oder wird er ungerührt mit seiner aggressiven, aber riskanteren Königsbauerneröffnung, e2-e4, auf Sieg setzen, schon um ein ungebrochenes Selbstbewußtsein zu demonstrieren?

Karpow erscheint so wie immer: ernst und bescheiden, zögernd betritt er die Bühne. Ein ordentlicher blaugrauer Anzug, die Haare wie immer etwas fettig, der Scheitel eine Schlangenlinie. Viele Zuschauer finden den Herausforderer gleichzeitig sympathisch (als tapfere Kämpfernatur) und unsympathisch (weil «irgendwie nicht geheuer»). Freilich sind auch im Falle Kasparow die Sympathien nicht ungeteilt. Bei ihm bewundern die Amerikaner neben der Art, Schach zu spielen, auch die Neigung, kein Blatt vor den Mund zu nehmen. (Er attackiert Gorbatschow mit einer von ihm gegründeten «Mehr-Demokratie-Partei» als «ewigen Apparatschik».) Gleichzeitig nervt er mit seiner rücksichtslosen, ungeduldigen und großmäuligen Arroganz sogar dieses Publikum, das doch sonst ungehobelte Egomanen wie etwa Bobby Fischer, John McEnroe und Muhammad Ali liebt.

Als auch Kasparow erscheint, reichen sich die Kontrahenten fast linkisch-verklemmt die Hände und sitzen sich dann zum 128. gemeinsamen WM-Kampf gegenüber. Sie haben mehr Partien als irgendein anderes Gespann der Schachgeschichte miteinander gespielt, und sie haben wahrscheinlich auch zusammen mehr Schachkunstwerke geschaffen als alle anderen Größen dieses Sports. Bei allem Haß (Kasparow verdächtigt Karpow, daß er seine, Kasparows, Sekundanten zum Geheimnisverrat zu bestechen versuchte) brauchen die beiden sich gegenseitig, um vollkommenes Schach zu spielen. Und womöglich motiviert sie der durch die Schachregeln kontrollierte Haß sogar zu Höchstleistungen, die sie sich gut bezahlen lassen. In diesem Match geht es um 3 Millionen Dollar, 1,7 Millionen für den Sieger, 1,3 Millionen für den Verlierer.

Der Schiedsrichter drückt die Uhr. Kasparow verlängert die Spannung um eine halbe Minute, als könne er sich nicht entscheiden. Und dann: e4. Ein Raunen geht durch den Saal, und als Antwort erscheint auf dem Bildschirm vor den Zuschauern: «Silence please». Die nächsten Züge folgen schnell: Simultan fegen die Figuren über ein riesiges Demobrett über der Bühne. «Spanisch», alles wie gehabt. Vor dem elften Zug zögert Kasparow, vor dem zwölften Karpow einige Minuten; ob als Bluff oder aus plötzlicher Unsicherheit, weiß niemand genau. Die Überraschung folgt jedenfalls erst zwei Züge später mit Karpows 14. Zug: Bauer d5. Mit dieser sensationellen Neuerung schwächt Karpow zwar seine Bauernstruktur, löst aber scheinbar Kasparows starkes Zentrum auf: Er zwingt ihn zu dem einen oder anderen Abtausch, der die Partie sofort in ein für den nachziehenden Karpow günstiges, ausgeglichenes Remisfahrwasser treibt.

Das ist jedenfalls die Meinung eines amerikanischen Großmeisters, dessen Kommentare die Zuschauer im Saal direkt per Kopfhörer empfangen können. Kasparow scheint ähnlicher Meinung zu sein. Sein Gesicht hat plötzlich sehr gequälte Züge, er gestattet sich, anders als Pokerface Karpow,

ärgerliche, ja wütende Grimassen. Der Weltmeister scheint völlig überrascht und hadert nun mit sich und seinen Sekundanten, weil er mit seinem Team diesen Zug bei der Variantendurchforschung am häuslichen Brett ganz offensichtlich nicht gesehen hat.

Nur langsam beruhigen sich Mimik und Gestik, und der Meister versinkt, Kopf in die Hände gestützt, in tiefes Brüten. 44 Minuten geschieht nichts. Karpow hat sich zufrieden in seinen Ruheraum zurückgezogen und entspannt sich: Mit diesem Zug müßte er sein Remis gesichert haben. Gestern hat er in einem Gespräch geäußert, daß er jetzt – nach seinem ersten Sieg – sehr zuversichtlich sei: Zwar habe ihn Kasparow mit seinen Eröffnungsvorbereitungen überrascht, aber er hoffe, aus New York mit einem 6:6 abreisen zu können und in den folgenden zwei bis drei Wochen Pause bis zum 24. November genügend Überraschungen für die zweite Hälfte in Lyon vorbereiten zu können.

Als hätte er davon gehört, versucht der auf der Bühne allein am Tisch sitzende Kasparow, eine gewinnverheißende Variante zu entdecken, ein Kommentator versucht über Kopfhörer, den Zuschauern denkbare Varianten nahezubringen. Wird Garry doch eine erfolgversprechende Fortsetzung finden, oder hat Karpow bereits die Weichen zum Remis gestellt? Über diese Fragen diskutieren inzwischen auch in fünf Konferenzräumen im benachbarten Macklowe-Hotel mehrere Großmeister mit den New Yorker Schachfreaks, die unaufhörlich zwi-

78. Dh5, Df7
79. Dxf7+, Kxf7
80. Td1, Td4
81. Kg1, Td5
82. Kf2, Txf5+
83. Ke2, Tg5
84. Kf2 $^{1}/_{2}-^{1}/_{2}$

schen Theater und Analyseräumen hin und her pendeln. Die Großmeister, die oft selber Probleme haben, den Gedankengängen der beiden Supergroßmeister zu folgen, erledigen ihr Geschäft teils, wie Jassir Seirawan, mit Witzen («Sie planen ein Selbstmatt in vier Zügen») und Wetten («Fünfzig Dollar auf Kasparow»), teils, so der Altmeister Roman Dschindschischaschwili, wie genervte Lateinprofessoren, die sich bei Zugideen aus Laienmund vor Entsetzen zu schütteln beginnen.

Nach seiner langen Überlegungszeit schlägt Kasparow exakt den (Königs-)Bauern, den die meisten Experten für die schwächere Alternative angesehen haben, um zwei Züge später sämtliche Meister und den Vizeweltmeister mit einem raffinierten Zwischenschlag (17. a schlägt b) zu überraschen. Nun versinkt Karpow für 37 Minuten in tiefes Denken. Er faltet die Hände, als wolle er per Gebet die Antwort auf die ungelösten Fragen finden. Die Stellung ist unklar: Zwar ist Schwarz, also Karpow, besser entwickelt, aber seine entwickelten Figuren stehen etwas unharmonisch und wirkungslos herum. Weiß, dessen Zentrum zunächst gesprengt worden ist, droht jetzt eine neue, vielleicht gefährlichere Bauernfront am Königsflügel marschieren zu lassen, während die unentwickelten Figuren am Rand auf ihren Einsatz lauern.

In der Hotelbar erfrischen sich einige Zuschauer, der Bühnenhelden müde, mit einem Drink und lauschen lieber dem Jazzpiano als dem Variantendschungel aus den Kopfhörern. Am Brett tauscht Kasparow seinen passiven Turm, verleitet seinen Gegner zu einem fragwürdigen Damenzug und treibt sodann mit seinen Bauern die schwarzen Figuren hin und her. Beim 22. Zug verliert Karpow Zeit im doppelten Sinne. Nach weiterem halbstündigem Denken gibt er ein überflüssiges Läuferschach, das sein Gegenspiel unnötig verlangsamt – Kasparow bekommt Zeit, seinen König auf ein sicheres Feld zu schieben, seinen unentwickelten Springer und seine Dame zu aktivieren. Plötzlich drohen auch die beiden Läufer aus dem Hintergrund gefährlich gegen den Königsflügel.

Schon setzt sich der Springer auf e4 und droht tödlich nach g5 zu springen. Schon malen die Kommentatoren wunderbare Mattbilder, darunter das hinreißend schöne «erstickte Matt» (28. e6, fxe; 29. Dxe6+, Kh8; 30. Sf7+, Kg8; 31. Sh6++, Kh8; 32. Dg8+; 33. Txg8, Sf7 matt) auf die Demotafeln. Zwar findet Karpow noch ein Entlastungsmanöver mit einem verblüffenden Läuferzug, kann sodann den gefährlichen Springer gegen seinen zweiten Läufer tauschen, aber nach dem 27. Zug hat Kasparow trotzdem einen schier unwiderstehlichen Angriff.

Hinzu kommt eine entsetzliche Zeitnot für den gebeutelten Karpow. Von seinem Zeitvorrat (zweieinhalb Stunden für vierzig Züge) sind ihm für die letzten dreizehn Züge nur fünf Minuten verblieben, während Kasparow auf seiner Uhr noch eine halbe Stunde guthat. Karpow hebt die Augen vom Brett und blinzelt seinen Gegner kurz an. Aber dieser faßt sich an den

Hals, als wäre es der des Gegners. Er öffnet den obersten Kragenknopf, der Brustkorb bebt vor Erregung. Er setzt jeden Augenblick zur Exekution an. Er schraubt die Dame in das Feld e4, zieht den Bauern nach f5, und dann geschieht das Wunder von New York. Die Schachgöttin Caissa höchstpersönlich scheint über die Bühne geschwebt zu sein und Karpow mit zusätzlicher Kraft gesegnet, den großen Garry aber mit einem Zauberpulver betäubt zu haben. Jedenfalls verpaßt er trotz dreiminütigen Nachdenkens im dreißigsten Zug das klare, gewinnbringende Turm f3 und macht auch im Folgenden trotz reichlicher Bedenkzeit lauter schwache Züge, während Karpow, in höchster Not und im Blitzschachtempo, unverzüglich die besten Verteidigungszüge findet.

Nach vierzig Zügen hat Karpow nicht nur die Zeitkontrolle geschafft, er steht mit einem Mehrbauern deutlich besser, wahrscheinlich auf Gewinn. Es ist, als ob Boris Becker im entscheidenden Tie-Break eine 6:0-Führung mit sieben *unforced errors* vergeben hätte. Zu Kasparows Glück wird die Partie aber nach fünf Stunden abgebrochen und erst am nächsten Morgen fortgesetzt. Hängepartie. Während Karpow von seinem Team beglückwünscht wird, versteckt der konsternierte Weltmeister die Quelle allen Übels, seinen Kopf, in den Händen und läßt anschließend die Vorwürfe seiner Sekundanten über sich ergehen.

Ratlosigkeit herrscht bei den herumschwirrenden groß- und kleinmeisterlichen Experten. Wie ist so was

möglich? Der US-Großmeister Nick De Firmian greift zu typisch amerikanischen Vergleichen: Karpow erinnert ihn an Muhammad Ali, der die gegnerischen schweren Schläge leicht im Seil abfedert und dann clever zuschlägt, wenn der Gegner unaufmerksam wird. Garry aber erscheint ihm als strauchelnder Superman. Um sich eine Hängepartie zu ersparen, wollte er den Kampf überhastet entscheiden.

Der Moskauer Schachjournalist Alexander Roschal erklärt sich Garrys Versagen in der letzten halben Stunde einfach mit «Nervosität, zuviel Blabla vor dem Match». Er meint, daß Kasparows politisches Engagement und seine verbalen Attacken gegen Karpow, Gorbatschow und die Welt seine Konzentration gestört hätten.

Jedenfalls muß der ungeduldige Superman sich jetzt unter weit ungünstigeren Umständen auf eine Hängepartie am nächsten Tag vorbereiten. Er macht in der Nacht kein Auge zu und sucht mit seinen Sekundanten einen Rettungsweg aus dem Dilemma seiner Stellung. Großmeister analysieren die ganze Nacht und schätzen die Stellung «zu 65 Prozent gewonnen für Karpow», aber niemand sieht einen klaren Weg zum Sieg. Selbst der berühmte amerikanische Schachcomputerweltmeister «Deep Thought» rechnet achtzehn Stunden, findet freilich in allen Varianten und einer Rechentiefe von neunzehn Zügen keine zwingende Variante für Karpow.

Die beiden Menschen kommen allerdings am nächsten Tag in weiteren fünf Stunden noch einmal 44 Züge tief.

Diesmal erweist sich der Weltmeister als cooler Verteidigungskünstler, während Karpow, der immer wieder in Zeitnot gerät, mindestens zweimal exzellente Gewinnchancen ausläßt: im 53. Zug Dame f2 statt d4 und im 59. Zug König g7 statt Turm c8.

Kasparow läuft um den Tisch, er hat den Remisweg entdeckt und kann seine Triumphgefühle nicht unterdrücken. Karpow versucht höflich, aber vergeblich seinen Ärger zu kontrollieren. Nach 84 Zügen und zehn Stunden reichen sich die beiden Spieler zum Remis die Hände. «Eine Remispartie, die spannender war als zwei Gewinnpartien», sagt Exweltmeister «Mischa» Tal. Und: «Eine Schachweltmeister-schaft mit vielen Fehlern ist viel interessanter als ein fehlerloses Match.» Zum ersten Mal in diesem Wettkampf analysieren die beiden Kontrahenten nachträglich gemeinsam einige Situationen am Brett. Dann winkt Kasparow genervt ab und verläßt schnell den Tisch.

Auch die Zuschauer eilen adrenalingeladen ins Freie und in die umliegenden Bars. Auf den Fernsehschirmen gibt es *American sports,* Football, Boxen, Eishockey. In einer Szene werfen zwei Spieler ihre Schläger weg und gehen dann mit Fäusten aufeinander los. Nach acht Partien in New York wird der Betrachter das Gefühl nicht los, daß Eishockey gesünder ist als Schach.

Schachgefühl bis in die Fingerspitzen: Capablanca

Als Weltmeister war Lasker ausgerechnet von einem Mann abgelöst worden, der das Schach nicht wie Lasker als «Kampf», gar als Lebenskampf praktizierte, sondern als lockeres Spielchen. José Raúl Capablanca absolvierte seine Partien mit solcher Leichtigkeit und Schnelligkeit, daß seine Gegner wie stöhnende Arbeiter wirkten. «Capa» spielte ohne wissenschaftliches Eröffnungs- oder Endspielstudium, ohne psychologische, körperliche oder sonstwelche Vorbereitung, scheinbar ohne den unerbittlichen Siegeswillen, ohne den angeblich nichts geht im Schach. Er setzte sich ans Brett, zupfte an den Holzfiguren, um sie Zug um Zug auf den Feldern so zu verteilen, daß plötzlich die gegnerischen Hölzer lächerlich wirkten, so als würden sie von Anfängern und nicht von Großmeistern geführt. Er trat auch gegen die stärksten Spieler an wie ein Meister auf Besuch in einem Vorortverein.

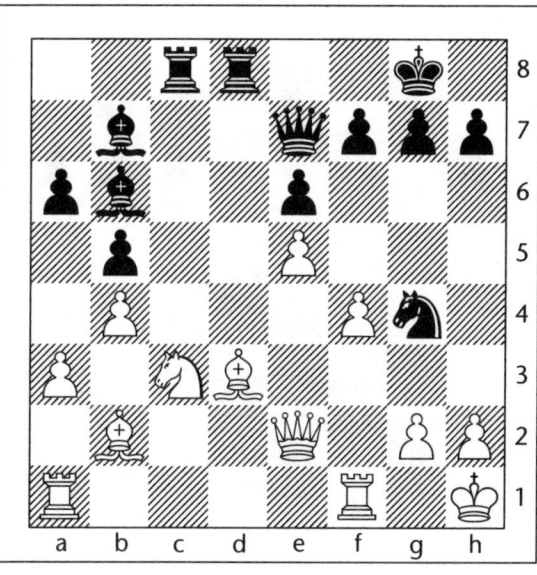

20. ... Sg4. Beginn einer atemberaubenden Kombination.

Rotlewi –
Rubinstein,
Lodz 1907

1. d4, d5
2. Sf3, e6
3. e3, c5
4. c4, Sc6
5. Sc3, Sf6
6. dxc5, Lxc5
7. a3, a6
8. b4, Ld6
9. Lb2, 0–0
10. Dd2, De7

Seine erste Partie spielte er als Vierjähriger gegen seinen Vater, nachdem er die Regeln, die ihm niemand erklärt hatte, beim Zusehen gelernt hatte. Er war ein Wunderkind, das die tiefer liegenden Ideen des Schachs im Blut hatte wie ein musikalisches Wunderkind die Harmonie. Harold C. Schonberg, der Schach- und Musikkritiker der *New York Times*, nannte ihn denn auch den «Mozart des Schachs, rein, klassisch, elegant, subtil, vergeistigt und doch, wenn es darauf ankam, von dämonischer Kraft».

Auf Turnieren erschien er mit einem Lächeln, das den Gegnern oder

11. Ld3, dxc4
12. Lxc4, b5
13. Ld3, Td8
14. De2, Lb7
15. 0–0, Se5
16. Sxe5, Lxe5
17. f4, Lc7
18. e4, Tac8
19. e5, Lb6+
20. Kh1, Sg4
21. Le4, Dh4
22. g3, Txc3
23. gxh4, Td2
24. Dxd2, Lxe4+
25. Dg2, Th3
    0–1

den anwesenden Frauen galt, die er verzauberte. Er verlor acht Jahre lang, von 1916 bis 1924, keine Partie, bis ausgerechnet der Theoretiker Réti ihn einmal strangulierte.

Bereits 1910 galt er neben dem tiefsinnigen Akiba Rubinstein als Anwärter auf den Weltmeistertitel, doch Lasker konnte die Entscheidung noch bis 1921 herauszögern. Capa protestierte gegen Laskers Ausflüchte und mußte sich deshalb vom Weltmeister zurechtweisen lassen: «Er überschätzt sich und ist unbescheiden. Er muß den Platz, welchen er sich anmaßt, würdigeren Bewerbern überlassen.» Nachdem Capablanca sich als der unbestritten stärkste, nahezu unschlagbare Matador jener Zeit qualifiziert hatte und 1920 eine Kampfbörse von 8000 Dollar bot, verzichtete Lasker zunächst kampflos auf den Titel, um dann auf inständiges Bitten und bei erhöhter Börse (20 000 Dollar) sich doch 1921 zum Kampf über 24 Partien bereit zu finden. Er überließ nach vier Verlusten in 14 Partien den Titel vorzeitig und endgültig der unbesiegbaren «Schachmaschine».

Die New York Times wunderte sich «über den neuen Weltmeister, der sich von dem üblichen Bild des Schachspielers – Vollbart, Brille, gefurchte Augenbrauen, gebeugte Haltung, nachlässige Kleidung – völlig unterscheidet... Er sieht attraktiv aus, glattrasiert, fein geschnittenes Gesicht, aristokratische Figur. Er hat ausgezeichnete Manieren und kleidet sich elegant. Im Gegensatz zu anderen Meistern ist er auch bei der Partie keineswegs nur in das Spiel vertieft, sondern interessiert sich für alles, was sonst noch um ihn herum vorgeht. Wenn er nicht spielt, genießt er das Leben wie jeder andere gesunde junge Mann, der es sich leisten kann.»

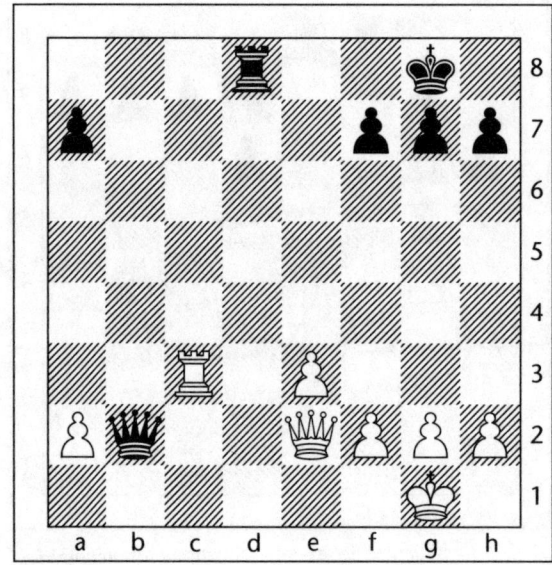

Triumph der Logik: Capablanca zog zuletzt Db6–b2.

Bernstein –
Capablanca,
Moskau 1914

1. d4, d5
2. c4, e6
3. Sc3, Sf6
4. Sf3, Le7
5. Lg5, 0–0
6. e3, Sbd7
7. Tc1, b6
8. cxd5, exd5

Der Verlierer Lasker über seinen Nachfolger: «Seine Partien sind klar, logisch und kräftig. Seine Züge sind, wiewohl durchsichtig, keineswegs naheliegend und tief. Er liebt keine Verwicklungen noch Abenteuer.

Er liebt es, vorher zu wissen, wohin er tritt. Man kann ihn nicht durch ungesunde Opfer schrecken. Sein Stil ist gehämmerte Zweckmäßigkeit.»

Zweckmäßig versuchte Capablanca denn auch seine neu errungene Weltmeisterschaft durch ein von ihm geschaffenes Regelwerk abzusichern. Dieses ließ er sich nach dem Londoner Turnier von 1922 von mehreren Meistern absegnen, die er beim Champagner übertölpelt hatte. «Er schob künftigen Herausforderern schwere Riegel vor», wie der Zeuge des «Londoner Statuts», Großmeister Milan Vidmar, konstatierte. Der Herausforderer mußte mindestens 10 000 Dollar auf den Tisch legen, die 6:4 für den Sieger aufgeteilt werden sollten, sowie sämtliche Spesen übernehmen. Capablanca, der als Held des kubanischen Volkes mit viel Pfründen versorgt worden war, wußte, wie schwer es auch für einen Spitzenspieler war, solche Summen zusammenzubringen. Der Herausforderer, für den Capablanca noch andere Schikanen bereithielt, mußte sich nicht nur in Kandidatenturnieren als der stärkste bewähren, er mußte auch reiche Gönner haben. Gegen dieses wachsende Mauern wurden immer häufiger Stimmen laut, die dem Weltmeister das Recht entziehen wollten, selber Zeitpunkt und Gegner von WM-Kämpfen zu bestimmen. Ließen sich nicht Titelkämpfe in regelmäßigen Abständen, etwa wie bei den Olympischen Spielen, mit vorhergehenden Qualifikationsturnieren organisieren?

Bei den Olympischen Spielen 1924 in Paris wurde der Weltschachverband Fide (Fédération Internationale des Échecs), gegründet, der zunächst nur den völkerverbindenden Aspekt (Wahlspruch: «Gens una sumus») betonen und das Schach weltweit fördern wollte. Die Fide wurde die Mutter der Schacholympiaden, bei denen freilich im Gegensatz zu den Olympischen Spielen die Sportler nicht als Einzelkämpfer, sondern nur als Kämpfer in nationalen Teams auftreten. Später organisierte die Fide auch Einzelturniere und erst nach dem Zweiten Weltkrieg die Weltmeisterschaften.

9.	Da4, Lb7
10.	La6, Lxa6
11.	Dxa6, c5
12.	Lxf6, Sxf6
13.	dxc5, bxc5
14.	0–0, Db6
15.	De2, c4
16.	Tfd1, Tfd8
17.	Sd4, Lb4
18.	b3, Tac8
19.	bxc4, dxc4
20.	Tc2, Lxc3
21.	Txc3, Sd5
22.	Tc2, c3
23.	Tdc1, Tc5
24.	Sb3, Tc6
25.	Sd4, Tc7
26.	Sb5, Tc5
27.	Sxc3, Sxc3
28.	Txc3, Txc3
29.	Txc3, Db2
	0–1

Keiner vermißte Karpow

Saloniki, Dezember 1984

Es war die bunteste Versammlung der Welt. Vierzehn Tage lang saßen sich in Halle 13 des Messegeländes von Saloniki in Griechenland über 500 Menschen aus 89 Ländern gegenüber. Menschen aller Klassen, Rassen und Religionen, vom zwölfjährigen Anand aus Indien bis zu den alten Damen aus Wales und Zimbabwe, von armen Schluckern aus Mitteleuropa bis zu reichen Scheichtöchtern aus Arabien. Sie kamen in T-Shirts oder gepflegten

Zweireihern, in geflickten Jeans, Trainingsanzügen oder Abendkleidern, in Saris und folkloristischen Trachten, sie saßen am Tisch mit Schläger- und Khakimützen, mit moslemischen Kopftüchern und Schleiern, sie wippten ihre Füße in Sandalen oder Pumps oder – wie ein Deutscher – in Fußballschuhen. Sie saßen sich zu zweit und schweigend gegenüber und hatten nur Augen für das Brett in ihrer Mitte.

Schacholympiade in Saloniki.

Sie sind die besten Schachspieler ihrer Nationen, vom Großmeister bis zum Kleinmeister, vom russischen Exweltmeister Boris Spassky, der neuerdings für Frankreich spielt, bis zur vierzehnjährigen Black Beauty aus Jamaica, Mary Powell, die Schach spielen lernte, «damit die Jungen mich respektieren».

88 Männer- und 51 Damenteams ermittelten in 14 Zweikämpfen an vier, bei den Damen an drei Brettern die besten Nationalmannschaften der Welt.

Ihren Höhepunkt erreichte die Olympiade in der neunten Runde, als die noch ungeschlagene Sowjetunion auf die unerwartet starken Amerikaner traf.

Es ist der 28. November. Die deutsche Herrenmannschaft muß seit einigen Runden auf den Star am ersten Brett verzichten; Robert Hübner ist grippekrank. Sein Team liegt mit 19 Punkten an 16. Stelle und spielt heute gegen die Tschechoslowakei. Die deutschen Damen haben sich – unerwartet stark – auf den sechsten Platz vorgekämpft, treten gegen die Polinnen an. Das Ticken der Schachuhren erfüllt den Saal.

Am letzten Tisch spielt die üppige weiße Mrs. C. Brooke aus Zimbabwe gegen eine graziöse schwarze Teenagerdame aus Trinidad-Tobago. Am ersten Tisch aber, auf der Bühne an Brett 1, sitzt der zwei Zentner schwere Roman Dschindschischaschwili, ein in die USA emigrierter Armenier, seinem ehemaligen Landsmann Alexander Beljawski gegenüber. Der Mann am Spitzenbrett der Sowjetunion hat bisher 6,5 Punkte aus sieben Partien gemacht. Beljawski verdankt seine Spitzenposition der Abwesenheit von Anatoli Karpow und Garry Kasparow, den beiden stärksten Spielern der Welt. Sie sitzen in Moskau, langweilen sich und die Welt seit zweieinhalb Monaten mit Serien von Remispartien. Dabei sollen sie um die Einzelweltmeisterschaft kämpfen.

Sie spielen heute die 28. Partie, Karpow führt 5:0. Er braucht nur noch einen Punkt zum Sieg. Wenn er ihn bald hat, wird er dann noch nach Saloniki kommen und Beljawski ablösen? Die Sowjets wollen Karpow nachmelden. Das verstößt zwar gegen die Regeln, aber die meisten Länder haben sich auf eine Sondererlaubnis für die größte Schachnation geeinigt. Nur die Amerikaner protestieren heftig, ihr Star Dschindschischaschwili kündigte gleich seine Abreise für den Fall von Karpows Erscheinen an.

Jetzt sitzt «Dschindschi» Beljawski gegenüber.

Die Partie in Moskau dürfte heute wieder unentschieden enden. Karpow hat Schwarz, und als Nachziehender begnügt er sich grundsätzlich mit Remis; Kasparow hat seit seiner vierten Niederlage in der neunten Partie selbst in seinen Weiß-Partien nichts mehr riskiert und dadurch die unerträglich lange Remisserie verursacht. Der als «wild, kreativ, dynamisch, mutig bis waghalsig» gerühmte Angriffsspieler hat, nachdem er von dem übervorsichtigen «Schieber» Karpow viermal ausmanövriert worden war, einfach dessen Stil übernommen: nichts riskieren, Ungenauigkeiten des Gegners geduldig zu kleinen Vorteilen ausbauen, Gewinnstellung abwarten.

Kasparow spielte bald noch vorsichtiger als Karpow, noch langweiliger. Über seinen Stilwechsel wurde viel spekuliert. Hat er einfach das Vertrauen in seine Angriffskraft verloren und «gar keine andere Wahl, als so vorsichtig zu spielen», wie der tschechische Großmeister Ludek Pachman glaubt? Wollte er Zeit gewinnen, um versäumte Eröffnungsvorbereitungen nachzuholen?

Wegen der vielen, langwierigen Kandidatenkämpfe – gegen Beljawski, Kortschnoi und Smyslow – war der Herausforderer ausgelaugt und hatte nicht viel Zeit, sich für den genüßlich wartenden Weltmeister Karpow speziell zu präparieren. Und Karpow bestand darauf, den Kampf am 10. September zu beginnen, «um rechtzeitig am 18. November zur Schacholympiade zu kommen».

Viktor Kortschnoi, der Karpow als Herausforderer schon zweimal unterlag, sah in Kasparows neuem Spielstil ein «Signal für die ganze Schachwelt», einen stummen Protest «gegen die Bevorzugung Karpows in diesem Wettkampf». Tatsächlich sind die Veranstalter in allen strittigen Fragen über Spiel-

beginn, -zeit und -ort immer den Wünschen Karpows gefolgt, wurden Karpow die besten Sekundanten, zehn an der Zahl, zur Verfügung gestellt, hat die Moskauer Presse eindeutig Karpow mit Lob und Ausrufungszeichen bevorzugt. Aber die Benachteiligungen und die Vertragsbedingungen (die Kasparow nie unterschrieben hat) waren in aller Welt bekannt – warum sollte er am Schachbrett noch protestieren wollen?

Wahrscheinlicher klingt eine andere Theorie: Garry habe sich bei Anatoli und den sowjetischen Schachfunktionären rächen wollen, indem er das Match so sehr in die Länge zog, daß der Sowjetunion die beiden Besten bei der Olympiade fehlen. «Und die Sowjets nicht gewinnen», wie ein Großmeister vermutete. Der letzte Wunsch wäre aber nicht in Erfüllung gegangen. Das Ersatzteam startete so furios, daß Karpow überhaupt nicht vermißt wurde: «Der hätte doch im Gegensatz zu dem Dauersieger Beljawski seine Schwarzpartien wieder remisiert.»

Viel einfacher erklärten sich andere Experten Kasparows Stilwechsel: «Der will einfach beweisen, daß er auch wie Karpow spielen kann – ohne Niederlage bis in alle Ewigkeit.» Aber das galt nur bis zur 27. Partie, die Kasparow trotz Karpow-Stil verlor.

5:0 für Karpow. Wenn schon Kasparow, «ausgelaugt und leer» (so Exweltmeister Boris Spassky in Saloniki), nichts wagt, könnte dann nicht Karpow jetzt bei einer 5:0-Führung mit mutigem Angriff einen Rückschlag riskieren, wie ein Tischtennisspieler, der im letzten Satz 20:15 führt?

«Oh, nein», so vertrauen uns sowjetische Funktionäre an, «Karpow will ihn 6:0 vernichten, damit Kasparow für alle Zeiten mit dieser ‹Schande› psychologisch belastet ist.»

Zur 28. Partie treffen sich die beiden Langweiler am 28. November in Moskau – just als Dschindschischaschwili Beljawski in Saloniki gegenübersitzt.

Die Zuschauer im Saal wandeln anfangs noch von Partie zu Partie; ein paar deutsche Schachtouristen drängen an die Bretter ihrer Herrenmannschaft, gucken den deutschen Damen beim Kampf gegen die Polinnen über die Schulter.

Viele Besucher zieht es zu den Spielerinnen, die sich nicht nur durch schöne Züge auf dem Brett auszeichnen. Selbst Brettfetischisten lassen sich hier manchmal von weiblichen Figuren ablenken, drücken der schönen Jugoslawin Maksimovic die Daumen gegen die sowjetische Exweltmeisterin Gaprindaschwili, studieren bei den Chinesinnen, den drei indischen Schwestern Khaldikar, bei den Jamaikanerinnen oder den Norwegerinnen nicht nur die Stellung auf dem Brett.

Die Schacholympiade ist auch ein Volksfest. Selbst die strengen Schiedsrichter hören über das sonst so störende Flüstern und Tuscheln hinweg. Als freilich ganze Schulklassen durch die Halle wandern und Lieder summen, da wird es dem deutschen Lobron zuviel. Er zischt und klatscht in die Hände, als wolle er einen Vogelschwarm vertreiben. Aber er schreckt nur in tiefes Grübeln versunkene Kolle-

gen auf, während die Schulkinder fröhlich kichern.

Nach drei Stunden hören die Rundgänge auf, die Fans haben ihre Lieblingspartien des Tages gefunden. Heute sammeln sich die meisten beim Kampf Amerikaner gegen Sowjets. An Brett 1 hat «Dschindschi» nach unorthodoxer Eröffnung einen gefährlichen Angriff inszeniert. Beljawski ist in Nöten. An Brett 4 kommt der Amerikaner De Firmian mit Schwarz langsam in Vorteil gegen Jusupow.

Das Volksfest erstirbt in knisternder Spannung: Schaffen die Amerikaner die Sensation?

Beljawski muß bald seine Dame gegen Turm und Läufer opfern, um ein Matt abzuwehren. De Firmian gewinnt einen Bauern gegen Jusupow. Abends um acht haben die Russen nur eine Partie gewonnen, eine ist remis, in zwei Partien sieht es böse für sie aus. Die Partien werden unterbrochen. Pause.

Nach dem zweiten Abbruch um Mitternacht steht De Firmian klar auf Gewinn. «Dschindschi» hat bis zum Morgen Zeit, die Stellung zu analysieren. Wird er in der Analyse einen Gewinnweg finden?

Um zwei Uhr morgens erscheint «Dschindschi» im Hotel «Capsis». Hier ist jede Nacht Schachkarneval. Hier werden Stellungen analysiert, wird Blitzschach um Geld gespielt, auch Poker und Backgammon; hier werden Liebesgeschichten und Partien angebahnt und abgebrochen. «Dschindschi» betritt die Szene wie ein Matador; mit Siegerlächeln greift er sich ein Brett und führt der verstummten und staunenden Menge seinen Gewinnweg vor. Mit einem raffinierten «Zug-zwang»manöver («Sackseng», sagt er) wird er Beljawski in die Knie zwingen. Das Bier fließt; «Dschindschi» feiert seinen Sieg im voraus.

Währenddessen brütet das 40köpfige Sowjetteam zurückgezogen über der Stellung, glaubt schließlich einen Remisweg gefunden zu haben.

«Dschindschi» schläft nur eine Stunde, bevor er morgens um zehn wieder am Brett steht. Er setzt sich gar nicht mehr hin, sondern wandert durch die Halle, winkt Freunden mit der geballten Faust das Siegeszeichen zu und macht seine Züge mit nervender Geschwindigkeit.

Am Brett 4 streckt Jusupow gegen De Firmian nach 75 Zügen die Waffen. An Brett 1 opfert «Dschindschi» im 87. Zug seine Dame, stürmt mit zwei Freibauern, von denen Beljawski nur einen halten kann. Er gibt auf.

Zum ersten Mal hat eine amerikanische Schachmannschaft die Sowjets geschlagen, die in der Olympiage-schichte überhaupt nur vier Kämpfe (zwei gegen die Bundesrepublik) verloren haben. In Anspielung an die Winterolympiade in Lake Placid (wo die USA die Sowjets im Eishockey bezwangen) jubeln die Amerikaner jetzt: «Lake Placid in Saloniki!» Sie laden die Russen dann zu einer Siegesfeier ein, der diese mit guter Miene zum bösen Spiel folgen.

Freilich gewannen die Sowjets, die in der letzten Runde die Bundesrepublik mit 2,5 zu 1,5 besiegten, trotz dieser Niederlage die Goldmedaille, zumal die Amerikaner in der vorletzten Runde ebenfalls gegen die Westdeutschen verloren. Sie mußten deshalb die Silbermedaille noch den Engländern überlassen und sich mit Bronze begnügen. Die bundesdeutschen Herren wurden Sechste, die Frauen Vierte.

In Moskau aber saßen sich an jenem dramatischen 28. November Karpow und Kasparow gegenüber. Sie spielten unentschieden. Das 23. Remis.

Der Rasputin der 64 Felder

Mag sein, daß die Fide schon im Gründungsjahr 1924 an die spätere Organisation von Weltmeisterschaften gedacht hat, doch blieb es noch bis 1948 bei der weltmeisterlichen Mauerpraxis. Auch Capablanca, der so lange vergeblich hinter Lasker hergelaufen war, konnte sechs Jahre lang einer Titelverteidigung unter den fadenscheinigsten Ausreden ausweichen.

Endlich, 1926, hatte sein stärkster Konkurrent, der 1892 geborene russische Aristokrat Alexander Aljechin, mit Hilfe seiner Anhänger die erforderlichen 10 000 Dollar sowie eine Turnierqualifikation vorzuweisen, gegen die Capablanca auch angesichts der öffentlichen Proteste nichts mehr einwenden konnte. Vielleicht fühlte er sich aber auch siegessicher, da er gerade das New Yorker Kandidatenturnier mit großem Abstand vor Aljechin gewonnen hatte.

Capablanca spielte das Schach so perfekt, erfolgreich und zugleich mühelos, daß er sich mehr und mehr langweilte. Er prophezeite einen baldigen Remistod des königlichen Spiels und empfahl – angesichts der immer tieferen Durchforschung von Varianten – eine Komplizierung des Spiels durch eine Erweiterung um zwei Felder und Einführung von zwei zusätzlichen Figuren. Die Vorschläge fanden indes wenig Anklang, da gerade zu dieser Zeit die hypermodernen Experimentierer Nimzowitsch, Réti, Breyer, Tartakower, aber auch der unermüdliche Al-

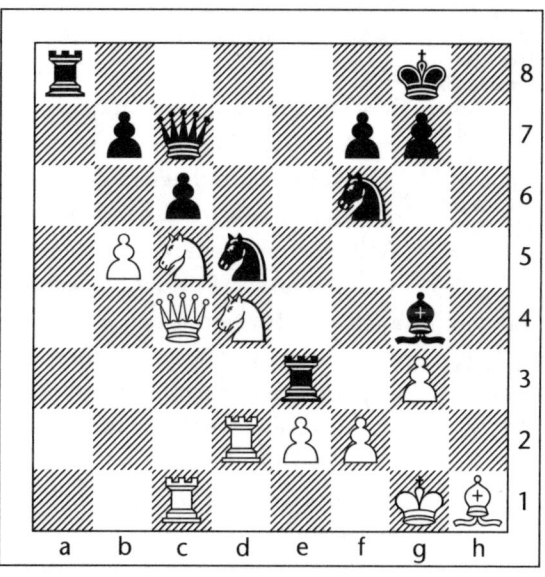

Stellung nach 26. ... Te3.

Réti? –
Aljechin,
Baden-Baden
1925

1. g3, e5
2. Sf3, e4
3. Sd4, d5
4. d3, exd3

5. Dxd3, Sf6
6. Lg2, Lb4+
7. Ld2, Lxd2+
8. Sxd2, 0–0
9. c4, Sa6
10. cxd5, Sb4
11. Dc4, Sbxd5
12. S2b3, c6
13. 0–0, Te8
14. Tfd1, Lg4
15. Td2, Dc8
16. Sc5, Lh3
17. Lf3, Lg4
18. Lg2, Lh3
19. Lf3, Lg4
20. Lh1, h5
21. b4, a6
22. Tc1, h4
23. a4, hxg3
24. hxg3, Dc7
25. b5, axb5
26. axb5, Te3
27. Sf3, cxb5
28. Dxb5, Sc3
29. Dxb7, Dxb7
30. Sxb7, Sxe2+
31. Kh2, Se4
32. Tc4, Sxf2
33. Lg2, Le6
34. Tcc2, Sg4+
35. Kh3, Se5+
36. Kh2, Txf3
37. Txe2, Sg4+
38. Kh3, Se3+
39. Kh2, Sxc2
40. Lxf3, Sd4
41. Tf2, Sxf3+
42. Txf3, Ld5
0–1

jechin zeigten, welche unerwarteten Möglichkeiten allein in der Eröffnung zu entdecken waren.

Aljechin war zum ersten Mal beim berühmten St. Petersburger Turnier 1914 hervorgetreten und hatte hinter Lasker und Capablanca den dritten Platz erreicht. Seither zog er mit einem unersättlichen Schachhunger wie ein Berserker durch die Arenen und bewies, daß er im Gegensatz zu Capablanca jederzeit in der Lage war, scheinbar langweilige, ausgeglichene Stellungen plötzlich entflammen zu lassen, zumindest so zu komplizieren, daß seine Gegner von vorn anfangen mußten. Er war auch im Spielverständnis der große Gegenspieler des Klarheit und Einfachheit ausstrahlenden «Capa».

Aljechin, der 1921 die Sowjetunion verlassen und an der Sorbonne in Paris Jurisprudenz studiert hatte, arbeitete nur an der Perfektionierung seines Schachs, dem er wie ein Süchtiger verfallen war. Im Gegensatz zu dem genialen Capablanca, der die Schachgesetze im Bauch oder im Blut hatte, mußte sich Aljechin (Goethe: «Genie ist vielleicht nur Fleiß») alles erarbeiten. Er war wild entschlossen, Weltmeister zu werden. Er brauchte den Titel, um zu überleben.

Aljechins Angriffsstil, seine Fähigkeit, ausgetretene Stellungen mit neuem Leben und neuen Gefahren (für beide) zu erfüllen, ließ den britischen Großmeister Golombek schwärmen: «Das attraktivste Schach aller Weltmeister». Jedenfalls arbeitete der Herausforderer nicht nur unermüdlich an der Perfektionierung seiner Kunst, sondern er durchforstete auch die Turnierpartien des Weltmeisters, um im Spiel des Virtuosen doch irgendwelche Schwächen auszumachen. Aljechin fand heraus, daß Capablanca zwar mit sicherem Instinkt den allermeisten Gefahren durch phantastische Vereinfachungen ausweiche, doch verführe ihn gerade seine Stärke, die Leichtigkeit, gelegentlich zu Oberflächlichkeit, die aber bisher von seinen Gegnern nicht genutzt worden sei. Anläßlich einer Turnierpartie (remis) «zwischen uns beiden hatte ich endlich an meinem zukünftigen Gegner eine kleine Schwäche erspäht: steigende Unsicherheit im Falle hartnäckigen Widerstandes! Wohl war mir schon früher aufgefallen, daß Capablanca hin und wieder kleine Ungenauigkeiten begeht, doch hätte ich nicht gedacht, daß er sich von diesem Mangel auch bei Aufbietung aller Kräfte nicht befreien könne. Das war eine ungemein wichtige Erkenntnis.»

Beim Weltmeisterkampf 1927 in Buenos Aires trafen der lässige Virtuose und der besessene Kämpfer aufeinander. Aljechin gewann die erste Partie, mußte aber nach Niederlagen in der dritten und siebten Partie

dem Kubaner die Führung überlassen. In der elften Partie behielt
Aljechin nach wechselnden Chancen schließlich die Oberhand. Er
glich aus, ging in der zwölften in
Führung und baute in der 21. auf
4:2 aus. Nach 74 Tagen, beim
Stande von 5:3 in der 34. Partie, die
wegen ihrer Länge von 82 Zügen
zweimal unterbrochen werden
mußte, hatte Aljechin den ermatte-
ten Capablanca endgültig nieder-
gerungen.

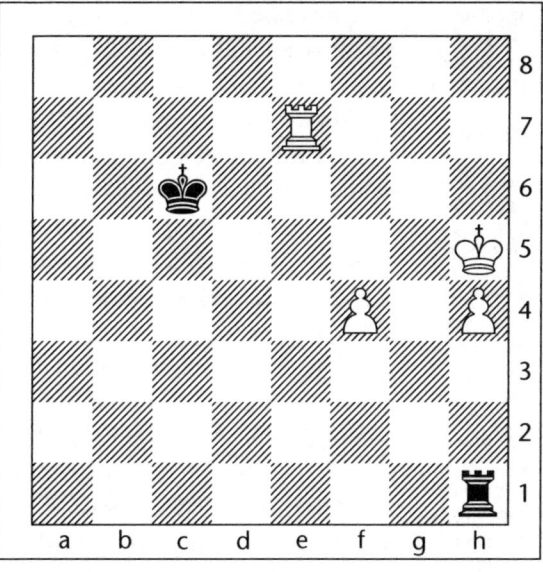

Schlußstellung

Aljechin –
Capablanca,
WM Buenos
Aires 1927

1. d4, d5
2. c4, e6
3. Sc3, Sf6
4. Lg5, Sbd7
5. e3, c6
6. a3, Le7
7. Sf3, 0–0
8. Ld3, dxc4
9. Lxc4, Sd5
10. Lxe7, Dxe7
11. Se4, S5f6
12. Sg3, c5
13. 0–0, Sb6
14. La2, cxd4
15. Sxd4, g6
16. Tc1, Ld7
17. De2, Tac8
18. e4, e5
19. Sf3, Kg7
20. h3, h6
21. Dd2, Le6
22. Lxe6, Dxe6
23. Da5, Sc4
24. Dxa7, Sxb2
25. Txc8, Txc8
26. Dxb7, Sc4
27. Db4, Ta8

Nach dieser selbst für den hart-
gesottenen Aljechin ermüdenden
Tortur bestieg er den Weltmeister-
thron, in der Absicht, ihn nicht le-
bend zu verlassen. Der einzige, der
ihm seinen Titel streitig machen
konnte, war sein Vorgänger, der sich aber vergeblich um einen Rückkampf bemühte. Aljechin ließ jeden ran, nur nicht seinen lauernden
Widersacher Capablanca. Zwar stand das Revanchematch angeblich des
öfteren unmittelbar bevor, doch immer fand Aljechin im letzten Augenblick Gründe, es wieder zu verschieben. Und in diesem Falle hieß aufgeschoben tatsächlich aufgehoben. Statt Capa knöpfte er sich den guten Bogoljubow vor, den er aus Zeiten der gemeinsamen Internierung in Triberg
während des Ersten Weltkrieges kannte, um ihn zweimal locker, fast
peinlich abzufertigen. 1935 verlor er aber völlig überraschend gegen den
holländischen Mathematikprofessor Max Euwe, der als Amateur gegen
den Weltmeister antrat.

Der Sieg Euwes begeisterte die Holländer, die das Match in mehreren Städten durchgezogen hatten und seither eine der schachfreudigsten
Nationen der Welt sind. Die übrige Welt aber war geschockt, vor allem
der Verlierer. Wie konnte sich die geballte Ladung aus Phantasie und Dynamik von trockener, kalter Wissenschaft ausbremsen lassen? Die nach-
lassende Konzentration – in dem Kampf über 30 Partien hatte Aljechin
schon 6:3 geführt, bevor er im Endspurt mit 9:8 bei 13 Remisen überholt
wurde – erklärte er mit übermäßigem Tabak- und Alkoholkonsum (den
die Niederländer mit Gratischampagner unterstützten). Aljechin fand

28. Ta1, Dc6
29. a4, Sxe4
30. Sxe5, Dd6
31. Dxc4, Dxe5
32. Te1, Sd6
33. Dc1, Df6
34. Se4, Sxe4
35. Txe4, Tb8
36. Te2, Ta8
37. Ta2, Ta5
38. Dc7, Da6
39. Dc3+, Kh7
40. Td2, Db6
41. Td7, Db1+
42. Kh2, Db8+
43. g3, Tf5
44. Dd4, Df8
45. Td5, Tf3
46. h4, Dh8
47. Db6, Da1
48. Kg2, Tf6
49. Dd4, Dxd4
50. Txd4, Kg7
51. a5, Ta6
52. Td5, Tf6
53. Td4, Ta6
54. Ta4, Kf6
55. Kf3, Ke5
56. Ke3, h5
57. Kd3, Kd5
58. Kc3, Kc5
59. Ta2, Kb5
60. Kb3, Kc5
61. Kc3, Kb5
62. Kd4, Td6+
63. Ke5, Te6+
64. Kf4, Ka6
65. Kg5, Te5+
66. Kh6, Tf5
67. f4, Tc5
68. Ta3, Tc7
69. Kg7, Td7
70. f5, gxf5
71. Kh6, f4
72. gxf4, Td5
73. Kg7, Tf5
74. Ta4, Kb5
75. Te4, Ka6
76. Kh6, Txa5
77. Te5, Ta1
78. Kxh5, Tg1
79. Tg5, Th1
80. Tf5, Kb6
81. Txf7, Kc6
82. Te7 1–0

aber lobende Worte, vor allem für die Logik und die Präzision in Euwes Spiel: «Ist der Öffentlichkeit überhaupt bewußt, daß Euwe noch nie eine ungenaue Kombination gemacht hat?»

Euwe war ein ungewöhnlich fairer, untypischer Weltmeister, der sofort ein Rückmatch anbot, dieses 1937 verlor und anschließend nicht irgendwelche Naturereignisse für die Niederlage verantwortlich machte.

Er hoffte auf ein Comeback, aber der Zweite Weltkrieg brachte das internationale Schachgeschehen zum Erliegen. Viele Meister starben in den Schützengräben, auch die große deutsche Nachwuchshoffnung Klaus Junge.

Aljechins nächster Herausforderer, der russische Ingenieur Michail Botwinnik, mußte seinen Kampf wegen des Krieges verschieben. Aber er nutzte die Zeit. Noch während die Schlachten um Moskau und Stalingrad tobten, bereitete sich Botwinnik auf sein Match vor.

Aljechin, der Weltmeister, spielte zu Kriegsbeginn in der französischen Nationalmannschaft und trat in die französische Armee ein. Nach der Niederlage Frankreichs zog er sich zunächst nach Portugal zurück, kollaborierte später mit den Nazis, für die er durch Europa tingelte und antisemitische Pamphlete schrieb. Er rühmte sich seines persönlichen Schacheinsatzes gegen Rubinstein und Nimzowitsch, die er ganz gezielt wegen ihres Judentums bekämpft habe.

Ganz im Sinne der Nazis, die das Schach für ihre Zwecke ideologisierten. Zunächst wurden in den Schachbüchern, zum Beispiel in dem berühmten «Dufresne», nur noch Verlustpartien jüdischer Meister abgedruckt; später wurden alle jüdischen Namen eliminiert. Sogar die nach jüdischen Entdeckern getauften Eröffnungsvarianten wurden umbenannt. Statt «Nimzowitsch-Indisch» hieß es «Ost-Indisch».

Aljechin erstickte 1946 an einem Hühnerbein – das Taschenschachspiel in der Hand –, als er sich auf den Kampf gegen Botwinnik vorbereitete.

Ist Schach Sport?

München, Oktober 1980

Der Großmeister machte sich frei. Er ließ sich von einer weißen Dame Elektroden auf die nackte Brust kleben, zog sich wieder an, führte die Drähte durchs Hemd zu einem kleinen Monitor, den er sich in die Hosentasche steckte. Dann schluckte er noch einen Betablocker und trat im Münchener Großmeister-

220

turnier an zu seiner Partie gegen den Exweltmeister Boris Spassky.

Ein Hauch von Schach-Science-fiction blitzte durch den Turniersaal, in dem einzig das hektische Ticken der Schachdoppeluhren mit den roten Fallbeilchen zu hören war. Hatte unser Großmeister etwa eine Antenne für geheime Botschaften von einem fernen Computersystem angelegt?

Das hat er nicht nötig. Er gehört zu dem knappen Prozent aller Schachspieler, die auch heute noch schnellen Rechnern überlegen sind: Es ist Dr. Helmut Pfleger, der nach dem Weltmeisterkandidaten Robert Hübner und zusammen mit dem Münchener Großmeister Wolfgang Unzicker als der zweitbeste – und erfolgreichste deutsche Schachmeister der Nachkriegszeit gilt. Gegen Hübners Finalgegner Viktor Kortschnoi zum Beispiel hat Pfleger einen ausgeglichenen Score: drei Punkte aus sechs Partien, einen Sieg, vier Remis, eine Niederlage.

Wie seine beiden Landsleute – und im Gegensatz zu den meisten Großmeistern aus aller Welt – ist Pfleger Amateur. Schach ist nicht sein Hauptberuf. Während der 30jährige Hübner sich an der Kölner Universität als Altphilologe, der 55jährige Unzicker als Verwaltungsrichter sein Geld verdient, ist der 37jährige Pfleger Arzt, eigentlich Internist, aber angestellt als Psychosomatiker an der Münchener Universitätspolyklinik.

Beim Münchener Großmeisterturnier konnte Pfleger schließlich seinen Beruf mit seinem Hobby kombinieren. Um zu ermitteln, welcher körperlichen

– und damit verbundenen psychischen – Belastung der Turnierspieler vor, während und nach der Partie ausgesetzt ist, machte er sich und zehn andere Turnierteilnehmer zu Versuchskaninchen am Brett, zu Meßobjekten. Bei der vom Deutschen Sportbund angeregten und unterstützten Untersuchung ging es unter anderem um die Frage: Ist Schach Sport?

Bisher wurde diese Frage verneint. Schließlich, so hieß es, sitzen die Schachbrüter doch nur auf ihrem Hintern und starren aufs Brett, auf dem sie in fünf Stunden nur 40 Züge, also 40 Handbewegungen, ausführen. Tatsächlich aber, so fand Pfleger heraus, arbeiten die scheinbar so ruhig dasitzenden Körper innerlich auf Hochtouren. Als chemische Reaktionen auf sich jagende Gefühle und Empfindungen wie Angst, Freude, Hoffnung, Enttäuschung, Schock, Panik, Erleichterung, Jubel verändert sich permanent der Blutfett-, Harnsäure- und Cholesterinspiegel im Körper; das Streßhormon Adrenalin läßt den Puls auf- und abschnellen, als wäre er außer Rand und Band geraten.

Die Pulsmessungen mit jenen Elektroden auf der Brust und dem Monitorgerät in der Hosentasche waren deshalb besonders interessant, weil sie auch während der Partie gemacht werden konnten. Andere Messungen wie die des Blutdrucks und Gewichts, wie Diätkontrolle, Fahrradergometrie und ähnliche Untersuchungen durften wegen der unvermeidlichen Konzentrationsbeeinträchtigung nicht während, sondern nur vor und nach den Partien vorgenommen werden. (Pfleger plant aber, bei einem Turnier mit starkem materiellem und prestigeförderndem Anreiz demnächst auch während der Partie diese Untersuchungen durchzuführen.)

Der während der Partie gemessene Puls spiegelt die sogenannte psychomentale Beanspruchung des Spielers wider. Schon im Vorstartzustand stieg der Puls bei allen Spielern um 10 bis 30 Prozent: Der Körper stellt sich «adrenergen» auf die fünfstündige Anspannung und Konzentration ein. Großmeister Ludek Pachman beobachtete, daß im Vorstartzustand der Blutdruck weniger hochschnellte, wenn er mit den weißen Steinen spielte: Er fühlte sich mit dem Anzugvorteil sicherer als mit den schwarzen Steinen.

Während der ersten Züge, beim bekannten Eröffnungseinmaleins, beruhigt sich der Puls, zeigt aber sofort einen Spitzenausschlag, wenn der Gegner oder der Spieler selbst eine gewagte «Neuerung» spielt. Insgesamt steigt der Puls von Partiebeginn bis in die Zeitnotphase von 90 auf 140 ziemlich stetig, aber zwischendurch gibt es in entscheidenden Phasen immer wieder rasante Extremausschläge bis zu 170.

So wurden bei einem Spieler plötzliche Sprünge gemessen, als er in der 15. Minute eine riskante Eröffnungsneuerung wagte, als er nach zwei Stunden eine «wichtige Entscheidung treffen mußte, nach der es kein Zurück mehr gab» (Aufzeichnungsprotokoll); als er nach zweieinhalb Stunden während des Gegners Bedenkzeit in der eigenen Berechnung ein Loch ent-

deckte, als nach 170 Minuten ein «wildes Scharmützel tobte», als die Zeitnotphase begann; schließlich gab es nach fünf Stunden einen schnellen Ausschlag nach unten: «Kathartische Lösung nach dem Sieg.»

Die Messungen zeigten auch, daß die Angst und damit die Pulsfrequenz beim Erwarten des gegnerischen Zuges, also beim passiven Hinnehmen müssen, meist größer ist als beim Überlegen eines eigenen Planes, also einer aktiven Einflußnahme.

Gleichwohl wird man in Zukunft aus Partienotationen nicht unbedingt die Pulsfrequenzkurve nachzeichnen können. Es stellte sich nämlich heraus, daß verschiedene Spielertypen auf die gleichen Situationen oft gegensätzlich reagieren. Das zeigt sich zum Beispiel, wenn ein Spieler einen siegverheißenden Vorteil für sich entdeckt.

Einige Meister reagierten mit gewonnener Sicherheit und Pulsberuhigung, ein anderer mit Pulsbeschleunigung: Mit der Erkenntnis der über- legenen Stellung entwickelte er gleichzeitig Angst, den Vorteil wieder zu verspielen. Pfleger: «Bei einem deutschen Großmeister zeigte sich hier, daß er das erhoffte Ziel, den Sieg, zugleich fürchtet, das sind aus der Kindheit kommende Selbstbestrafungstendenzen.»

Für den Psychosomatiker Pfleger ist das Schachspiel – ursprünglich als indisches Kriegspiel mit zwei feindlichen Heerscharen konzipiert – voll von archetypischen Elementen.

Die moderne Psychoanalyse hat natürlich auch die Familie in der Ansammlung der Figuren entdeckt. Reuben Fine, Großmeister der 30er Jahre und Psychologe, entlarvte den König als «unentbehrlich, wichtiger als alles andere, doch zugleich schwach und schutzbedürftig», als Phallussymbol, dessen Mattsetzung (arabisch: töten) zugleich Kastration und Vatermord bedeutet. Auch Pfleger empfindet beim Spielen die Ambivalenz von Vaterliebe (für den eigenen, schutzbedürftigen schwachen) und Vaterhaß für den gegnerischen, zu vernichtenden König. Die Dame, die schachlich die neunfache Kraft des Königs hat, ist natürlich die allmächtige Mutter, die, je nachdem, ob schwarz oder weiß, als die Hauptwaffe zur Mattsetzung oder als zu bekämpfende Feindin auftritt.

«Interessant ist hier», sagt Pfleger, «daß in früheren Zeiten, als die Figur der mächtigen Dame auf dem Brett noch durch einen Mann, den Wesir, einen übermächtigen Manager des Königs, dargestellt war, die Frauen der Gesellschaft sehr gern und gut Schach spielten. Erst seit der Einführung der Dame für den Wesir haben die Frauen das Interesse am Schach weitgehend verloren.» Aber hier wird das eher ein spitzfindiges Thema für Feministinnen.

Wie lebt nun Schachmeister Pfleger mit seinen vielen gelungenen Vatermorden? «Auch ich habe, wie die meisten, das Spiel vom Vater gelernt. Das weitere lassen wir lieber.» Jedenfalls gehört Pfleger in der Gesellschaft der Schachmeister, die meist extrem introvertiert oder extrem extrovertiert sind, zur letzteren Sorte.

Die Öffentlichkeit hat Deutschlands erfolgreichsten Schachredner längst als launigen, oft witzigen Schachkommentator von Weltmeisterpartien kennengelernt. («Während Seine Majestät nur noch von einem verlassenen Bäuerlein beschützt wird, stürzt sich seine Gemahlin zusammen mit einem munteren Rappen ins Schlachtengetümmel.»)

Fürs Fernsehen kommentierte Pfleger 1978 den Skandalweltmeisterwettkampf zwischen Karpow und Kortschnoi und viele andere Turniere. Bei den Schachweltmeisterschaften der Computer jüngst in Linz erklärt er dem erstaunten Publikum die oft seltsam und originell anmutenden Computerzüge aus menschlicher Sicht. («Jetzt gibt die Maschine noch ein paar Racheschachs.») Dabei findet er zwischen seinen Marathonkommentaren noch Muße und Mut, österreichischen Zeitungs-, Fernseh- und Radioleuten ausführliche Interviews über alles rund ums Schach zu geben.

Und nach dem Abendessen, auf dem Weg in eine Linzer Disko, entdeckt er an der Garderobe ein Schachbrett und kann nicht widerstehen: «Soll'n wir mal?» Der ahnungslose Garderobenmann freut sich auf eine Abwechslung und einen leichten Sieg gegen einen Diskofritzen und erleidet dann in sieben Minuten vermutlich Dutzende von Pulspegelspitzen, Blutdruckhöhepunkte und ein halbes Pfund Gewichtsabnahme und schließlich den symbolischen Tod des Vaters.

Beim Münchener Großmeistermessen blieb der überlastete Tausendsassa freilich unter ferner spielten. Er war überfordert: morgens psychosomatische Beratung in der Klinik; nachmittags rund um die Partie Messungen, Diät- und Gewichtskontrollen. («Bei einer aufregenden Partie nehmen die Spieler eine Menge ab, die sie aber in der Ruhepause während des Turniers meist wieder aufholen.») Dafür aber konnte Pfleger durch Ergometermessungen bei den Spielern beweisen, daß der Belastungsumfang beim Schachspiel etwa dem anderer bewegungsarmer Sportarten, wie Eisstockschießen, Bahnengolf oder Motorsport entspricht.

Schließlich fand Pfleger heraus, daß die in manchen Sportarten vieldiskutierten Dopingmittel sich bei Schachspielern als Bumerang erweisen. Um die notwendige Konzentration, das Kombinationsvermögen und die Entschlußkraft über einen langen Zeitraum zu bringen, müssen Anspannung, Ehrgeiz und Gleichmut in optimalem Verhältnis zueinander stehen. Als Pfleger sich zu seiner Partie mit Spassky mit einem Betablocker die Erregung wegdopte, «spielte ich mit ungewohntem Gleichmut und verlor nach 20 Zügen mit ungewohntem Gleichmut.»

Zuviel Streß ist ungesund; gar kein Streß macht matt.

Die russische Verteidigung

Nach Aljechins Tod war die Welt zwei Jahre lang, von 1946 bis 1948, ohne Weltmeister – Gelegenheit für die Fide, die Organisation der Weltmeisterschaft in die Hand zu nehmen und den künftigen Weltmeistern das Sonderrecht zu entreißen, für ihre Titelverteidigungen selber Zeitpunkt, Bedingung und Gegner zu bestimmen. Die Fide ernannte sich – mit Unterstützung der Sowjetunion – zum Verwalter der Weltmeisterschaften und veranstaltete 1948 einen Sechserkampf, dessen Sieger Weltmeister wurde. Michail Botwinnik (SU) gewann vor Wassili Smyslow (SU), Paul Keres (SU), Samuel Reshewsky (USA) und Altmeister Max Euwe (Niederlande). Botwinnik, 1911 geboren und in Leningrad aufgewachsen, hatte schon als Vierzehnjähriger den damaligen Weltmeister Capablanca in einer Simultanvorstellung besiegt. Mit zwanzig war er russischer Meister und galt als Volksheld.

Mit Botwinnik übernahm die Sowjetunion die Vormachtstellung im Weltschach. Moskau wurde die Hauptstadt des Schachs und erlangte weit größere Bedeutung als die früheren Schachmetropolen Rom, Paris, London, Berlin, Wien und New York. Tatsächlich hatte sich die Sowjetunion schon vor dem Zweiten Weltkrieg auf die Übernahme vorbereitet. Zwar konnte man mit Aljechin nur einen Exilrussen vorweisen, aber sein erfolgreicher Powerstil hatte Eingang in die neue «sowjetische Schule» gefunden.

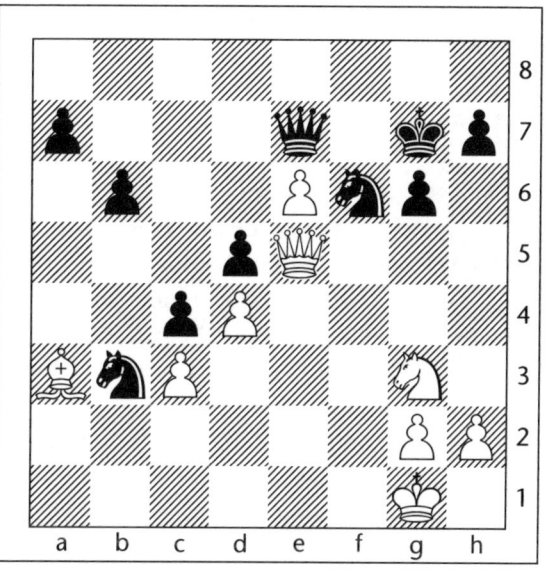

Stellung nach 30. La3. Botwinniks Bombe.

Botwinnik – Capablanca Rotterdam 1938

1. d4, Sf6
2. c4, e6
3. Sc3, Lb4
4. e3, d5
5. a3, Lxc3+
6. bxc3, c5
7. cxd5, exd5
8. Ld3, 0–0
9. Se2, b6
10. 0–0, La6
11. Lxa6, Sxa6
12. Lb2, Dd7
13. a4, Tfe8

225

14. Dd3, c4
15. Dc2, Sb8
16. Tae1, Sc6
17. Sg3, Sa5
18. f3, Sb3
19. e4, Dxa4
20. e5, Sd7
21. Df2, g6
22. f4, f5
23. exf6, Sxf6
24. f5, Txe1
25. Txe1, Te8
26. Te6, Txe6
27. fxe6, Kg7
28. Df4, De8
29. De5, De7
30. La3, Dxa3
31. Sh5+, gxh5
32. Dg5+, Kf8
33. Dxf6+, Kg8
34. e7, Dc1+
35. Kf2, Dc2+
36. Kg3, Dd3+
37. Kh4, De4+
38. Kxh5, De2+
39. Kh4, De4+
40. g4, De1+
41. Kh5 1–0

Das Schach konnte in Rußland, lange vor den Kommunisten, auf eine große Tradition zurückblicken. Wie Figurenfunde zeigen, erreichte das königliche Spiel Rußland nicht auf dem «europäischen Weg» über Arabien, Spanien und Italien, sondern wurde schon im neunten Jahrhundert aus Persien übernommen. Noch heute sind die russischen Bezeichnungen für die Figuren Übersetzungen aus dem Persischen.

Zar Iwan der Schreckliche verbot im 16. Jahrhundert auf Druck der Kirche zwar das «teuflische Spiel», ignorierte aber seinen eigenen Bann, indem er Zuwiderhandelnde nicht verfolgte. Peter der Große propagierte das «neue Schach», Zar Paul I. spielte im Café de la Régence in Paris, Katharina II. trieb es mit dem Automaten des Barons von Kempelen. Viele Künstler und Wissenschaftler waren leidenschaftliche Schachspieler. Unter den Dichtern traten Turgenjew, der ein Turnier im Café de la Régence gewann, Gorki und Tolstoi hervor, von dem sogar meisterliche Gambitpartien überliefert sind. Puschkin schrieb: «Schach ist für jede ordentliche Familie unentbehrlich.»

Im 19. Jahrhundert fanden russische Spieler weltweit Aufmerksamkeit. Alexander Petrow (1794 bis 1867) erfand die aggressive Petrow-Verteidigung, die heute im deutschen Sprachraum die «russische Verteidigung» heißt: Nach 1. e4, e5; 2. Sf3 folgt der Gegenangriff Sf6. Michael Iwanowitsch Tschigorin, der erste große Meister, belebte Ende des vergangenen Jahrhunderts die romantische Schule von Morphy und Anderssen wieder, aber gegen Steinitz unterlag er in zwei WM-Kämpfen.

Einer der leidenschaftlichsten russischen Schachstrategen aber war Wladimir Iljitsch Lenin, der sich schon in der Emigration die Zeit mit Schach vertrieb, wenn er nicht gerade an der Revolution arbeitete. Genosse Valentinow schrieb: «Er war so besessen, daß er sogar im Schlaf in Schachphantasien tobte.» Er konnte simultan blind spielen und wäre nach Dafürhalten seines Bruders Dimitri Uljanow ein Meister geworden, wenn er nicht den anderen Weg gewählt hätte. Immerhin sei, so schreibt Wladimir Majakowski, das Schach die Schule seiner Strategie gewesen.

Gleichwohl wurde das Spiel nach der Revolution von der Diktatur der Arbeiterklasse zunächst als dekadent und bürgerlich abgelehnt. Allerdings sind Schachfiguren erhalten, weiß-rot, in denen die roten Figuren alle – ob König oder Bauer – als kraftvolle Arbeiter dargestellt werden, während bei den weißen, bleichen der König einen Totenkopf trägt und die weiße Dame eine ausgelaugte Zarin darstellt. In einem anderen Set des Moskauer Marx-Engels-Instituts, in dem die roten Figuren die Gesichter berühmter Revolutionäre tragen, während die weißen die Feinde der Revolution darstellen, wurde im Lauf der Geschichte der zunächst rote Trotzki eingebleicht und bei den «Weißen» untergebracht.

Der sowjetische Schachkongreß von 1924 propagierte das königliche Spiel mit Hilfe des Slogans «Bringt das Schach zu den Arbeitern» als Massensport. 1936 meldeten sich zu den Gewerkschaftsmeisterschaften 700 000 Teilnehmer.

Nach dem Zweiten Weltkrieg nahm die Schachleidenschaft in der Sowjetunion – angesichts der weltbeherrschenden Überlegenheit – noch zu. Schach war beliebter als Eishockey und Fußball.

«Gleichgültig, welche Motive dahintersteckten», schreiben Saidy und Lessing in «The World of Chess», «Schachliebhaber in aller Welt schulden einer Bewegung Respekt, die drei Millionen Schachspieler aktivierte und das Schach zum größten Sport in der UdSSR machte.» Wichtige Turniere sowjetischer Großmeister wurden an riesigen Demonstrationsbrettern live auf öffentlichen Plätzen übertragen und kommentiert, wobei sich niemand um den mehrstündigen Verkehrsstau auf den Straßen scherte. Ein Drei-Millionen-Publikum spielte Großmeisterpartien live mit. Schach wurde zugleich als Massensport betrieben, als Kunst (die Große Sowjetische Enzyklopädie: «Schach ist eine Kunst in Form eines Spiels») und als Wissenschaft auch in den Schulen gepflegt wie nie zuvor. Erfolgreiche Schachmeister erhielten Vergünstigungen wie sonst nur Kosmonauten und Generalsekretäre der Partei.

Um ihre weltweite Spitzenstellung auch für die weitere Zukunft zu sichern, kooperierten die sowjetischen Schachfunktionäre clever mit der neuerstarkten Fide, der sie die Organisation aller Weltmeisterkämpfe zuschusterten. Im Gegenzug räumte die Fide dem neuen Weltmeister eine

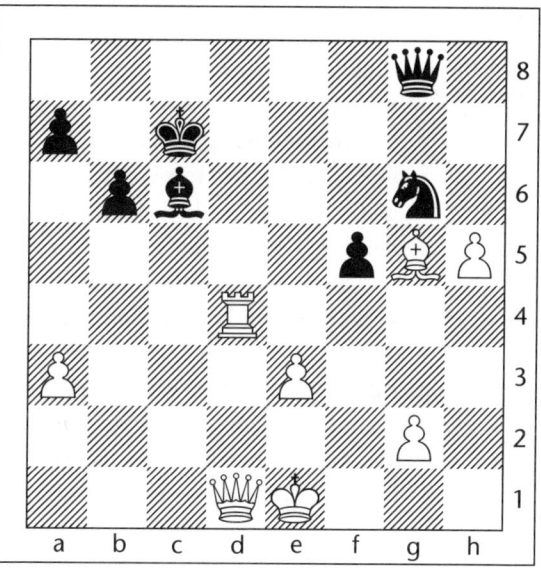

Schlußstellung

Tal –
Botwinnik,
WM Moskau 1960
1. Partie

1. e4, e6
2. d4, d5
3. Sc3, Lb4
4. e5, c5
5. a3, Lxc3+
6. bxc3, Dc7
7. Dg4, f5
8. Dg3, Se7
9. Dxg7, Tg8
10. Dxh7, cxd4

11. Kd1, Ld7
12. Dh5+, Sg6
13. Se2, d3
14. cxd3, La4+
15. Ke1, Dxe5
16. Lg5, Sc6
17. d4, Dc7
18. h4, e5
19. Th3, Df7
20. dxe5, Scxe5
21. Te3, Kd7
22. Tb1, b6
23. Sf4, Tae8
24. Tb4, Lc6
25. Dd1, Sxf4
26. Txf4, Sg6
27. Td4, Txe3+
28. fxe3, Kc7
29. c4, dxc4
30. Lxc4, Dg7
31. Lxg8, Dxg8
32. h5 1–0

Reihe von neuen, einmaligen Sonderrechten ein, die dem Weltmeister seinen Sonderstatus auch nach entscheidenden Niederlagen bewahrte. Vor allem das gesicherte Recht auf einen Rückkampf (innerhalb eines Jahres) bedeutete, daß ein Herausforderer, der sich in einer mühseligen Ochsentour qualifiziert hatte, den Weltmeister zweimal schlagen mußte, um ihn wirklich abzulösen. Auf paradoxe Weise war der Weltmeister jetzt sogar sicherer als vor der Fide-Herrschaft: Während ein geschlagener Weltmeister früher von seinem Nachfolger kaum eine Chance erhielt, hatte er jetzt ein verbrieftes Revancherecht gegen den Neuling, be vor dieser sich von den langen Qualifikationskämpfen erholt hatte. So konnte etwa Botwinnik, der nach den Regeln alle drei Jahre seinen Titel gegen den Sieger der Kandidatenturniere verteidigen mußte und kein einziges dieser fünf Matches gewann, gleichwohl 15 Jahre lang die Weltspitze anführen. 1951 erreichte er mühsam ein 12:12 gegen den Herausforderer Bronstein, was zur Titelverteidigung reichte. 1954 wiederholte sich das Unentschieden gegen Smyslow. 1957 unterlag er sogar Smyslow, gewann aber das Revanchematch. 1960 verlor er gegen den charismatischen Michail Tal, um ein Jahr später dem schwer erkrankten Weltmeister auf Abruf den Titel wieder abzunehmen.

Jetzt wurde zum ersten Mal Kritik an den Regeln der Fide laut. Im Gegensatz zu dem farblosen Technokraten Botwinnik war Tal mit seinem neuromantischen Stil, seinen wagemutigen Opfern und seinem charismatischen Auftreten ein Liebling des Publikums – im Westen. Während die russische Schachschule den unkonventionellen, ja angeblich unwissenschaftlichen Stil Tals mit größter Skepsis («Das ist kein Schach mehr») betrachtete, feierte der Westen Tal als Erlöser und Zauberer, der das Schach aus der auf Sicherheit bedachten sowjetischen Großmeisterremisiererei führen könnte.

Nach dem Krieg war die alte Garde der zwanziger und dreißiger Jahre weg vom Brett – tot oder lebendig. Die meisten Menschen hatten andere Sorgen als Bauernfraß und Damenopfer. 1945 wurden die USA in einem Rundfunkwettkampf von der UdSSR mit 15,5 zu 4,5 deklassiert. In Deutschland – zunächst im gesamten, dann in den zwei getrennten, gab es Meisterschaften und Olympiateams, die aber (von einem sensationellen «deutschen Wunder»sieg gegen die Sowjetunion bei der Schacholympiade 1964 in Tel Aviv abgesehen) keine Chance gegen die Lichter aus dem starken Osten hatten. Immerhin brachten es einige, am Anfang zum Beispiel Wolfgang Unzicker (Richter), Lothar Schmid (Karl-May-Verleger) Helmut Pfleger (Arzt), zum Großmeistertitel, obwohl sie – im Gegensatz zu den Staatsamateuren in Osteuropa – Schach nur nebenbei spielten. Pfleger sollte später Deutschlands erster und einziger Fernsehschachkommentator werden, während Schmid als Schiedsrichter der wichtigsten WM-Kämpfe und als weltberühmter Sammler von Schachreliquien die Tradition deutschen Schachs hochhielt.

Die letzten Züge der DDR
Berlin, Juli 1993

Mit ein bißchen Glück wird die DDR zum Jahresende 1993 als Olympiasieger die Goldmedaille gewinnen. Bitte, was? Die DDR? 1993? Goldmedaille? Olympiasieger? Genau. Silber hat die Mannschaft der Deutschen Demokratischen Republik (DDR) fast sicher, Bronze kann ihr niemand mehr nehmen. Zur Zeit – im Juli 1993 – führt sie die Tabelle an mit 33,5 Punkten aus 54 Kämpfen; vor England mit 33 Punkten (aus 53) und der Sowjetunion (UdSSR) mit 30,5 Punkten (aus 47). An vierter Stelle folgt die Tschechoslowakische Republik. Die Mannschaft der BRD steht an sechster Stelle mit 25 Punkten – ohne Chancen auf Medaillenränge.

So weit, so wundersam. So wahr. Die alten Nationalmannschaften haben ihre Olympischen Spiele 1987 begonnen in einer Sportart, die traditionell eine besonders lange Leitung hat: Fernschach, auch Korrespondenz- oder Briefschach genannt. Während beim «Nahschach» der Turnierspieler durchschnittlich drei Minuten Bedenkzeit pro Zug hat (der Blitzspieler fünf Minuten für eine ganze Partie), darf der Fernschachfreund drei Tage über den nächsten Schritt grübeln. Danach schickt er den Zug auf dem Postweg seinem Geg-

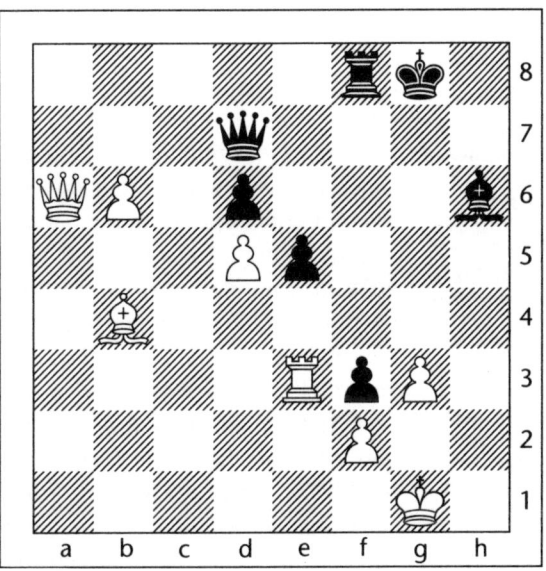

Stellung nach 47 Zügen und 39 Monaten.

ner. Und der kann in Nowosibirsk oder in Kürnach (BRD) wohnen. Rechnet man für einen Zug zehn Tage (drei Tage Bedenkzeit und eine Woche Reise), so dauert eine vierzigzügige Partie schon über zwei Jahre. Urlaub, Krankheit, verbissene Kämpfer oder lahme Postbeamte – und aus zwei Jahren werden mehrere.

An der Fernschacholympiade nehmen zehn qualifizierte Sechsermannschaften teil, die alle gegeneinander

Baumbach – Maeder, Fernpartie 1987–1991

1. d4, Sf6
2. c4, g6
3. Sc3, Lg7
4. e4, d6
5. Sf3, 0–0
6. Le2, e5
7. 0–0, Sc6
8. d5, Se7
9. b4, Sh5
10. c5, f5
11. Sd2, Sf4
12. Lf3, g5
13. exf5, Sxf5

14. g3, Sg6
15. Sde4, h6
16. Lg2, Sd4
17. a4, g4
18. Le3, Sf5
19. Ld2, Sd4
20. Le3, Sf5
21. Ld2, Sd4
22. cxd6, cxd6
23. Le3, a6
24. a5, b6
25. axb6, Dxb6
26. b5, Ld7
27. Sa4, Db8
28. b6, Dd8
29. Sb2, Sf5
30. Ld2, h531.
La5, De7
32. Sd3, Lb5
33. Sb4, Dd7
34. Sc6, Sge7
35. Tc1, Tac8
36. h3, Sd4
37. Sxe7+, Dxe7
38. Txc8, Txc8
39. Te1, Dd7
40. hxg4, hxg4
41. Lc3, La4
42. Dd3, Lc2
43. Dxa6, Lxe4
44. Lxe4, Sf3+
45. Lxf3, gxf3
46. Te3, Tf8
47. Lb4, Lh6
48. Txf3, Txf3
49. b7, Tf8
50. Lxd6, Td8
51. b8D, Txb8
52. Lxb8 1–0

spielen – jeweils sechs Partien pro Länderkampf. Macht insgesamt 270 Partien, die nicht (wie im Nahschach) hintereinander (dann würde eine Olympiade mehrere Jahrzehnte dauern), sondern nebeneinander ausgetragen werden. Jeder Olympiateilnehmer spielt also neun Partien gleichzeitig. So dauert eine Olympiade aller Erfahrung nach knapp vier Jahre.

Bei den letzten, 1987 gestarteten Spielen aber kam die Weltwende dazwischen, welche, so paradox es auch klingen mag, die Spieler (zeitlich) weiter voneinander entfernte, statt sie einander anzunähern. Denn die Post, vor allem in Osteuropa, ist immer langsamer geworden. Züge aus und nach Rußland sind jetzt mehrere Wochen, oft mehrere Monate unterwegs. Wer nun aber glaubt, daß wegen solcher Postprobleme einerseits und den auseinanderfallenden (UdSSR und ČSSR) und zusammenfallenden Staatsgebieten (DDR und BRD) andererseits Schachspieler laufende Partien unterbrechen, gar abbrechen würden, der weiß nichts vom königlichen Spiel. Eine Schachpartie hört doch nicht auf, weil sich irgendwo ein paar Grenzen verändert haben! Im Gegenteil: Die Grenzveränderung wird ausgesetzt.

Das Schach macht es möglich, daß die «Fernschach-Olympiamannschaft der Sowjetunion» weiterhin als solche auftritt, und zwar nicht etwa als halbherzige Gemeinschaft unabhängiger Staaten (GUS) wie auf der großen Barcelona-Olympiade der Läufer und Springer. In der SU-Fernschachmannschaft spielt noch heute am ersten Brett

ein Este, also ein Bürger aus dem abtrünnigen Estland, das nicht zur GUS gehört. Das Schach macht es auch möglich, daß wiedervereinigte Brüder und Schwestern sich olympisch immer noch bekämpfen. Die letzte deutschdeutsche Partie endete im Mai 1991, ein halbes Jahr nach der Wiedervereinigung. Karl-Heinz Maeder (BRD) gab nach 52 Zügen und 43 Monaten seine Partie gegen Fritz Baumbach (DDR) auf, nachdem dieser einen Bauern in eine Dame verwandelt hatte.

Die Partie hatte am 15. November 1987 begonnen. Am 9. November 1989, am Tag der Maueröffnung, hatte Baumbach mit dem 34. Zug ein Qualitätsopfer angeboten und eine Gewinnstellung erkämpft. Am 3. Oktober 1990, am Tag der Wiedervereinigung, fischte Maeder mit seinem 44. Zug und seinem letzten, vergeblichen Schachgebot im trüben und gab am 11. Mai 1991 nach 52 Zügen (mit dem Kommentar «Sie können stolz sein») auf. Baumbach übrigens, früherer Fernschachweltmeister, ist inzwischen Vorsitzender des Bundes deutscher Fernschachfreunde.

Das Olympiateam der Bundesrepublik quält sich noch mit seiner letzten Partie, wird aber selbst im Falle eines Sieges nicht über den sechsten Platz hinauskommen. Die DDR-Mannschaft und die Mannschaft Finnlands haben ihre 54 Spiele beendet. Theoretisch können die Briten durch einen Sieg in ihrer letzten Partie noch die DDR überholen, aber der englische Spieler steht auf Verlust – gegen ein SU-Mann. Die Sowjetunion brauchte aus ihren sieben noch laufenden Partien dreieinhalb Punkte, um die Goldmedaille zu gewinnen.

Wie auch immer es ausgeht: bei der Siegerehrung werden weder Hymnen gespielt noch Flaggen gehißt. Die Medaillen werden fernschachgemäß übermittelt, per Post.

P.S.: Die X. Fernschacholympiade endete im Februar 1995. Sieger wurde die Sowjetunion mit 34 Punkten vor England (33,5) und der DDR (33,5).

Der Bursche aus Brooklyn

Beim Interzonenturnier 1958 in Portorož, auf dem der spätere Weltmeister Michail Tal den Grundstein für seinen WM-Titel von 1960 legte, tauchte ein vierzehnjähriger Junge aus Brooklyn, New York, auf, der die Großmeisterversammlung nicht nur durch seine knabenhafte Erscheinung und eine merkwürdige Mischung von Sensibilität und Arroganz verblüffte, sondern mehr noch durch seine Partien, die er mit einer Energie und einem Kampfeswillen durchzog, wie man dies bei den großmeisterlichen Ostblock-Familientreffen immer seltener antraf. Der Bursche hieß Bobby, genau Robert James Fischer, Sohn einer Krankenschwester und des aus Deutschland emigrierten jüdischen Physikers Gerard Fischer, der die Familie verlassen hatte, als Bobby zwei Jahre alt war.

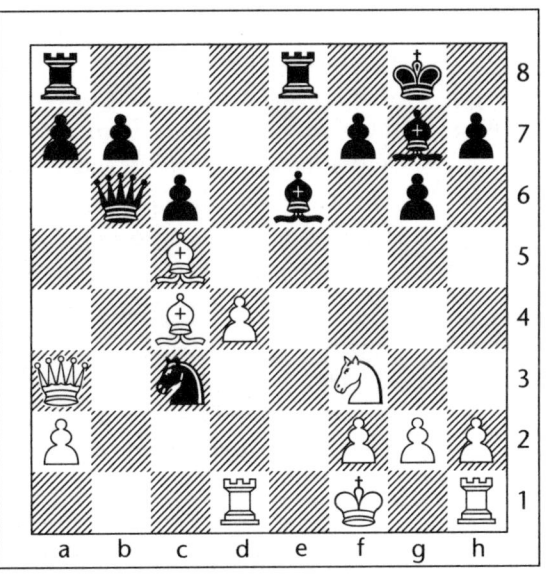

Der 13jährige Bobby hat soeben mit 17. ... Le6 seine Dame preisgegeben.

Schachlich stand das Turnier von 1958 zwar im Zeichen von Michail Tal, der seine Gegner teils durch seinen in diesen Kreisen unbekannten wilden Vabanquestil aufs Glatteis führte, teils durch seinen durchdringenden Blick irritierte, manche meinen, hypnotisierte. Als Pal Benkö sich mit einer Sonnenbrille vor dem Blick schützen wollte, konterte Tal mit einer eigenen Brille, wogegen Benkö vergeblich protestierte. Tal wurde Erster, aber der junge Amerikaner qualifizierte sich mit seinem fünften Platz (hinter Tal, Gligorić, Benkö, Petrosjan) für das Kandidatenturnier, wobei er die beiden russischen Altmeister Bronstein und Awerbach hinter sich ließ. Beim

Byrne –
Fischer,
Meisterschaft
USA 1956

1. Sf3, Sf6
2. c4, g6
3. Sc3, Lg7
4. d4, 0–0
5. Lf4, d5;
6. Db3, dxc4

233

7. Dxc4, c6
8. e4, Sbd7
9. Td1, Sb6
10. Dc5, Lg4
11. Lg5, Sa4
12. Da3, Sxc3
13. bxc3, Sxe4
14. Lxe7, Db6
15. Lc4, Sxc3
16. Lc5, Tfe8+
17. Kf1, Le6
18. Lxb6, Lxc4+
19. Kg1, Se2+
20. Kf1, Sxd4+
21. Kg1, Se2+
22. Kf1, Sc3+
23. Kg1, axb6
24. Db4, Ta4
25. Dxb6, Sxd1
26. h3, Txa2
27. Kh2, Sxf2
28. Te1, Txe1
29. Dd8+, Lf8
30. Sxe1, Ld5
31. Sf3, Se4
32. Db8, b5
33. h4, h5
34. Se5, Kg7
35. Kg1, Lc5+
36. Kf1, Sg3+
37. Ke1, Lb4+
38. Kd1, Lb3+
39. Kc1, Se2+
40. Kb1, Sc3+
41. Kc1, Tc2+
      0–1

Kandidatenturnier in Bled, Zagreb und Belgrad qualifizierte sich Tal für den WM-Kampf gegen Botwinnik, während der sechzehnjährige frischgebackene Großmeister Fischer Fünfter wurde. Zum ersten Mal wurde den Sowjets klar, daß ihre Schachhegemonie in der Zukunft gefährdet sein könnte. Als Schutzwall gab es freilich noch das Fide-System, das Solisten den Einbruch in die Sowjetphalanx fast unmöglich machte.

Der Erfolg des genialen Tal, zwar Sowjetbürger, aber Lette, der 1960 Botwinnik den WM-Titel abkombinierte, empfanden manche Sowjets durchaus als Warnschuß, zumal sie bezweifelten, daß Tals Spiel wirklich echtes Schach im Sinne der Sowjetschule sei. Zum Glück für die Funktionäre holte sich Botwinnik kraft seiner wissenschaftlichen Durchdringung ein Jahr später den Titel von dem an den Nieren erkrankten Tal zurück.

Alles schien wieder im Lot zu sein, wenn nicht der andere Unruheherd, der immer stärker werdende Amerikaner Fischer, in der Szene herumgeistern würde. Er erschreckte die brave, bescheidene Schachwelt nicht nur mit seinem aggressiven Stil und seiner subtilen Endspielkunst, sondern auch mit seinen Launen, Beschwerden und Forderungen, mit denen er die Umwelt drangsalierte. Immer wieder brachte er die Veranstalter in Zeitnot, weil er sich weigerte, am Sabbat zu spielen. Auch die in den osteuropäischen Ländern zahlreichen, lauten und leidenschaftlichen Zuschauer wollte er zumindest fern hinten im Saal verbannt wissen. Bei der Unerbittlichkeit seines Vorgehens nahm er auch in Kauf, daß er immer wieder bei hoffnungsvollem Tabellenstand aus der Turnierwertung flog.

Der Schock für die Sowjets kam 1962, als Fischer beim Interzonenturnier in Stockholm mit 2,5 Punkten Vorsprung die ganze Sowjetgarde abhängte. Im Westen wurde er bereits als Herausforderer Botwinniks und als neuer Weltmeister gesehen.

Zunächst aber mußte er das Kandidatenturnier der letzten acht auf der Tropeninsel Curaçao gewinnen. Schon damals dämpfte der Jugoslawe Gligorić, einer der stärksten Spieler jener Zeit, die westlichen Hoffnungen: «Fünf sowjetische Weltmeister sind zusammen nicht schwächer als Fischer allein.» Die Russen teilten in dem Turnier, in dem jeder gegen jeden viermal antrat, untereinander die Punkte, indem sie in allen vier Runden ihre Partien in Kurzremisen nach 14 bis 18 Zügen enden ließen und sich anschließend erholten, während der Amerikaner jede Partie bis zum letzten Schweißtropfen auskämpfte. Er wurde Fünfter und kündigte an, daß er nie mehr gegen die Russen, die er der Manipulation beschuldigte, spielen werde. Er forderte, daß die Fide den Qualifikationsmodus ändere, so daß der

WM-Kandidat aus den letzten acht nicht in einem Turnier, sondern in Mehr-Partien-Zweikämpfen nach K.-o.-System ermittelt würde.

Offiziell wiesen die Fide-Funktionäre zwar Fischers Vorwürfe zurück, aber der Weltverband änderte – offenbar beeindruckt – tatsächlich die Regeln und führte für den nächsten WM-Zyklus die geforderten Kandidatenzweikämpfe ein – ohne indes Fischer ans Brett holen zu können. Mit den neuen Regeln schaffte die Fide auch gleich das Revancherecht des geschlagenen Weltmeisters ab – sehr zum Zorn Botwinniks, der 1963 auch prompt gegen Tigran Petrosjan verlor und die Ochsentour der nächsten Kandidatenkämpfe nicht mehr auf sich nehmen mochte. Er verzichtete auf weitere WM-Chancen. Der Mann, der sich auf allen «Turnieren unserer Pflicht gegenüber dem sowjetischen Volk, der Kommunistischen Partei und der großen Sache Lenins und Stalins bewußt» war und der nach einem Erfolg in Nottingham 1936 an Stalin telegraphiert hatte: «Heißgeliebter Mentor und Führer. Ich bin unendlich glücklich, melden zu können, daß ein Vertreter des sowjetischen Schachs in dem Turnier den ersten Platz mit Capablanca geteilt hat..», prophezeite düster das baldige Ende der sowjetischen Schachdominanz. Er selbst zog sich zurück, um sich mit seinen Talenten, Schach und Ingenieurskunst, dem Bau eines Schachcomputers zu widmen, der freilich nie fertig wurde.

Während Fischer Turniere mit Russen boykottierte, war ein weiterer westlicher Stern aufgegangen. Der Däne Bent Larsen gewann 1964 mit Smyslow, Spassky und Tal das Interzonenturnier in Amsterdam und schied in den anschließenden Kandidatenkämpfen erst im Halbfinale gegen Tal aus. Spassky schlug Tal, aber unterlag knapp dem Weltmeister Petrosjan.

Zum nächsten WM-Zyklus meldete sich Fischer aus dem Schmollwinkel zurück. Beim Interzonenturnier in Sousse 1967 brachte er sofort wieder die unheildrohende Spannung an die Bretter und in den Saal, die Gegner und Organisatoren das Gruseln lehrte. Wie ein Rächer stürmte er von Platz zu Platz, um mit besonderer Vorliebe das «Selbstbewußtsein der Russen zu zerbrechen». Wieder gab es Proteste wegen Sabbat und anderer Termine, wieder Spielverweigerung, wieder Disqualifikation. Abreise nach zehn Runden, als er an erster Stelle stand. Offenbar reichte es Bobby nicht zu gewinnen, er wollte Gegnern und Funktionären auch außerhalb des Brettes seinen Willen aufzwingen, sie zu Schachfiguren, die er führte, reduzieren. Wenn das nicht gelang, gab er auf und reiste ab. Das Turnier gewann Larsen, der im Halbfinale an dem späteren Weltmeister Spassky scheiterte.

Aber 1970 beim Jahrhundertkampf Sowjetunion gegen den «Rest der Welt» war Bobby wieder dabei. Seine Sehnsucht, es wieder mal den Russen zu zeigen, war so stark, daß er sich sogar darauf einließ, an Brett zwei der «Rest»mannschaft zu spielen – hinter Bent Larsen. In seinen vier Partien gegen den Remiskönig Petrosjan erreichte Fischer zwei spektakuläre Siege und zwei Remisen. Zwar gewann die Sowjetunion den Kampf ganz knapp mit 20,5 zu 19,5, aber an den vier Spitzenbrettern, wie sie bei den Schacholympiaden zählen, siegte die «Restwelt» deutlich mit 10,5 zu 5,5.

Allerdings war der Jahrhundertkampf für Fischer nur ein Vorgeplänkel für die Ereignisse der kommenden zwei Jahre.

Fischers Weltmeistertour begann 1970 beim Interzonenturnier in Palma de Mallorca, auf dem sich außer den vorqualifizierten großen drei Sowjetstars – Weltmeister Spassky, Exweltmeister Petrosjan und Kandidatenfinalist Kortschnoi – die gesamte Weltelite traf. Fischers Hauptkonkurrent war denn auch keiner der Restrussen, sondern der «Wikinger» Larsen, der in den letzten Jahren, während Fischers Turnierabstinenz, von zwölf Großmeisterturnieren zehn gewonnen hatte. Aber in Palma wurde auch er abgehängt. Fischer erreichte mit 18,5 Punkten einen sensationellen Vorsprung vor Larsen mit 15. Mit der gleichen Punktzahl folgten der Russe Geller und die neue deutsche Hoffnung Robert Hübner, ein Papyrologe und Ägyptologe, der Schach nebenbei, aber mit ungeheurer Intensität betrieb. Des weiteren hatten sich der Russe Mark Taimanow und der DDR-Deutsche Wolfgang Uhlmann qualifiziert.

Fischer war wie ein Wirbelsturm durch das Turnier gefegt. Die letzten acht Partien gewann er in Folge, eine einmalige Serie, die er – eine Sensation – in den folgenden Kandidatenmatches gegen die Besten der Welt noch verlängerte. Zuerst mußte der sensible russische Großmeister Mark Taimanow dran glauben. In dem Zehn-Partien-Match (wer zuerst 6,5 Punkte erreicht, gewinnt) ging der Russe 0:6 unter, ohne auch nur ein Remis zu erreichen. Das Traumziel, das sich viele Schachmeister für Zweikämpfe setzen, mit Schwarz remis, mit Weiß gewinnen, galt nicht für Bobby. Er wollte alles gewinnen. Taimanow, im Nebenberuf Konzertpianist, wollte nach der totalen Niederlage nie wieder Schach spielen. Er tröstete sich: «Mir bleibt ja die Musik.»

Bobby Fischer aber hatte trotz seiner sensationellen Erfolge noch immer nicht genug. Nachdem er die Russen deklassiert hatte, kam jetzt sein einziger westlicher Konkurrent an die Reihe, der Däne Bent Larsen, der sich eben erst als den stärksten Spieler der westlichen Welt bezeichnet hatte. Auch er wurde mit 6:0 gedemütigt. Fischers Siegeszug war etwa mit dem eines Tenniscracks vergleichbar, der mit 6:0, 6:0, 6:0 durch die Viertel- und Halbfinals von Wimbledon rauscht.

Im Finale der Kandidatenzweikämpfe stand jetzt als die vorletzte Hoffnung der Sowjets der Exweltmeister und Remiskönig Petrosjan auf dem Programm, der im Viertelfinale den Deutschen Hübner in der Hitze und dem Lärm von Sevilla ausgesessen hatte. Während das Schachhirn des empfindlichen Hübner vom Straßenlärm gemartert wurde, schaltete der schwerhörige Petrosjan einfach sein Hörgerät ab und saß da in seliger Ruhe. Nach sechs Remisen verlor Hübner die siebte Partie und gab den Wettkampf auf.

Tigran Petrosjan rang anschließend noch seinen Landsmann Viktor Kortschnoi nieder und trat dann in Buenos Aires auf den Plan, um endlich den Killer Bobby Fischer zu stoppen und den WM-Titel für die Sowjets zu retten. Bobby erhöhte aber gleich in der ersten Partie die Serie seiner ununterbrochenen WM-Siege auf 21. Offenbar stieg ihm danach seine scheinbare Unverletzbarkeit zu Kopf. Jedenfalls überzog er in der nächsten Partie mit einem leichtsinnigen Zug seine Stellung, und das Imperium schlug zurück. Fischer taumelte. Petrosjan richtete sich auf seinen gefürchteten Abnutzungsfeldzug ein, in dem er seinen Gegner mit den ewigen Remisen zermürben, zu Ungeduld und schließlich zu Fehlern verleiten wollte. Fischer war angeschlagen. Petrosjan erzielte vorteilhafte Stellungen und verpaßte dank seiner übertriebenen Vorsicht sogar den Sieg in der dritten Partie. Nach drei weiteren Unentschieden war aber der Remiskönig mit seiner Kunst am Ende. Bobby hatte sich von dem Schock seiner Niederlage erholt und zertrümmerte den eisernen Tigran mit vier Niederschlägen in Folge.

Es half nichts mehr. Jetzt mußte der König Boris Spassky selbst in die Arena, um den Sowjets die Vorherrschaft zu bewahren.

Der Kampf um die Weltmeisterschaft im Juli 1972 in Reykjavik war ein Ereignis, das allein von der sportlichen Spannung und der schachkünstlerischen Qualität ein Höhepunkt der Schachgeschichte gewesen wäre. Aber das reichte dem Super-Bobby nicht. Dank seiner unermüdlichen Wettkampfregie wurde der Kampf ein Spektakel, das zu erfinden kein Hollywood-Regisseur sich je erlaubt hätte. Mit seinen Forderungen, Vorwürfen, Launen, Unverschämtheiten und Drohungen inszenierte er aus einem simplen Schachmatch ein Jahrhundertereignis, das Politik und Geschichte machte. Schach wurde eine heiße Waffe des kalten Krieges. Zwei Schachgrübler als Vertreter der beiden Weltsysteme in Ost und West. Hier der ruhige, bescheidene, gutmütig wirkende, geniale russische Bär, da der wildgewordene, launische, geldgierige und ichbesessene, aber unglaublich talentierte Flegel, der, ein Ausbund westlicher Degeneration, um des Geldes willen das edle königliche Spiel mißbrauchte und beleidigte – so jedenfalls die sowjetische Version. Ob Fischers maßlose Forderungen Aktionen eines chronischen Querulanten waren, eines kindischen Paranoikers, ob er einfach nur das Spassky-Team aus der Ruhe bringen wollte oder ob er tatsächlich die Bedingungen der Schachspieler ganz allgemein verbessern wollte, weiß bis heute niemand. Vermutlich von allem etwas und noch mehr.

Fest steht aber, daß er die Bedingungen der Schachprofis objektiv verbessert hat. Das gilt vor allem für die Preisgelder, die er noch unmittelbar vor dem ersten Spieltag (für beide Spieler) hochtrieb wie ein Pokerspieler. Oder besser wie ein Erpresser. Mehr Geld oder kein Schach. Als das Match schon gescheitert schien, sprang der englische Banker und Schachliebhaber James D. Slater in die Bresche, verdoppelte das Preisgeld auf 250 000 Dollar. Fischer trat nun an und legte den Grundstein für die Steigerung der Preisgelder und die damit verbundene Anerkennung des Schachs, die heute Prämien von mehreren Millionen ermöglicht.

Fischer hatte freilich nicht nur für die Höhe der Preisgelder neue Maßstäbe gesetzt, er hatte nicht nur die Finanzmacht ans Brett gelockt, sondern auch die Politik und die Popwelt.

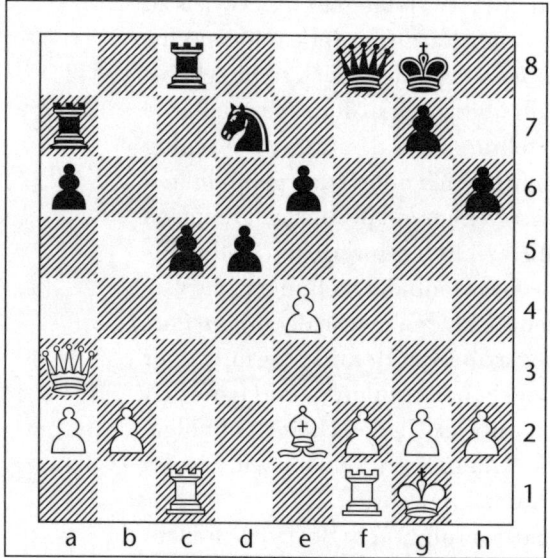

Mit 20. e4 leitet Fischer ein unwiderstehliches Powerplay ein.

Fischer –
Spassky,
WM Reykjavik
1972, 6. Partie

1. c4, e6
2. Sf3, d5
3. d4, Sf6
4. Sc3, Le7
5. Lg5, 0–0
6. e3, h6
7. Lh4, b6

Auf dem Höhepunkt der Krise, als selbst den Amerikanern so mancher Gag ihres Landmannes peinlich wurde, rief Kissinger – ohne Auftrag des Präsidenten – in Fischers Hotel an, um ihn zum Spielen zu bewegen.

Das Match, eine Inszenierung, ein Spektakel mit Bobby als Megastar, lockte sogar die Manager der Popmusik nach Reykjavik. Sid Bernstein, der ehemalige Manager der Beatles, erschien ebenso wie Jerry Weintraub, der Betreuer von Elvis Presley. Weintraub bekannte, daß er noch nie einen derart rasanten Aufstieg eines Stars erlebt habe.

Bobby Fischer hatte mit seinen unglaublichen Auftritten nicht nur die Aufmerksamkeit der ganzen Welt auf das Schach gelenkt, sondern auch auf sich selbst. Er hatte die verhaßten Journalisten in die Stadt geholt, Reykjavik stand im Scheinwerferlicht und er im Mittelpunkt. Alle Augen richteten sich auf ihn, und er mußte spielen. Und gewinnen.

Als die Spieler endlich schweigend am Brett saßen und die Figuren zogen, da schien sich das ganze Vorgeplänkel als Seifenblase zu erweisen. Die erste Partie verlief langweilig und endete mit einem Skandal. Im 29. Zug, in ausgeglichener, remisträchtiger Stellung, unterlief Bobby Fischer ein Anfängerfehler: Ein Bauernraub kostete ihn einen ganzen Läufer und die Partie.

Das Publikum war enttäuscht. Nach dem ersten Schock machte Bobby Fischer die Störungen im Saal, Publikum und Fernsehen für seinen Blackout verantwortlich. Als die Veranstalter seiner Forderung, Kameras und Zuschauer auszuschließen, nicht nachkamen, erschien er nicht zur zweiten Partie. Dem deutschen Schiedsrichter Lothar Schmid, wieder einmal am Rande eines Nervenzusammenbruchs, blieb nichts anderes übrig, als die Partie für Spassky gutzuschreiben. Bobby Fischer protestierte und drohte mit Abreise. Schon erwartete die ganze Welt das Ende des Kampfes, da lenkte Bobby plötzlich ein, wollte den Rückstand von 2:0 akzeptieren, wenn in einem kleineren Raum gespielt würde. Wie ein Leichnam erschien er zur dritten Partie, biß aber überaus lebendig zu. Nach Fischers 41. Zug gab Spassky auf: Fischers erster Sieg gegen Spassky.

Der Weltmeister, der Fischers Theater mit Geduld und Würde ertragen hatte, war nach der Niederlage ein Gezeichneter. Spassky hatte sein Selbstvertrauen verloren. Es war, als könnte Fischer mit seinen Zügen nicht nur die Stellung des Gegners, sondern auch dessen Gehirn blockieren. Die Russen wähnten, daß Hypnose oder Vergiftung im Spiel gewesen sei, und ließen den Saal untersuchen, entdeckten aber nur einen Holzsplitter in Spasskys Stuhl und zwei tote Fliegen in einer Lampe. Es waren nicht tote Fliegen, die Spassky vergifteten, es war Fischers mörderische Killeraura. Innerhalb der acht nächsten Partien hatte Fischer mit fünf Siegen und drei Remisen aus dem 0:2-Rückstand einen Dreipunktevorsprung gemacht. In der 11. Partie mußte er zwar wieder den Fraß eines vergifteten Bauern mit einer Niederlage büßen, aber mit zwei weiteren Siegen und einer besänftigten Remisserie sicherte er sich schließlich souverän den Titel des unwiderstehlichsten Schachkönigs aller Zeiten.

Der Gewinn der Weltmeisterschaft wurde im Westen gefeiert, als

8. cxd5, Sxd5
9. Lxe7, Dxe7
10. Sxd5, exd5
11. Tc1, Le6
12. Da4, c5
13. Da3, Tc8
14. Lb5, a6
15. dxc5, bxc5
16. 0–0, Ta7
17. Le2, Sd7
18. Sd4, Df8
19. Sxe6, fxe6
20. e4, d4
21. f4, De7
22. e5, Tb8
23. Lc4, Kh8
24. Dh3, Sf8
25. b3, a5
26. f5, exf5
27. Txf5, Sh7
28. Tcf1, Dd8
29. Dg3, Te7
30. h4, Tbb7
31. e6, Tbc7
32. De5, De8
33. a4, Dd8
34. T1f2, De8
35. T2f3, Dd8
36. Ld3, De8
37. De4, Sf6
38. Txf6, gxf6
39. Txf6, Kg8
40. Lc4, Kh8
41. Df4 1–0

wäre dies der Sieg im kalten Krieg. Fischer hätte ein größerer Star als Muhammad Ali, Jimmy Connors oder O. J. Simpson werden können, wenn er den Starbetrieb mitgemacht hätte. Aber wieder hatten sich die Menschen in ihm getäuscht. Als in den USA Firmen Produkte mit Fischers Namen bewerben wollten, sagte der angeblich geldgierige Schwerkapitalist einfach no und verzichtete auf Millionen Dollar, weil er die Angebote unmoralisch fand.

Nicht nur wollte er seinen Namen nicht auf Produkten sehen, die er nicht kannte (Rasierwasser), er wollte ihn anscheinend überhaupt nicht mehr öffentlich lesen. Der Mann, der vorzeitig die Schule verlassen hatte, weil er «nur noch Schach spielen wollte», nahm nach seinem Matchsieg von 1972 an keinem öffentlichen Schachturnier mehr teil und verweigerte schließlich seine Titelverteidigung, weil die Fide nicht seinem gerade neu entwickelten WM-Modus folgte. Wie schon so viele Weltmeister vor ihm wollte er Regeln bestimmen, aber diesmal ließ sich der Weltschachverband nicht auf der Nase herumtanzen. Kurzerhand erklärte die Fide 1975 den frisch qualifizierten Herausforderer Anatoli Karpow zum Weltmeister.

Der Titel war also wieder in sowjetischer Hand, und der Wirbelsturm des Bobby Fischer war vorüber wie ein böser Alptraum.

Trotzdem war das Schach nach Bobby Fischer anders als zuvor. Fischer hatte, wie Harald C. Schonberg schrieb, «im Alleingang der Welt demonstriert, daß Schach auf höchstem Niveau so kampferfüllt ist wie Fußball, so aufregend wie ein Pistolenduell, ein ästhetischer Genuß wie ein großes Kunstwerk und geistig so anspruchsvoll wie die komplizierteste wissenschaftliche Arbeit». Bis zu seinem Wiederauftauchen 1992 beherrschte auch der abwesende Bobby die Turniersäle. Bei vielen Turnieren diskutierten und spekulierten die Zuschauer oft leidenschaftlicher über den Fischer-Geist als über die laufenden Partien.

Mach doch mal ein Spektakel
Belgrad, November 1992

Absurdes Theater. Die Stars sitzen in einem schalldichten Glaskäfig auf der Bühne, schweigen sich unerbittlich acht Stunden lang an, während die Zuschauer, etwa 2000, ungeniert raunen, reden, rufen – so Gott will, auch mal lauthals schnarchen, mal aufstehen, hinausgehen, Kaffee trinken, wiederkommen und wieder fasziniert auf die Schweiger im Glashaus starren.

Die sitzen einander gegenüber, ohne eine Miene zu verziehen. Zum Schutz vor dem zudringlichen Blick des anderen tragen sie Blendschirme über den Augen, die ihre Welt auf den Mikrokosmos der 64 Felder und 32 kleinen Holzfiguren begrenzen. Im Durchschnitt alle drei Minuten bewegt einer der beiden stummen Herren eine der Figuren, um zu parieren, zu drohen, Fallen zu stellen.

Das Schauspiel ist ein Schachspiel. Heute spielen die beiden ältlichen Herren gerade die 23. Partie ihres «Revanchekampfes um die Weltmeisterschaft», eines Kampfes, der von der internationalen Schachorganisation, der Fide, nicht anerkannt wird: Dieser Schachkampf ist ein Schaukampf. Der eine der beiden Matadoren, der selbsternannte «Weltmeister», wird in den Fide-Listen gar nicht mehr geführt.

Was tut's: Es ist der einzigartige Bobby Fischer, das so lange verschollen geglaubte Schachphantom aus Amerika, der Mann, der in den sechziger Jahren die Schachweltmacht Sowjetunion mit all ihren Großmeistern von den Brettern fegte wie eine Naturgewalt. Es ist der Killer-Bobby.

Als auch die süchtigsten Fischer-Fans nicht mehr an die Rückkehr des Verschollenen glaubten, war er plötzlich wieder da. Zwanzig Jahre nach seinem Weltmeisterschaftssieg gegen Boris Spassky in Reykjavik hat das Phantom tatsächlich seinem Gegner von damals gegenüber wieder Platz genommen, zieht seinen Lieblingszug e2-e4 und streckt in seinem Spezial-

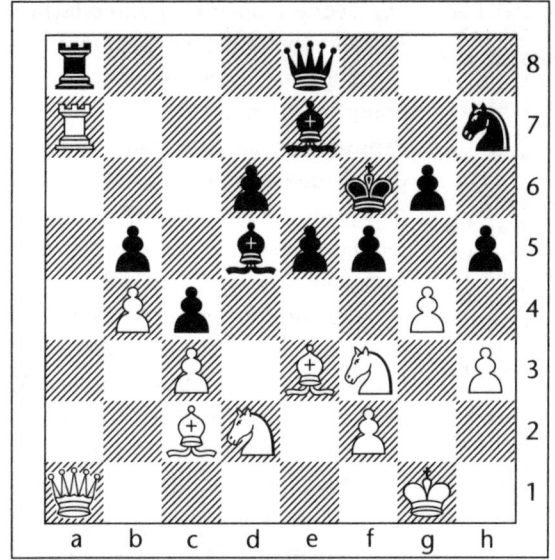

Startschuß zum Königsangriff. Stellung nach 36. g4.

schwingstuhl den Körper in die Länge wie einst im Mai.

Das früher sauber rasierte harte Gesicht ist nun von einem gestutzten Vollbart bepflanzt. Der läßt Fischer ein bißchen wie Charles Bukowski, ein bißchen verschroben aussehen. Auch sein Schach, meinen Kritiker in diesen Tagen, sei ein bißchen verschrobener geworden, nicht mehr so entschlossen aggressiv wie früher. Auch erlaube er sich heute manchmal Fehler, die man früher nicht an ihm gekannt habe. Die kiebitzenden Großmeister sagen, er sei in der Eröffnungstheorie, im wissenschaftlichen Teil des Schachs, in den sechziger Jahren stehengeblieben, spiele altmodisch.

Auch heute, in der 23. Partie, beim Stande von 8 : 4 für ihn (gezählt werden nur Gewinnpartien), wählt er gegen die sizilianische Verteidigung sei-

Fischer –
Spassky,
Sveti Sefan
1992,
1. Matchpartie

1. e4, e5
2. Sf3, Sc6
3. Lb5, a6
4. La4, Sf6
5. 0–0, Le7
6. Te1, b5
7. Lb3, d6
8. c3, 0–0
9. h3, Sb8
10. d4, Sbd7
11. Sbd2, Lb7
12. Lc2, Te8
13. Sf1, Lf8
14. Sg3, g6
15. Lg5, h6
16. Ld2, Lg7
17. a4, c5
18. d5, c4
19. b4, Sh7
20. Le3, h5
21. Dd2, Tf8
22. Ta3, Sdf6
23. Tea1, Dd7
24. T1a2, Tfc8
25. Dc1, Lf8

241

26. Da1, De8
27. Sf1, Le7
28. S1d2, Kg7
29. Sb1, Sxe4
30. Lxe4, f5
31. Lc2, Lxd5
32. axb5, axb5
33. Ta7, Kf6
34. Sbd2, Txa7
35. Txa7, Ta8
36. g4, hxg4
37. hxg4, Txa7
38. Dxa7, f4
39. Lxf4, exf4
40. Sh4, Lf7
41. Dd4+, Ke6
42. Sf5, Lf8
43. Dxf4, Kd7
44. Sd4, De1+
45. Kg2, Ld5+
46. Le4, Lxe4+
47. Sxe4, Le7
48. Sxb5, Sf8
49. Sbxd6, Se6
50. De5, Sf4+
1-0

nes Gegners einen eher altmodischen Aufbau, überrascht im sechsten Zug allerdings mit einer «Neuerung» und bringt im dreizehnten seine Dame ins Zentrum, wo sie zwar kaum geschlagen werden, aber auch vor Kraft kaum gehen kann. «Sehr originell», bemerkten die anwesenden Großmeister mokant, «aber wie geht's weiter?»

Die Atmosphäre hinter dem Glas ist längst nicht so aufgeladen, hat längst nicht jene fetzende Dynamik, wie man sie von der letzten Begegnung der beiden in Reykjavik in Erinnerung hat. Das Drama hat sich der Komödie angenähert. Komisch wird es immer dann, wenn ein bißchen Bewegung auf die Bühne kommt, wenn Spasski alle paar Minuten von seinem Stuhl in sein Kabäuschen hinter den Kulissen verschwindet oder wenn Bobby, wesentlich seltener, sich nach einem vermeintlich gelungenen Zug breitbeinig wie ein alter Seemann in seine Kajüte zurückzieht. Natürlich hat Fischer gegen die Häufigkeit der Spasskyschen Ausflüge («Der Lärm stört») auch schon protestiert, worauf der Veranstalter die für besondere Effekte in den Theaterboden eingebauten Geräuschverstärker nachts heimlich entfernen ließ. Die Frage ist: Sind unsere Matadoren die Könige oder die Narren der Komödie?

Vielleicht waren sie ja auch in dem Drama vor zwanzig Jahren schon die Possenreißer, der Kommunist und der Kommunistenfresser, die im damaligen kalten Krieg stellvertretend einen Ersatzkrieg führten. Der Sieger verschwand danach im Untergrund, der zu Hause verstoßene Verlierer im unte-

ren Drittel der Großmeisterliste. Auch der kalte Krieg verschwand, die Welt änderte sich, und unsere beiden Narren, korpulenter, grauer und bequemer geworden, tauchten wieder auf, trafen sich zu einer Art persönlicher Wiedervereinigung ausgerechnet in dem vom Bürgerkrieg zerrissenen letzten Land Europas, in dem der Kommunismus noch nicht verschwunden ist.

Die amerikanische Presse warf Fischer «Propaganda für die mordenden Serben» vor, die amerikanische Regierung schickte ihm wegen seines Auftretens in Sveti Stefan und Belgrad und des Bruchs des UNO-Boykotts gegen Restjugoslawien eine Strafandrohung. Die kam ihm gerade recht. Wann, wo und wie er was macht, das entscheidet Bobby Fischer grundsätzlich selber. Da kann er nur drüber lachen. Höhnisch spuckt er auf die Bannbulle aus Washington.

Es waren ja auch keineswegs antiamerikanische Umtriebe, die ihn nach Belgrad zogen, sondern eher uramerikanische Antriebe: Geld und Liebe. Fischer, der zuletzt in einer kleinen Wohnung in Los Angeles lebte, erhielt dort vor anderthalb Jahren Post von einer ungarischen Schachspielerin namens Zita Rajcsanyi. Die junge Frau imponierte ihm offensichtlich nicht nur mit ihren durch wackere 2150 Elo-Punkte ausgewiesenen Schachqualitäten, und so lud er sie bald nach Los Angeles ein.

Bobby hatte die Liebe entdeckt, Bobby brauchte Geld, und so war es nur eine Frage der Zeit, wann er wieder ans Brett gehen würde. Es traf sich, daß Zita Rajcsanyi ausgerechnet nach Jugoslawien freundschaftliche Verbindungen hatte, die schließlich zu einem gewissen Herrn Jezdemir Vasiljević führten. Vasiljević ist die andere schillernde Figur in diesem Stück. 1968 hatte der zwanzigjährige Ökonomiestudent, Sohn eines Stuntmans, das Land verlassen, um in der kapitalistischen Welt sein Glück zu machen. Nach zwanzig Jahren erfolgreichen Schaffens in Australien und Europa, unter anderem als Juwelenhändler, war er zurückgekehrt, um in seiner inzwischen etwas liberaleren, aber immer noch bürokratischen sozialistischen Heimat seine Art von Kapitalismus auszuprobieren. Seine erste Tat: 28 000 Fernsehapparate, auf denen die staatlichen Firmen sitzengeblieben waren, verkaufte er innerhalb von sechs Wochen zum halben Preis. Sodann eröffnete er eine Bank, die Yugoskandicbank, die ihren Klienten erstaunliche Zinsen zahlte. Sein simples Rezept: «Ich gebe den Kunden günstigere Bedingungen als die staatlichen Banken. So mache ich pro Geschäft zwar kleinere Gewinne, aber eben viel mehr Geschäfte.»

Innerhalb von drei Jahren wurde er einer der reichsten und mächtigsten Männer des Landes. Er betreibt im von Sanktionen kaum getroffenen Serbien achtzehn Tankstellen (wo er den Sprit um 25 Prozent billiger verkauft als die staatlichen Stellen), den Belgrad Racing Club, die Fernsehstation TV Real Time, das Magazin BIG («Business, Information, Glamour»), eine Filmgesellschaft, Urlaubsinseln. Sein Erfolg, sagt dieser geheimnisvollste Mann in der jugosla-

wischen Chess Connection, sei «außer Fleiß und Ehrlichkeit gegenüber den Kunden, die hier immer vom Staat betrogen wurden», vor allem genaue Kalkulation. Als Sohn eines Stuntmans habe er gelernt, daß vieles, was gefährlich aussehe, in Wahrheit nur ein genau zu berechnendes kleines Risiko sei.

Als dieser Stuntman des kapitalistischen Wirtschaftens von Fischers Comebackplänen hörte, bot er gleich fünf Millionen Dollar (zwei Drittel für den Sieger, ein Drittel für den Verlierer) und räumte zusätzlich ein: *«You make the conditions!»* So kam es, daß Bobby Fischer endlich einmal nach seinen eigenen Regeln spielen durfte. Das heißt: Sieger ist, wer als erster zehn Partien gewinnt; alle Partien werden am selben Tag beendet (keine Hängepartien); es wird die von Fischer patentierte Schachuhr benutzt; Fischer wird in allen Texten als der offizielle Weltmeister geführt; Fischer bestimmt Format und Design des Spieltisches (sieben Modelle wurden abgelehnt, mal, weil sie elf Millimeter zu hoch, mal, weil die Felder zwei Millimeter zu groß waren).

Warum gibt Vasiljević, dieser eiskalte Geschäftsmann, der von sich sagt, der Vorwurf, er mache «Propaganda für den Krieg», sei auch an ihm nicht spurlos vorübergegangen, soviel Geld für eine nutzlose Anstrengung wie Schach? Das fragen wir ihn in seiner Suite des Belgrader «Interconti». Abwechselnd Pfeife und Zigaretten rauchend, während eine dicke Havanna drohend vor ihm liegt, sagt er: «Es war eine Idee meiner Frau. Die meinte: Mach doch mit deinem Geld mal ein Spektakel!»

Natürlich soll es sich für ihn auch finanziell lohnen. Videobänder des Matches sollen in aller Welt vermarktet werden, ebenso die Bobby-Fischer-Schachuhr, an der er zu neunzig Prozent beteiligt ist. Schließlich hätte ihn, so sagt er, die Bekanntmachung seiner Firmen auf dem üblichen Weg mehr gekostet als die fünf Millionen Dollar für den Wettkampf (die wegen der langen Dauer inzwischen auf neun Millionen gestiegen sind). Tatsächlich nutzt er die Steigerung des Bekanntheitsgrades seines Namens jetzt für einen ganz besonderen Coup: Bei den jugoslawischen Wahlen im Dezember kandidiert er gegen den sozialistischen Präsidenten Slobodan Milošević. «Ich muß es tun, um die sozialistische Bürokratie, die meine Wirtschaftspläne behindert, abzubauen und um den Krieg endlich zu beenden.» Wie das? «Die Armee bekommt keine Munition mehr.»

Bobby Fischer also eine Figur in Vasiljević' großer Belgrader Eröffnung? Schach für den Frieden? Da sitzt er am ultimativen Tisch, mit gepolstertem Lederrand für die Ellenbogen, und grübelt. Die Damen wurden inzwischen getauscht, und Bobby hat zwei verbundene Springer mitten in der feindlichen Festung installiert. «Sehr schön, aber nicht sehr effektiv», befindet der deutsche Schiedsrichter und Großmeister

Lothar Schmid, der wie schon 1972 mit von der Partie ist. Er beurteilt zwar einige Partien dieses Wettkampfs («besonders 1, 7, 11») als «Perlen», ist aber auch der Meinung, daß Fischer noch zu schwankend spielt, wohl noch einige Wettkämpfe brauchte, ehe er dem amtierenden Weltmeister Garry Kasparow Paroli bieten könnte.

Kasparow selbst hält Fischer zwar für so chancenlos wie Björn Borg bei seinem gescheiterten Comeback im Tennis, hat sich aber gleichzeitig zu einem Wettkampf gegen – den von ihm als Nummer 42 der Welt eingeschätzten – Fischer bereit erklärt. Andererseits hat der Sponsor von Kasparows nächstem Fide-WM-Kampf sein Drei-Millionen-Dollar-Angebot zurückgezogen, während ein anderer Sponsor aus Atlanta zehn Millionen für ein Match zwischen Fischer und Kasparows Intimfeind Karpow anbietet.

Vorher aber soll Bobby noch zu einem Zwölf-Partien-Spektakel gegen die stärkste Frau der Welt, die Ungarin Judit Polgar, antreten, die den Vertrag auch schon unterschrieben hat. Von diesem Plan hält ausgerechnet Vasiljević gar nichts, der sich inzwischen «wie ein Bruder von Bobby» fühlt und fürchtet, der würde es nicht aushalten, «auch nur eine Partie gegen ein Teenagermädchen zu verlieren».

Der neue kalte Krieg und der sanfte Tolja

Die Sehnsucht nach den rauschhaften Schachekstasen der Fischer-Ära konnte der Nachfolger Anatoli Karpow, der «sanfte Tolja», ein schüchterner Konfirmandentyp mit fettigen Haaren und quäkender Stimme, nicht stillen. Die meisten Schachfans nahmen den von der Fide gekürten Weltmeister nicht ernst. Für sie war noch immer Bobby der König, da mochte Karpow soviel gewinnen, wie er wollte. Neues Leben in die gepflegte Langeweile brachte schließlich der russische Großmeister Viktor Kortschnoi, der sich 1976 in den Westen absetzte und dort den Weltmeister Karpow herausforderte.

Schach geriet nun wieder in den Brennpunkt des kalten Krieges, diesmal noch spektakulärer, verbissener, aber auch lächerlicher als bei Bobby Fischers Kampf. Für die Sowjets war es ein noch größerer Alptraum, den Titel an einen Verräter des Sowjetreichs zu verlieren als an einen verrückten Kapitalisten.

Obwohl Moskau energisch den Fide-Bannstrahl gegen den Dissidenten einforderte, blieb der Weltschachbund standhaft und akzeptierte Kortschnoi als WM-Kandidaten.

In den Kandidatenzweikämpfen traf Viktor, «der Schreckliche», in Belgrad auf den Altmeister Boris Spassky, der zwar bald mit fünf Punkten zurücklag, dann aber vorführte, daß er von Fischers Psychokrieg allerhand gelernt hatte. Beim Rückstand von sechs Punkten entschloß er sich plötzlich, seinen Gegner mit der Trennung von Tisch und Brett zu verwirren. Zwar konnte man schon seit einigen Jahren bei hochkarätigen Wettkämpfen beobachten, daß der Spieler, der auf den Zug seines Gegners wartet, sich von der Bühne zurückzog, entspannte und, wenn möglich, das schachliche Geschehen auf einem der großen Demonstrationsbretter verfolgte. Spassky blieb nun auch dann dem Brett fern, wenn er selbst am Zuge war. Auf der Bühne waren nur noch der Schachtisch mit zwei leeren Stühlen und im Hintergrund der ratlose Schiedsrichter zu bewundern. Spassky erschien – mit Pokerschirm und verspiegelter Sonnenbrille – nur zur Ausführung seines Zuges, um sofort wieder zu verschwinden.

Kortschnoi war von diesen Auftritten so geschockt, daß er vier Partien hintereinander verlor, bevor er sich auf seinen unsichtbaren Gegner eingestellt hatte und wieder siegen konnte. Er gewann das Match schließlich klar mit 10,5 zu 7,5.

Jetzt mußte der sanfte Tolja den Weltmeistertitel vor «Viktor dem Schrecklichen» retten. Beim Wettkampf 1978 in der philippinischen Bergstadt Baguio erschien Karpow mit einem Team, zu dem neben den Sekundanten auch KGB-Leute, Parapsychologen und angebliche Hypnotiseure gehörten. Kortschnoi, der inzwischen in der Schweiz eine neue Heimat gefunden hatte, kam mit drei englischen Sekundanten im Gefolge, einer neuen Frau und Mitgliedern einer Sekte, die dem starken Raucher und Trinker das Meditieren beibrachten.

Die Börse hatte neue Höhen erklommen: 470 000 Dollar für den Sieger, 260 000 für den Verlierer. Aber die beiden kämpften um mehr als um Geld und Ruhm. Für Kortschnoi ging es um Rache an einem Regime, das der parteitreue Karpow zu personifizieren schien. Karpow indes hatte die Ehre des Vaterlandes zu verteidigen – und mehr. Eine Niederlage bedeutete für ihn den totalen Absturz, das Ende aller Privilegien.

Der eiskalte Krieg im schwülen Baguio nahm bizarre Formen an. Kortschnoi protestierte, als Karpow während der Partien jeweils verschiedenfarbige Joghurts gebracht wurden, die er sofort gierig verspeiste. Der Sowjetdissident behauptete, durch die Farbe der Speise würden strategische Tips an Karpow übermittelt, vielleicht sei auch Doping im Spiel. Nachdem Kortschnoi, dessen Familie in der Sowjetunion festgehalten wurde, auf einer Pressekonferenz erklärt hatte, daß er angesichts seines Gegners «die Fesseln und Folterinstrumente des Gulag rasseln» höre, verweigerte der Geschmähte seinem Kontrahenten den vertraglich verabredeten Händedruck vor der achten Partie, die der sensible «Schreckliche» sodann auch verlor. Während Kortschnois Meditationshelfer als angebliche Mörder aus der Stadt gewiesen wurden, verlangte der frustrierte Kämpfer vergeblich die Entfernung eines russischen Psychologen, der ihn negativ, Karpow dagegen positiv hypnotisiere. Schließlich rief er ein Suchkommando der philippinischen Atomenergiebehörde auf den Plan, das Kortschnois Behauptung zu überprüfen hatte, die Russen bestrahlten ihn radioaktiv. Er hatte auf seinem persönlich mitgeführten Geigerzähler enorme Ausschläge festgestellt. Ob Kortschnois Vorwürfe berechtigt oder Ausgeburt eines schweren Verfolgungswahns waren, sicher ist, daß der Großmeister, den ich zu mehreren Interviews traf, normalerweise keinen besonders paranoiden Eindruck macht. Aber vielleicht raubte ihm die Angst vor sowjetischen Machenschaften gelegentlich seinen gesunden Menschenverstand.

Auch der Verlauf am Brett spiegelte mit zum Teil schwachen und fehlerhaften, zum Teil sensationellen Partien die ganze Dramatik dieser Auseinandersetzung wider. Sieger und Weltmeister sollte sein, wer zuerst sechs Partien gewann. Nach der 27. Partie lag Kortschnoi 2:5 zurück, konnte aber in einem mühsamen und geduldigen Aufholkampf in der 31. Partie bei 5:5 Gleichstand erreichen. Wer also als nächster eine Partie gewann, war Weltmeister. Aber ausgerechnet in der folgenden Partie probierte Kortschnoi eine neue Verteidigung gegen Karpows Königsbauernöffnung aus, mit der er den Gegner in dieser wichtigen Phase überraschen wollte. Der Überraschte aber war Viktor selbst, der von einem kühlen Karpow trocken ausmanövriert wurde. Und der deshalb glaubte, sein Plan sei von Karpows Mannen mit einer Wanze ausspioniert worden.

Kortschnoi verlor Partie, Match und WM-Hoffnung. Der mindestens zweitbeste Spieler der Welt mußte für den WM-Kampf 1981 einen neuen Anlauf nehmen. Im Viertel- und Halbfinale der Kandidaten schaltete er seine Erzrivalen Petrosjan und Polugajewski aus. Im Finale hatte er keinen Russen zu bekämpfen, sondern den damals stärksten westlichen Matador Robert Hübner. Der deutsche Ägyptologe und Papyrologe Robert Hübner galt als einer der tiefsinnigsten Spieler der siebziger Jahre. Als Amateur hatte er 1970 im berühmten Interzonenturnier von Palma de Mallorca den geteilten 2. und 3. Platz hinter Bobby Fischer erreicht und war erst im Viertelfinale mehr am Lärm von Sevilla als an seinem Gegner Petrosjan gescheitert.

Gegen diesen Gegner hatte er 1976 beim Interzonenturnier von Biel eine gewonnene Stellung verpatzt – in Kreisen von Großmeistern eine unglaubliche Partie. Nach stundenlangem Kampf standen im 36. Zug alle Zeichen auf Sieg, ein Matt in vier Zügen, das jeder im Saal sah, nur einer nicht: der Produzent der Stellung. Der Sieg hätte den Turniersieg bedeutet, ein Remis hätte ihn für das Kandidatenfinale qualifiziert. Während das Publikum vor Erregung stöhnte – es war ein Wunder, daß nicht ein Zuschauer den matterzwingenden Zug «Dame e8 Schach» ausposaunte – starrte Hübner aufs Brett wie ein Prüfling, der die richtige Antwort kannte, aber plötzlich vergessen hatte. Die tickende Uhr und die Spannung im Saal lähmten Hübners Hirn. Er machte einen unnützen Deckungszug und verlor die Partie – nach vier Zügen. Wochenlange Konzentration war in 20 Sekunden verspielt. Eine wahre Schachtragödie. Es ist

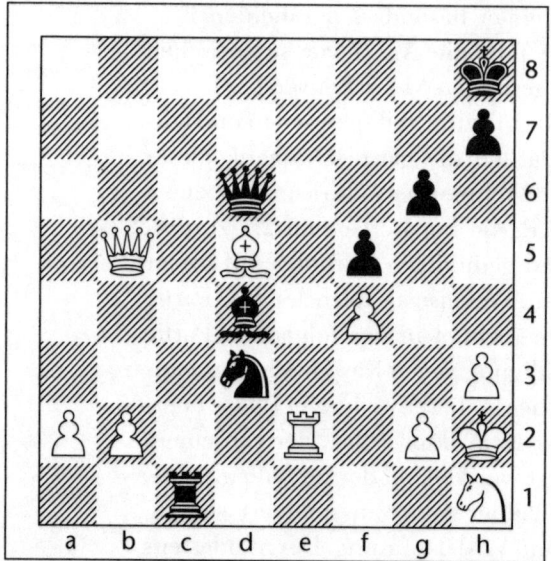

Stellung nach 36. ... Dd6.
Hübner verpaßte 37. De8+ mit Matt in vier Zügen

Hübner – Petrosjan
Interzonenturnier
Biel 1976

 1. Sf3, g6
 2. e4, Lg7
 3. d4, d6
 4. Lc4, e6
 5. Lb3, Se7
 6. 0–0, 0–0
 7. c3, b6
 8. Sbd2, Sbc6
 9. Te1, Sa5
10. Lc2, c5
11. Sf1, Sac6
12. Le3, Dc7
13. Tc1, e5
14. h3, Sd8
15. S3h2, Lb7
16. Sg3, exd4
17. cxd4, Se6
18. Lb3, d5
19. e5, Sc6
20. Sg4, Tfd8
21. dxc5, bxc5
22. Lxc5, Sxc5
23. Txc5, De7
24. Dc1, Tac8
25. Sf6+, Kh8

ein bekanntes Phänomen, daß Schachspieler eine gewonnene Stellung, die zu erreichen sie unendlich viel Kraft und Konzentration gekostet hat, plötzlich vergeben. Aber einen so extremen Fall hatte man im Spitzenschach bislang noch nicht gesehen.

Dennoch rüstete er sich 1979 wieder für den Kampf um die Weltmeisterschaft. Nach der Qualifikation im Interzonenturnier besiegte er erfolgreich die Ungarn Andras Adorjan und Lajos Portisch im Viertel- und Halbfinale und traf im Finale der Kandidaten auf Viktor Kortschnoi.

Aber Robert Hübner scheiterte wieder einmal an seinen Nerven. Dabei war dieses Match – verglichen mit den Psychokämpfen der letzten Jahre – eher ein harmloses Geplänkel.

Durch den Sieg Kortschnois kam es 1981 zum dritten und letzten Weltmeistermatch zwischen den beiden großen K's, Karpow und Kortschnoi, das wiederum der sanfte Tolja gewann. Für Karpow und die Sowjets war die Schachwelt wieder in Ordnung.

Der Freund des Großmeisters

Berlin, Oktober 1988

Endlich. Nach sieben Wochen Hauptverhandlung hat die elfte Große Strafkammer des Hamburger Landgerichts ihren wichtigsten Zeugen, den ehemaligen Schachweltmeister Anatoli Karpow, leibhaftig vor sich. Der Vorsitzende blickt seinen Star erleichtert und neugierig an. Um ihn zu treffen, mußte der Hamburger Richter mit seinem Gefolge, zwei Beisitzern, drei Schöffen, einer Dolmetscherin, mit dem Staatsanwalt, dem Angeklagten und dessen Verteidiger eine Reise nach Berlin machen – inklusive zwei schrecklichen Übernachtungen in «lauten, kleinen Höhlen am Ku'damm» (so ein Beisitzer). Und das alles, weil der wichtige Zeuge, «von Beruf Schachspieler», keine Zeit hatte, nach Hamburg zu kommen. Im berüchtigten Kriminalgericht Moabit steht er nun zur Verfügung – zwischen zwei Simultanschachturnieren am Montagabend in West- und am Mittwochabend in Ostberlin.

Mit Hilfe des Zeugen will das Gericht ein Schachproblem der besonderen Art lösen. Nach Karpows (und des Staatsanwalts) Meinung soll nämlich der Angeklagte, der ehemalige stellvertretende Chef des *NDR*-Funkhauses Hannover, Helmut Jungwirth, in den Jahren 1979/80 rund 446 000 ihm vom damaligen Weltmeister anvertraute Dollar veruntreut haben. Es handelt sich um Werbehonorare, die eine in Hongkong ansässige Schachcomputerfirma für Karpow an Jungwirth überwiesen hat. Im Gegensatz zu Karpow, der von dem Geld nie etwas gesehen hat, behauptet Jungwirth heute, daß ihm, Jungwirth, das Geld zustehen sollte – als Spesenersatz und Provision für Dienstleistungen zugunsten Karpows.

Auf dem Weg und den Nebenwegen dieser Dollars stapft der Wanderer nicht nur durch Sümpfe der jüngeren Schachgeschichte, er erlebt auch eine Schachpartie voll unglaublicher Winkelzüge, folgt fasziniert dem Auf und Ab der Karrieren eines russischen Schach- und eines deutschen Showstars. Das «Beziehungsgeflecht, die Männerfreundschaft» (Jungwirth) zwischen dem «sanften Tolja» und dem smarten Helmut, dem KPdSU-Mann und dem CDU-Mann, erreichte zuletzt solche Dimensionen, daß sich sogar die sowjetische Botschaft in Berlin genötigt sah, die offizielle Berlinpolitik kurzfristig aufzugeben. Als nämlich die sowjetische Militärmission von dem geplanten Verhör eines Sowjetbürgers durch ein Gericht der Bundesrepublik in Westberlin erfuhr, wollte sie den Auftritt Karpows verbieten. Erst nach dreistündigen Verhandlungen gab die Botschaft zähneknirschend ihren Widerstand auf. Karpow durfte antreten.

Als Sekundanten hat sich der Zeuge einen eigenen Dolmetscher und zwei Berliner Rechtsanwälte mitgebracht, die allerdings als Beistände ohne Robe und mit eingeschränkten Rechten auf Randplätze verwiesen werden. Immerhin haben diese beiden Anwälte bereits 1987 in einem Zivilprozeß Jungwirth zu einem Vergleich gezwungen, in dem er sich verpflichtet hat, von den eingeklagten 1,3 Millionen Mark wenigstens 800 000 an Karpow auszuzahlen (überwiesen wurden bisher nur 3000 Mark). Trotz des «Vergleichs» belastete das Zivilgericht allein Jungwirth mit den Kosten des Rechtsstreits, weil es – so der Urteilstext – «im weiteren Verlauf des Prozesses voraussichtlich betrügerische Manipulationen oder eine Unterschlagung des Beklagten festgestellt... und ihn zur Zahlung von 1 362 628,08 Mark nebst Zinsen verurteilt hätte».

Trotz dieses Vor-Urteils glaubt Jungwirth an einen Freispruch im Strafverfahren, einfach deshalb, weil im Strafverfahren die Beweise gegen den Angeklagten überzeugender und eindeutiger sein müssen als im Zivilverfahren. Dementsprechend schaut er

26. Sxd5, Df8
27. De3, Sxe5
28. Txc8, Txc8
29. Dxa7, Lxd5
30. Lxd5, Db4
31. Te2, f5
32. Db7, Tc1+
33. Kh2, Df8
34. f4, Sd3
35. Db5, Ld4
36. Sh1, Dd6
37. g3, Sxf4
38. De8+, Kg7
39. Te7+, Kh6
40. Sf2, Lxf2
41. Txh7+, Kg5
0–1

frohgemut in die Runde, schüttelt gelegentlich entgeistert sein wallendes Künstlerhaar – ganz verfolgte Unschuld, die sich hier rehabilitieren will. (Er hat inzwischen beim *NDR* gekündigt und einen Job als Musicalmanager bekommen.) Mit seinen blauen, stechenden Augen blickt er durch Karpow hindurch, während dieser seinen einstigen Freund, Agenten, Makler, Geldverwalter keines Blickes, geschweige eines Handschlags würdigt.

Die Partie kann beginnen. Der Vorsitzende ist am Zug: «Name?» – «Karpow.» – «Mit v oder mit w?» Die sinnlose Frage (v oder w ist eine willkürliche Übersetzung des kyrillischen Originalbuchstabens) beantwortet Karpow klar, aber ungenau mit: «V». «Nicht verwandt und nicht verschwägert?» «Nein».

Wirklich nicht. Der heute 37jährige Karpow ist dem acht Jahre älteren Jungwirth zum ersten Mal 1976 begegnet, als dieser den jungen Schachweltmeister den Deutschen im Fernsehen näherbringen wollte – als Schachgegner. Jede Woche sollte Karpow einen Zug abgeben, den die Fernsehzuschauer mit Mehrheit beantworten sollten. Fernschach im Fernsehen. Als Jungwirth dem Weltmeister während eines Turniers in Jugoslawien seinen Plan vortrug, war der sofort einverstanden, zumal (laut Jungwirth) außer dem offiziellen Honorar auch ein Schwarzgeld angeboten wurde.

Bald darauf war aus dem *NDR*-Redakteur ein Weltreisender geworden, der dem Weltmeister hinterherreiste, in Asien, Europa oder Amerika, um die Ausführung des einen Zuges auf dem Schachbrett zu filmen. Die langweilige Partie endete nach einem halben Jahr remis, aber Karpow hatte offensichtlich Sympathien für den smarten und flexiblen Jungwirth entdeckt. Jedenfalls unterstützte er die Pläne des Fernsehmannes und neuen Freundes, die nächste Schachweltmeisterschaft in Hamburg zu organisieren. Bei diesem pikanten Match sollte er zum ersten Mal seinen – dank Bobby Fischers Rücktritt – am grünen Tisch erworbenen Weltmeistertitel verteidigen, ausgerechnet gegen den Erzfeind und Sowjetdissidenten Viktor Kortschnoi.

Auch Jungwirth hatte Blut geleckt, die Freundschaft zu diesem Superstar konnte die eigene «Blitzkarriere» (Jungwirth) beim Fernsehen nur beschleunigen. Schon begann er umgekehrt seine Fernsehbeziehungen für die Schachkarriere zu nutzen. Vertrags- und Verhandlungspartner während der Organisationsphase beeindruckte er beispielsweise mit schriftlichen Millionengarantien der *NDR*-Programmdirektion.

Der – nach eigener Aussage – «Medienmensch» Jungwirth hatte 1972 beim *NDR* in Hamburg angeheuert, und zwar zunächst bei *Panorama*, wo er gleich «drei Bomben» hochgehen ließ, «die zum Rücktritt von wichtigen Leuten führten». Er war ein Hansdampf in allen Gassen, der auch beim populären *Rockpalast* mitmischte und Sportsendungen moderierte. Die «Männerfreundschaft» mit Karpow war nur ein weiterer Tanz auf einer neuen

Hochzeit. Und das besondere «Beziehungsgeflecht» hielt auch stand, als die Bewerbung Hamburgs um die Austragung der Weltmeisterschaft scheiterte.

Auch in Baguio auf den Philippinen, dem dann gewählten Austragungsort, konnte Karpow auf Jungwirth zählen. Der tauchte zunächst als Fernsehfilmer auf, wurde aber bald nach Hamburg zurückbeordert, «weil nichts kam». So flog er privat zurück zu seinem Freund nach Baguio («weil der in Not ist», wie er damals sagte). Heute sagt er, daß er für den Champion, der plötzlich Match- und Titelverlust befürchten mußte, Fluchtmöglichkeiten in den Westen, nämlich in die USA, organisieren sollte (was Karpow in Berlin «kategorisch» und empört bestreitet).

Dagegen bestreitet Karpow nicht, daß Jungwirth in dieser Zeit für den Weltmeister einen Werbevertrag mit der Hongkonger Firma Novag abschloß. Diese brachte damals einen Schachcomputer auf den Markt, ein völlig untaugliches Ding, das sogar regelwidrige Züge akzeptierte, für das aber Karpow sein anerkennendes Gesicht und den Satz abdrucken ließ: «Auch sehr gute Spieler merken schnell, hinter diesem Gerät steckt das Wissen und Können eines der besten Schachcomputerexperten der Welt.»

Als Gegenleistung für diese Unverfrorenheit sollte der Weltmeister (so er es bliebe) 2,50 US-Dollar pro verkauftes Stück erhalten. Das Geld aber, das der Meister aus verständlichen Gründen nicht – wie in der Sowjetunion üblich – zu 80 Prozent den Behörden überlassen wollte, sollte auf Jungwirths Konto in Hamburg überwiesen werden. Von dort sollte das Geld dann laut Karpow auf dessen Konto weiterfließen, während es laut Jungwirth als Spesen- und Honorarbasis für den emsigen Karpow-Agenten benutzt werden sollte.

Jungwirths Problem ist, daß er für seine Tätigkeiten und Ausgaben keine Belege hat. Die Frage ist: Wenn er die Millionen Mark nicht für Karpow ausgegeben hat, wo sind sie dann geblieben? Aus Kontobewegungen geht hervor, daß Jungwirth, Besitzer dreier Wohnungen, stark verschuldet war. In der *Neuen Revue* wurde er als verschwenderischer Pferdenarr, Lebemann und Hochstapler geschildert und abgebildet.

Unbeantwortet ist auch die Frage, wie er die vielen zeitraubenden Makler- und Agentendienste neben seiner täglichen Fernseharbeit und anderen Aktivitäten bewerkstelligen konnte. Er betrieb in jenen Jahren 1979/80 mit dem Lufthansa-Manager für Fernost, Gerd Meierhöfer, auch noch eine Firma, die große Projekte plante, den Bau einer Trabrennbahn in Macau oder Computer zur Schnellermittlung der Bundesligatabellen. Zur Enttäuschung von Meierhöfer blieb es bei den Projekten.

Nach knapp zwei Jahren, Ende 1980, hatte der Goldesel in Hongkong ausgedient. Der Novag-Chef teilte Jungwirth mit, daß die «Chess Champion»-Serie eingestellt werde und Karpow für das Nachfolgermodell nicht mehr interessant sei.

Karpow, der behauptet, bis dahin von Jungwirth immer vertröstet worden zu sein, erfuhr nun von seinem deutschen Freund: «Novag ist bankrott.» Das will er, wie alle anderen Erklärungen, zunächst auch geglaubt haben. Da beginnt man freilich, sich über Karpow zu wundern. Wenn das Novag-Geld an ihn selber weitergeleitet werden sollte, hätte er doch spätestens nach zwei Jahren Nachforschungen über das ausbleibende Honorar anstellen müssen, zumal er «die Geräte auch in ausländischen Schaufenstern gesehen» hatte. War er dem unwiderstehlichen Jungwirth-Charme auf den Leim gegangen, wie Meierhöfer, wie eine ganze Reihe von Opfern, die die *Neue Revue* aufgezählt hat? War auch Karpow nur ein Bauer in Jungwirths Schachpartie?

Jedenfalls vertraute Karpow noch zwei Jahre nach der angeblichen Novag-Pleite Jungwirth Schecks über 8150 und 10 000 Mark zur Bezahlung von Briefmarken an, die den Hamburger Briefmarkenverkäufer freilich auch nicht erreichten. Erst als er von der Firma gemahnt wurde, ließ Karpow einen Freund recherchieren und erfuhr, daß die Novag 446 000 Dollar an Jungwirth überwiesen hatte. Er bevollmächtigte den damaligen Präsidenten des Deutschen Schachbundes, Alfred Kinzel, das Geld – bei zehn Prozent Provision – von Jungwirth einzutreiben.

Nach vergeblichen Versuchen beauftragte Kinzel seinen Schwiegersohn, den Berliner Rechtsanwalt Gerhard Oels, und dessen Kompagnon Volker Christ, Strafanzeige zu erstatten. Der Schritt in die Öffentlichkeit war allerdings auch für den Weltmeister schmerzhaft. Als Jungwirth im September 1985 verhaftet wurde, platzten die Nachrichten von Karpows Schwarzgeldern und Steuerhinterziehungen auch in die Moskauer Schachwelt, wo gerade das zweite Match um die Weltmeisterschaft zwischen Karpow und seinem Herausforderer Kasparow auf vollen Touren lief. Inzwischen hat er sich von dem Schock erholt und hatte zuletzt sogar bessere Turnierergebnisse als sein Widersacher Kasparow. Vor Gericht überzeugt er zunächst mit einer gediegenen Vorbereitung, obwohl er darüber klagt, daß er statt wie gewohnt um halb zwölf schon um halb acht Uhr aufstehen mußte.

Er antwortet spontan und geduldig. Gelegentlich wundert er sich: «Ich verstehe den Sinn dieser Fragen nicht», folgt dann aber barschen Rechtsanwaltsaufforderungen: «Beantworten Sie sie trotzdem.» Bald werden aber Widersprüche deutlich. Die Frage nach einer Provision für Jungwirth beim Novag-Vertrag beantwortet er einmal mit «nein», ein anderes Mal mit «ja». Bei der Frage: «Haben Sie Jungwirth in Buenos Aires getroffen?» (wo er immerhin für die Computerschachtel fotografiert worden ist), kann er sich an nichts erinnern.

Dagegen glänzt er mit einem blendenden Ortsgedächtnis. Obwohl er Hamburg «nicht kennt», weiß er den Weg zu Jungwirths Wohnung: «Wenn man mit dem Rücken zur Alster und dem Gesicht zum Interconti steht, muß man zunächst nach rechts, dann...»

Als er einmal um frische Luft bittet und zu einem Gang um den Block startet (der das Strafgefängnis beinhaltet), sagt er erklärend, daß er Ortsbeschreibungen wie Schachbilder im Kopf behalte. Zeitbestimmungen könnte er sich wahrscheinlich auch leicht merken, wenn man etwa so frage: «Trafen Sie Jungwirth bei dem Turnier, auf dem Sie gegen Timman die Neuerung Springer a3 spielten?»

Seine schier unendliche Geduld bei Jungwirths Vertröstungen erklärt der studierte Volkswirt mit seinem Desinteresse an Geld. Sein angebliches Desinteresse gipfelt schließlich in der Behauptung: «Ich weiß nicht, was ein Scheck ist» und der Frage an den Vorsitzenden: «Können Sie mir einen Scheck zeigen?» Die Dolmetscherin packt ihre Euroschecks aus.

Jungwirths Rechtsbeistand Johann Schwenn nutzt Karpows widersprüchliche Aussagen über sein Geldverständnis zu einem Frontalangriff. Er fragt Karpow direkt: «Was war der Sinn Ihres Hamburger Kontos?» Als der Vorsitzende diese Frage für ausreichend beantwortet hält, verliest der Anwalt genüßlich die frühere Aussage eines Filialleiters der Deutschen Bank, der schilderte, daß Karpow oft die Geschäftsräume betreten und die Kontoauszüge sehr genau gelesen habe, bevor er sie in Gegenwart des entgeisterten Filialleiters «in feine Stücke zerriß». Karpow bestreitet, die Auszüge

studiert zu haben, «da mich, wenn überhaupt, nur der letzte interessiert hat».

Auf die Frage: «Wie viele Konten haben Sie im westlichen Ausland?» reagieren Karpow und seine Anwälte mit Protest, aber der Richter läßt sie zu. Karpow windet sich mit langwierigen Erklärungen über sowjetische Steuersysteme, räumt aber schließlich ein, daß er drei Konten im Westen habe, auf die er aber nie steuerpflichtige Gelder einzahle.

Längst läuft in Moabit ein Hollywoodfilm. Fragen werden zurückgewiesen, abgelehnt, zugelassen. Einmal sagt der Richter: «Ob die Frage zulässig ist, kann ich erst wissen, wenn sie beantwortet ist!» Ein anderes Mal protestiert ein Karpow-Anwalt gegen eine Frage, nachdem sein Mandant schon geantwortet hat. Der Richter süffisant: «Zu spät.»

Schließlich, als die Anwürfe zwischen den Anwälten ihren Höhepunkt erreichen (sie streiten darüber, ob sie hier in Hamburg oder in Berlin sitzen), macht auch der Vorsitzende ein Geständnis: «Meine Herren, ich verliere langsam den Faden.» Er läßt den Großmeister vorsorglich unvereidigt. Und vertagt die Sitzung nach Hamburg. Da wird die Hängepartie noch einige Wochen weitergehen.

Der Held neuen Stils

Die westlichen Matadoren Fischer und Hübner hatten sich selbst matt gesetzt, Kortschnoi, der Dissident, war vom sowjetischen Schachkollektiv ausgebremst worden. Für Karpow, den Leninpreisträger und Breschnew-Freund aber tauchte die nächste Gefahr aus den eigenen Reihen auf. Das neue Schachwunderkind Garry (damals noch Gari) Kasparow, bereits Jugendweltmeister, griff in den Kampf um den Weltmeistertitel ein. Ein Mann, der, wie der gewiefte Karpow schnell erkannte, eine größere Gefahr für seinen Titel darstellte als irgend jemand auf der großen weiten Welt.

Im Halbfinale der Kandidaten sollte Kasparow auf den Altmeister Kortschnoi treffen, ein Kampf, dem der sowjetische Schachverband mit gemischten Gefühlen entgegensah: Einerseits lechzten die Sowjets noch immer nach sowjetischen Siegen gegen den Dissidenten, andererseits wollten sie ihrem Liebling Karpow den gefährlichen, aufmüpfigen neuen Jungstar vom Leibe halten. So ließen sie zunächst das Match in Kalifornien platzen – mit dem Argument, dort seien Leben und Gesundheit Kasparows gefährdet. Die Fide erklärte Kortschnoi zum Sieger, und Karpow schien zwei Fliegen mit einer Klappe geschlagen zu haben. Im Hamburger Prominentenlokal «Paolino» erklärte er mir: «Gegen einen Kortschnoi, der nur durch Spielverzichte und die Fide mein Herausforderer würde, möchte ich nicht antreten.» Was dann? Eine kampflose Titelverteidigung für den Weltmeister vom grünen Tisch? Zwangsläufig hätte die Fide – im Falle, daß Karpow verweigert – Kortschnoi zum Weltmeister ernennen müssen. Die Schachwelt hätte sich in zwei Meisterwelten gespalten, hier Fide-Weltmeister Kortschnoi, da Sowjetweltmeister Karpow, eine Pattsituation, die für beide Seiten eine Halbierung der Macht bedeutet hätte. Deshalb rangen sich beide Parteien zu einem Kompromiß durch. Der voreilig aus dem Verkehr gezogene Kasparow durfte nun doch, der schon zum Sieger erklärte Kortschnoi mußte nun doch spielen. In London.

Der alte Fuchs gegen das neue Wunderkind. Doch Garrys Wunder ließen zunächst auf sich warten. Der Zwanzigjährige wurde schon in der ersten Partie von dem erfahreneren, taktisch und psychologisch gut vorbereiteten Gegner überfahren. Nach nur 14 Zügen hatte Kasparow über die Hälfte seiner Bedenkzeit (zweieinhalb Stunden für 40 Züge), Kortschnoi erst zwei Minuten verbraucht. Geschickt münzte der Routinier, der schon dreimal im Finale um die Weltmeisterschaft stand, den Zeitvorteil in siegbringenden Materialgewinn um. Der junge Verlierer war so geschockt, daß er in den folgenden drei Partien überängstlich spielte und keine Ausgleichschance erhielt. Verzweifelt nahm er einen Tag «Auszeit», kaufte sich eine mehrbändige jugoslawische Schachenzyklopädie und ging in Klausur, um eine neue Strategie zu entwickeln. Tatsächlich kam er dann auch mit ein paar kleinen Überraschungen ans Brett, konnte aber den coolen Kortschnoi zunächst nicht gefährden.

Zur sechsten Partie erschien als erster Kasparow auf der Bühne. Fünf Minuten vor vier Uhr betrat der stattliche, gutaussehende Hüne in taubenblauem Anzug den Ring, setzte sich ans Brett, fummelte an den kleinen Figuren und fixierte sie, als wollte er sie zum Gehorsam vergattern.

Mit schier übernatürlichen Fähigkeiten überraschte das 1963 in Baku geborene Wunderkind schon seine Eltern. In der Hauptstadt von Aserbeidschan, wo schon seit über 1000 Jahren Schach gespielt wird, war die Familie eines Abends mit einem Schachproblem aus der Tageszeitung beschäftigt, als der Sechsjährige, dem bis dahin niemand die Spielregeln beigebracht hatte, plötzlich den Lösungszug fand. Kurz darauf nahm ihn ein Nachbarjunge mit zu den «Jungen (Schach-)Pionieren», wo der kleine Meister die Erfolgsleiter geradezu im Eiltempo nach oben kletterte. Als Zehnjähriger erhielt er den sagenhaften Bewertungsgrad von 2150 Elo-Punkten, wurde UdSSR-Kandidatenmeister und durfte die berühmte Schachschule des Exweltmeisters Michail Botwinnik besuchen. Als Dreizehnjähriger konnte er bei einem Juniorenturnier in Frankreich mitmischen, wo er Dritter wurde. Mit 16 erreichte Garry im dynamischen Angriffsstil seines Vorbildes Aljechin bei einem Großmeisterturnier in Jugoslawien den ersten Platz mit zwei Punkten Vorsprung vor einem Feld der Weltelite, darunter Exweltmeister Petrosjan. Ein Jahr darauf wurde er Jugendweltmeister in Dortmund und Großmeister. 1982 gewann er das Interzonenturnier in Moskau, wurde WM-Kandidat und bezwang in seinem ersten WM-Match seinen Landsmann Beljawski ohne Probleme.

Probleme gab es zum ersten Mal also zu Beginn seines Wettkampfes mit Altmeister Kortschnoi. Aber nach fünf erfolglosen Versuchen schlug er in der sechsten Partie zurück, freilich nach wechselnden Chancen auf beiden Seiten. Kortschnoi hatte den Jüngling im achten Zug mit einem ungewöhnlichen Läufermanöver überrascht, das Kasparow zu optimistisch beantwortet hatte. Während Kortschnoi seinen nächsten Zug durchkalkulierte, rannte Garry aufgeregt über die Bühne, immer wieder besorgte Blicke auf das Brett werfend. Offenbar sah er gefährliche Möglichkeiten für seinen Gegner. Nach Viktors Zug nahm Garry für 50 Minuten sein Kinn in die Hände, um ein Mittel gegen die drohenden Gefahren zu finden. Nach 20 Zügen hatte er sich tatsächlich von dem Druck befreit und bot Remis an, was Kortschnoi sofort ablehnte. Aber trotz seines Zeitvorteils schaffte es der alte Hase nicht, in seiner geringfügig besseren Stellung einen Gewinnweg zu entdecken. In einem Anfall von Ungeduld gab er seine Vorsicht auf, startete im 27. Zug ein Manöver, das ihm einen Mehrbauern verschaffte, aber auf Kosten zweier verbundener Freibauern des Gegners, deren Gefahr er offenbar unterschätzt hatte.

Plötzlich war Kasparow auf der Siegerstraße. Er war rasend aufgeregt, jetzt aus Freude. Nach seinem 36. Zug schlug er mit der Faust statt auf seinen Uhrenknopf auf den Wimpel mit Hammer und Sichel, der prompt vom Tisch auf den Boden flog, wo er ihn zwei Züge lang liegenließ. Die Lage des Sowjetwimpels war vermutlich das einzige, was Kortschnoi an der Stellung gefiel.

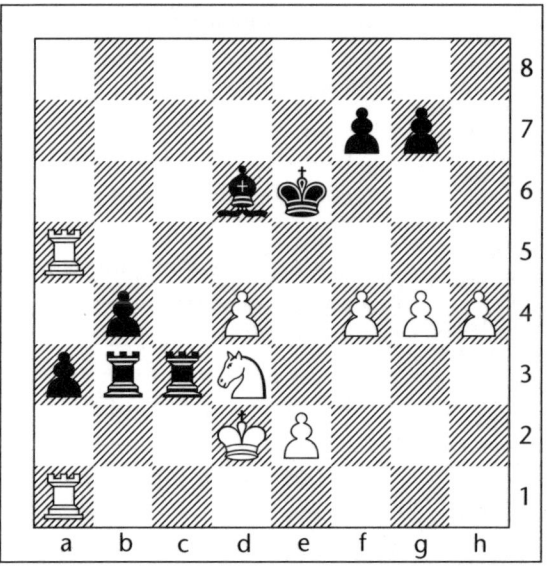

Stellung vor 40. … Txd3+. Kasparow opfert die Qualität.

In dem schwierigen Endspiel opferte Kasparow noch eine Qualität, um einen Gewinnweg zu erreichen. Im 68. Zug verwandelte Kasparow einen Bauern zur Dame.

Auch die beiden Damen im Zuschauerraum verwandelten sich. Petra Leeuwerik, Kortschnois ständige Begleiterin, fiel das Siegerlächeln vom Gesicht und wich einer bitteren, leeren Blässe. Kasparows Mutter, Clara Schagenowna, diese sonst so strenge, kühle Beobachterin der Szene, zeigte plötzlich ein weiches Lächeln. Still drückte sie die Hand eines Kasparow-Sekundanten. Das war die Wende des Matches. In der nächsten Partie wurde der arme Viktor regelrecht überrannt. Kasparow

Kortschnoi –
Kasparow,
London 1983

1. d4, d5
2. c4, e6
3. Sf3, c5
4. cxd5, exd5
5. g3, Sc6

6. Lg2, Sf6
7. 0–0, Le7
8. Le3, c4
9. Se5, 0–0
10. b3, cxb3
11. Dxb3, Db6
12. Tc1, Dxb3
13. axb3, Sb4
14. Sa3, a6
15. Ld2, Tb8
16. Lxb4, Lxb4
17. Sd3, Ld6
18. Sc2, Lg4
19. Kf1, Lf5
20. Sc5, Tfc8
21. Se3, Le6
22. b4, Kf8
23. Tc2, Ke7
24. Ke1, h5
25. Tb2, Tc7
26. Sd3, Ta8
27. b5, a5
28. b6, Tc6
29. Tb5, a4
30. Sxd5+, Sxd5
31. Lxd5, Lxd5
32. Txd5, Txb6
33. Txh5, Tb3
34. Kd2, b5
35. h4, Tc8
36. g4, a3
37. f4, Tcc3
38. Td5, Ke6
39. Th5, b4
40. Ta5, Txd3+
41. exd3, Lxf4+
42. Ke2, Tc3
43. g5, Lc1
44. h5, b3
45. T5xa3, Lxa3
46. Txa3, b2
47. Ta6+, Kf5
48. Tb6, Tc2+
49. Ke3, Kxg5
50. d5, Kxh5
51. Kd4, g5
52. Tb8, g4
53. d6, Tc6
54. Ke5, Tc5+
55. Kf6, g3
56. Txb2, Td5
57. Kxf7, Txd6
58. Td2, Kg4
59. d4, Kf5
60. Ke7, Td5
61. Td3, Kf4

gewann 7:4 und traf im Finale der Kandidaten auf den Landsmann, Alt- und Exweltmeister Wassili Smyslow.

Smyslow hatte zuvor auch den Sieg über den Deutschen Robert Hübner davongetragen, allerdings nur mir Hilfe einer Losentscheidung, nachdem das Match im Spielbankort Velden in Österreich unentschieden, nach Verlängerung 7:7, geendet hatte.

Es war das erste und einzige Mal, daß ein Schachwettkampf am Roulett-Tisch entschieden wurde. Der Weltschachbund, der in diesen Jahren immer neue Regularien ausprobierte, hatte beschlossen: In einer Pattsituation nach 14 Partien sollte nicht mehr, wie früher, mit zwei Blitzpartien die Entscheidung gesucht werden, sondern per Los. Schach als Glücksspiel? Immerhin hatten die beiden Akteure 14 Partien und vier Wochen Zeit, durch mutiges Angriffsspiel zu siegen. Aber mutiges Spiel ist riskantes Spiel, ja ein bißchen Glücksspiel, nicht gerade der Stil Hübners, für den Schach eine wissenschaftliche Arbeit ist, mit der ewigen, vergeblichen Suche nach Perfektion. Da Smyslow, der vor 30 Jahren Weltmeister war, auch kein Draufgänger ist, kam es zu der langweiligen Remisserie, an deren Ende einer der Spieler zu seinem Glück gezwungen werden mußte.

Und da läßt sich kein Spielbankdirektor der Welt die Gelegenheit entgehen, sein Haus zum Ort des Gottesurteils zu machen.

Die Kugel rollte – ein Veranstalter: «Das war der spannendste Moment des ganzes Wettkampfes» – und ließ sich auf «Zero» nieder. Erst beim zweiten Versuch fiel sie auf die rote Drei, die Sowjetfarbe. Da war Kandidat Hübner natürlich längst über alle Berge. Kortschnoi: «Hübner ist unbesiegbar; bevor er verliert, ist er verschwunden.»

Er verschwand heimlich, verlassen von allen guten Geistern, von der Schachgöttin Caissa und der Glücksfee Fortuna.

Vielleicht war ihm die Entscheidung mit der Kugel einfach zu blöd, vielleicht ahnte er – seines Unglückes Schmied – schon die Entscheidung Fortunas und konnte sie einfach nicht ertragen. Wahrscheinlich konnte er alle die furchtbaren Leute nicht mehr ertragen. Außer den Zuschauern, Journalisten und Veranstaltern war er diesmal auch dem Gegner gram, dem er den Handschlag verweigerte. Smyslow hatte ein Veto gegen Hübners Rückenmassage während der Partien eingelegt, und das, obwohl der großzügige Hübner zu Beginn dem kranken Smyslow fair ein Extra-«Time-out» erlaubt und somit auf einen kampflosen Sieg am grünen Tisch verzichtet hatte. Undank ist der Welt Lohn, und auch Fortuna mochte nicht helfen. Jedenfalls nicht dem glücklosen Hübner.

Der glückliche Smyslow hatte freilich anschließend im Kandidaten-finale gegen Kasparow keine Chance und verlor deutlich 4,5 zu 8,5.

So kam es 1984 zu dem von vielen erwarteten Kampf zwischen Verteidiger Anatoli Karpow und dem neuen Star, dem Herausforderer Garry Kasparow. Das Match geriet zum wechselhaftesten, aufregendsten und ermüdendsten Kampf der Schachgeschichte und endete schließlich – nach fast fünf Monaten – mit einem Skandal, vorzeitig und ergebnislos.

Von Beginn an wurde diese längste unlimitierte Schlacht – Gewinner sollte sein, wer als erster sechs Partiesiege verbuchen kann – mit dem bislang längsten WM-Wettkampf von 1927 zwischen Capablanca und Aljechin verglichen, vor allem wegen der Parallelen im Stil der Kontrahenten. Wie damals war es auch 1984 ein Kampf, in dem Reife, Technik, Präzision und Geduld gegen Jugend, Dynamik, Kreativität und Ungeduld antraten. So nannte denn auch der Lavierer Karpow gerne Capablanca als sein Vorbild, während Kasparow den jungen Aljechin (und den frühen Bobby Fischer) als seine Idole bezeichnete.

Auf die berühmte Frage nach dem Wesen des Schachs – Spiel, Sport, Kunst oder Wissenschaft – antwortet Karpow: «Alles. Vor allem Sport.» Und Kasparow: «Kunst. Ich will zwar gewinnen, aber meine Partien sollen Kunstwerke sein.»

Beim Schach aber gehören zur Schaffung eines Kunstwerkes eben zwei – eine Tatsache, die schon Kasparows Vorbild Aljechin zu schaffen machte: «Die Schachkunst ist die tragischste aller Künste, weil der Schachkünstler bis zu einem gewissen Grade von einem Element abhängig ist, das völlig außerhalb seines Machtbereichs liegt. Dieses Element bilden die Gegner, die durch Unaufmerksamkeit ständig ein makelloses Gebäude des Geistes zu zerstören drohen. Für den Schachspieler, der das ‹Wie› in einer Partie zu demonstrieren versucht, ist der Gewinn ein armseliger Ersatz für den mißlungenen Versuch, seine künstlerische Sehnsucht zu befriedigen.»

Der 21jährige Kasparow erscheint zur ersten Partie, berstend vor Energie und aggressiv grinsend, während der 33jährige Karpow seine Pokermiene zu Schau trägt. Karpow zeigt am Brett grundsätzlich keine Emotionen. Als er im Alter von vier Jahren mit seinem Vater Schach spielen wollte, verlangte dieser: «Nur wenn du nicht weinst.» Im Gegensatz zu den meisten großen Meistern ging Karpow nie durch das Tal der Tränen.

Auch in der ersten Partie verzog der sanfte Tolja keine Miene, als er die wilde Attacke Kasparows – der wie einst Bobby Fischer sogar mit

62. Ke6, Tg5
63. d5, Tg6+
64. Ke7, g2
65. Td1, Ke5
66. d6, Te6+
67. Kd7, Txd6+
68. Txd6, g1D
69. Te6+, Kf5
70. Td6, Da7+
71. Kd8, Ke5
72. Tg6, Da5+
73. Kd7, Da4+
74. Ke7, Dh4+
75. Kf8, Dd8+
76. Kf7, Kf5
77. Th6, Dd7+,
0–1

Schwarz gewinnen wollte – kaltblütig abfederte und ins Remis abwikkelte.

In der zweiten Partie stürmte Kasparow nunmehr im Gambitstil los. In einer von Karpow gewollt ruhigen damenindischen Partie opfert Garry im siebten Zug einen Bauern, öffnet Linien und Diagonalen, jagt die Schutzbauern seines eigenen Königs nach vorn und entfacht ein Feuer, wie man es bei Weltmeisterpartien schon lange nicht mehr gesehen hat. «Jetzt macht er Schaschlik aus ihm», ruft ein begeisteter Kasparow-Fan.

Im 17. Zug hätte der wilde Garry mit einer leichten Kombination (Läufer schlägt c7) den geopferten Bauern bei siegreicher Stellung zurückgewinnen können, aber das ist dem Künstler zu prosaisch. Das hier soll ein Gedicht werden. Er wirft alle seine Königsbauern nach vorne, opfert weiteres Material, um im klassischen direkten Königsangriff seinen Gegner zu massakrieren. Aber dieser verzieht weder seine Miene noch eine Figur. Er kassiert einen Turm gegen Springer und hat im entscheidenden Augenblick, als ihm Kasparow mit seinen Bauern den Todesstoß erteilen will, solchen Materialüberschuß, daß er ruhig einen Läufer für den nur scheinbar gefährlichen Bauern opfern kann. Kasparow steht mit leeren Händen da und kann froh sein, daß bei der Analyse der Hängepartie in einer Suite im Hotel «Rossiya» sein Sekundant eine rettende Remisabwicklung entdeckt, während seine Mutter eine Ölmischung, eine armenische Hausmedizin gegen die Grippe, kocht.

Davongekommen mit einem blauen Auge und erholt durch eine Auszeit, hätte der überaggressive, an Grippe erkrankte Garry eigentlich gelernt haben sollen, daß die Brechstange nicht die geeignete Waffe ist gegen die sanfte Verteidigungsstrategie des Weltmeisters. Wieder wollte der Ungestüme seinen Kontrahenten mit einer Neuerung überrennen, deren Fragwürdigkeit Karpow am Brett demonstrierte. Er gewann einen Bauern und erreichte einen Stellungsvorteil, den er mit der eiskalten Logik ausnutzte, die selbst eingefleischte Karpow-Gegner bewundern. Karpows lange Läuferzüge kamen wie Peitschenhiebe, unter denen sich der arme Garry wand, bevor das geprügelte Wunderkind chancenlos einging.

Nachdem Kasparow in der sechsten Partie eine Gewinnchance verpaßt hatte und schließlich wieder ausmanövriert wurde, war klar, daß er seinen Gegner unterschätzt hatte. Als es nach neun Partien 4:0 für den Weltmeister stand, mochte kaum jemand an den Springinsfeld aus Baku glauben. Kasparow war schachlich und psychologisch schlecht vorbereitet in dieses Match gegangen. Er hatte geglaubt, mit seinem Schwung und seinen Ideen den Gegner überrennen zu können, und merkte nicht, daß dieser ihn kaltblütig ins offene Messer laufen, springen, türmen ließ. Garry wurde vorgeführt wie ein Anfänger. Das war eine Lektion, die er nach neun Partien gelernt und für die er reichlich Lehrgeld bezahlt hatte. Es fehlten dem Weltmeister noch zwei Punkte, und Garry erkannte, daß er anders spielen mußte, wenn dieses nicht das kürzeste WM-Match der Geschichte werden sollte.

Um eine peinliche 0:6-Niederlage zu vermeiden, durfte der junge Wilde vor allem nicht in diesem Tempo verlieren. Die Lust zu siegen mußte erst einmal begraben werden. Es galt, mit Remisen den anderen zu zermürben. In dieser zweiten Phase des Wettkampfs spielte Kasparow noch vorsichtiger als Karpow, der «Bürokrat am Brett».

So gewann er zunächst Zeit, um die mangelnde Vorbereitung nach-zuholen; er konnte der Schachwelt beweisen, daß er nach der Methode Karpow langweilig, aber gleichwertig spielt; er konnte vorführen, wie sehr Karpows Stil schließlich zu dem schon vor 60 Jahren von Capablanca be-fürchteten «Remistod des Schachs» führen kann.

In ungewohnt defensiver Gangart konnte der wilde Garry jetzt zwar Niederlagen vermeiden, aber nichts gewinnen. Er verpaßte in einigen Partien gewinnversprechende Fortsetzungen, in Partie 16 beispielsweise einen klaren Sieg.

Den landete Karpow nach 17 Remisen hintereinander (WM-Rekord) in Partie 27. Kasparow schien nichts erreicht zu haben als eine Verlänge-rung. Karpow hatte fünf Matchbälle.

Anstatt bei dem Vorsprung mutig ein Risiko einzugehen, eventuell auch zwei, drei Verluste zu riskieren, um Gelegenheit für den entschei-denden, tödlichen Schmetterball zu bekommen, lavierte Karpow weiter vorsichtig mit seinen Figuren übers Brett und lauerte auf einen weiteren Patzer von Kasparow. Wollte er unbedingt 6:0 gewinnen, um den Jungstar für alle Zeiten zu blamieren?

Eine falsche Taktik des großen Strategen – denn bald hatte Kasparow den 0:4-Schock überwunden und dank der Remisen sein zerstörtes Selbstbewußtsein erneuert, während Karpow wie schon in früheren Wett-kämpfen ermüdete.

Die Zeit arbeitete für den jüngeren Herausforderer, der sich stabili-sieren konnte. In der 32. Partie landete er den ersten Volltreffer; 1:5. Also weiter so. Es folgte wieder eine lange Remisserie, in der beide auf eine neue Chance lauerten. Die *Süddeutsche Zeitung* vermutete in dieser Phase, erst der Tod eines der beiden Spieler würde das Match beenden.

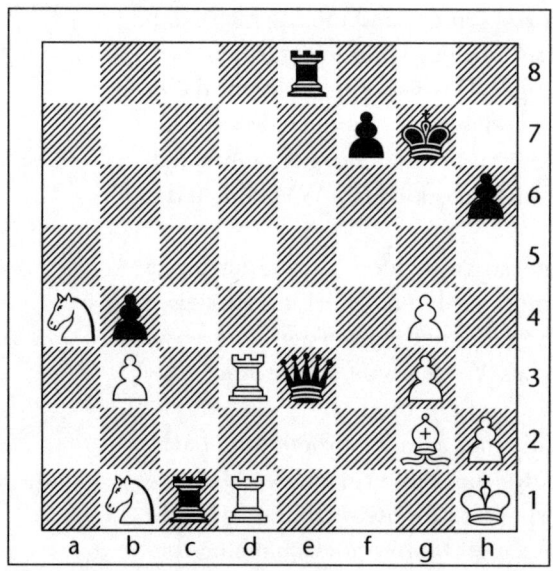

Stellung nach 37. ... Tc1. Das Mattfinale.

Karpow –
Kasparow,
WM Moskau
1985, 16. Partie

1. e4, c5
2. Sf3, e6
3. d4, cxd4
4. Sxd4, Sc6
5. Sb5, d6
6. c4, Sf6
7. S1c3, a6
8. Sa3, d5
9. cxd5, exd5
10. exd5, Sb4
11. Le2, Lc5
12. 0–0, 0–0
13. Lf3, Lf5
14. Lg5, Te8
15. Dd2, b5
16. Tad1, Sd3
17. Sab1, h6
18. Lh4, b4
19. Sa4, Ld6
20. Lg3, Tc8
21. b3, g5
22. Lxd6, Dxd6
23. g3, Sd7
24. Lg2, Df6

Immerhin hatte Karpow in der 41. Partie noch einmal eine Gewinnchance, die er aber nicht erkannte. In der 44. Partie wechselte Garry mit Weiß endlich von den durchgekauten Damenbauerneröffnungen zum guten alten e4 und brachte seinen Gegner mit Spanisch sofort an den Rand einer Niederlage, verpaßte aber die Gewinnfortsetzung. Beim nächsten «Spanier» vergab er seine Chancen durch ein völlig unbegründetes Remisangebot, das Karpow erleichtert annahm. Vermutlich hatte Kasparow Gespenster gesehen.

Aber Kasparows nächster Sieg lag in der Luft, war nur eine Frage der Zeit. Garry wurde immer munterer, Tolja immer müder. In der 47. Partie erscheint drei Minuten vor fünf ein vor Kraft schier berstender Beau, schreitet über die Bühne, als betrete er einen Boxring. Punkt 17 Uhr kommt ein gebeuteltes, gebeugtes, müdes Männchen und begrüßt mit schwachem Lächeln den Kraftmeier; er setzt sich hinter die weißen Steine, zieht und verliert nach 32 Zügen.

Der nächste Schlag folgte in der nächsten Partie. Karpow führt zwar noch 5:3, aber er ist stehend k. o., wie ein Boxer, der trotz Punktvorsprung im Schlaghagel seines Gegners taumelt.

In dieser Phase, nach 48 Partien und fast drei Monaten, brach der Fide-Chef Florencio Campomanes den Wettkampf einfach ab, angeblich um die Gesundheit der Spieler zu schonen. Gefährdet oder krank war allenfalls Karpow. Doch wer im entscheidenden Augenblick krank wird und kein Time-out mehr hat – so lauten die Regeln –, hat Pech und verliert. In Wahrheit wollte Campomanes nur den Titelverteidiger Karpow schützen, mit dem ihn eine Kumpanei verband, die Spassky mit dem Spottnamen «Karpomanes» charakterisierte. Für Kasparow aber wurde sein Kampf gegen die «Karpomanes-Clique» eine fixe Idee.

Campomanes annullierte («liquidierte», sagt Kasparow) den WM-Kampf und setzte eine Neuauflage für das Jahr 1985 fest. Diesmal wurde – nach den Erfahrungen mit dem «ewigen Schach» beim vergangenen

Kampf – das Match wie vor der Karpow-Zeit auf höchsten 24 Partien begrenzt.

Kasparow gewann dieses Match in Moskau mit 13:11, wobei ihm einige Meisterwerke, vor allem die 16. Partie, gelangen. Er mußte aber ein Jahr nach dem Sieg erneut antreten, weil Campomanes das alte Botwinniksche Recht auf einen Revanchekampf speziell für Karpow wieder vorgekramt und eingesetzt hatte.

Kasparow gewann schließlich auch das Revanchematch im Jahre 1986, das in London und St. Petersburg stattfand. Damit nicht genug: für das Jahr 1987 stand die nächste ordentliche Schachweltmeisterschaft an, auf der der neue Weltmeister seinen Titel gegen den Herausforderer verteidigen mußte, und der war niemand anders als sein verhaßter Dauergegner Karpow.

Diesmal fand das Match in Sevilla statt. Und hier mußte Garry Kasparow zum ersten Mal die bittere Erfahrung machen, daß sein Stern verblaßte. Er spielte schwächer als zuvor, vermutlich weil er sich mit allerlei Aktivitäten verzettelt hatte und gegen alle Fronten kämpfte. Als Präsident der von ihm gegründeten «Großmeister-Union» (GMA) hatte er der Fide und ihrem verhaßten Präsidenten Campomanes den Kampf angesagt und veröffentlichte sein eitles Buch «Politische Partie», in dem er wieder einmal mit der «Karpomanes-Mafia» abrechnete. Jedenfalls mußte er miterleben, daß er im Lope-de-Vega-Theater zurückhaltend, Karpow aber mit donnerndem Applaus begrüßt wurde. Vor allem wirkte des Weltmeisters Schach merkwürdig uninspiriert. Vor der letzten Partie führte Herausforderer Karpow mit einem Punkt und brauchte nur ein Remis für den Titel, für einen Techniker wie Karpow eigentlich kein Problem.

Kasparow brachte mit der zwischen ihnen bisher noch nie erprobten Réti-Eröffnung seinen Gegner zuerst in schwere Zeitnot. Im 31. Zug opferte Garry mit einem unerwarteten Springerzug einen Bauern und schuf so verwirrende Komplikationen, daß Karpow in höchster Zeitnot die rettende Fortsetzung verpaßte (33. Springer c5) und im Endspiel elegant ausmanövriert wurde. Erst in der letzten Partie hatte Kasparow mit der psychologisch besseren Eröffnungsbehandlung, der ideenreicheren Taktik im Mittelspiel und dem brillant geführten Endspiel seinen Titel gerettet.

Es war die 120. Partie im vierten Wettkampf der beiden langsamen Brüter. Zwar hatte Kasparow in diesen 120 Partien nur einen Vorsprung von 17 gegen 16 Gewinnpartien (87 Remisen), aber er hatte in allen vier Wettkämpfen das letzte Wort, dreimal sogar in der letzten Partie des

25. a3, a5
26. axb4, axb4
27. Da2, Lg6
28. d6, g4
29. Dd2, Kg7
30. f3, Dxd6
31. fxg4, Dd4+
32. Kh1, Sf6
33. Tf4, Se4
34. Dxd3, Sf2+
35. Txf2, Lxd3
36. Tfd2, De3
37. Txd3, Tc1
38. Sb2, Df2
39. Sd2, Txd1+
40. Sxd1, Te1+
0–1

Matches. Hatte Kasparow also einfach die besseren Nerven? Jedenfalls verfügte er über das stärkere Selbstbewußtsein, aus dem er freilich seine kraftvolle Kreativität oft nur dann entwickelt wenn er unter Druck stand, wenn es um Kopf und Kragen ging.

Kasparows ungebrochenes Selbstbewußtsein verleitet ihn dazu, seinen Gegner zu unterschätzen und sich zu langweilen, was seine Kreativität lähmt. Freunden gegenüber jammerte er immer wieder: «Das schlimmste bei den Partien mit Karpow ist die Langeweile.» In diesem Zustand schiebt er entweder lustlos Remispartien vor sich her, oder er sucht um des Nervenkitzels willen die Gefahr, setzt das Brett in Aufruhr. Gewinnt er solche Wildwestpartien, droht sein Selbstbewußtsein die Grenze zum Größenwahn zu übersteigen, verliert er, so entwickelt er Respekt vor dem Gegner, Disziplin und Kreativität.

Im ersten Duell mit Karpow brauchte er vier Niederlagen, bis er merkte, daß es so nicht geht, und er den Wildweststil aufgab. Er gewann die letzten Partien, bevor das Match abgebrochen wurde. Vorsichtig geworden, siegte er im zweiten Wettkampf. Im dritten führte er überlegen mit 4:1 Gewinnpartien, als wieder sämtliche Springer mit ihm durchgingen und er den Gegner zerschmettern wollte. Prompt verlor er drei Partien hintereinander. Danach lief er wieder zu großer Form auf und gewann souverän. In einer Situation wie im Wettkampf von Sevilla hätte er seinen Vorsprung mit einer Remisserie bis zum Ende durchzie-

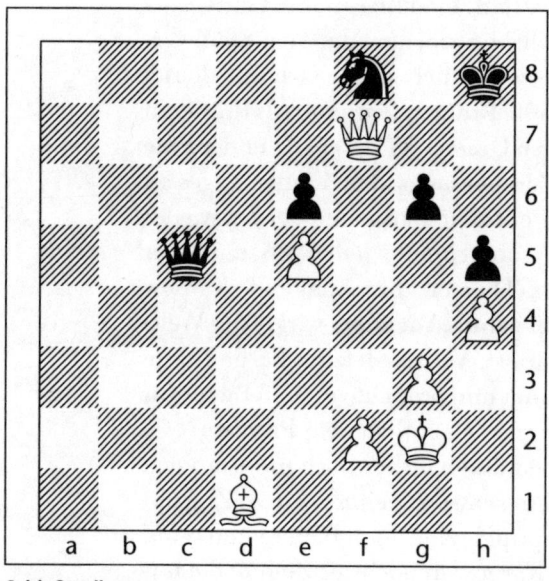

Schlußstellung

Kasparow –
Karpow,
WM Sevilla 1987,
24. Partie

1. c4, e6
2. Sf3, Sf6
3. g3, d5
4. b3, Le7
5. Lg2, 0–0
6. 0–0, b6
7. Lb2, Lb7

hen können. Aber das war ihm zu langweilig. Er brauchte Spannung, einen Rückstand, um eine brillante Partie wie die letzte zu schaffen. Wenn ihm der Gegner nicht die Niederlage verpaßt, dann hat er einen guten (oder bösen) Geist, der ihm per Eigentor zu dem nötigen Rückstand verhilft.

Nach seinem Sieg von Sevilla hatte er endlich drei Jahre Zeit bis zur nächsten Titelverteidigung, Zeit für normale spektakuläre Turniere, aber auch für seinen Kampf gegen die Fide und für die Popularisierung des königlichen Spiels. Vor allem in Amerika trat er immer öfter in Schulen auf, um für das Schach zu werben. In Spanien leitete er eine Schule für Nachwuchsspieler. Und auch politisch entfaltete er zahlreiche Aktivitäten.

Garry Kasparow erreichte einsame Spitzenklasse; mit einem Elo-Wert von 2800 (mit dem die Qualität der Spieler anhand ihrer Turnierergebnisse berechnet wird) ist er der stärkste Spieler aller Zeiten. Seine Überlegenheit war so gewaltig, daß seine stärksten Konkurrenten, Karpow, der Engländer Nigel Short, der Holländer Jan Timman und der junge Inder Vishwanathan Anand zweitklassig erschienen. Kein Wunder, daß das Publikum angesichts Kasparows meilenweiter Überlegenheit seine Sympathie interessanten Newcomern entgegenbringt, die noch auf Sensationen hoffen lassen. Vor allem die Frauen machen von sich reden, und Judit Polgar sammelte männliche Großmeisterskalpe. Auch die Computer errangen spektakuläre Siege gegen die Spitzenstars.

Kasparow lächelte über die Ambitionen der «Exoten». Doch Judit Polgar warf ihm vor, er habe sich in einer Partie gegen sie nur gerettet, indem er, gegen die Regeln, einen ausgeführten Zug zurückgenommen habe.

Auch mochte Kasparow die Programmierer der Schachcomputer nicht ernst nehmen. Wie zum Beweis schlug er «Deep Thought», den Weltmeister der Computer, in einem Zwei-Partien-Match, «um die Ehre der Menschheit zu retten», mußte allerdings im September 1994 in einem Schnellschachturnier gegen das Schachprogramm «Chess Genius 3» die Segel streichen.

Trotz oder wegen seiner Überlegenheit ist Garry Kasparow in der Schachszene nicht wohlgelitten. Während die Spieler ihre Ablehnung auf sein arrogantes Verhalten zurückführten (gelegentlich lachte er seine Gegner nach einem Zug, den er für schwach hielt, aus), tröstete er sich mit der Erkenntnis: «Es ist eine Tradition im Schach, daß die Spieler den Weltmeister nicht mögen. Je länger er im Amt ist – um so schlimmer. Bei mir kommt dazu, daß ich mich für eine Menge anderer Dinge interessiere, zum Beispiel für Politik, während sie über den 64 Feldern hocken. Dann komme ich, setze mich hin und schlage sie – deutlicher als je ein Weltmeister zuvor. Sie können mir nicht verzeihen, daß ich nicht einer von ihnen bin, daß ich ein Alien bin und trotzdem gewinne.» Im gleichen Atemzug verlangte er von seinen Gegner und der gesamten Szene mehr Respekt: «Der Schachweltmeister ist etwas Besonderes, der als Symbol

8. e3, Sbd7
9. Sc3, Se4
10. Se2, a5
11. d3, Lf6
12. Dc2, Lxb2
13. Dxb2, Sd6
14. cxd5, Lxd5
15. d4, c5
16. Tfd1, Tc8
17. Sf4, Lxf3
18. Lxf3, De7
19. Tac1, Tfd8
20. dxc5, Scx5
21. b4, axb4
22. Dxb4, Da7
23. a3, Sf5
24. Tb1, Txd1+
25. Txd1, Dc7
26. Sd3, h6
27. Tc1, Se7
28. Db5, Sf5
29. a4, Sd6
30. Db1, Da7
31. Se5, Sxa4
32. Txc8+, Sxc8
33. Dd1, Se7
34. Dd8+, Kh7
35. Sxf7, Sg6
36. De8, De7
37. Dxa4, Dxf7
38. Le4, Kg8
39. Db5, Sf8
40. Dxb6, Df6
41. Db5, De7
42. Kg2, g6
43. Da5, Dg7
44. Dc5, Df7
45. h4, h5
46. Dc6, De7
47. Ld3, Df7
48. Dd6, Kg7
49. e4, Kg8
50. Lc4, Kg7
51. De5+, Kg8
52. Dd6, Kg7
53. Lb5, Kg8
54. Lc6, Da7
55. Db4, Dc7
56. Db7, Dd8
57. e5, Da5
58. Le8, Dc5
59. Df7+, Kh8
60. La4, Dd5+
61. Kh2, Dc5
62. Lb3, Dc8
63. Ld1, Dc5
64. Kg2 1–0

des Schachs besonderen Respekt verdient. Es schadet dem Schach, wenn der Weltmeister in Magazinen wie *Inside Chess* oder *Schachwoche* immer wieder persönlich herabgesetzt und als ‹Tier› oder ‹Arschloch› angegriffen wird.»

Auf den Vorhalt, daß er doch auch seine Gegner persönlich herabsetze, wenn er sie nach schlechten Zügen auslache, sagte Kasparow: «Na, und?» Und nach einer langen Pause: «Ich zeige meine Emotionen am Brett. Profis sollen doch froh sein, daß sie sehen können, was der Gegner fühlt.»

Tatsächlich verzichteten sie lieber auf solche Informationen.

Jedenfalls wünschten ihm viele Profis beim nächsten WM-Kampf 1990 in New York – wieder gegen Karpow – einen Nasenstüber. Kasparow selbst kündigte an, daß er Karpow zerschmettern werde. Seine Freunde bezweifelten das, weil er auf zu vielen Hochzeiten tanzte. Zu seinem reichhaltigen Beschäftigungsprogramm hatte er sich auch noch eine Ehe zugemutet. Mit Frau, Mutter und seinem Sekundantenteam bereitete er sich auf der Insel «Martha's Vineyard» auf den New Yorker Wettkampf vor, trainierte den Geist und stählte den Körper beim Bodybuilding. Freunde überraschte er gelegentlich mit der Mitteilung: «Ich glaube, ich bin jetzt der stärkste Schachprofi der Welt», stellte seine Muskeln zur Schau und stemmte Gewichte.

Das fünfte Duell zwischen den beiden Dauerkontrahenten, das Kasparow schließlich denkbar knapp mit 12,5 zu 11,5 Punkten (oder 2,2 Millionen zu 1,3 Millionen Mark) gewann, bot Schach auf höchstem Niveau. Solche brillanten Mattangriffe und tiefsinnigen Opferkombinationen gab es noch bei keiner Weltmeisterschaft zu bewundern. Zweimal, in der vierten und der zwanzigsten Partie, warf Kasparow seinem Gegner die Dame zum Fressen vor. Aber auch die subtile Verteidigungskunst Karpows, der durch seine Standfestigkeit Kasparow zur Verzweiflung trieb und ihn haarsträubende Fehler begehen ließ, begeisterte.

Die Fans waren hingerissen, verblüfft, verwirrt. In einigen Partien sahen selbst die Exweltmeister Tal und Spassky sich zu dem Eingeständnis veranlaßt: «Dieses Schach geht über meinen Horizont» oder – was Schachmeister wirklich hassen – «Ich blicke nicht mehr durch.»

Schließlich boten die beiden Matadoren auch die längste Siegpartie in der Geschichte der Weltmeisterschaft. Über elf Stunden und 102 Züge kämpften sie sich durch die 16. Partie, bis Kasparow sie für sich entschied. An der Suche nach dem Gewinnweg beteiligten sich Tausende in aller Welt. Als niemand mehr an einen Sieg glaubte, gab Kasparow noch im-

mer nicht nach und fand in mühsamer Nachtarbeit die entscheidende Abwicklung. Böse Zungen behaupten, daß ihm der Schachcomputer «Deep
Thought», gegen den er früher um die «Rettung der Menschheit» gespielt
hatte, den entscheidenden Tip gegeben habe. Kasparow bestreitet das.

Während der Weltmeister weiter siegte, seinen Plänen für besseres
Schachprofileben nachging und ganz nebenbei in der russischen Politik
bei den «Radikaldemokraten» mitmischte – nach seiner Flucht aus der
von Terroristen beherrschten Heimatstadt Baku hatte er sich von Gorbatschow wegen dessen zögerlicher Haltung distanziert –, waren die übrigen
Supermeister damit beschäftigt, den nächsten Herausforderer Kasparows
zu ermitteln. Im Achtelfinale der Kandidaten wurde der deutsche Robert
Hübner von dem Holländer Jan Timman ausgeschaltet, der im anschließenden Viertelfinale Viktor Kortschnoi besiegte und sich im Halbfinale,
Anfang 1992, gegen Jusupow mit 6:4 durchsetzte. In dem anderen Halbfi-
nalmatch schaltete der Engländer Nigel Short sensationell den Exweltmeister Karpow, der zuvor die neue Hoffnung Vishwanathan Anand ge-
schlagen hatte, aus. Kasparow war happy, nicht wieder gegen seinen
Schachlebensgefährten spielen zu müssen. Nicht glücklich waren die
Städte, die sich zur Ausrichtung des WM-Kampfes beworben hatten.
Rabat, Los Angeles und andere verloren angesichts eines Kasparow-
Herausforderers Short oder Timman das Interesse. Die Fide bekam Probleme.

Die Short-Story
Escorial, Februar 1993

Mit den Worten: «Natürlich werde ich irgendwann Weltmeister» begann vor zehn Jahren eine *Zeitmagazin*-Reportage über das damals siebzehnjährige Schachwunderkind Nigel Short. Der sensibel-saloppe Teenager, dessen Gesichtszüge zwischen verlegen und überlegen schwankten, saß bei uns im Garten, schob en passant Figuren übers Brett, während er sich fotografieren und befragen ließ.

Schach, sein Meisterhandwerk, begeisterte ihn nur in Maßen: «Meine Lieblingsbeschäftigungen sind: 1. Mädchen, 2. Musik, 3. Schach. Bis vor kurzem stand noch *fish and chips* an dritter Stelle.» Gestern hatte er sich in ein Mädchen namens Bettina verliebt und anschließend eine Turnierpartie verloren, die er unorthodoxerweise mit dem b-Bauern eröffnet hatte. Warum? «B – for Bettina.»

Bettina zog mit einem Sieger ab; Nigel erklärte, daß er kein solches Damengambit mehr bringen werde. «Würdest du aus Liebe freiwillig gegen

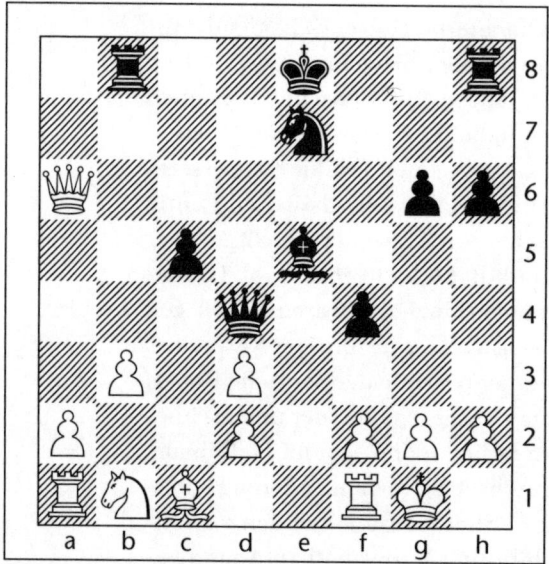

Stellung vor 18. ... f3.

Timman – Short
WM-Qualifikation
Escorial 1993,
9. Partie

1. e4, e5
2. Sf3, Sc6
3. Lb5, a6
4. Lxc6, dxc6
5. 0–0, Se7
6. Sxe5, Dd4
7. Dh5, g6
8. Dg5, Lg7
9. Sd3, f5
10. e5, c5
11. b3, h6
12. Dg3, f4
13. Df3, Lf5
14. Dxb7, Le4
15. Dxc7, Lxd3
16. cxd3, Lxe5
17. Db7, Tb8
18. Dxa6, f3
19. Sc3, fxg2
20. Te1, 0–0;
21. De6+, Tf7
22. Sd1, Dxa1
23. Dxe5, Dxe5
24. Txe5, Sc6
25. Txc5, Sb4
26. La3, Sxd3

ein Mädchen verlieren?» fragten wir ihn damals. «Nie, man kriegt sie leichter, wenn man sie schlägt.»

Die Nummer zwei in seiner Wertetabelle, die Musik, betrieb er als Bassist in seiner Rockband The Urge (Der Drang), ein Name, den er damals ungeniert an die Fahrstuhlwand im Hamburger Pressehaus kritzelte. Das war Short mit siebzehn.

Gut zehn Jahre später treffen wir ihn im Café des «Victoria Hotels» in Escorial bei Madrid, wo er gerade das Kandidatenfinale gegen den Holländer Jan Timman bestreitet: Der Sieger darf im Spätsommer gegen Weltmeister Kasparow antreten. An der Pforte zum Ruhm hat sich das Wunderkind aus dem Kohlenpott von Lancashire arg verändert.

Short ist sehr lang, seine damals langen Haare aber sind sehr kurz

geworden. Statt Damenbluse trägt er ein teures Herrenhemd. Das weiche Jungmädchengesicht ist den störrischen Zügen eines Familienvaters gewichen. Die Augen, die damals nicht wußten, ob sie nach innen oder außen gucken sollen, haben sich – jetzt hinter dunkelumrandeten Gläsern – für außen entschieden. Er blickt leer auf den schachlosen Tisch, an dem außer uns Besuchern noch seine griechische Frau Rea sitzt und um den seine anderthalbjährige Tochter Kyveli wieselt. Der Sieger des Kandidatenwettkampfes wird bald reich. Denn auch für den, der dann gegen den Weltmeister verlieren sollte, gibt es noch mehr als eine Million Mark.

Timman hat in 28 Partien gegen Kasparow nur zweimal, Short in 15 Partien gerade einmal gewonnen. Kasparow spottet über den Engländer: *«If it's Short, it will be short.»* Eine charmante Schachjournalistin fragte den Weltranglistenzehnten, ob er seinen Platz nicht lieber der Ungarin Judit Polgar (Nummer 47) überlassen wollte. Short pikiert: *«I appreciate your sense of humour.»*

Tatsächlich werden die ersten acht Partien des Kandidatenfinales hauptsächlich wegen der Fehler bestaunt. «Natürlich passierten viele Fehler», sagt Nigel bockig, «aber nicht mehr als in anderen wichtigen Zweikämpfen.» Die Journalisten mit ihrer Fehlerzählerei gehen ihm auf die Nerven. Fehler gehören zum Schach. Schon der alte Tartakower wußte vor Jahren: «Der vorletzte Fehler gewinnt.»

In der siebten Partie, in der Timman den Kampf ausglich, wurde

Nigel allerdings so überspielt, daß selbst die Experten nicht wußten, wie ihm geschah. «Es war nur schrecklich. Zum Schluß ließ er sich die Dame einquetschen wie ein Anfänger», sagt Spaniens Altmatador Ricardo Calvo.

«Das passiert eben», sagt Nigel Short, vergeblich um Gleichmut bemüht.

«Wir gehen jetzt», sagt seine Frau. Sie ist Psychotherapeutin von Beruf und hat entschieden: «Das Kind muß ins Bett.» – «Ja, das Kind muß ins Bett», wiederholt Nigel, und niemand weiß genau, wer das Kind ist: seine Tochter oder er?

Nigel David Short ist jedenfalls das Wunderkind. Mit fünf setzte er seinen Vater, einen respektablen Amateur, in 31 Zügen matt. Mit zehn schlug er Viktor «den Schrecklichen» Kortschnoi in einem Simultanspiel. Es folgten spektakuläre Erfolge, aber ebensolche Flops. Als Vierzehnjähriger war er bei einem Großmeisterturnier in London so überfordert, daß er Letzter wurde. Mit siebzehn verließ er der Schachkarriere zuliebe die Schule, aber seine Leidenschaft erreichte nur sporadisch Höhepunkte. Auch als er mit neunzehn Großmeister wurde, studierte er weit weniger Schachtheorie als die meisten seiner Konkurrenten, die es auf bis zu zwölf Stunden täglich bringen. Er vernachlässigte den wissenschaftlichen und sportlichen Aspekt des Schachs und genoß nur das Spiel. «Es macht Spaß, die Figuren auf dem Brett herumzuschieben. Sie sind lebendig, sie bewegen sich. Manchmal fließen sie sogar.»

Er verzichtete auf psychologische Kriegführung à la Karpow und Kasparow. Vor allem aber, so räumt er heute ein, «war ich nicht blutrünstig genug». Das änderte sich bald nach seiner Hochzeit 1987. Die Psychotherapeutin, die ihre Patienten mit Rollenspielen behandelt, brachte Nigel dazu, seinen Beruf ernster zu nehmen. Short wurde 1988 mit 2665 Elo-Punkten Dritter der Weltrangliste. Zwar erlitt er noch einige Rückschläge, aber auf die nächste Kandidatenrunde bereitete er sich systematisch vor. Er hängte die Gitarre an den Nagel und ließ die Mädchen links liegen, wurde Vater und Mitglied der Konservativen, für die er im Wahlkampf sogar warb. Vor allem konsolidierte er seinen Schachstil.

Short, der gelegentlich mit ungeschützten Wildwestattacken über seine Gegner herfiel und dabei oft auf der eigenen Nase landete, lernte beim Studium von Karpow-Partien, daß «man den Gegner nicht gleich massakrieren muß, sondern ihn auch langsam strangulieren kann». Und ausgerechnet diesen Lehrmeister schlug er im vergangenen Jahr mit dessen eigenen Waffen. Er gewann das Kandidatenmatch gegen den Exweltmeister mit 6:4 und qualifizierte sich so für den Kampf gegen Timman im Januar in Escorial.

Und verläßt auf Reas «Das Kind muß ins Bett» brav das Hotel-Café. Schließlich muß er am nächsten Tag spielen, als «Nachziehender», als der er zuletzt so schrecklich eingegangen war.

Tatsächlich eröffnet Timman wie in seiner Triumphpartie: spanische Abtauschvariante. Aber diesmal ist Nigel

27. Tc6, Ta8
28. Td6, Txa3
29. Txd3, Txa2
30. Se3, Kg7
31. Kxg2, Ta5
32. Td4, Tb5
33. b4, Tbb7
34. Tc4, Tfc7
35. Tg4, Td7
36. h4, h5
37. Tg5, Txb4
38. d4, Tf7
39. Td5, Tb2
0–1

besser vorbereitet. Er weicht im fünften Zug von dem Katastrophenabspiel ab und lenkt in eine Variante ein, in der schnell das ganze Brett lodert. Die beiden attackieren sich wie halbbetrunkene Kaffeehausspieler, machen Züge, die jedes Lehrbuch verbietet: Damenausfälle bei unvollendeter Entwicklung, hängende Figuren, nackte Könige. Die scheinbare Kaffeehauspartie folgt freilich vorbereiteter Analyse, die selbstmörderischen Manöver sind genau durchdacht. Erst Timmans vierzehnter Zug ist eine «Neuerung», die Nigel aber am Brett durchschlagend widerlegt. Im neunzehnten Zug verzichtet er auf Remis durch Zugwiederholung und spielt auf Sieg.

Nach 22 Zügen wird die Partie in ein Endspiel abgewickelt, in dem viele Experten Timmans Stellung bevorzugen. Es stellt sich aber heraus, daß Short die Stellung besser eingeschätzt hat; er gewinnt, vergrößert am nächsten Tag noch seine Führung und qualifiziert sich in der dreizehnten Partie mit zwei Punkten Vorsprung für das Match gegen Kasparow.

Als ich ihn an seine zehn Jahre alte Ankündigung, «natürlich irgendwann» Weltmeister zu werden, erinnere, dementiert er diese sofort: «So etwas würde ich nie sagen.» Pause. «Aber jetzt bin ich so nah dran wie noch nie.» Und seine Chancen? Short, der von Kasparow schon mal während einer Partie ausgelacht wurde, hofft auf dessen Selbstüberschätzung: «Wenn er einmal stürzt, kann er vielleicht nicht so schnell wieder aufstehen.»

Da waren's plötzlich drei

Die schachliche Sensation des Jahres 1992 war aber nicht so sehr die Frage nach dem alten oder neuen Weltmeister. Sie wurde im Sommer von einem anderen Ereignis völlig in den Schatten gestellt. Aus dem Untergrund tauchte der verlorene ewige Weltmeister auf.

Bobby Fischer spielt wieder Schach – ein Match gegen seinen letzten großen Gegner Boris Spassky für 5,5 Millionen Dollar. Das war eine Nachricht, die sogar in Boulevardblättern auf der Titelseite erschien. Vergessen Kasparow, Karpow, Judit Polgar – Bobby Fischer redivivus.

Zwanzig Jahre lang lebte der Weltmeister, der als Sechzehnjähriger erklärt hatte: «Das einzige, was ich in diesem Leben will, ist Schach spielen», in einer düsteren, abgeschlossenen Unterwelt, ohne eine einzige Turnierpartie zu spielen.

Warum? Schließlich hatte er alle Großmeister das Fürchten gelehrt. Schon mit zwölf (1955) fegte er die gestandenen Matadoren im berühmten Manhattan Chess Club von den Brettern; mit 13 spielte er eine unsterbliche Partie, mit 14 wurde er US-, mit 15 Großmeister, mit 16 verließ er die Schule, um «nur noch Schach zu spielen». Mit 20 schrieb er ein Buch «Wie ich Weltmeister wurde» – und wurde es neun Jahre später. Zwischenzeitlich mied er jahrelang die Arenen, in denen er dann wieder wie eine Naturgewalt wütete, unglaubliche Siegesserien gegen die Besten der Welt durchzog, seine Gegner mit seinem unberechenbaren Psychoterror und seinen Figuren zermalmte, als seien sie selber Schachfiguren.

Merkwürdigerweise aber wurde das *Enfant terrible* trotz seiner Flegeleien, seiner wüsten Beleidigungen gegen Organisatoren, Politiker und die verhaßten «kommunistischen Betrüger» von diesen nicht nur respektiert, sondern bewundert, ja geliebt. Mit seinen Terroraktionen gegen Funktionäre polterte er nämlich den vielen stillen und bescheidenen Schachbrütern geradezu aus der Seele. Zudem machte er mit seinen spektakulären Auftritten das Schach für jedermann so interessant, daß die Börsen in Dimensionen hochschnellten, wie sie bislang nur der Boxkampf kannte. Nachdem er alles erreicht hatte, Weltmeistertitel und zermalmte Gegner, Millionen Dollars und Millionen Fans, tauchte er ab – offiziell, weil der Weltschachbund nicht die Wettkampfregeln in seinem Sinne ändern wollte.

Fortan machten Meldungen Schlagzeilen über einen Hysteriker, Paranoiker, Alkoholiker, Penner, Religionsfanatiker, Neonazi, Juden, Antisemiten, Gefängnisinsassen, Toten. Dutzende von Journalisten reporterten Storys unter dem Titel «Ich war auf der Spur von Bobby Fischer» und begründeten ihre erfolglose Suche mit obskuren Spekulationen. Es gab tausend Geschichten, und niemand glaubte sie.

Ab und zu tauchte Bobby auf wie das Ungeheuer von Loch Ness. Auf den heißesten Turnieren der letzten Jahre (wo Kasparow im Vergleich zur Naturgewalt Fischer brav wirkte wie ein aufgeregter Konfirmand) spukte immer wieder der Geist des Phantoms durch die Schachwelt. (Einmal soll er inkognito selbst dagewesen sein.) Bobby hatte sich mit seinem Rückzug einen Grad von Unsterblichkeit verschafft, den viele andere Stars wie James Dean, Marilyn Monroe und John Lennon erst mit ihrem frühen Tod erreicht hatten.

Nun stand der Unsterbliche quicklebendig wieder auf der Matte. Und wieder die Frage: Warum? Braucht er nur Geld, wie der deutsche Großmeister und WM-Schiedsrichter Lothar Schmid glaubt? Bei ihm hatte ein «sehr heiterer, freundlicher» Fischer schon vor einem Jahr gewohnt und Kampfeswillen und alte Spielstärke demonstriert, Spiel- und Geldbedingungen genannt. Erst jetzt wurden Sponsor (ein serbischer Bankier), Gegner (der alte Boris Spassky, der inzwischen als Schachgott in Frankreich lebte) und Spielort, ausgerechnet im Kriegsland Jugoslawien, gefunden. Auf der Halbinsel Sveti Stefan begann der Kampf am 2. September mit Lothar Schmid als Schiedsrichter.

Fischer, zwar wirkte er mit Bauch und Bart nicht mehr so explosiv wie einst, präsentierte sich gleich in alter Form. In einer Pressekonferenz spuckte er auf eine Strafandrohung der US-Regierung, die ihm Bruch des UNO-Boykotts vorwarf; er beschuldigte den «pathologischen Lügner» Kasparow, seine WM-Matches mit Karpow abgesprochen zu haben; er behauptete, er sei der wahre und einzige Weltmeister, ließ Fotografen von seinen Leibwächtern verprügeln.

Mehr als das: In der ersten Partie des Wettkampfes, der am 2. September auf der Halbinsel Sveti Stefan begann und dessen Gewinner nach Bobbys altem Wunsch zehn Siegpartien brauchte, schlug Bobby zu, als wäre er nie weggewesen. Nach 49 Zügen kassierte Bobby den ersten vollen Punkt. Nach 31 Partien hat Fischer seine zehn Gewinnpunkte zusammen gegen fünf von Spassky. Derselbe Abstand wie zwanzig Jahre zuvor. Bei diesem Auftritt schienen zwanzig Schachjahre ohne Fischer wie weggewischt. Plötzlich schien das wahre Jahrhundertmatch Kasparow–Fischer möglich zu sein. «Gazza» aber, ohnehin genervt, daß Fischer für sein Match mehr Geld bekam, als die Fide ihm, Kasparow, für seinen offiziellen WM-Kampf in Aussicht stellte, verurteilte Fischers Auftritt als matten, mißlungenen Comebackversuch eines alt gewordenen Exmeisters, der gegen ihn «nicht den Hauch einer Chance» hätte. Später signalisierte er dann doch Bereitschaft zu spielen, um den «Verrückten» zu «zerquetschen».

Aber Fischer, der entweder wieder genug Geld oder genug vom Schach hatte, verschwand erneut im Untergrund – diesmal in Osteuropa, da er in Amerika mit Verhaftung und dem Verlust seines Preisgeldes rechnen mußte. In den Untergrund verschwand auch der Sponsor von Fischers Auferstehung, Jezdemir Vasiljević, der pleite ging.

Aber wieder hatte Fischer mit seinem kurzen, umstrittenen Auftritt die Schachwelt verändert. Vor allem bei den beiden nächsten WM-Kämpfern – Short hatte sich im Kandidatenfinale gegen Timman durchgesetzt – sammelte sich angesichts des Fischer-Spektakels der Groll über die kleinkarierten Bemühungen der Fide, einen großzügigen Veranstalter und ein entsprechendes Preisgeld zu organisieren.

Ohnehin grübelte der amtierende Weltmeister – außer an vielen neuen, erfolgreichen Schachvarianten – noch immer darüber nach, wie er der seiner Meinung nach unfähigen Fide die Herrschaft über die Schachwelt streitig machen könnte. Kasparow war seit langem der Überzeugung, daß großmeisterliches Schach mehr Geld und Ruhm verdient, als es durch «die dilettantische Arbeit der Fide-Bürokratie» bekommt. Er wollte für die Organisation von Weltklasseturnieren professionelle Veranstalter engagieren, die das Fernseh-Liveerlebnis von Schachwettkämpfen als Massenspektakel wie «Tennis oder Golf» aufziehen. Das soll Großsponsoren anlocken, dank derer die Schachgroßmeister endlich angemessen bewundert und bezahlt würden. Dafür sollen sie freilich den Medien Opfer bringen, zum Beispiel: Fernsehinterviews sofort nach der Partie, Live-Preisgabe der inneren Gedanken.

Kasparow, der mit seiner 1986 gegründeten (Anti-Fide)-«GMA» (Grand-Master-Association) gescheitert war («Sie entwickelte sich zu einer uninspirierten Großmeistergewerkschaft»), hätte mit seinen neuen

Plänen vermutlich leichtes Spiel gehabt, wenn die Fide sein einziger Gegner wäre. Leider trauten ihm auch ausgerechnet die Leute nicht über den Weg, deren Situation er verbessern wollte, nämlich die Schachgroßmeister, die ihn teils wegen seiner «weltmeisterlichen Schachüberlegenheit» (so Kasparow), teils wegen «seiner Machtgier» und «seinen hochfahrenden, unmenschlichen Manieren am Brett» (so etliche Großmeister) haßten und bekämpften. Sie hatten Angst vor einem Weltmeister, der nicht nur das Brett, sondern auch die ganze Szene beherrschte.

Einer, der ihn am meisten haßte, war ausgerechnet der neue Herausforderer Nigel Short, den der Weltmeister einmal in einer Turnierpartie wegen eines schwachen Zuges am Brett ausgelacht hatte.

Mit seiner Qualifikation zum Kampf gegen den «Affen» (Short) wollte Short nicht nur der erste englische WM-Finalist der Geschichte werden, sondern vor allem der erste englische Schachmillionär. Bei einem erwarteten Preisgeld von drei bis vier Millionen Pfund würde er selbst als (erwarteter) Verlierer mehr als eine Million bekommen. Als er aber im März 1993 erfuhr, daß die Fide sich für Manchester als Austragungsort entschieden und mit einem Gesamtpreisgeld von 1,1 Millionen Pfund zufriedengegeben hatte, machte er a tempo einen riskanten Opferzug. Er rief seinen Erzfeind und Gegner Kasparow an und teilte ihm mit, er wolle das Match «ohne Fide» (aber für mehr Geld) durchziehen. Garry schwieg eine halbe Minute, grunzte kurz, schwieg noch mal und sagte dann: «Darauf habe ich seit acht Jahren gewartet.» Die beiden gründeten im Handumdrehen die Anti-Fide-«PCA» (Professional Chess Association), die in Zukunft Schachturniere in Garrys Sinne organisieren sollte.

Tatsächlich fanden die beiden Abtrünnigen bald einen Hauptsponsor für ihr Match, nämlich die Londoner *Times*, die als Preisgeld immerhin 1,7 Millionen Pfund zusammenkratzte.

So gab es plötzlich zwei Weltmeisterschaften. In London verteidigte der unbestritten stärkste Matador der Welt, eben Garry Kasparow, seinen Titel in einem 24-Partien-Match gegen seinen, nach Fide-Ausscheidungskämpfen ordentlich qualifizierten, Herausforderer Nigel Short aus England. Dieser Titel aber «zählt nichts» für den Weltschachbund, der die beiden Ketzer zu schachlichen Unpersonen erklärt hat. Statt dessen veranstaltete die Fide einen Parallelweltmeisterkampf zwischen zwei Losern, die zuletzt in entscheidenden Wettkämpfen von Short klar geschlagen worden waren: Der Holländer Jan Timman und der Russe Anatoli Karpow (der schon seinen früheren Weltmeistertitel am grünen Tisch gewann) spielten um den Fide-Weltmeistertitel, den Titel der Verlierer.

Nach einer langwierigen Wettkampfodyssee durch mehrere Städte und Länder gewann Karpow das Fide-Match und ließ sich als Weltmeister feiern, während Kasparow in einem mit Medienhype begleiteten Match seinen Titel gegen Nigel Short verteidigte.

Die Befreiung des Schachs
London, Oktober 1993

Das Savoy-Theater in London ist ein großes Operettenhaus. Einst ließen hier zum Beispiel die Massenunterhalter Gilbert und Sullivan ihre Arien erschallen. In diesen Wochen des Herbstes 1993 bedröhnen Garry und Nigel die Zuschauer mit ihrer Art von Unterhaltung – gnadenlosem, bis zu sechs Stunden langem Schweigen.

Jeder der beiden macht in diesen Stunden bis zu sechzig bedeutsame Handbewegungen mit anschließendem Knopfdruck und folgender Notierung von jeweils zwei Buchstaben und zwei Zahlen, woraufhin er dann meist von der Bühne verschwindet, um den anderen für eine Denkpause allein zu lassen. Immerhin ziehen die pantomimischen Helden ab und an vielsagende Grimassen, die zu interpretieren manche Zuschauer Ferngläser mitgebracht haben.

Trotz dieser Armut an «Action» – und trotz Eintrittspreisen von bis zu 20 Pfund (52 Mark) – ist rund die Hälfte der mehr als tausend Plätze besetzt. Und in der königlichen Loge sitzt Prinzessin Diana und starrt auf die Bühne, auf der nun schon seit zehn Minuten nichts passiert.

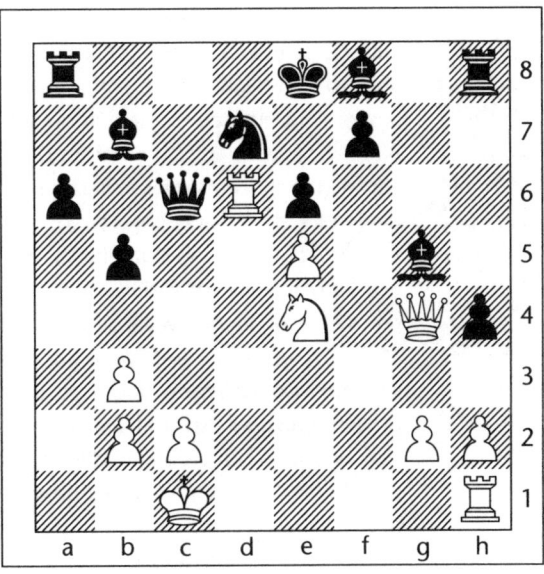

Mit 20. Td6 setzt Short alles auf eine Karte

Scheinbar. Ein Tisch, zwei Stühle, von denen einer meistens leer ist. Auf dem Tisch das Medium: ein Schachbrett. Es ist Quelle der Imagination und der Inspiration der beiden Helden, der Ort, wo per Zug und Gegenzug tiefsinnige Fragen gestellt und Antworten gegeben werden, wo aber auch geschlagen, gefangen, gefesselt, geopfert, erdrückt, erwürgt, getötet und

Short –
Kasparow,
WM London
1993, 8. Partie

1. e4, c5
2. Sf3, d6
3. d4, cxd4
4. Sxd4, Sf6
5. Sc3, a6
6. Lc4, e6
7. Lb3, Sbd7
8. f4, Sc5
9. e5, dxe5

275

```
10. fxe5, Sfd7
11. Lf4, b5
12. Dg4, h5
13. Dg3, h4
14. Dg4, g5
15. 0–0–0, De7
16. Sc6, Sxb3+
17. axb3, Dc5
18. Se4, Dxc6
19. Lxg5, Lb7
20. Td6, Lxd6
21. Sxd6+, Kf8
22. Tf1, Sxe5
23. Dxe6, Dd5
24. Txf7+, Sxf7
25. Le7+, Kg7
26. Df6+, Kh7
27. Sxf7, Dh5
28. Sg5+, Kg8
29. De6+, Kg7
30. Df6+, Kg8
31. De6+, Kg7
32. Lf6+, Kh6
33. Sf7+, Kh7
34. Sg5+, Kh6
35. Lxh8+, Dg6
36. Sf7+, Kh7
37. De7, Dxg2
38. Le5, Df1+
39. Kd2, Df2+
40. Kd3, Df3+
41. Kd2, Df2+
         ½ – ½
```

gestorben wird – wo «Blut fließt», wie der eine der beiden, Nigel Short, es gerne ausdrückt.

Das Brett im Savoy ist das Brett, das die Weltmeisterschaft bedeutet: Wir sind Zeugen des 35. WM-Kampfes in der – an Skurrilitäten wahrlich nicht armen – Geschichte des Schachs. Und diesmal geht es nicht nur um die Züge zwischen Titelverteidiger und Herausforderer an Ort und Stelle, diesmal geht es um die Winkelzüge auf dem weltweiten Brett der internationalen Schachpolitik. Garry Kasparow und sein britischer Herausforderer Nigel Short kämpfen im Savoy nicht nur gegeneinander bis aufs Blut, sie verbünden sich in ihrem Duell zugleich in gemeinsamer Allianz gegen die Fide, den Weltschachverband, dessen Funktionären sie Unfähigkeit und Schmarotzertum vorwerfen. Beide waren sie nicht länger willens, sich von «Bonzen» die Wettkampfbedingungen vorschreiben zu lassen und Preisgeldprozente abzuführen, mit denen diese sich «Weiber und Alkohol in die Luxussuite holen». Zustände wie im Showgeschäft herrschen angeblich im Schachgeschäft hinter den Kulissen.

Jedenfalls wollten Short und Kasparow – 28 und 30 Jahre alt, beide verheiratet, beide Vater einer kleinen Tochter – ihr Schach und ihr Preisgeld in die eigenen Hände nehmen. Obwohl sie einander persönlich gründlich verachten (Short über Kasparow: «eine sehr unerfreuliche Person»), schlossen sie sich in der Professional Chess Association (PCA) zur Fide-Konkurrenz zusammen und ließen sich von der *Times* unabhängig von der Fide einen

Titelkampf in London organisieren – mit dem Superpreisgeld von 1,7 Millionen Pfund.

Im Gegenzug warf die Fide die beiden Ketzer sowohl aus dem Verband als auch aus der internationalen Punktwertung und rief eine Gegenweltmeisterschaft (nach Fide-Version: den offiziellen WM-Kampf) zwischen den nächstberechtigten Kandidaten Anatoli Karpow, dem früheren Weltmeister, und dem Niederländer Jan Timman aus. Dieser Titelkampf der Verlierer – beide waren in den Qualifikationskämpfen von Short klar besiegt worden – sollte bei angeblich höherem Preisgeld zeitlich parallel zu dem Londoner Match stattfinden – in Holland und im Sultanat Oman.

Für Short und Kasparow bedeutete dies die Herausforderung, nicht nur im eigenen Match zu siegen, sondern gleichzeitig gemeinsam, als Kompagnons, den Fernschachvergleich gegen die Fide gewinnen zu müssen – mit höherem Preisgeld, mehr Publikum, mehr Medieninteresse, besseren Partien, einfach: mehr Klasse. Außerdem wollten sie einen Vorgeschmack dessen liefern, was Schach, «der edle Geistessport» (Kasparow), mit Hilfe professionellen Managements in Zukunft sein soll: endlich «so populär wie Tennis oder Boxen».

Also mieteten die Organisatoren das Savoy-Theater, gleich neben dem berühmten Restaurant «Simpsons-in-the-Strand», das vor 150 Jahren als «Simpson's Divan and Tavern» das berühmteste Schachlokal Londons war. 1851 wurde hier die «Unsterbliche Partie» zwischen Adolph Anderssen und Lionel Kieseritzky gespielt. In diesen Tagen beherbergt das Lokal den Presseraum und den Raum für die Großmeisteranalysen. Im Restaurant werden Springer-, Bauer- und Schachmatt-Dinners für mehr als hundert Pfund angeboten. Für den doppelten Preis kann man sich zum Abendessen einen Großmeister mieten, der am Tisch die gerade ablaufende Partie exklusiv analysiert.

Die Außenwände des Lokals zieren noch die Stuckschachfiguren aus dem vorigen Jahrhundert; im Foyer sind jene Schachfiguren ausgestellt, mit denen einst Morphy, Zuckertort, Steinitz und andere Meister gezogen haben. Daß die beiden Helden von heute nicht mit diesen Steinen spielen, hat einen prosaischen Grund: Sie benutzen ein computerisiertes Spezialbrett, das jederzeit weltweite Ausstrahlung der Figurenstellung ermöglicht.

«Endlich wird Schach popularisiert», jubelte die *Times,* die auf mehreren Seiten täglich über das Spektakel berichtet, in einem Leitartikel: «Wir sind stolz, Sponsor dieses historischen Ereignisses zu sein. Nicht nur, weil Nigel Short der erste Brite ist, der solche Höhen erreicht – sondern vor allem, weil mit diesem Match eine neue Ära beginnt: die Befreiung des Schachs. Die Berliner Mauer ist gefallen.»

Den Zuschauern im Saal werden über Kopfhörer regelmäßig Großmeisterkommentare zugespielt, was gelegentlich zu absurden Szenen führt. Da bricht zum Beispiel, während die Helden auf der Bühne bewegungslos über Problemen brüten, plötzlich im Saal schallendes Gelächter aus; verdattert lösen dann die Spieler ihren Blick vom Brett und schauen verständnislos in den Zuschauerraum. Garry Kasparow zieht schon beim leisesten Kichern im Saal die Augenbrauen hoch, obwohl gerade er «witzige, nicht trockene Kommentatoren» gefordert hat. Inzwischen wurden die Kommentatoren angewiesen, nicht mehr gar so witzig zu sein.

In der ersten Partie des Matches erleben die tausend britischen Fans im ausverkauften Savoy auch gleich die erste Niederlage ihres Landsmannes. Trotzdem kommen sie auf ihre Kosten in dieser Partie, denn am Ende geraten die langsamen Brüter in Zeitnot, so daß die Figuren wie die Fetzen fliegen. Jeder Spieler hat schließlich von seinen zwei Stunden Bedenkzeit (für 40 Züge) nur noch acht Minuten (für die letzten 15 Züge!) übrig. Jetzt muß schnell gehandelt werden. Kasparow, der während der ganzen Partie einen leichten Vorteil hatte, den er aber durch einige Ungenauigkeiten verwurstelt hat, startet in der Zeitnotphase einen komplizierten Königsangriff, in der Hoffnung, daß Short in Zeitnot die schwierige Stellung falsch behandelt. Das Gegenteil tritt ein, die Fehler macht Kasparow, der plötzlich schlechter steht und nach dem 38. Zug Remis anbietet. Short, der tatsächlich Gewinnstellung erreicht hat, lehnt das Angebot ab, zieht – und muß dann erleben, wie vor den Fernsehaugen der ganzen Nation das Fähnchen auf seiner Uhr wie ein Fallbeil fällt. Short verliert wegen Zeitüberschreitung. Drei Sekunden haben ihm gefehlt. «Eine Tragödie», sagen die Fernsehreporter. Für das Publikum ist es eine Schachpartie wie ein Wildwestfilm mit einem grandiosen Showdown, bei dem allerdings der eigene Mann ins Gras beißt.

Nach diesem Mißgeschick wird Short nicht vorsichtiger, sondern aggressiver. Vor allem, wenn er mit den weißen Steinen den ersten Zug hat, bringt er den Weltmeister einige Male in arge Bedrängnis, aus der sich Kasparow immer wieder mit sensationellen Manövern rettet. Wenn umgekehrt aber Kasparow den Nigel am Haken hat, läßt er ihn nicht mehr entkommen. Nach vier Partien heißt es 3,5 zu 0,5 für den Weltmeister.

In den drei Partien der dritten Woche deklassiert Kasparow nicht nur seinen angeschlagenen Londoner Kontrahenten; er kann zugleich auch einen Triumph genießen über die beiden Fide-treuen Rivalen, die sich im Konkurrenzduell jenseits des Kanals in Holland in ihrem Zweikampf buchstäblich umsonst bemühen. Die sehen sich hinters Licht geführt von ihrem eigenen Verband, müssen zur Kenntnis nehmen, daß sie am Ende nichts kassieren werden, weder Ehre noch Geld. Oman hat sein Angebot über zwei Millionen Schweizer Franken zurückgezogen; die Fide selber aber hat nichts in der Kasse für ihre Gladiatoren. So nimmt die Schachgeschichte den Verlauf, den Garry Kasparow ihr seit längerem prophezeit: «Die Fide ist pleite.» Schachmatt.

Der König lebt, es lebe der König. Prinzessin Diana erscheint in der königlichen Loge, um ihren Landsmann im königlichen Kampf zu sehen. Siebte Partie. Die Engländer warten auf Shorts ersten Sieg, dann werde, hoffen sie, Nigel sein Selbstvertrauen und seine Ruhe wiederfinden, die die Basis für seine Erfolge gegen Karpow und Timman waren. «Der Wirbel hier macht ihn nervös», sagen seine Anhänger. Vermutlich aber ist es einfach Kasparow, der ihn nervös macht.

«Gazza», wie die Engländer Kasparow nennen, weicht ungerührt einem Marshall-Angriff aus, baut eine Druckstellung auf, in der es für Short immer schwieriger wird, gute Züge zu finden. Im 21. Zug entblößt der Attackierte mit einer verzweifelten Bauernflucht nach vorne seinen König, worauf Gazza geradezu gewartet hat. Durch ein Bauernopfer öffnet er weitere Angriffslinien gegen den schwarzen König. Er beugt sein Gesicht so tief über die Figuren, als wolle er in die Stellung hineinkriechen. Seine Nase berührt seinen König, fast, nicht ganz, sonst müßte er – berührt, geführt – mit dem König ziehen. Short starrt auf seine löchrige, brennende Festung.

Die Zuschauer lauschen den Kommentatoren aus den Kopfhörern und brüten mit. Prinzessin Diana flüstert mit ihrer Nachbarin. Versteht sie, was da passiert? Sie trägt keinen Kopfhörer, und so bleiben ihr die düsteren Kommentare ihrer Landsleute erspart: «Ich glaube nicht mehr an Nigel», sagt einer, ein anderer: «Er wird zerquetscht.»

Nach einem weiteren Bauernopfer, das Nigel (zu «gierig», sagt Kasparow später) annimmt, holt Gazza zum K.-o.-Schlag aus. Während die Helden in der Post-mortem-Analyse auf der

Bühne sogar einige Worte wechseln, verlassen die Zuschauer stumm den Saal. Wieder haben sie großartiges Schach gesehen («Kasparows beste Partie bis jetzt»), aber ihr Held liegt im Ringstaub. Es steht 5,5 : 1,5.

Trotz der Katastrophe aus britischer Sicht bleiben die Einschaltquoten in Channel 4 stabil, behaupten die Veranstalter. Ich frage Garry Kasparow, der nach der Partie locker zu der – von ihm neu eingeführten – Nachspielpressekonferenz erscheint: «Fürchten Sie nicht, daß der einseitige Kampf die Schachbegeisterung, die Sie ja wecken wollen, geradezu abtötet? Sollten Sie nicht mal verlieren?» Garry zuckt mit den Schultern. «Ich kann nicht anders.» Was sagt Short? Short sagt nichts. Der Verlierer hat das Privileg, nicht auf den Pressekonferenzen erscheinen zu müssen. Zu matt.

Vermutlich denkt er sich, daß für das Publikum ein einseitiges Match mit spannenden Kampfpartien immer noch interessanter ist als ein ausgeglichener Zweikampf mit weniger spektakulären Schlachten. Jedenfalls kämpft er weiter auf Biegen oder Brechen. In der nächsten Partie versucht er gleich mit mehreren Brechstangen, Kasparows Stellung zu knacken. Er opfert Läufer, Springer und Türme, um den schwarzen König noch vor der Rochade in der Brettmitte zu massakrieren. Garry will zwar nicht verlieren, aber er riskiert viel für die Sache des Schachs. Mehrmals glauben die Kommentatoren: «Jetzt hat Nigel ihn, end-

lich!» Aber wie eine Katze mit sieben Leben zieht Kasparow immer wieder den König aus der Schlinge und rettet sich ins Remis. «Wow», stöhnt es allenthalben in Frust und Bewunderung.

Nach dieser Partie erscheinen beide zur Pressekonferenz, aber Short kann kaum sprechen. Er scheint noch frustrierter als nach einer Niederlage. Bei seinen letzten Zügen hat er die Figuren mit spitzen Fingern angefaßt, als ekelte er sich vor ihnen. Ihn freuen nicht einmal die Meldungen über die Fide-Pleite in Holland. Aber Garry sagt: «Ich hab's ja gleich gesagt.» Ist Garry ein Prophet? Garry sieht alle Züge im voraus.

Es ist in der Tat erstaunlich, wie dieser ehemals kommunistische Schachbesessene aus Aserbeidschan sich im großen Spiel in der für ihn im Grunde noch so wenig vertrauten westlichen Welt zurechtfindet. Und wie er mitspielt. Seinem deutschen Freund Frederic Friedel hat er schon 1987 die Wiedervereinigung (allerdings für 1995) vorausgesagt. Da hat Friedel ihn ausgelacht. Jetzt hat er die Entwicklung in Rußland vorausgesagt, die er in der Pressekonferenz so nebenbei erklärt.

In der dritten Partie der dritten Woche baut er mit einem weiteren Sieg seinen Vorsprung auf fünf Punkte aus. Jetzt steht es 7 : 2. Nigel Short kämpft auf verlorenem Posten weiter – der Spannung wegen und in der Hoffnung auf einen einzigen, winzigen Sieg in einer einzigen, winzigen Partie. Auf das Ehrentor, sozusagen.

Fast wie im wirklichen Leben

Nachdem Kasparow 1993 den Londoner Wettkampf gewonnen hatte, gab
es also drei Weltmeister: den zweifellos stärksten Spieler dieser Zeit, den
PCA-Weltmeister Garry Kasparow; sodann den offiziellen Champion von
Fides Gnaden, der zum zweiten Mal den Titel erhielt, den der bürokrati-
sche Weltschachbund den amtierenden Meistern aberkannt hatte; und
schließlich geisterte noch Bobby Fischer, der sich als den einzig wahren
Weltmeister bezeichnet und der für viele noch immer der ungekrönte König ist, durch die Szene.

Um seine angeblichen beiden Co-Weltmeister machte sich der vor
Selbstbewußtsein berstende Kasparow denn auch keine Gedanken. Nach
seiner Titelverteidigung kündigten sich immer unheilvoller neue, junge,
gefährlichere Hauptgegner an. In mehreren Partien, vor allem bei den
PCA-Schnellschachturnieren, auf denen jeder Spieler 25 Minuten für
seine Partie hat, wurde er von den Jungstars Wladimir Kramnik und
«Vishy» Anand auf die hinteren Plätze verwiesen. Stärker noch machte
sich eine außermenschliche Konkurrenz bemerkbar, die er noch vor
Jahren für lächerlich gehalten hatte. Im Jahre 1994 verlor er – im Schnell-
und Blitzschach – mehrere Turnierpartien gegen Computerprogramme.

Nach diesen traumatischen Warnschüssen sprach er sich – im Vorwort zu diesem Buch – gegen die Teilnahme von Computern an klassischen Schachturnieren aus, weil Mensch und Computer unterschiedliche
Arten von Schach spielen: Während der Mensch mit begrenzten Rechen-
fähigkeiten, aber mit Phantasie, Gefühl für Positionen und mit Emotionen seine Zugentscheidung trifft, löst der Computer seine Aufgabe allein
mit brutaler Rechnerei.

Kasparows Trennung von menschlichen und nichtmenschlichen
Schachspielern macht vor allem Sinn, weil auch er zu den Meistern ge-
hört, die wie Harun al-Raschid, Karpow, Fischer, Spassky und andere im
Schach ein Miniaturabbild des Lebens zu erkennen glauben. In seinem
Buch «Garry Kasparow lehrt Schach» sieht Kasparow «im Schachkampf
ein erstaunlich genaues Modell des Menschenlebens in seinem täglichen

Kampf und mit dem ständigen Auf und Ab». Auch der jugoslawische Großmeister Milan Vidmar entdeckte im Schachkampf «so gut wie alles, was das wirkliche Leben braucht: Unternehmungslust, Vorsicht, Mut, Zähigkeit, Willenskraft, Ehrgeiz, Kenntnisse». Und er fährt in seiner Autobiographie «Goldene Schachzeiten» fort: «Man kann doch, wenn man mit dem richtigen, heiligen Ernst seine Partien spielt, immer wieder das Auf und Ab des Erfolges erleben, man kann Schach spielend, so gründlich und so lange man will, den zwar sehr verkleinerten, aber ihm doch verblüffend wesenstreuen Lebenskampf üben, einüben.»

Der große Emanuel Lasker dagegen unterscheidet deutlich das Schach und das Leben: «Auf dem Schachbrett der Meister gelten Lüge und Heuchelei (die ja zum menschlichen Lebensalltag gehören) nicht lange.»

Der Lebenskampf freilich ist auch am Schachbrett gelegentlich geprägt von Ungerechtigkeit, Pech und Glück. Und wenn nicht das Schicksal hilft, so helfen zuweilen Schikanen. Viele Meister versuchen, mit hinterhältigem Psychoterror dem Gegner zuzusetzen. Der Engländer William Hartson gibt in seinem witzigen Handbuch «How to Cheat at Chess» («Wie man beim Schach bescheißt») herrliche Ratschläge für Lüge und Heuchelei am Brett.

Trotzdem. Natürlich ist Schach weder «das Leben» (Fischer) noch «wie das Leben» (Spassky). Es ist einfach ein Ausdruck des Lebens. Zumindest für eine halbe Milliarde Menschen. Garry Kasparow sagte zu mir: «Schach bedeutet, Ordnung ins Chaos bringen. Das Leben ist Chaos. Und auf dem Brett herrscht Chaos. Aber in das Chaos auf dem Brett kann ich Ordnung bringen. Gegen das Chaos im Leben kämpfe ich vergeblich. Life is a mess.» Chess? «Is not a mess».

Für ihn nicht.

Bibliographie

Aljechin, Alexander: Auf dem Wege zur Weltmeisterschaft 1923–1927. Berlin 1983

Arrabal, Fernando: Hohe Türme trifft der Blitz. Köln 1986

Bachmann, Ludwig: Das Schachspiel und seine historische Entwicklung. Leipzig 1924

Beheim-Schwarzbach, Martin: Knaurs Schachbuch. München 1953

Beheim-Schwarzbach, Martin: Lächeln überm Schachbrett. Hamburg 1967

Dufresne, Jean; Anderssen, Adolph: Der Schachfreund. Berlin 1862

Edlinger, Karl Andreas: Matt in sieben Zügen. Schachgeschichten aus 12 Ländern. München 1979

Faber, Monika: Das Schachspiel in der europäischen Malerei und Graphik. Wiesbaden 1988

Faber, Monika; Heuss, Theodor; Poe, Edgar Allan; Racknitz, Freiherr Joseph Friedrich zu: Der Schachautomat des Baron von Kempelen. Dortmund 1983

Fine, Reuben: Die größten Schachpartien der Welt. München 1979

Fine, Reuben: Die Psychologie des Schachspielers. Frankfurt a. M. 1982

Finkenzeller, Roswin; Ziehr, Wilhelm; Bührer, Emil M.: Schach – 2000 Jahre Spielgeschichte. Aarau 1989

Fischer, Robert James: Bobby Fischer lehrt Schach. Ein programmierter Schachlehrgang. Reinbek bei Hamburg 1986

Fischer, Robert James: Meine 60 denkwürdigen Partien. Hamburg o. J.

Fox, Mike; James, Richard: The even more Complete Chess Addict. London 1993

Franck, Joachim A.: Lob des königlichen Spiels oder Schach-Brevier. Wien, Berlin 1979

Harenberg, Werner: Schachweltmeister. Reinbek 1981

Gyzycki, J.: Schach zu allen Zeiten. Zürich 1967

Hartson, William R.: How to Cheat at Chess. London 1976

Himly, Karl: Beiträge zur Geschichte des Schachspiels. Hamburg 1984

Huizinga, Johan: Homo Ludens – Vom Ursprung der Kultur im Spiel. Hamburg 1940

Kasparow, Gary; Wade, Robert G.: Fighting Chess. London 1983

Keene, Raymond; Divinsky, Nathan: Warriors of the Mind. Brighton 1989

Kortschnoi, Viktor: Ein Leben für das Schach. Düsseldorf 1978

Kortschnoi, Viktor: Antischach. Wohlen 1980

Krogius, Nikolai: Psychologie im Schach. Berlin 1986

Lampe, Aladin: Die Dame und der König. Kulturgeschichte des Schachspiels. München 1962

Linde, Antonius van der: Geschichte und Literatur des Schachspiels. 2 Bände. Berlin 1874

Lindörfer, Klaus: Das große Schachlexikon. München 1991

Massmann, H. F.: Geschichte des mittelalterlichen, vorzugsweise des Deutschen Schachspiels. Quedlinburg, Leipzig 1839

Murray, H. J. R.: A History of Chess. Oxford 1962

Murray, H. J. R.: A Short History of Chess. Oxford 1963

Neistadt, Jakow: Damenopfer. Berlin 1988

Nimzowitsch, Aaron: Mein System. Berlin 1965

Opfermann, H. C.: Die Leistungen und Spielerfolge der großen Schachdenker für das moderne Schachspiel. Düsseldorf, Wien 1981

Pasternak, Aleksander: Schachphänomen Bobby Fischer. München 1973

Petzold, Joachim: Schach – Eine Kulturgeschichte. Leipzig 1986

Pfleger; Helmut: Die Schach-Revanche. Kasparow–Karpow 1986. Niedernhausen 1986

Pfleger, Helmut: Schachkabinett. Niedernhausen 1987

Pfleger, Helmut: Taktik und Witz im Schach. Zürich 1992

Pfleger, Helmut; Borik, Otto; Kipp-Thomas, Michael: Schach-WM '85. Niedernhausen 1985

Pfleger, Helmut; Metzing, Horst: Schach. Hamburg 1984

Philidor, André Danican: Studies of Chess and The Analysis of Chess. London 1825

Richter, Kurt: Kurzgeschichten um Schachfiguren. Hollfeld 1991

Roshal, Aleksander; Karpow, Anatoli: Schach mit Karpow. München, Reinbek 1977

Roth, Helmut: Der Schachkomponist. Graz 1982

Rousseau, Jean-Jacques: Die Bekenntnisse. München 1981

SAIDY, ANTHONY; LESSING, NORMAN: The World of Chess. London, Glasgow 1974

SCHMID, ANTON: Literatur des Schachspiels. Wien 1847

SCHONBERG, HAROLD C.: Die Großmeister des Schach. München 1974

SCHUBIRTZ, G.; BRINCKMANN, ALFRED: Schach-Geschichte(n). Berlin 1968

SEIDEL, RAINER: Grundlagen einer wissenschaftlichen Schachtheorie. Berlin 1987

SILBERMANN, JACOB; UNZICKER, WOLFGANG: Geschichte des Schachs. München 1975

SNOSKO-BOROWSKI, EUGÈNE: Eröffnungsfallen am Schachbrett. 8. Aufl. Berlin 1969

SPANIER, DAVID: Total Chess. New York 1984

STEINKOHL, LUDWIG: Phänomen Blindschach. Düsseldorf 1992

TAL, MIKHAIL; BJELICA, DIMITRIJE: Report From Baguio. Belgrad 1979

TARTAKOWER, SAVIELLY G.: Das neuromantische Schach. Berlin 1827

TRÖGER, PAUL: Aus meinen Tagebüchern. Hollfeld o. J.

VIDMAR, MILAN: Goldene Schachzeiten. Berlin 1981

WAHL, S. F. GÜNTHER: Der Geist und die Geschichte des Schachspiels. Halle 1789

WAITZKIN, FRED: Mortal Games. New York 1993

Inhalt